불멸의 증거 3

鐵證如山

불멸의 증거

鐵證如山

3

길림성서류관이 소장한 중국침략일본군 우정검열월보특집 ②

인화이尹懷 주필

이범수李范洙 번역

學古房

吉林出版集团股份有限公司

서언

길림성서류관은 근래에 와서 본관이 소장하고 있던 일본의 중국침략서류를 정리, 연구하는 작업에 주력하고 있다. 2014년 4월에는 그 첫 성과물로 『불멸의 증거-길림성에서 새로 발굴한 일본의 침략서류연구』라는 책을 출판하여 세간에 선보였다. 이번에는 그 후속작업으로 『불멸의 증거』제2권과 제3권을 육속 출판하였는바 『불멸의 증거-길림성서류관이 소장한 중국침략 일본군 우정검열월보특집』이 바로 그것이다. 『불멸의 증거』의 출판은 아주 중요한 현실적의 미를 갖는다. 그것은 이 책에 수록된 서류의 내용이 일본의 중국침략전쟁이 저지른 각종 만행과 일본침략군이 자행한 "위안부" 강제징집 등 방면에서 일본침략군이 자체작성한 부정할 수 없는 진실한 자료로써 스스로 그 죄행을 심각하게 폭로하였기 때문이다. 이는 일본의 우익세력이 침략을 극력 부정하는 반역사적인 언행을 비판하고 일부 일본정객이 선동하는 "역사뒤집기"를 비판하는데 유력한 증거를 제공하고 있다. 또한 일본민중이 정확한 역사관을 가지고 시비판단을 하여 일본평화헌법을 수호하도록 하는데 유익한 교과서를 제공하고 있다. 뿐만 아니라 이는 목전 중일관계의 발전을 위해 적극적인 대응을 한 것이 되며 중국민중이 일본침략자들의 잔혹한 본질을 인식하고 견결한 반침략투쟁을 통해 평화를 수호해야 할 필요성의 인식에 깊은 영향을 주게 된다. 그리고 중일 양국사이의 역사인식문제에서의 갈등이 앞으로 일본이 나가야 할 방향 및 동북아의 평화와 발전 그리고 번영에 직결된다는 점을 국제사회가 이해하도록 도와줄 것이다. 아울러 이 서류들은 일본군국주의문제의 연구와 일본의 중국침략사연구에서도 빼놓을 수 없는 이론적 연구가치와 학술적 연구가치를 가지고 있다.

"우정검열서류"는 일본침략군 관동헌병대가 자체로 작성한 역사서류이다. 검열 및 처리를 진행한 서한의 발신자와 수신자의 성명과 주소지는 모두 검증이 가능하다. 서한의 내용은 아주 생동한바 일본의 중국침략 시기 일본군의 전쟁죄행과 군사행위 및 심층적인 사회상황을 구체적으로 반영하고 있다. 이는 참다운 학술연구에서는 반드시 필요한 원시자료라고 할 수 있다.

본 특집이 수록한 450건의 "우정검열서류"에는 서한 4.5만여 통을 다루고 있다. 이는 일본침략군 헌병대가 검열 과정에 일본국 정부와 군대의 이미지에 손상이 갈 염려가 있다고 판단하여 그 유출을 막고자 했던 역사사실들에 대한 기록이다. 중요한 것은 이 서류들이 모두 일본침략역사를 직접 겪은 목격자들의 손에서 나온 것으로 일본이 "9 · 18사변" 이후 중국 동북지역을 병참기지로 삼아 대규모 침략을 진행하면서 저지른 무수한 살인, 약탈, 강간 등 만행을 기록했다는 점이다. 이는 일본군국주의 및 그 식민통치가 저지른 죄행을 여실히 보여주는 불멸의 증거들이다.

『불멸의 증거-길림성서류관이 소장한 중국침략일본군 우정검열월보특집』은 다음과 같은 여덟 개 방면의 내용을 다루고 있다.

1. 일본침략군이 중국에서 저지른 살인, 방화, 강간, 약탈을 기록한 서류

이 부류의 서류는 검열서한에서 가장 많은 비중을 차지하며 일본침략군이 자신들의 이미지실추를 막기 위하여 극력 덮어 감추려했던 부분이다. 그러므로 신문, 잡지, 서한 등에서 이에 상관된 내용을 다룰 경우 일본침략군 관동헌병대를 주축으로 하는 각 부서들이 검열하는 과정에 삭제, 압류, 몰수하였다.

(1) 일본침략군 永田부대 본부 村中榮이 일본 室蘭시 祝津艾德莫소학교에 보내는 편지에는 피비린 장면이 담겨져 있다. "(전략) 그들을 연못가에 둘러서게 한 후 사살하였다. 시체는 연못에 던져 넣었는데 연못이 빨갛게 물들었다. 시체 사이를 헤엄치는 잉어가 수면에 허연 배를 뒤집어 내보일 지경이었다. 26일(중략)에는 내가 한 사람의 손을 뒤로 결박하여 강가에 끌고 갔다. 잠시 후 소대장이 또 세 사람을 끌고 왔다. 나는 총검으로 그 사람의 배를 푹 찔렀고 총검을 뽑은 뒤 또 한 번 찔렀다. 옷 위로 선혈이 주르륵 흘러나왔다. 그 중국인은 끄응 하는 소리와 함께 앞으로 쓰러졌다. 나는 가슴팍을 한 번 더 찌른 뒤 시체를 강물에

차 넣었다. 시체가 물속에서 오르락내리락하면서 떠내려가는 모습을 보니 마음이 몹시 즐거웠다. 땅은 시뻘겋게 피로 물들었다. 나는 또 한 사람을 끌고 왔고 그날 모두 세 사람을 죽였다."

(2) 일본침략군 山下부대 小林부대 堅山대 佐佐木國雄이 일본침략군 大分縣 白杵町의 佐佐木芳信에게 보낸 편지에는 다음과 같은 내용을 적고 있다. "당지 주민들은 허리 아래, 발 부위, 흉부 등에 엄중한 화상을 입었다. 제일 혹독한 것은 일부 사람들의 머리에 휘발유를 부어 산채로 태워 죽였다는 사실이다."

(3) 하얼빈 위만주군 독립헌병대의 한 일본침략군 군인이 중국인 한명을 폭행한 사실을 적고 있다. 그는 친구에게 보내는 편지에서 만주인 한둘쯤 없애는 것은 일도 아니기에 적당한 기회를 보아 비상수단을 사용할 계획이라고 밝혔다.

(4) 천진 프랑스조계지 교회당 앞 大利里 5번지에 사는 徐景田이 봉천 浪速通37 豊양복점의 藩福良에게 보내는 편지가 몰수당하였다. 편지는 다음과 같이 적고 있다. "천진에 세맡은 집이 불행하게 일본군에 점령당하여 병영으로 되었다. 그들은 내가 집안의 가구들을 옮겨가지 못하도록 하였다. 별수 없어 나는 옷가지들만 챙긴 채 이사하게 되었다. 나는 일본군이 그렇게 협박할 줄은 꿈에도 생각하지 못하였기에 몹시 울적하였다."

(5) 봉천 중국은행의 중국인 吳蔭秋에게 보내는 편지가 압류 당하였다. 편지는 이렇게 쓰고 있다. "요즘 일본군이 병사들의 군기를 잡고 있기에 어느 정도 안정되었다. 하지만 밤에는 의연히 약탈사건이 발생하고 있다. 南川門 姜懋廣店 劉二兄의 虹橋西에 있는 주택 두 곳이 말끔히 털렸다. 光願家의 주인도 체포되었다. 일본군은 그에게 물고문을 들이댔고 불고문도 자행하였다. (일본인)들은 입으로만 종일 구국을 외치지만 그 행실은 그야말로 소름이 끼친다."

(6) 산동성 平度 劉方庄 吳陳氏가 길림 西大街 官馬夫胡同 天和棧 劉錫山에게 보낸 편지가 길림헌병대의 검열에서 삭제처리되었다. 그는 편지에서 고향에 흉작이 들었지만 일본

군과 만주군이 겨끔내기로 식량을 약탈하기에 자살하고 싶은 지경이라고 하소연하고 있다.

(7) 목단강시 光化街의 湯原이 鳥取縣 日野郡 溝口町의 淸水寬一에게 보낸 편지가 검열 후 압류되었다. 편지에서는 일본침략군이 부녀자를 희롱하는 추태를 적고 있다. "토요일과 일요일이 되면 거리는 병사들로 넘쳐난다. 저녁만 되면 만취한 군인들이 일본도를 어깨에 메고 거리를 휩쓸고 다닌다. 그중에는 특히 尉官들이 많다. 처녀가 홀로 길을 가면 그들은 그녀의 손을 덥석 잡거나 아예 와락 그러안고 놀라게 한다. 나는 불안한 마음으로 이런 생각이 들었다. 세계적으로 유명한 일본군인이 이 모양 이 꼴이란 말인가? 일본 내지에서는 이런 모습들을 전혀 볼 수가 없는데 말이야. 15일부터 20일까지 방공연습기간이라 군대가 출동할 것이다. 나는 밤에 한발작도 밖으로 나가지 않기로 하였다."

(8) 길림시 岔路鄕의 張善如가 新京의 僞만주국 경제부 韓逢時에게 보낸 편지에는 이렇게 적고 있다. "근년에 와서 우리 고향에 들어온 일본군의 포악함이 이루다 말할 수 없을 지경이다. 향민들은 뿔뿔이 흩어졌고 편한 날이 없다. 그밖에 곡가가 치솟아 어떤 이들은 연 며칠 동안 세끼만 먹은 경우도 있다. 게다가 거액의 세금을 강제로 징수하고 있는데 반항하기만 하면 죽임을 당하였다. 우리도 어쩔 도리가 없다." 이 편지는 삭제처리되었고 발신자를 감시한다는 비고가 적혀있다.

(9) 東安시 永樂街 滿拓社宅34번지에 거주하는 足立百合子가 岐阜縣 不破郡 賓代村 小川和子에게 보낸 편지가 삭제처리 되었다. "난 인구가 얼마인지는 모르겠지만 군대의 숫자가 평민보다 2,3배 많은 것은 틀림없는 것 같다. 주변의 산속에는 군대건축물이 대량 설치되어 있고 군인의 엄밀한 감시 하에 있다. 만약 들놀이를 나갔다가 길을 잘못 들어서면 가차 없이 사살된다. 또 가옥 밖에서는 촬영이 일절 금지되어 있다."

우정검열 과정에 일본침략군 헌병대는 일본침략군의 폭행을 객관적으로 보도하거나 서술한 중외 신문잡지 및 종교기구의 홍보물을 모두 압류 혹은 몰수하는 조치를 취하였다.

(10) 아르헨티나 부에노스아이레스 194번지의 엘리타 발토스(인명 음역)가 營口의 啓東회

사에 근무하는 엠즈 토리니(인명 음역)에게 보낸 러시아 신문 『루스키 · 우 · 아르킨키니』가 압류되었다. 신문은 이렇게 기재하고 있다. “전선에서 보내온 보도에 따르면 일본군대의 저항이 뚜렷이 감소하였다. 남경의 군사거점이 단시기 내에 중국부대의 수중으로 돌아올 것으로 보인다. 장제스의 선두부대가 이미 남경의 교외에 진주하였고 패퇴하는 일본군대와 전투를 벌이고 있다. 마지막으로 퇴각한 일본부대는 시가지를 포기하고 건축물들에 불을 질렀다.”

(11) 미국 내츄리시 종교지 『월드 마리크』가 하얼빈 데린스카야13번지 겔리라 · 비치에게 보낸 영문서한이 사실을 객관적으로 적고 있어 검열에서 몰수되었다. 편지에는 이렇게 적고 있다. “선교사 트로이(인명 음역)여사는 徐州전장을 둘러본 이야기를 발표하였다. 그 내용은 다음과 같다. 나는 일본군의 습격을 받은 徐州를 시찰하고 돌아왔다. 지나의 평민백성은 물론 우리의 교회도 커다란 손해를 입었다. 그 참담한 정도는 이루다 말로 다 표현할 수가 없다. 교회의 서적, 가구 그리고 기타 재산은 모두 일본군에 의해 말끔히 약탈당하였다. 눈뜨고 볼 수 없는 참경이다. 우리는 일본군 당국에 몇 차례 항의를 제기했으나 그들은 우리의 요구를 묵살하고 아무런 조치도 취하지 않았다.”

(12) 미국 잡지가 「마취제는 일본의 신식무기」라는 제목으로 글을 발표하여 일본침략군이 중국의 항전을 무력화하고자 아편, 모르핀, 헤로인 등 유해물질을 무기로 사용하고 있다고 폭로하였다.

(13) 몰수된 아르헨티나 『E바루트스』잡지는 일본의 중국침략전쟁을 평론하면서 다음과 같이 쓰고 있다. “일본은 중국에서 전쟁을 계속하고 있다. 중국인민들은 일본인들에 의해 고통의 심연 속에서 허덕이고 있다.”

(14) 『신보(申報)』는 미국 국무장관 헐의 다음과 같은 성명을 등재하고 있다. “미국은 극동정책을 개변하지 않을 것이다. 만약 일본의 태도가 개선되지 않는다면 운송금지의 범위는 진일보 확대될 것이다.” 이 신문은 검열 후 137부가 압류되었다.

(15) 상해에서 발행하는 영문 주간지 『중국평론주간(中國評論週刊)』에서 하얼빈사서함 232호에 보낸 『만주경제평론』에 「우리의 적 汪精衛」라는 문장이 실려 있어 몰수당하였다. 그 내용을 보면 다음과 같다. "汪精衛와 일본은 비밀협약을 체결하였는데 그에 따르면 지나는 일본의 식민지로 된다. 汪精衛는 일본과의 지속적인 항전을 두려워하기 때문이다. 협약이 체결되면 지나인은 현재의 대만인과 조선인처럼 노예로 전락하게 된다."

(16) 상해 廣學會에서 山城鎮기독교회에 보낸 잡지 『명등(明燈)』19부가 몰수당하였다. 잡지는 이런 글을 기재하였다. "친애하는 청년 벗들, 우리나라는 지금 옛날의 이스라엘민족처럼 망국멸족의 위기에 직면해 있다. 현재 우리의 국난은 몹시 심각한바 국토가 침략당하고 동포가 학살당하고 있다. 우리는 전례 없는 대재난을 겪고 있다. 국가존망의 이 위급한 관두에 눈앞의 재난을 극복하기 위하여 우리는 필히 구국의 정도를 찾아나서야......"

2. 일본군이 저지른 전략적 폭격의 죄증을 보여주는 서류

일본침략군은 1938년부터 중국의 임시수도 중경 및 기타 지역에 5년여의 시간동안 대규모적인 전략폭격을 감행하였다. 그 목적은 중국군민의 항일의지를 좌절시키고 와해하기 위함이었다. 수년간 이어진 무차별폭격은 중국 각지에 수많은 폐허를 만들었고 주검이 도처에 널리게 하였다. 특히 중경대폭격에서는 폭격에 의한 직접적 인명피해 외에 校場口방공호 및 기타 지점에 피신한 수많은 평민이 질식사하여 세계를 놀라게 한 대참사를 빚어냈다. 일본침략군의 천인공노할 죄행은 당시 국제여론의 질타를 받았다.

(1) 상해불문상해일보사에서 발행한 『불문상해일보』는 다음과 같이 보도하였다. "일본은 침략해 들어온 2년여 사이 결정적인 승리를 취득하지 못하였다. 일본은 현재 그다지 중요하지 않은 도시를 폭격하여 인민들의 평화로운 생활을 파괴하고 있다. 목전 중경은 비록 지나

의 수도라고는 하지만 무장형(武裝型)도시는 아니며 군사방위형도시도 아니다. 일본 폭격기는 쩍하면 이러한 비전투인원 밀집지역에 폭탄을 투하하여 무수한 화재를 일으켰다. 투하한 폭탄은 1000매가 넘으며 인민들은 참혹하게 학살당하고 있다."

(2) 중경 叢林溝6번지 史美□가 호북성 黃梅縣 孔壟鎭 모씨에게 보낸 편지가 헌병대의 검열 이후 유해통신으로 분류되었다. 내용을 보면 "일본비행기의 맹렬한 폭격으로 중경시내는 기본상 풍비박산이 났다. 최근의 중경 전부□□□, 하지만 적기는 의연히 연일 폭격□□□."

(3) 중경 南岸 彈子右大灣의 薛連寶가 常熟 東興沙西苑鎭의 薛石良에게 보낸 편지에서는 검열 후 여덟 개의 "유해사항"을 발췌해냈다. "적기가 미친 듯이 폭격하여 수많은 사상자를 냈고 파괴된 가옥은 그 수를 헤아리기 어렵다. 폭격소리가 수백의 우레가 동시에 울듯이 천지를 진감하고 있다. □□공포와 피로가 몰려와 죽음을 앞둔 심경□□, 길가에는 시체가 이리저리 너부러져 있고 부녀자와 아동□□□ 재로 화하였다."

(4) 西安 尙仁路 北平大旅社의 叔錫이 하북성 密雲縣 古北口 河西東 앞으로 보내어 對西門의 馬成發에게 전달하는 편지내용이 삭제되었다. "여기는 쩍하면 적기가 날아와 폭격하기에 사람들은 모두 여러 물건들을 챙겨 농촌으로 피란을 갔다. 지금도 매일처럼 적기의 폭격이 계속되고 있다. 그곳 상황은 어떠냐? 누이동생도 폭격 때문에 등교할 수가 없구나. 이곳 사람들은 극도의 곤란에 직면해 있다."

(5) 浙江성 揚州 靑田縣의 徐錫俊이 봉천시 興森洋行에 보낸 편지가 헌병에 압류되었다. 편지에는 "적기의 무차별 폭격 때문에 여기 양민들이 시름 놓고 살 수가 없다"는 내용이 적혀있었다.

일본침략군이 임시수도 중경 및 기타 지역을 상대로 진행한 전략적 폭격에 의한 평민의 희생과 그 참상은 중국근대전쟁사에서 지울 수 없는 민족적 트라우마로 남았다. 우정검열월보서류는 일본침략군의 중국멸망이라는 전략적 기도를 증명하였으며 일본군국주의가 저지른 덮어 감출 수 없는 죄증으로 된다.

3. 일본침략군이 백계 러시아인[1]을 비밀리에 이용하여 극동지역을 침략한 죄증에 관한 서류

러시아 "10월 혁명"이 승리한 후 일본은 차르의 전제제도가 무너진 기회를 타서 적극적으로 세를 확장하였다. 일본은 소련 국내 계급모순을 확대시킴과 아울러 10월 혁명 이후 중국 동북경내에 망명한 백계 러시아인을 규합 및 이용하여 극동 내지는 동아시아 대륙을 제패하려는 야심찬 음모를 획책하였다. 우정검열월보서류는 부정할 수 없는 증거들로 백계 러시아인이 일본과 위만주국의 통치하에 힘들게 삶을 영위하는 실태를 고발하고 있으며 일본침략군이 백계 러시아인을 이용하여 소련을 견제하고 저들의 극동제패전략을 실현하려는 음모궤계를 까발려놓고 있다.

(1) 하얼빈주재 프랑스 영사가 프랑스정부 및 기타 4곳에 보낸 편지의 원문은 다음과 같다. "목전 만주국 내에 거주하는 백계 러시아 아동은 4500명 정도이다. 일본은 그들에 대해 아주 냉담하다. 멀지 않아 그들을 다른 나라에 전입시킬 것이다. 일본은 장래 연해주를 침범하려는 계획을 세우고 있으며 그들을 자신들의 하수인으로 키우려 하고 있다. 목전 일본은 당지에 2개의 하사관양성소를 설립하여 러시아청소년들을 키우고 있다."

(2) 샌프란시스코의 러시아 교민 이바차리아가 하얼빈 이만스카야街 西의 아쇼프러애 등 세 사람에게 보낸 편지는 다음과 같이 쓰고 있다. "하얼빈주재 러시아사무국은 일본의 대리기관에 불과하다. 기타 러시아단체들은 모두 해산되고 협화회로 재조직되었다. 집회라도 가

---

1) "백계 러시아"는 당시 중국에서 러시아 10월 혁명 이후의 "적색 러시아" 소비에트정권에 대항하는 러시아인을 지칭하여 만들어낸 명사이다. 일본어에서는 백계 러시아인을 "白系俄人"이라 칭하였다.

지면 전원이 신경의 만주국황제에게 경배를 드려야 한다. 참 웃기는 노릇이 아닐 수 없다." "백계 러시아 아동의 과목은 일본어학습을 목표로 하고 있다. 그들은 각종 수단을 동원하여 러시아인이 자고로 지켜온 민족의식을 짓밟고 말살하려 시도한다. 다수의 러시아 상급학교는 핍박에 의해 폐교하였다. 청소년들은 전부 학업을 중단하고 힘든 노동에 종사하고 있다. 만약 사직을 제기하면 곧바로 일본헌병대에 끌려가 훈계를 듣는다."

(3) 하얼빈에 거주하는 외국인 모씨가 상해 루카스리아트街25번지의 아야스베크에게 보낸 러시아문 편지가 몰수되었다. 편지에는 이렇게 말하고 있다. "하얼빈에서 생필품을 얻는다는 것은 아주 힘든 일이다. 우리의 식량공급도로가 막힌 것도 마찬가지이다. 일본당국은 배급을 실시한다고 했지만 이미 꼬박 삼년을 기다렸다. 철도와 같은 곳에는 생필품이 많이 비축되어 있지만 백계 러시아인에게는 발급하지 않고 있다. 그것은 누구의 식량인지 당신이 조사해 주기를 바란다. 하얼빈은 더 이상 우리가 생활할 수 있는 곳이 아니다......"

(4) 하얼빈 藥鋪街93번지의 데 · 에스크노노브가 상해 루트와르겐街89번지의 에 · 베오를로브에게 보낸 편지는 비록 정상적으로 발송되었지만 헌병은 월보에 "차후의 행적을 조사할 필요가 있다"는 비고를 남기고 있다. 그 내용을 보면 다음과 같다. "하얼빈의 생활은 아주 비참하다. 물가가 치솟고 식량배급이 안되어 있다. 정신적으로나 물질적으로나 참담한 지경이다. 만약 소련으로 돌아갈 수 있다는 허가를 받으면 하얼빈에 있는 7%정도의 백계 러시아인이 미친 듯이 기뻐하며 돌아갈 것이다."

(5) 미국의 푸드난시가 하얼빈사서함29호 이카에브 · 레메브에게 보낸 러시아문 편지가 몰수당하였다. 주요내용을 보면 이렇다. "1. 극동지역의 백계 러시아인이 받은 것은 브루펠이 거느리는 홍군부대의 압제가 아니라 일본제국주의의 압제이다. 2.백계 러시아와 상관되는 간행물들이 거의 다 정간되었다. 간신히 살아남은 아동교육을 위한 읽을거리도 일본의 압제를 받고 있다. 3. 三河사건은 카자크의 습격□□□ 일본이 백계 러시아인을 배척하기 위한 책동의 하나이다. 4. 일본이 공산정부와 전쟁을 하지 않는다는 것 자체가 백계 러시아

인을 유린하는 또 다른 증거로 된다. 5. 만주에 거주하는 백계 러시아인은 일본의 관제시위에 강제로 동원되었다. 일장기를 흔들고 일본제국 만세를 외치는 것은 참으로 우둔한 짓이 아닐 수 없다."

4. **일본침략군이 비밀군사시설 축조에 인부를 노역한 죄증에 관한 서류**

일본은 줄곧 동북을 그의 생명선으로 간주하였다. 관동군은 극동에서의 이익을 보장하기 위해 1934년부터 1945년 투항하기까지 소련의 침공을 막기 위한 군사시설을 대량 축조하였다. 그들은 할당, 납치 및 포로비법사역 등 파시즘적인 수단으로 인부를 충당하여 중·소·몽 국경선에 몇 천리나 되는 군사시설을 축조하였다. 관동군의 진압과 엄혹한 관리 하에 수십만 중국인부가 이러한 군사시설을 축조하는 과정에 목숨을 잃어 백골이 되었다. 검열을 받은 편지 중에는 관동군의 지시를 받은 일본 시공사가 인부의 목숨을 초개로 여긴 반인륜적인 죄행을 기록하고 있다.

(1) 위만주국 교통부 동녕토목건설사무소 高井安一이 동경시 品川區 大井 金子町 志村關造에게 보낸 편지에는 중소국경에 비밀군사시설을 축조한 사실을 묘사하고 있다. 편지는 동녕헌병대에 의해 압류처리되었다. "군용도로는 하루에 6킬로미터 정도 닦을 수 있다. 신축시설은 三岔口 바로 아래쪽에 있는데 러시아 쪽을 똑똑히 볼 수 있다. 요새는 군용도로와 지하도의 ○○까지 파놓았다. 탄약고는 산의 ○○에 있다. 공중에서는 보이지 않는다. 당지 민중도 안쪽에 도로가 있다는 것을 전혀 눈치 채지 못하고 있다."

(2) 동녕 藤田組 大肚川 공사현장의 小山水平이 오사카시 港區 千代見町 三丁目 水盛線店 小山德太郎에게 보낸 편지가 몰수되었다. "...... 목전 대두천 지역에 장티푸스가 돌고 있다. 大肚川의 쿨리(인부)가 20일까지 24명이 죽었다. 기타 부대의 쿨리 중 매일 한둘이

죽어나간다. 만약 이런 곳에서 죽으면 남의 웃음거리가 될 것이다. 그래서 쿨리가 사는 오두막에는 절대 가지 않는다. 몸을 아껴야 하니까. 개나 쿨리가 병에 걸리면 약도 주지 않고 병원은 더구나 데려가지 않는다. 가봤자 의사들이 치료를 해주지 않으므로 당연히 죽어나가게 된다……"

(3) 琿春탄광회사의 田中操三이 長野縣 北佐久郡 輕井澤町 半田彦七에게 보낸 편지는 헌병에 의해 대소련 비밀군사시설에 관한 내용이 삭제처리 되었다. "내지와 달리 만주에서는 한 곳에 배치된 연대가 없다. 전부 분산되었다. 국경선 각처의 산등성이에는 숙영지와 비행장이 축조되어 경비를 책임지고 있다. 張鼓峰에서 동녕에 이르는 국경선 지하에는 마지노선에 짝지지 않는 지하요새가 수축되어 있다."

(4) 영문잡지『뉴욕월간아시아호』(1월호)가 하얼빈에 있는 외국인 4명에게 보낸 편지가 몰수당하였다. 주요내용은 다음과 같다. 1. 일본이 만주도 장악하지 못하였기에 절대 중국을 장악하지 못한다. 2. 만주국내의 산업이 일본에 독점되어 외국인은 거의 경영이 불가능하다. 3. 일본이 만주에서 중국 쿨리를 노역하는 것은 소련과의 작전을 위해서이다. 4. 만주국 내 대량의 일본청년들이 실업하고 있는데 당국은 속수무책이다.

5. 일본침략군이 화학무기와 세균무기를 사용한 반인륜적인 죄행에 관한 서류

일본은 중국을 침략하는 과정에 가장 적은 대가로 중국을 훼멸하고자 국제공약을 공공연히 짓밟고 비밀부대를 창설하여 세균무기와 화학무기를 연구 제조하였으며 그것을 실전에 투입하였다. 이는 하늘에 사무치는 반인륜적인 죄행이 아닐 수 없다. 비록 세균부대와 화학부대가 죄악적인 활동을 저지르는 과정에 방첩을 목표로 상관정보의 유출을 엄격히 통제하였지만 검열 받은 일본침략군 군인의 편지에서 그 단서를 노출하고 있다.

(1) 일본침략군 하얼빈 石井부대의 正崎爲志가 일본 千葉縣 匝瑳郡 八日市場町 石原市太郞에게 보낸 편지는 다음과 같은 사실을 기록하고 있다. "豊儀는 6월 22일 저녁 갑작스런 명령을 받고 전선으로 출동 중에 있다. 우리 石井부대가 특수비밀부대이기 때문에 더 묻지 말아 달라."

(2) 일본침략군 군인 藤原恒雄이 상해 吳淞路257번지 中方우정국을 통해 尾道生魚회사의 藤原已之助에게 보낸 편지는 검열 후 군사기밀을 노출할 우려가 있는 유해사항으로 분류되었다.

이 월보자료는 일본침략군이 철수할 때 소각하여 파손되었기에 발췌가 불완전하다. 하지만 띄엄띄엄 이어지는 문자 속에서도 일본군이 전쟁에 생화학무기를 사용하려는 의도를 충분히 읽어낼 수 있다.

"□□□□를 시작으로 □□□과 함께 아침저녁으로 전쟁□□□틀림없다. 장비는 전부 □□□ 【중국】을 대상으로 □□□아니기 때문에 화학전일 것으로 추측한다. (綱)부대는 土련대, 綱部부대□四十一연대□□□."

(3) 목단강성 溫春北川부대 秋山隊의 秋元重光이 神奈川縣 橫濱市 港區 新羽町의 秋元留吉에게 보낸 편지는 말소되었다. 편지는 이렇게 쓰고 있다. "과학무기를 지닌 항공부대는 방첩방면의 규정이 특히 엄격하기에 飛行第二十八戰隊라는 나의 고유부대명칭을 발설치 말도록 해주세요."

6. **일본침략군 군인의 전쟁혐오정서를 보여준 서류**

1939년 5월부터 9월까지 관동군은 만몽국경의 노몬한지역에서 사단을 일으켜 소련 · 몽골 연합군과 접전하였다. 소련 · 몽골연합군은 지상과 공중의 입체전술로 일본침략군에 심각한 타격을 주었고 관동군은 큰 대가를 지불하였다.

"우정검열서류"에는 일본군인이 기록한 노몬한전역의 참패상황이 편지의 형식으로 대량 포함되어 있다. 일본침략군은 침략전쟁을 목적으로 군인의 사기를 고무하고자 군인이 전패상황을 말하거나 상관정보를 전송하는 것을 엄금하였기에 이에 관련된 편지는 전부 헌병대에 의해 압류되거나 소각되었다.

(1) 길림성 東安街 田中要부대 中藤一이 愛知현 尾田幸에게 보낸 편지에서 향수와 전쟁혐오의 정서를 토로하였기에 편지가 몰수당하였다. "전쟁이든 사변이든 모두 고통스런 일이다. 축 늘어진 몸과 골수에 사무친 피곤을 이끌고 행군과 전투를 강행하고 있다. 돗자리에 누워 추위 속에서 졸면서 꿈을 꾸었다. 그 외로움은 이루다 말할 수 없다. 하사관으로서 일년 넘게 집에 갈 수 없다는 사실에 깊은 애수와 풀리지 않는 권태를 가득 담아 허공에 주먹질해본다……"

(2) 일본침략군 山下부대 小林부대 山內隊 杉本重義가 大阪府 下堺市 住吉橋通1-22번지 松本敏江에게 보낸 편지의 내용을 보자. "우리는 3월이 돼야 제대하게 된다. 편지도 마음대로 쓸 수 없다. 무기점검을 해야지만 모두 귀찮다. (중략) 아! 고향으로 돌아가고 싶구나! 집에 가고 싶어! 하루하루가 고역이다."

(3) 다음의 내용은 노몬한전역에 참가한 일본침략군 군인이 쓴 편지에서 보여준 독가스무기사용의 실황과 강렬한 전쟁혐오정서이다.

○ 더 이상 전선에 나가고 싶지 않다.

○ 120°F내지 130°F되는 폭염 속에서 방독면을 쓴 "가스"병사를 보내 작업하게 한다. 그 고통은 차라리 사람을 죽고 싶게 만든다. 군대는 참말로 불타는 지옥이다.

○ 중형유탄발사기로 하늘을 찢을 듯이 □□를 발사한다. 명령이 떨어져도 누구하나 머리를 드는 자가 없다.

○ 민간인들은 입만 벌리면 군인이 어떻고 하지만 마음속으로는 군인을 제일 미워한다.

인생의 절반 시간을 군대에서 보내야 하니 참 유감스럽다.

○ 쩍하면 "군인", "멸사봉공, 호국의 영혼이 되자"와 같은 말을 입에 달고 사는 사람일수록 목숨을 아끼고 있다. 이는 그들의 이성적인 지혜를 보여주는 것이다. 靖國神社든 護國神社든 살아 있을 때의 위안일 뿐이다.

(4) 佳木斯 小川부대 高木대의 小中利雄이 중화항공회사의 桐山義雄에게 보낸 편지가 몰수당하였다. 내용은 다음과 같다. "아무튼 오랜 부대생활을 한 사람은 바보로 변하기 십상이다......특히 초년병이 바보가 아닌 이상 절대 이런 바보스런 짓을 저지를 리 없다. 부대의 神은 제일 좋다.....부질없는 짓거리에 괴로움을 당하였다. 일본군국주의자들은 천황에 충성한다는 미명 하에 청년들의 참군을 선동하였고 그들을 광열적인 침략전쟁으로 내몰았다. 하지만 비정의적인 침략전쟁은 점차 일본군인들과 민중을 각성시켰고 그들을 전쟁혐오로부터 전쟁반대로 나가게 하였다.

(5) 미국 보스턴시의 영문일간신문사의 크리스틴 · 산에스 · 몽테르가 하얼빈사서함269번지에 보낸 신문 3부가 몰수당하였다. "동경제국대학교를 졸업한 사회주의자 鍛治渡는 몇 번씩이나 체포되어 수감되었다. 하지만 최근 그는 일본을 벗어나 지나에 갔고 그곳에서 같은 사회주의자인 池田雪이라는 여자와 결혼하였다. 그는 현재 중경정부에서 라디오로 지나 각지에서 참전중인 일본군 장병들을 향해 반전 선전을 하고 있다. (鍛治渡의 사진을 실었다.)

7. 일본의 이민침략죄증을 보여준 서류

9 · 18사변 이후 일본제국주의는 중국 동북지역에 20년 동안 백 만 가구를 이민시킨다는 침략국책을 추진하였다. 그 목적은 중국 동북에서 일본의 실력을 증강하고 그로써 당지의 "치안"을 안정시키며 "대륙정책"을 위한 거점을 고착하기 위한 것이었다. 나아가서는 소련을 방어 혹은 진공하고 중국 전역 및 극동지역을 삼키기 위한 모략이었다.

일본의 이민침략국책은 중국인민에게 심각한 재난을 갖다 주었다. 동시에 일본이민들에게 커다란 고통을 안겨주었다. 중국농민들은 일본이민의 침입으로 말미암아 유리걸식하였고 일본이민들은 동북에 온 후 정부의 선전과는 전혀 다른 생활을 하게 되었다. 동북지역의 추운 날씨보다 더 가슴 시린 것은 일본군국주의정부의 야만적인 사기극이었다.

(1) 密山에서 廣島市 八丁堀幟町 소학교의 井本里子에게 보낸 편지는 이민국책에 대한 강렬한 불만을 표시하고 있어 아주 대표적이다.

편지는 이렇게 적고 있다. "희망으로 가득 찬 설레는 가슴을 안고 동경해마지 않던 만주에 왔다. 우리 이민단은 목적지에 도착한 며칠 후에야 모든 것을 알아챘다. 꿈이 파멸되는 느낌이었다. 모든 진실을 알아버린 후 우리 일행은 노기충천하여 전부 귀국을 요구하였다. 비록 단장의 설명을 듣고 잠시 누그러들었지만 모두들 국내에서 듣던 내용과 당지의 실상이 현격한 차이가 나는 것에 놀라지 않을 수 없었다. 국내의 신문과 잡지들은 모두 만주이민의 좋은 점에 관해 필묵을 아끼지 않았다. 그래서 당지의 실상을 목도하지 못한 일본인들은 유토피아의 꿈을 꾸었지만 만주에 도착하고 보니 가는 곳마다 쓸쓸한 정경이었다. 꿈은 이미 깨졌다."

이민국책이 보다 온당하고 장구하게 실행되도록 하기 위해 近衛내각의 비준 하에 설립된 "만몽개척청소년의용군"도 일본정부의 선전유혹에 넘어가 이른바 "大和魂"을 실현하고자 부푼 꿈을 안고 중국 동북지역에 들어왔다.

추운 날씨와 수토불복 그리고 조금만 소홀히 해도 혹독한 징벌이 내려지는 군사훈련 때문에 젖내가 채 가시지 않은 이들 청소년들은 벗어날 수 없는 가혹한 현실 앞에서 절망하였다. 애당초 의용군에 적극적으로 입대하여 "만주개척사업"에 헌신하려던 결심은 점차 흔들리기 시작하였다.

(2) 목단강시 銀座大街 檜垣문방구점의 村田八郎이 京都府 輿謝郡 宮津町川向 大江康

夫에게 보낸 편지에서는 이민정책에 대한 회의를 보여주고 있다. “□□□개척청소년을 말하며□□□, 그러한 일은 여기에 전혀 없다. 이곳 지도자의 말에 따르면 국내에서 만주에 도착하자마자 인적이 드문 심산으로 데려간다고 한다. 월급은 1원에서 1원 50전 정도이다. 일이 너무 힘들어 슬그머니 도망치는 자들이 있는데 발각되면 즉시 사살당한다. 참으로 무지막지한 짓이다. 이러한 현실은 근본적으로 국가의 문제이기에 다른 사람과 담론하지 말라.”

(3) 大黑河의 일본인 三井豊이 일본 山梨縣 中巨摩郡 稻積村의 杉野玄三郎에게 보낸 편지가 삭제처리 되었다. 삭제된 부분은 다음과 같다. “고향을 떠날 때 정부관원의 감언이설을 듣고 나는 커다란 희망을 품었었다. 하지만 이곳에 와서 만주의 현황을 요해한 후 그 희망은 철저히 부서졌다. 현금은 한 푼도 주지 않고 매달 2원어치 되는 주보구매권(酒保購買券)만 발급한다.”

(4) 北安성 鐵驪縣 鐵山包驛 소학교교무원배양소의 出川久二가 길림시 外哈達灣 인조석유회사 광부훈련소의 小池敏郎에게 보낸 편지가 삭제처리 되었다. “이로써 의용군이라는 흙구덩이에서 철저히 해방되었다. 들개처럼 살던 생활에서 완전히 벗어나 새로운 인생을 살기 위해......”

8. **전시경제통제에 대한 민중의 불만을 보여준 서류**

7 · 7사변 이후 일본과 위만주국 당국은 침략전쟁에 집중적으로 물자공급을 하기 위하여 중요한 생산과 생활물자를 군수품으로 지목하여 공제하였으며 전시경제통제정책을 전면적으로 실시하였다. 고압적인 배급경제체제 하에 일본과 위만주국 당국은 경제경찰을 설치하여 파시즘통치를 가강하였다. “오족협화”라는 거짓말은 철저하게 부서졌으며 민족기시가 공공연하게 자행되었다. 동북민중 특히는 중국인에 대한 압박과 착취는 절정에 다달았다.

(1) 新潟현 水原町 下原의 加藤又衛가 목단강시 小島부대 田中대 소속 阿部益雄에게 보낸 편지는 검열에서 몰수되었다. "지금의 상황은 그야말로 난세가 따로 없다. 백성들은 자신이 거둔 곡식조차 팔 수 없게 되었다. 정월에 쌀 한가마니를 팔았더니 경찰서에 두주일 동안 갇히고 말았다. 만약 이 상황이 지속된다면 상인과 백성들은 더 이상 살 길이 없다."

(2) 大連시 山城町 칠번지-1 滿鐵修養所의 平田宗正이 水芬河 大直街 47-1번지의 平田濟에게 보낸 편지는 다음과 같이 쓰고 있다. "대련에 온 뒤로 많은 것을 들었고 많은 것을 보았다. 내가 상상했던 것과는 전혀 다른 상황이다. 나는 직장을 바꾸지 말았으면 좋겠다는 생각이 들었다. 물가가 치솟고 물자가 결핍하고 지어 식량과 부식품의 구매도 아주 힘든 상황이다. 사람들은 붐비는 전차를 타고 먼 곳에 가서 물건을 산다. 그 줄이 엄청 길다. 아이를 가진 사람들은 물건 사러 갈 엄두조차 내지 못한다. (중략) 듣건대 며칠 전 물건을 사려고 줄을 섰다가 인파에 이리저리 떠밀려 머리가 맞힌 어린 아이가 죽은 사건이 있었다고 한다. 대련에 사는 사람들은 절대 아이를 데리고 물건 사러 가지 말아야 할 것이다. 운운"

(3) 하얼빈 세리유니바살十道街 바블류치쿠가 西백계러시아 빈스카야縣의 바블류치쿠에게 보낸 편지는 물가가 폭등하는 현실을 썼기에 하이라얼헌병대의 검열에 걸려 몰수당하였다. "현재 본 지역의 모든 물품은 기겁할 정도로 값이 올랐다. 여자들이 신는 긴목장화마저 옛날에는 5,6원 하던 것이 지금은 45~46원 정도로 값이 올랐다. 이밖에 버터 1파운드에 2원 50전, 빵 한 근에 15전, 우유 한 병에 20전 등등... 모든 물가가 몹시 비싸다."

(4) 營口시 協和街 15번지의 赤尾徹生이 천진시 일본조계지 松島街 12번지의 靑木一夫에게 보낸 편지도 몰수당하였다. 내용은 다음과 같다. "'금방 준 밀가루배급표를 좀 봐!' '위정자들인 일본인들은 대체 뭘 하려는 거야?'.....한 쿨리가 두덜거렸다. '일본이 욕하던 張정권......이미 몰락한 옛 군벌은 물론 혹독했지만 적어도 먹는 쌀은 제대로 줬잖아.'......'전쟁은 일본이 하는데 쌀은 만주국의 것을 먹다니. 결국 우리에게 배급식품을 안주고 일본인에게만 주잖아. 이게 대체 웬 영문이야? 왜 만주인이 고생을 해야 하는데?'......"

(5) 下關市 田中町 常盤通23번지에 사는 西方正美가 水芬河 大直街231-2번지 井上富子에게 보낸 편지가 몰수처리 되었다. 편지에서는 일본 국내에서 실행하는 배급제에 대한 불만과 무가내가 표출되고 있다.

"어머님의 편지에서 당지의 어려움과 불편함이 상상됩니다. 일본 내지의 사람들도 물자부족으로 눈물을 흘리고 있네요. 전쟁시기의 황민은 원망도 말아야 하고 마음껏 사실도 얘기할 수 없군요......며칠 전 물고기 분배 과정에 비극이 발생했어요. 한 젊은 부인이 출산한지 얼마 되지 않는 아기를 업고 줄을 서고 있었어요. 드디어 오토바이가 물고기를 싣고 오자 사람들은 우르르 몰려갔지요. 그 부인은 인파에 밀려 물고기 한 마리도 갖지 못했어요. 겨우 오토바이 앞에 섰을 때엔 이미 등에 업은 아기가 죽어 있었던 거예요. 이런 일이 비일비재에요. 전쟁이 하루 빨리 끝나 평화가 왔으면 좋겠어요."

......

일본이 중국침략전쟁 기간에 작성한 우정검열서류는 전란 속에서 가까스로 남겨진 소중한 사료로서 보다 적극적인 복원정리작업을 진행하지 않으면 영원히 역사의 뒤안길로 사라지게 될 것이다. 일본이 투항 할 때 죄증을 거의 전부 소각했으므로 현재까지 남은 일본군의 죄행을 증명할 수 있는 사료가 많지 않은 상황에서 이 검열서류는 더욱 값진 것이 된다. 이 서류들을 정리하고 연구하여 출판하는 것은 서류관련 종사자들의 소임이 아닐 수 없다. 하지만 시간의 촉박함과 수준의 미흡함으로 말미암아 이 책에 오류가 많을 것으로 사료되며 광범위한 독자들의 질정을 부탁드리는 바이다.

엮은이

2014년 6월 26일

출판설명

『불멸의 증거-길림성서류관이 소장한 중국침략일본군 우정검열월보특집』총서는 길림출판그룹유한책임회사가 출판하여 육속 세상에 선보이게 된다. 이 총서는 길림성서류관의 전문인원이 다년간의 발굴, 정리, 연구를 거쳐 전문테마의 형식으로 공개한 중국침략일본군의 서류사료이다.

특집은 먼저 두 권을 내놓게 되는데 대체적으로 다음과 같은 여덟 개 부분으로 나뉜다. 1. 일본군이 중국에서 저지른 살인, 방화, 강간, 약탈을 기록한 서류 2. 일본군이 저지른 전략적 폭격의 죄증을 보여주는 서류 3. 일본군이 백계 러시아인을 비밀리에 이용하여 극동지역을 침략한 죄증에 관한 서류 4. 일본군이 비밀군사시설 축조에 인부를 노역한 죄증에 관한 서류 5. 일본군이 화학무기와 세균무기를 사용한 반인륜적인 죄행에 관한 서류 6. 일본군인의 전쟁혐오정서를 보여준 서류 7. 일본의 이민침략죄증을 보여준 서류 8. 전시경제통제에 대한 민중의 불만을 보여준 서류.

시간간격이 크고 검열내용이 번잡하므로 본 특집은 "機構時間분류법"을 따라 편집하였고 따라서 그 맥락이 일목요연하게 되었다. 독자들이 보다 쉽게 이 총서를 활용하도록 하기 위하여 우선 책의 내용구성, 구조배치, 편차순서, 참고역문 등에 관한 설명을 곁들인다.

특집은 스캔서류와 참고역문 두 개 부분으로 구성되었다. 스캔서류는 주로 발굴, 정리한 역사문헌서류를 영인한 것으로 역사성, 객관성, 진실성 및 문헌가치를 보장하고 있다. 참고역문은 주로 스캔서류와 대응되는 중문번역문으로 독자들이 보다 쉽게 원시서류를 열람하고 이해하는데 도움을 주고자 했다.

특히 부언할 것은 다음과 같다. 첫째, 원본자료의 보관시일이 길었기에 필적이 흐려져 명확치 못한 부분들이 있었다. 연구자들은 정리과정 중 이 부분을 "참고역문"에서 □로 표시하였다. 역문에 있는 ○는 원 역사서류에 이미 있는 것으로 번역 시 그대로 표기하였다. 비록 문구의 딱딱함과 열독의 어려움이 예상되나 역사서류로서의 원시상태와 진실성을 보장하기 위한 막부득이한 조치였음을 밝힌다. 둘째, "참고역문"의 일부 문자와 단락이 순서가 불분명

하고 순번이 바뀐 것은 편찬자들이 역사자료의 원시성을 존중하는 입장에서 비롯된 것이다. 다시 말해서 원시서류의 모습 그대로 재현했다는 뜻이 된다. 셋째, 연구원들이 번역 할 때 이해에 지장이 되지 않고 다의성이 걱정되지 않는 한 일본한자어휘를 그대로 차용하였다. 예하면 삭제, 정첩(偵諜), 내사, 몰수, 발송 등 어휘가 바로 그것이다. 일부 일본어 가다카나로 적은 외국인명, 지명, 단체명, 출판물명 등은 음역을 하였다. 넷째, "참고역문"의 "발견시간 및 지점" "處置" 등 항목 아래에 서류내용이 완전하지 못한 경우가 있는데 그것은 원시서류의 파손 때문에 빚어진 결과이다. 연구원들은 역사서류를 존중하는 번역원칙을 지켰다. 하지만 원 역사서류에 나타난 분명한 오류는 역자가 정확한 글자와 단어에 괄호를 쳐서 그 뒤에 시정해 두었다.

『불멸의 증거-길림성서류관이 소장한 중국침략일본군 우정검열월보특집』총서는 "국가사회과학기금특별위탁대형프로젝트"인바 근년에 와서 길림성서류관이 일본군국주의의 중국침략사료에 관한 발굴 및 연구에서 거둔 최신성과로 되며 일본군국주의가 중국을 침략하고 중국인민의 생명과 인권을 짓밟은 천인공노할 죄행의 인멸할 수 없는 증거들이다. 이 서류들은 중요한 사료적 가치와 학술연구의 가치를 지니고 있을뿐더러 세계기억유산으로서 그 기억에 대한 완전성 및 보존과 계승의 측면에서 보편적인 의미를 가진다. 따라서 중국인민 내지는 세계인민이 반드시 영원히 함께 간직해야 할 역사의 기억이다.

출판자

2014년 6월 28일

목차

1

1940년

1940년 2월 21일
中檢第一五號

관동헌병대사령부
중앙검열부

통 신 검 열 월 보

(일월)

발송 : 軍司(三)
복사송달 : 憲司, 朝憲司, 支憲司, 中支憲司
각 지방 검열부, 상관부대
牡, 延, 北, 海, 東寧 각 부대 본부, 教習隊

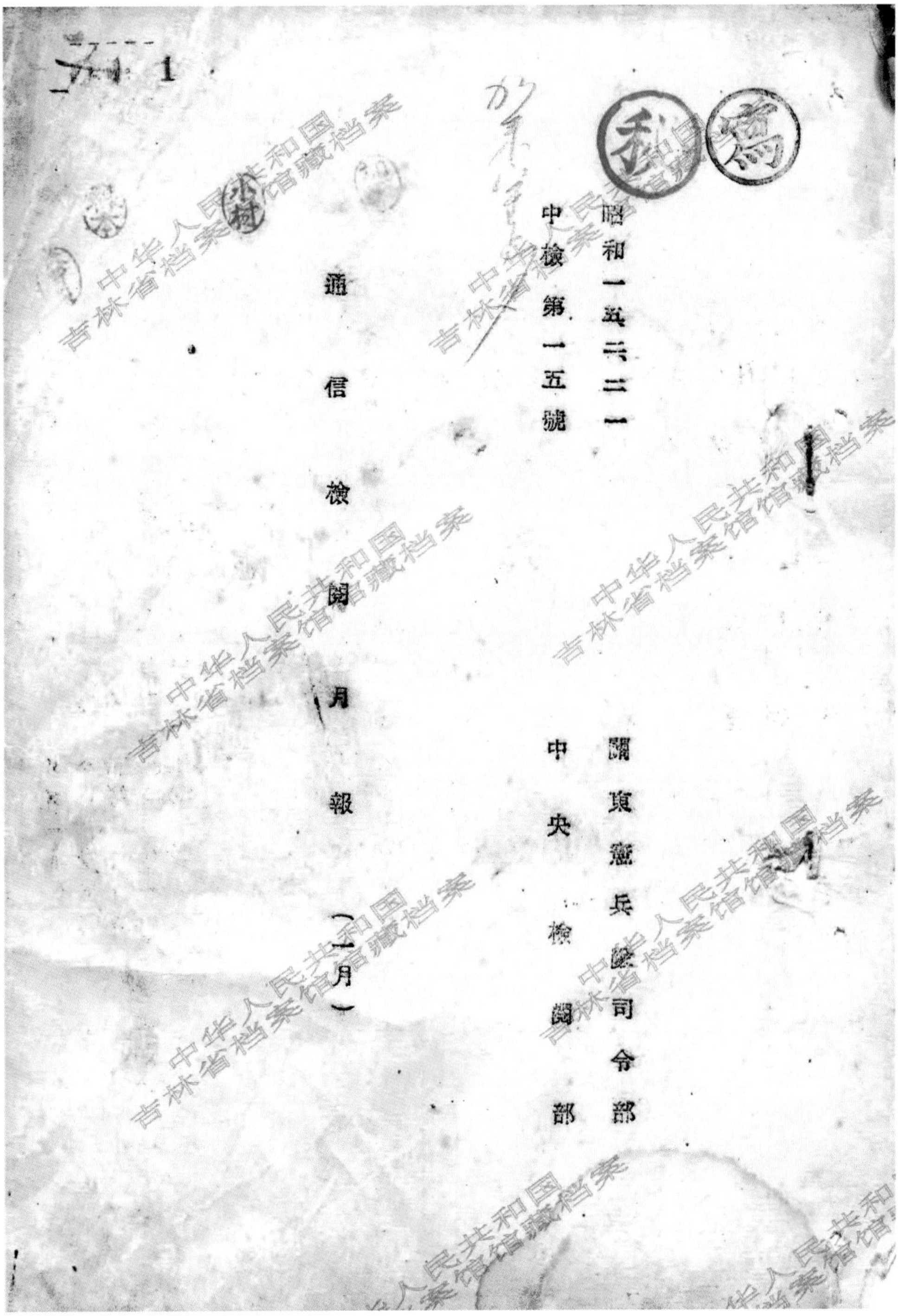
秘
寫
昭和一五、二、一
中檢第一五號
通信檢閲月報（一月）
關東憲兵隊司令部
中央檢閲部

發送先　軍司（三）

寫　憲司、朝憲司、支憲司、中支憲司、各地方
檢閱部、關係隊所、牡、延、北、海、東寧
各隊本部、教習隊

要旨

引續キ軍事、普通郵便ニ對スル有害通信物ノ防止特ニ軍ノ改編移駐ニ伴フ軍人軍屬ノ軍機漏洩防止、思想、防諜上要注意者、軍警討匪隊員、青年義勇隊員、國境接壤地帶居住民等ノ有害通信索出發見ニ重點ヲ指向シ防諜對策資料蒐集ニ努メタリ

一、本月中取扱ヒタル郵便電報左記ノ如シ

區分	期間別	取扱件數	處置件數	百分比
郵便物	前月	四九四一五二	六九八	一四%
	本月	四〇五二九八	八九二	二二%
電報	前月	七一九二三四	九六八	一三、四%
	本月	七三九五八二	一一八四	一六%

六、電報検閲ニ依ル容疑ト認メ寫ヲ取リタルモノ一一六一件（中外國官報三九一件）處置セルモノ二三件ナリ其主ナルモノ別紙第一ノ如シ

七、郵便物ノ検閲成果概況左記ノ如ク其内容ノ主ナルモノ別紙第二乃至第六ノ如シ

種別	件數 前月	件數 本月
防諜上要注意通信	三二七	二八二
流言ノ因トナルノ虞アル通信	五八	三一
抗日通信	六三	二二三
防諜上容疑ニ依リ偵諜中ノ者ノ通信	三一	三九
軍紀並思想上要注意通信	一〇二	一三〇

3

不正行為企圖ニ因リ偵諜中ノモノ	一四	七
國內治安不良ヲ報スルモノ	一六	四〇
國策阻害ノ虞アル通信	六	三
滿軍事兵忌避ヲ報スルモノ	六	二
其他通信	七五	一三五
合計	六九八	八九二

所見

1. 前月ニ比シ取扱件數小數ナルニ比シ處置通信物多數ナルハ邊疆地區ニ於ケル青年義勇訓練所員及討匪行ニ參加セル警察隊員等ノ有害通信物及抗日通信（刊行物）ノ激增セル結果ナリ

2. 軍自殺及其他ノ有害通信ハ大差ナシ

3. 軍人軍屬ノ普通郵便ヲ利用スル者依然其ノ跡ヲ絶タス之カ原因ハ一ニ部隊ニ於ケル檢閲ヲ免レントスル爲ニシテ「軍事郵便ハ部隊ニ於テ一概ニ開披セラレ此種事象ハ通信ヲ禁止セラルルヲ以テ普通郵便ニテ投函スルナリ」等冒頭シアリ防諜上有害禁止事項タルヲ認識シツツ之ヲ敢行スルモノニシテ防諜上寒心ニ堪ヘサルモノアリ部隊側ニ於ケル防諜教育ノ徹底ト取締强化ノ要アリト思料ス

4. 青年義勇隊員ノ軍事施設及討匪、治安狀況ノ有害通信ヲ爲ス者其跡ヲ絶タサルノミナラス軍行動討匪等實施ニ際シテハ其知得セル事實ヲ故ニ誇大ニ通信シアリ之等防諜上有害事象ヲ容易ニ探知シ得ル環境下ニ在ル者ニ對シテハ更ニ防諜教育ノ徹底ヲ期スル要アリ

5. 抗日通信ハ依然上海ヲ中心トスル刊行物其ノ大半ヲ占メアルカ近時

4

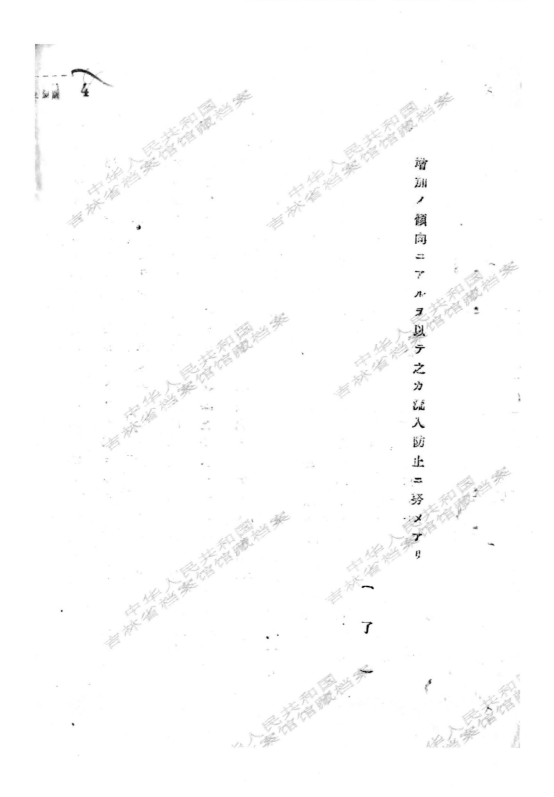

增加ノ傾向ニアルヲ以テ之カ流入防止ニ努メアリ

（了）

5

別紙第一

有害電報概況

66

發見月日場所	發信者	受信者	電報概要	處置
一、一四 佳木斯	佳木斯 札幌旅館	哈爾濱埠頭區向正街四三眞田水道工務所小田君哉	昨日車手配シタルモ今日守備隊討伐ノタメ徴發サレ運搬出來ヌ （以下略）	傍線ノ部削除
一、一六 滿洲里	滿洲里 國通記者 戸井田	新京 國通	滿洲里當地駐在モロトフ鐵道代表ウエルゾノーフハ今同公務出張ヲ命セラレモロトフ鐵道滿洲里事務所主任ペトロフカ事務取扱ヲ命セラレタ旨滿洲里驛長ニ通告カアツタシベリヤ經由大豆ノ對滿輸出ヲ目前ニ控イ「ソ」側輸出陣容充實ニ乘出シタ證據ト見ラレル	差止

7

別紙第一

防諜上要注意通信

6

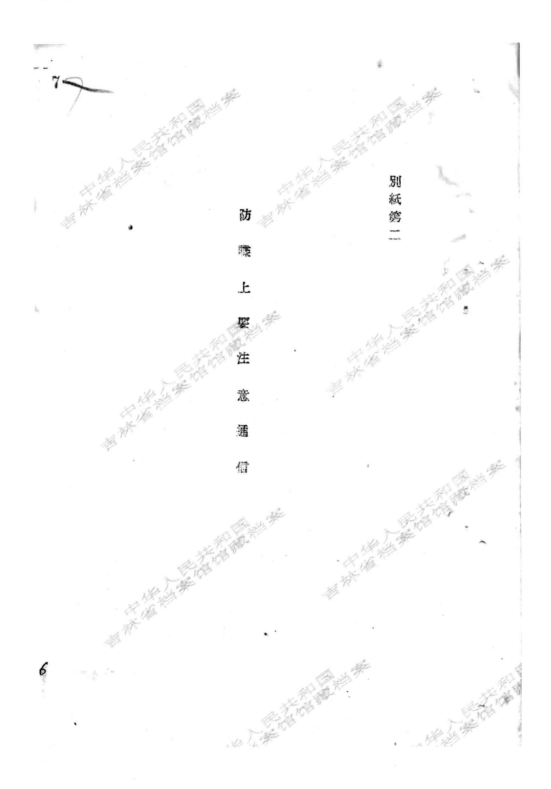

區分	件數	
	前月	本月
軍事施設並編成裝備等ヲ報スルモノ	七四	七一
軍作戰行動移駐等ヲ報スルモノ	一三九	六七
固有部隊名ヲ報スルモノ	一四	八六
滿軍（警）關係要注意通信	三	三
討伐隊ノ非行ヲ報スルモノ	〇	二
其他防諜上注意ヲ要スルモノ	九七	五三
計	三二七	二八二

◎軍事施設狀況ヲ報スルモノ

發見月日場所	發信者	受信者	通信要旨	處置
一、二 東安	東安 土肥原部隊 本部 川名善澤江	福島縣 安積郡日和田町 根本春代	本月十六日當部隊ノ移駐ニ付又[illegible]國境地東安ト言フ處迄來マシタ此東安ハ兵舍ト官舍ハカリノ様ニ見エマス、又近クニ〇〇飛行隊ノ飛行場カアリ練習機ノ上下スルノカ手ニ取ル様ニ見ヘマス	削除
一、四 東安	東安 篠原部隊 小池亀之助	群馬縣 山田郡福岡村 小池キス	今度入ツテ來ル初年兵ハ東北地方テ當隊ノ師團留守隊カ青森縣ニアリマスカラ我々ハ留守隊ニ行クトモ言ハレテ居リマス	〃
一、三 東安	土肥原部隊 松村茂	鹿兒島縣 熊毛郡西之表町 松村スエ子	當地ハ〇〇軍司令部（土肥原部隊本部ノコト）ノ所在地テアリマ	〃
一、一六 東安	東安 昭和部隊 有友達二	平塚西町 新内芳八	實ハ「ノモンハン」ヨリ九月下旬歸還致シマシテ此[illegible]部隊（二四師團）隷下トシテ十二月中旬公主嶺出發當地ニ移駐シテ來マシタ	〃
一、二一	關東軍 經理部	新京市 [illegible]日町一丁目	今度軍部ノ總編成替テ私モ轉任スルコトニナリマ	沒收

東安	東安派出所 小坂章	中嶋伊吉	シタ第三軍（牡丹江）ニ行クコトニナリマシタ	
一、一六 東安	寶清縣 頭道訓練所 末川明	撫順縣日町六丁目三八 河永三臣	寶清ハ木下閣下ノ部隊テ戰車隊、自動車隊、騎兵隊、航空隊、飛行場モ設備カ嚴重テ將來ノ日蘇戰爭ハ現地カ戰場トナル樣子テアリマス	沒收
一、一七 東安	東安二一 山下勇	愛媛縣溫泉郡湯山村 山下武一	御承知ノ如ク我々二二聯隊ハ留守部隊弘前第八師團ノ管轄ニ入リ初年兵等モ弘前ヨリ來マス二月上旬初年兵到着ノ豫定テス、初年兵カ來レハ我々モ歸ラレルラシイテス	削除
一、一八 東安	斐德 軍通信所 西原、竹一	大連市土佐町 佐保近吉	山田部隊ハ第三軍直轄テアリマス（中略）斐德駐屯部隊ハ野戰重砲カ二ケ聯隊、自動車隊二ケ聯隊、戰車一ケ聯隊、陸軍病院トカアリマス皆假兵舍テ設備惡クアリマスカ皆元氣テヤツテ居リマス	沒收
一、一五 東安	斐德 谷田良重		初年兵モ一月二十五日ニ野重八ト七カラ入營シマス聯隊モ駐屯部隊トナリ平時部隊トシテ關東軍ノ指揮下ニ入リマシタ三月ニハ哈爾濱ノ近クニ新設部隊カ出來ル樣テス	
一、一一	佳木斯西安大街古川祥行內	佐賀縣佐賀郡高木瀨村新村	佳木斯ノ軍飛行場ハ街カラ四里位離レテキマス營カ西飛行場ニ通フ樣ニナ	

10

佳木斯	中島松一	中島米	ツタノハ去年ノ六月頃カラテシタ飛行場ハマタ出來タテノホヤホヤテ去年ノ十二月ヤツト出來上ツタ新會テス飛行機モ約百台位アリマス	
一、一一 佳木斯	綏陽渡邊勝部隊 日野隊 石川繁造	佳木斯安民街 古川敏光	部隊ハ此處ニ常住サルラシク今年カラハ家族携行ヲ許可サレ官舎ハ若イ奥サンモ相當參リマシタ	抹消
一、一六 佳木斯	關東軍經理部 佳木斯派出所 西村藤登	熊本縣飽託郡 西里村赤水 西村末興	關東軍經理部モ本年カラナクナリマス派出所ト云フ名前カナクナツテ今度ハ出張所トナリマスソレテ今迄ノ派出所關係カ三ツニ分レマス部隊關係ニナル者ト「航空兵關係」ニナル者ソレト「出張所」ニ行ク者テス	抹消
一、一九	[illegible]河ニテ 青地清之	北海道雨竜郡 多度志村[illegible] 青地[illegible]	本年度工事ハ國道工事「黒河道路」テスカ昨年末ニハ本年ハ延長七十粁カ百粁位ハ殆揃シテ居タノテスカ軍ノ計畫上數粁カ減セラレ約半分位ニナツタ様子テモ一昨日ヨリ色々交渉シテ國道二十粁二本其他飛行場一個所ヲ敷イタ國道ハ黒河カラ海拉爾ニ通スル道路テ飛行場ハ黒河カラ一寸山ノ中ニ入ツタ處ニ造ルノタラウト思ヒマス	削除
一、二六	國境線ニテ 齋木生	滿洲[illegible]部隊[illegible] [illegible]十六 分隊	黒河ニ國境守備隊カ約二個聯隊在リ吾々ノ駐屯シテ居ル孫武屯ニ歩兵一個聯隊「含旅團司令部」砲兵一個聯隊「含旅團司令	削除

9

11

		有村秋男	部」カアリマス[illegible]ニハ 約一個師團ニ餘ル兵力カ 駐屯シテ居ル	
一、二三	琿春ニテ 司之代三郎	岡山縣 和氣郡[illegible]田村 澤之源太郎	次ニ記スル事ハ「軍秘」 テス、今中隊ノ兵力ハ一 ケ中隊約二百名テコレヲ一 平時編成ニスルト約一六 〇名位テ濟ムコトナツテ 居マス此ノ餘リノ四十名 ハ何處ニ行クカ判ラス、 今婦隊ハ八ケ中隊テス近 ク初年兵カ入隊シマスカ 之テ中隊ハ三百名ニナリ マス又新シイ部隊ヲ編成 スル筈テス－－！	沒收
一、一九	間島省々公署 無電室	東京市 神田區花房町	受信機ニ飛ヒ込ンテ來ル 數ノ電波ハ周波數カ一定 シテ居ルノハ無電テ高抵〈 トナルカラ事務線一暗號）	沒收
延吉	高發?行	鶴岡勇二郎	カ因縁テアルシ(下)ト カ〇ミアトウ、ウシ一カ ン五ノ符號カ古衣ノ遠ニ クツイテ來ルノテ償レ ルノカ苦シイ	
一、二一 古北口	古北口 豐田部隊上村隊 橋本六三郎	滋賀縣滋賀郡 [illegible]村苗鹿 橋本増太郎	又二月ノ中旬ニハ北稽ト 中支ト外蒙ニ中隊ヨリ別 レテ總隊シマス、小生モ 其ノ内何レカニ入ルコトヲ セウ又中隊ニ殘ルカモ知 レマセンカネ一日下ノ處 內地[illegible]ニ[illegible]カ優 [illegible]テス	削除
一、一一 圖們	吉林省 敦化縣警務科氣付 中警校隊西村 部隊一ノ二	千葉縣 印旛郡本埜村 將監	匪團ハ彼ノ有名ナ東邊道 ノ金日成一味約五千タ中 警校隊ハ中央直轄部隊トシ テ第二獨立守備隊司令官 ノ直接指揮ヲ受ケ遊擊隊 トナリ軍ハ日軍第二獨 部滿軍五ケ大隊、第二獨[illegible]隊全	沒收

10

12

	金松松蔵	今泉清壽	日滿系合セテ二萬、滿洲國最後的大討伐テス飛行機モ大分參加シテ居ル「体当リ」戰法ヲ得意トスル匪團カ最後ノ死物狂ヒノ抵抗ニ日軍モ約三ケ中隊余ノ戰死者ヲ出シマシタ	
一、六	滿洲國寧安 田中利雄	北海道北見國常呂郡留邊町佐上三區	私達モ軍隊ノ事ハ充分ニ判リマセン三、四年兵ノ話ニ依ルト北海道ノ帯廣ニ航空通信隊カ出來テ自分達カ三月カ九月ニ分遣ニナルソウテス滿洲部隊ハ防諜カヤカマシク軍隊ノ行動ハ絶對ニ書ク事ハ出來マセンカ今日ハ元旦テ寧安ニ外出シマシタカラ少シオ知ラセ致シマス	抹消
同		青山美根子	自分達ノ隊ハ七、八ノ二箇中隊カラナッテ居マス私ハ八中隊テス八中隊ハ情報隊飛行場大隊通聯用員ノ三ツカラナリ私ハ通聯用員テス、人員ハ三ケ内務班テ七十名テス帯廣ニハ通信用員カ行クソウテス私達カ入營シタ頃七中隊テハ二名逃亡シ一名ハ腹ヲ劍テ切ッタ人モ有リマシタ軍隊ハナマヤサシイ所テハ有リマセン	
同 一一	東京城羅氣村 寧安訓練所 阿部壽作	山形縣最上郡豊田村大字曲川本村 阿部市雄	私達ハ東京城田中部隊飛行場建設工事ヲ終ヘテ二十六日ニハ軍馬引取リニ行キマシタ	抹消

13

一、二一 奉天	奉天藤井部隊氣付 江原隊 竹野瀧文	鹿兒島縣 姶良郡蒲生町 久米松下 實	四月ヨリ平常通リ飛行演習ヲ始メマシタ其レカラ來ル九日ニ表記ノ通リ奉天市ニ參リマシタ毎日空中射撃及戰闘ヲ實施致シテ居リマス來月ハ愈々本格的ニ嚴寒ノ地ニ行キマス其レハ北安省ノ北安ノ北方〇〇軒ニアル龍鎭テス此ノ手紙ハ點檢濟ノ印ヲ内緒テ捺印シタノテス其レカラ奉天ニハ一月ノ二十八日迄居リマス其レカラ平安鎭ニ行キ直ク龍鎭ニ行ク豫定テス	沒收
一、一二 圖們	安達部隊 宮村隊田中隊	栃木縣 芳賀郡甲野村 山本原	今月中ニ南支方面ノ第一線ニ參加出來マスソレハ輸送部隊ノ補充トシテ僕達機被部隊カ出動スルノテス	抹消
	市川俊夫	市川菊三郎	經路ハ寧安ー朝鮮ー下關ー臺灣ヨリ南支上陸テス約一ケ月ニテ任地ニ到着スル豫定テス	
一、二〇 圖們	圖們街 國際運輸圖們支店 加藤亮雄	愛知縣 春日井郡守山町一四一 道木松四郎	目下圖們、牡丹江間ノ複線工事中テスカ迚モ理想的テ爆撃ニ喰ッテモ差支ヘ無イ様ニ二線ノ間隔カ二百米位アリ單線ト變リナイテス	抹消
一、三〇 安東	北支河北省 京漢線 石家莊鐵務段 前原治三	安東市 九番通三丁目 前原 太	僕ハ現在旅客列車ニ乘務シテキマスソレニ北支ニ出來タ鐵道聯隊（第六聯隊）ノ新兵ノ乘務實習テ旅客列車ニ乘ッテキマス二名ツヽノ兵隊テコノ列車ノ機關助手ノ指導ニ當リ機關車ニハ總テ機關士トモ四名テス	沒收

12

14 —

一、二一 錦州	熱河省凌源 小林部隊 島貫貴	山海關城內 東四條胡同 佐藤篠之助	赤峰ニ駐屯シテヰル部隊ハ本部ト二中隊一中隊トノミデ三中隊ハ錦西ニ駐屯シテ警備ニ就テヰマス今年ノ初年兵ハ長野縣カラ三月四日頃入隊致シマス	沒收
一、二〇 綏芬河	ポクラネチルニテ 牡丹江富田部隊平野隊	神奈川縣 片瀨町片瀨二三二八 小林喜平	再ヒ現地戰術ノ爲約十日ノ豫定テ參リマシタノテ近ク聯隊總出ノ演習カ近綫ニテ實施サレマスノテ準備ニ忙殺サレ終了ト共ニ初年兵受領入營ノ準備テ相當急カシイト思ッテヰマス	削除
一、三〇 海拉爾	海拉爾 山本勝部隊 芳村久	東京市 神田區 菅田高	當地町ハスレニハ軍用飛行場カアリ此ノ飛行場テ吾々ハ毎日發動機ノ點檢試驗ヲ實施シテヰマス	〃
一、二三 滿洲里	滿洲里 松尾部隊本部 藤一三	佐世保市 [illegible]町二五九 梅野珠子	本月末カ來月始メタラウト言フ噂ニ當地出發一[illegible]ニ今度ハ召集兵ノ滿期除隊ノ爲ニ軍事輸送カ行ハレルノテス極秘テ故言出來マセン	削除
一、二九	東寧機關區 本村翔	牡丹江省 樓?河子局宅 三九ノ一 野口芳松	大キナ勾配ハ洞庭東寧間約三十粁乘務ハ東寧カラ百五、七五細鱗河迄テス	沒收

13

15

一、二九 東安	東安上田部隊 入野利三喜	高知縣香美郡大楠植村 前田幸治	私等ハ只今小松崎部隊（一二二聯隊）ノ中ニ入ッテ居リマス當隊ノ初年兵ハ二月二十日頃入隊致シマス	削除
一、一七 奉天	奉天沼田部隊岩田隊 伊藤喜市	秋田縣南秋田郡船川港町仁井山 伊藤アヤ子	俺ノ入ッテ居ル會社ハ三月カ四月ニハ各支店ト言フテ哈爾濱、新京、牡丹江、齊々哈爾至ル所ニ出來奉天陸軍兵器支廠タカ便ハ部隊名ニテ願ム	〃
一、二〇 延吉	間島省公署企畫科 千田幾右エ門	岩手縣膽澤郡若柳村 佐藤一男	市外ニハ石井部隊（敎導學校）賀田部隊（飛行隊木下部隊、憲兵隊・陸軍病院特務機關以上日本軍衛軍ハ徐海部隊楊林部隊治安部病院憲兵隊カアリマス	沒收

14

一、二三 佳木斯	勃利 長谷川豐	大分縣別府市西別府溫泉一〇四號 長谷川福四郎	今回關東軍司令官ヨリ滿洲國軍將校志願者ヲ現役ノ幹部候補生ヨリ採用スル事ニナリマシタ	削除
一、二九 佳木斯	牡丹江省特務機關 小倉喜雄	勃利縣福順街 濱下秀子	牡丹江ニ居リナカラ或工作ノタメ秘密室ニ閉チコモッテ今度入蘇サセル露西亞人ト起居ヲ共ニシテ工作敎育ヲシテキル	沒收
一、一三 佳木斯	富錦淺野部隊木村隊 菊池克已	北支派遣軍田邊部隊池田隊馬場隊 齊藤吉[illegible]	最近討伐ニ於テ滿軍ハ匪賊ノタメニ討伐セラレマシタ滿軍ヘ連長以下戰死九名アリマシタヤハリ滿軍ハ滿軍タケノ力ヨリアリマセン戰死ノ中ノ連長ハ日系ニシテ率先戰死シタノテ部隊長カ一滿系ノミヲ死ナセス良ク死ンテ	削除

16

			異レタリ男泣キシタソウデス	
一、二七 佳木斯	富錦淺野部隊山本隊 本多政吉	北海道樺戸郡月形村字綠町 五十嵐寅雄	此間滿軍カ討伐ニ出テ約四時間ニ亘リ交戰ヲ續ケタカ滿軍ハ戰闘中日本軍トハ異リ日本軍ノ將校ヤ分隊長カ居ラナカツタラ前進シナイ様ナ狀態テスカラ散兵ノ如キハ皆命カラ〴〵逃ケテ來タ様ナ仕末テス	削除
一、二六 吉林	九台縣城鐵道南理普分會 千本	吉林省敦化縣六浦柴河九台部隊 千湘宸	兵營勤務ノ苦シサニ堪ヘ兼ネテカ今度逃亡兵カ多數出テ彼等ノ一部ハ匪化シ又一部ハ警務科ニ拘留サレテイルトノ事テス	沒收

17

別紙第三

流言ノ因トナル虞アル通信

18

發見月日	一、一四 序々命令
發信者	平山部隊 櫻井隊 小作
受信者	東京市板橋區泉町五一三 學校監準
通信概要	兄ハ会城ニナツタ小済原我隊一所懸師団一ニ敵隊ニナツテ戦死ハ戦レヌニノトツテ居リマシタカ今暗風京テ居地ノ於テ花ヲ喉東セテ居ルコトテセウ丶カノ激比モニ二回方總攻此総ハ割ニ我軍ノノカ有撃テアツタノテハカ三同利ノ築攻撃ノ時ハ砲会ナ目ラ戦カテハ手モ足モ出カマセンカシタ敵ノ苦兵セ頭ノ敗力ハ大シタモノ撃スノ角其ノ落トキタラテ大ナモノテス撃単カ攻苦露モ入レテレテ透溝シ百頑テハタマツタモノテテリマセン丶数ノ京騎術ハ六シタモノテス我カ軍モ學フヘキ點カ多カツタテス丶我カ櫻井隊ノ附ニ附近ヲ渡ヘテ居タ市川一千餘一ノ部隊カ全滅ニナツタ時ハ數ノ軍物ヲ雨ノ如ク射チ其ノ聯ユルンタ時彈百彩ノ敵カ尖銳シテ來タカ月早フト密引率テ引アツサリ鼠砲ヲソツクリ引ハツテシマヒマシタ其ノ敵逃ナ軍ニハ驚キマシタ要スルニ準備ハ余リニ日本軍ヲ過信シテ居タ様ニ思ハレマス新兵器トテモ優勢ニ比較スレハオ話ニナリマセン如何ニ日本ノ武器ヲ以ツテシテモ科學ノ力ニハ勝ツコトハ出來マセン肉彈カ歴史ツテモオ話ニナリマセン
處置	沒收

17

19

一、五 海拉爾	海拉爾 中央大街 玉分文八	三重縣宇治山田市 田中久二	大君ノ御爲トモ抑ク名誉アル聯隊旗モ八月二十日以來敵中ニ孤立無援ノ際聞ニ部隊全滅ノ危期迫ルヤ三十日夕刻バルシヤガル高地ニテ濠ノ中ニ燒レマシタ。	削除
一、一三 海拉爾	海拉爾 大西部隊 渡邊恭平	新京 街 石八谷 力	大西部隊ハ山縣部隊ノ後ニ出來タ部隊テ「ノモンハン」事件ノ生存者ハ一ケ中隊位カ十有余名テ此モ殆ト負傷シテ後方ニ送ラレマシタ 恭平カ微傷シテ居ル兵隊ハ五十名近ク居リマスカ生存者ハ僅カ三人テ而モ皆負傷シテ居リマス	•
			我々野砲兵モ「ノモンハン」戰線テハ色々苦心ヲ	

18

			シマシタ	
一、一六 海拉爾	海拉爾 吉富部隊 岩村捨男	廣島縣廣島市 中島新町 久保正男	七百名ノ戰友ヲ亡クシ馬千三百頭ヲ殺シ全ク嫌イモノテシタ「ロシヤ」人モ仲々強カツタテス 今馬ハ一頭モ居リマセン 其ノ代リ自動車隊ニ變リマシタ	削除
一、一二 海拉爾	海拉爾 日濱部隊 川崎英男	廣島縣深安郡 川崎高代	私ト一諸ニ召集シタ者テ大抵ノ人々ハ負傷ニナツテ敵陣ヘ[illegible]レ[illegible]ラレマシタ私ハ其ノ時[illegible][illegible]ニナルモノカ愈々何ウニモナラナイ時ハ自殺スル覺悟テ刀ノ鯉口ヲ切ツテ居リシメテ居リマシタ敵ノ奴ハ負傷者テモ戰車ヤ「トラツク」ニ乘セ持ツテ行クノテス現在村山隊ニモ行衞不明者(一部隊ノ者)カ居ルトカ	•

	一、一二 延吉	一、一五 牡丹江		一、一九 新京
	間島省延吉街 延吉宿舍二十六 北村光子	牡丹江 林（程）部隊 安部鉦夫		北支派遣木村（具）部隊尺木部隊岡上隊 菊地伸
	東京府下西多摩郡二ノ宮 石川仁十郎方	長崎市銭ノ浦町三ノ七 吉田勘六		新京 川崎部隊大西隊 吉松又一
	主人ハ十七日ヨリ二十八日迄佐木新ニ討伐演習ニ出動シマシタ佐木新ヘ三百名出動シタノデスカ途行佐藤冒ノ隊二百四十名ト云フ澤山ノ匪賊著カ出來予定ナリシヲラレタ方ハ僅カニ二十人ヲレテ五十名ノ兵隊ヲ連レテ帰宅致シマシタ主人ノ友達テ帰宅後正月カ來ルノニ三十九度ノ熱ヲ出シテ下宿ヲ引シ戦友ト看護兵カ付添リテオ世話シテヤツトオ正月ヲ迎ヘタ様デス	昨日隊ヨリ電話アリ「佐木新ノ部隊ハ討伐ニ出動ハレ二日ニシテ三百名ノ兵カ倒レ戦死者カ手カ足ラストントン變	スハカリ」トノ事テ旦那申サシ當隊ヨリ高級副官一名下士官二名、将校兵五名夜汽車ニテ立チマシタ	前略 去ル二十日新京方五十軒ノ地點勝京方二十軒ノ換ニテ中ノ正月森林中千五百名位ニ襲撃サレ中隊長以下四名戦死以下二〇余名負傷ト云フ有様自動車中隊ハ討伐隊ヲ編成シ合戦ニ出動……弔
	抹消			没收

右
同
右同 尾赤得夫
内容右同

19

21

一、三 圖們	牡丹江省寧安縣後街 日本旅館 山本三郎	長野縣岡谷市上濱町 共立電氣商會 山本一郎	明日軍[illegible]ニ行キマス[illegible]名カ警備ニナリマシタ丹江省[illegible]テス二月[illegible]「[illegible]トツタ」ノ方ヘ出[illegible]スルコトニナツテ[illegible]リマス[illegible]ノ際ハ又オ便リ致シマス	抹消
一、六	琿春 新巴部隊高橋隊 [illegible]	大阪市港區九條中通ノ二 竹岡富子	此ノ[illegible]ノ[illegible]部隊モ毎日二、三人宛キ戰死者カ出テ居リマス	削除
一、二三 古北口	熱河省古北口[illegible]事務 坂本吾比郎	熊本市大江町大江七三四 田代 茂	丁度包頭（[illegible]地區）ヘ敵ノ襲撃カアリ新聞ヲ御存知シノ事トハ存シマスカ事實ハモツト[illegible]ク日本軍ハ不意打ニテ殆ト全滅シ邦人モ一時ハ危險ニ瀕シマシタカ辛ウシテ命ヒ止メ得ラレタ 當地ハ[illegible]ノ[illegible]激シク	
一、五 吉林	樺甸縣[illegible]第[illegible]旅館 [illegible]万章	間島省延吉縣井村[illegible]交 [illegible]使	日本軍多數[illegible]シ討伐ヲ續ケテ居マス先日部隊出動ノ際村民ノ中若者ハ殆ト徴發サレ又土地モ全ク役人共ニ持チ去ラレ物價ノ高イ今日生活ノ途モ絶タレ思案ニ暮レテ居マス	沒收

別紙第四

抗日通信

區分	件數 前月	件數 本月
抗日通信	一八	二〇三
日本ノ敗戰暴逆等ノ逆宣傳	八	一〇
日本誹謗	五	六
宗教利用ノ宣傳	二七	二
其他抗日氣勢	五	二
計	六三	二二三

21

23

發見月日場所	發信者	受信者	通信概要	處置
一、二九 奉天	四川省 武俊 鏡心日	奉天 瀋陽銀行 孫海濤	今ヤ國家危急存亡民族生存競爭激シキ秋ニ際シテ私ハ何等報國ノ誠ヲ盡シ得ス且意思強固ナラス大畜生ト變ル所ナク慚愧ノ至リナリ私ハ當然トシテ起チ四億民衆ヲ安居樂業ノ地位ニ置キ將ニ倒潰セントスル危急ヲ脫シ我等同胞ヲ水火熱湯ノ中ヨリ救出シ東半球ノ和平ヲ維持セン事ヲ切望シツツアリ云云	發送 內査中
一、二五 吉林	樺甸縣 天益新藥店 總世	吉林市通天街 二七號 裕合館 程濟人	當方ハ目下各商店ニ宿泊シテイル兵隊共カ傲慢ナ態度テ横暴ヲ極メルノテ取ル手段モナク困ツテイマス先日モ店ノ者ハ二三人打擲傷ヲ受ケマシタ近頃ノ討伐隊ハ匪賊ト同様ナ行爲ヲ平氣テヤツテイマス	沒收
一、六 山海關	河北南宮縣徐屬燊 屬爾莊 弟銘棟	彰武縣北 關褱 交 高繼臣	十月以降、各村々ニハ日本兵充滿シ毎日住民ニ穀物ヲ要求シタリ金ヲ要求シタリシマス元一畝ニ付キ六圓タツタ地租カ八圓ニモナリマス	沒收
一、三 山海關	東豐台	三江省通河縣輻盆 成實號內 趙迁棟	題目 新式標點解說 幼學瓊林 發行所 上海馬啓新書局 安重根ハ朝鮮人ニシテ伊藤日本ノ宰相シタリ伊藤ヲ刺シ朝鮮亡國ノ恥ヲ雪キシハ忠義ノ士タルニ愧チス	
			敵機ノ投彈ニヨツテ傷兵看護ノ任ニ當ツタイタ一女學生ハ左腕ヲ奪ワレタカ意氣愈々盛ンニ次ノ様ナ事實ヲ語ツタ	

22

24

一、九 山海關	上海圓明路一六九號 中華全國基督教協進會	河北都山縣 福音堂 李仲閣	最近敵機カ長沙ヲ襲撃シ住民ノ總テカソノ家ヲ棄ツタカ生後六ケ月ノ赤ン坊ノミ奇蹟的ニ英國海軍ノ保護ニヨリ英艦「孤兒」ニ渉サレ手當ノ上直ニ教會醫院ニ渉サレタ後英國駐支大使「霊爾喬士」カ彼女ノ教父トナリ蔣委員長夫人宋美齢女士カ教母トナリ幸運ナ將來ヲ豫約サレタ云云 編目 中國學生與基督教 發行所 上海月明路一六九號 中華民國基督教協進會	沒收
一、一二 哈爾賓	シカゴ市 月刊 シニルケル タイムス	哈爾賓 斜文街七 八 テクマン	日本軍ノ風紀ハ全ク言語同斷ノ醜リテアル粗惡ナ彼等ヲマトヒ作ラ日本兵士ハ市内部落ヲ不問良民所持品ノ掠奪ヲ常習トシ、アル外婦女子ヲ暴行凌辱ス。。。。。。	
	「十二月十八日附」	外六名	又吳佩孚將軍ノ北京ニ於ケル客死ハ日本側ノ發表ノ如キ病死ニアラスシテ日本ノ強要ヲ拒絶セル結果ニ基因スル毒殺ナルハ明白ナリ	
一、一五 哈爾賓	在哈 佛國領事	佛國政府 外四ケ所	滿洲國内ニ居住スル白系露人兒童ハ目下凡五〇〇名ニシテ日本ノ之等露人ニ對シ白眼視スルコト甚シク將來彼等ハ他國ニ脱出ヲ餘儀ナクサルルモノト思料ス 尚日本ハ沿海州ヲ將來侵略シ以テ彼等白系露人ヲ手先トセシメ目下當地ニ二個ノ下士官養成所ヲ設置シ露人青少年ヲ養成中ナリ云云	發送

23

一、一九 哈爾賓	サンフランシスコ市 イワヤザリヤ紙	哈爾賓 イマンスカヤ街 國アソフコエ 外二名	(1) 在哈露人ノ諮局ハ日本ノ代行機關ニ過ギス其他ノ露人自系諸團體ハ總テ露ヲ除籍ナクサレ新ニ協和會ナルモノ組織セラレアリテ集合等ニ際シテハ全員新京ノ指調國皇帝ヲ謳歌スル樣ナルカ全ク禁止ノ沙汰ナリ (2) 白系完璧ノ露日ハ日本語參得ニ日標トシ露人古來ノ民族意識ナルモノハ凡有手段ヲ以テ除却セラレアリ露人關係上級學校ハ多數廢校ヲ致命青少年ハ全ク前途ヲ失ヒ下級勞働ニ服シ若シ退職セバトセハ日本憲兵ニ參リ直	沒收

24

ニ[illegible]正セラル

一、二二 哈爾賓	在上海 英系 イスヂヤイナ デーリー、ニユース紙	哈爾賓 商務街 商業俱樂部 外七名	支那軍ハ日本將兵ヲ諸所トシタル場合戰爭ノ爲詰メツツアル苦痛ヲ免カレル方法ハ反〇恩惠ノ鼓吹ナリト激ヘ支部軍ニ同化セシメアリ日本軍當局ハ歸國後軍法會議ニ附セラレ嚴罰ニ處セラルルヲ知リ之ヲ欲シナイ譯而日本軍ノ道德ハ戰爭勃發當初ニ比シ遙カニ低下シ戰爭目的ノ遂行等到底不可能タ	沒收

26

別紙第五

軍紀並思想上要注意通信

25

27

區分	件數 前月	件數 本月
上司誹謗	二	二
軍紀弛緩ヲ窺ハルモノ	二七	二九
反戰反軍ノ虞アルモノ	一七	二
第一線勤務又ハ軍隊生活ヲ嫌忌スルモノ	二一	一五
現役軍人ノ不平不滿	七	七
兵役忌避ノ虞アルモノ	四	四
戰爭ノ悲慘狀況ヲ報スルモノ	九	一
滿期除隊ヲ報スルモノ		二七
思想上要注意通信	一五	四一
計	一〇二	一三〇

26

28

發見日時場所	發信者	受信者	通信概要	處置
一、一九 東安	旅順陸軍病院 小池憩雄	東安 平田部隊 伊井部隊 齋敬 伍長	ヌケ一ハ歸ツテ來マシタカ內經テスヨトウモ彼奴初年兵ノ頃ニ少尉ヲ與ニ解ケテ居ルノテ本當ノ名ヲ呼フノカ惜シイカラ貫一(ヌケイチ)ト呼フノテスアンナノハ「ノモンハン」ヘ行ツテ死ンテ居レハ後カ「サツパリ」シテ喜フノニネ	沒收
一、一〇 海拉爾	海拉爾 大西部隊 石川作治	奉天省 撫順市 佐藤力	殊ニ元遠山隊ノ隊長タツタ[illegible]步ヨリノ[illegible]ンモ仲々發シヤテ小生等ハ驚ニ見マレタ小笠ノ[illegible]ナ型タヨ本當ニ多々沒法子	削除
一、一三 新京	新京陸軍病院 高島治作	海拉爾 中尾部隊 西盛重雄	前畧……敵ニ猛烈ニ[illegible]タレル中ヲ第二線ニ突擊シタ其時小生敵陣ノ眞中ニテ腹部ヲ攻カレ[illegible]念作ヲ取返サレタノテス部隊ハ無事通過セシモ小生ハ四日間人事不省トナリ放置ノ儘……迄ニ救ハ來ラス現在ノ運命トナツタノテス新京ノ陸軍病院ニ來テ中隊ノ兵ニ名アリアノ當時ノ事ヲ話スニ高島曹長ハ腹部ヲ貫通シ出血多量ノ爲致刻ヲ出テスシテ絶命スルタラウトノ見解ノ下ニ見捨テタノダ……理由ハソウタツタナラハ何故ニ我胸ニ一彈見舞ツテ呉レナカツタカト愚痴ヲ言ハサルヲ得ナイ	沒收

27

29

一、八 吉林	牡丹江 菱田部隊 岡部隊氣付 白鳥貞夫	吉林市外 小豐滿水電局 吉林出張所 辻村 [illegible]	軍隊テ迎ヘル正月餘々ナカラ良クモ十ケ月間辛棒シテ來タモノタ生命ヲ投ケ出シタ僕タ二年兵ニナツタラ大イニ出隊經目ニヤルソ	沒收
一、二〇 佳木斯	佳木斯 岩部部隊 角田一男	山東省青島 錦潤路一一 號 角本光二	心配シテキタ伍長勤務進級ハ一身ハウマク送レマシタ成績ノ惡イノヲ書フナンテオカシイテセウカ今度伍長勤務ニテモナレハ任官シテ結局ハ頁ニ二年位ヲ覚悟セナケレハナリマセンカラネ如何ニ御國ノタメトハ言ヘコノ上立派ナ成績テ軍隊生活ヲ續ケルヨリ一日モ早ク歸ツテ母ヲ安心サセル方カ說ノ人間ノ心ト思ヒマス一男ハ今度征勤ニナルト	削除

28

			戰友ニ云ハレル度ニヒヤヒヤシテキマシタホンノ紙一葉テ送レテコンナウレシイコトハアリマセン	
一、一八 奉天	錦縣 遊佐部隊 白石隊 津村朝吉	愛知縣 豐橋市 廣田部隊 藤崎隊 菊池辨治	何處ヘ行ツテモ偉イ人ハ少ナイモノテス堅滿流ニヤルト滿際カ惡イ…ツウカト言ツテヤラスニ居ルト「經驗カアルノニ何故ヤラヌ」ト文句ヲ言ハレ積ユ偏ツテ遂ニ爆發二日委マシタ言ワレル遥リヤツテ行ク溫顏シイ班長ニナリマシタ	削除
一、三〇	海拉爾西大街	[illegible]縣龍岡市	天下ノ一大事！試長ト班長トカ入リ替リ立嘗リ「下士志願セン」カ」ト壁ニ攻擊シニ來ル○○ヲ目貴ニ從ヘテ宇頂天ニナツ	削除

30

海拉爾	近藤 長人	石井 音夫	テキルノニ全ク心配サセルヽ金錢ヤ恩給ノ三、四百圓ニ賜レル筈ナ馬鹿テハナイ	
一、一四	海拉爾 平野部隊 國境ノ兄 (武夫)	群馬縣 新田郡 武藏島 宮下二三江	皆衛科ニ行ツタ後テ殘ツタ初年兵モ二年兵モ皆洗面ニ行キマス大キナ口ヲ開ケテ眞縣ナ顔テ寒ソウナ顔テ「何時同地ヘ歸スンタイ」ナンテナ顔テハ	削除
一、七 海拉爾	海拉爾 中尾部隊 木下 高次	門司市 東原町 齋藤 幸市	事件直後ノ人心殺伐ヲ極メアル爲一月一日戰友相殺ノ慘劇行ハレ爲ニ諸教育其他ニ根本的檢討ヲ加ヘラレ候	
一、二一	牡丹江	福島縣信夫郡	其内幹部候補志願ヤ下士官志願テトテモ私等ナソナル隙ハナイテスカラ今年モ大分自殺ヲ仕樣ト計	抹消
牡丹江	長尾 (軍人ノ信) 通昇	平田村 大字山田 長尾 智英	リ銃劍テ咽喉ヲツイテ死ヲ計ツタカ死ニ切レス今モ生キテ居リマス其他說禍シタ入カラ讒々タ營倉ニモ大分入ツタ人モアリマスカ可愛想テスネ	
一、二六 奉天	中華民國 上海東亞同文書院 坂東 薫	奉天市 琴平町一〇 日滿土木 支店 坂東 きぬ子	幸カ不幸カ戰爭ト言フ大キナ衝動ニ青年ハ殺シテ震ヒ戰イテ居マス戰ハ濟ンテモ戰後ハ何フナル事タラウカ、國內ハ何フナル事タラウカソシテ文句ナシニ四、五年間兵役ニ絞ラレテ行ク苦痛ニ戰イテ居マス其レハ青年テナクトモ誰シモ惑スル不安テセウ	抹消
			二月ノ初年兵受領モオ流レテステモ三月ニ玉子サ	

29

一、一七 古北口	古北口 豊田部隊本部 阿部九州男	奉天 稲葉町四三 松本玉子	ンカ[illegible]来テ[illegible]レルノテシタ[illegible]ハ承諾迄テシタラ何時デモ行ケマスカラツレテ[illegible]ニシテオリマス但承諾[illegible]月日ヲ電報スルコトヲ忘レナイ様ニ例ヘハ何日承諾着ク迄ヒタシ叔父」ナンテ電報シテ呉レタラ飛ンテ行キマス	没収
一、一六 哈爾濱	高野部隊 通信所 根本上等兵	撫衛屯 満田部隊 通信所 中島上等兵	通信所内ハ所長以下協同テ初年兵モ五年兵モ適當ニヤツテヰルヨ先日モ夜外出タソツト通信所ヲ出テ公用自動車ヲタマシテ「ピ」買ト云フ噂タヨ	削除
一、二五	村瀬部隊	兵庫縣	兄サン俺等ハ可哀想タヨ内地カラハ慰問袋一ツ来ルテナシ又困ツテヰル時ハ金ヲ送ツテ呉レト父上	部隊ニ聯絡
哈爾濱	森田部隊 阿部光雄	明石市 阿部哲明	ニ[illegible]ンテモ其レモ聞入レス他ノ戦友ハ今月ノ[illegible]ニ金ヲ送ツテ貰ヒ又慰問袋ヲ送ツテモライ喜ンテ居ルノヲ見レハ同シ戦友テアリ乍ラ一人淋イ氣持ニナリ涙ヲ流シタコトモ度々アリマス	
一、一〇 東安	東安 黒石部隊本部 古畑武	近衛野砲兵聯隊 第四中隊 寺内操	司令部内ハ婦人ハカリテナク[illegible]モ居ルシ女ノ「タイピスト」モ十人以上居リ點呼ハ出[illegible]テ取ツタリ取ラナカツタリシテ居ル軍隊カ居ルカラ軍紀カ紊レルノタ	没収
一、一二	東安 [illegible]友部隊	東安 第一陸軍病院	俺モ[illegible]ラス元氣タト言[illegible]イ處タカ二年[illegible]ノ中隊皆[illegible]テ腐ツテ居ルヨ去年ハ旅順テ炊事テ正月ハ	

30

32

東安	龜永隊 園田德次郎	齋 重夫	「ファイ」ニナルシ今年ハ今年テネ之ニテ眞自由ニシタクテモ出來ヌダラウタカラ正月ハ六イニ吞ンテ四日續ケテ毎日虎ニナツテ事務室ニ行クモノタカラ幹部モ厭キレテ居タヨ中隊當番ナンテ嫌ヘタ召集兵殿カ中隊當番トハ聞イテ厭レルヨ	沒收
一、一三 東安	虎林 高部隊 山尾佐吉	北海道空知郡南富良野村 淺野孫一	軍隊ハ一名運隊トモ言ヒ得ル處タ最初ニ運ノ好イ奴（上官ノコト）ヲ握ラネハナラヌ次ニ下士官志願ヲスル儀ナ話テアツタカ若ノ儀ナ家庭テハ志願セン方カ良イ樣ニ考ヘル馬鹿臭イソ、五年モ八年モ下士官タカラナ、ソレニ自由カキカナイシ何年居テモ下士官タ三十七、八ニナツテ二十三、四ノ將校ニ頭ヲツカマレテ居ルノヲ見ルト全ク嫌ニナルカラナ	
一、一六 東安	東安 秀埠部隊 佃猿隊 古川三男	鹿兒島縣 鈴茂郡 設湿村 古川四郎	大陸ニ於ケル日本ノ使命トハ言ヒ作ラ國境三年間ノ軍隊生活ハ俺ハ「シミシミ」ト考ヘサセラレタ何故ニ應召シ何故ニ二七才ノ老上等兵ニナル迄兵隊ニ暮サネハナラナカツタカソレテ俺ト一諸ニ來タ補充兵ノ殆トカ何故ニ國境ノ華ト散ラナケレハナラナカツタカオ前ハ入隊ノ日迄働イテ居タラ會社ノ待遇モ良イ半額位給料モ呉レルタロウ郷里ニ歸ルコトハ俺ハ反對ダ	沒收

33

一、二二 安東	美部隊添畑隊 高田重勝	大阪市港區入船町中通 佐藤文子	私モ十九才ノ時母カ死亡致シマシテ祢シナノ諸リ軍隊ニ入リ故呼ノ叢ヲ閉キ作ラ二陸ト内地ニハ歸ラヌ氣テ參リマシタカソレモ一年モ終ツテ軍隊モイヤニナリマシタ、表面ハ國民ノ代表ト言レマスカ内實ハ判リマセン一日モ早ク除隊出來レハ——	削除
一、一八 安東	牡丹江省大綾子川勝部隊本部 由川端正	安東市中央通 鈴[illegible]美智子	今年ノ正月ハ軍隊テ暮サナクテモスムト思ツテ居リマシタカ又國境テ春ヲ迎ヘサセラレマシタ早ク歸シテ貰ハナイト一生ノ生活方針カ定マラス仕事ノ出來ナイ人間ニナリ相テス	
			地方人ト語ル時ニ軍隊ノ苦勞ヲ語ル人ハ恐ラク十	
一、三〇 古北口	古北口臺田部隊本部 高見軍曹	兵庫縣多可郡野間谷付門田 森勝好子	人居テソノ半分モ居ナイテセウ若シ軍隊ノ眞相ヲ自分ノ親ニ語ツタラ恐ラク涙ノ出サナイ親ハ一人モナイテセウ實サンハヨク軍隊ヘ來タイラシイカ好ンテ來ル遅テモナイテス琴下三十底ノ營歸テ木銃ヲ待ツテ突キマクル兵隊ヲ見ル時ニ可愛相ナモノテスヨ！今時兵隊サンノ手ヲ越方人テモ見タラ何ヲ感スルテセウカ凍傷テ自由ノ利カナイ從先ナラ韻テモ一本位ハ待ツテ居ルテス	削除
			僕カ渡滿シテ一番ニ感シタ事ハ諸モカ第一ニ滿感スル如ク軍人ト官吏カ巾ヲキカセ一般民ヲ虫ケラ	

34

一、二四 圖們	圖們街鐵路總局 山手局宅 三一ノ一 大久保佐吉	長崎縣 佐世保市相浦町 日岡免 五二四 富永保	同樣ニ言話動作スルコトテス。當地等ハ日ニ餘ルモノカアリマス成程軍人カ居テコソ我々モ安心立命シテ行ク事カ出來マスカ其レヲ極端ニ言動ニ迄現ハスモノタカラ嫌ハレルノテスヨ銃後ノ國民ハ又國民トシテ云ヒ分モ有リマスカラネ。兎ニ角軍人ト巡警ハ威張ツタモノテスヨ	發送後 觀察中
一、二四 營口	營口市 税捐局 今村進	蒙疆張家口 蒙疆新聞社 池田說壽	前略 相手ハ支那通ノ軍部テスカラ支那ヲ研究シ軍ヲ選論的ニ指導出來ルタケノ實力カ必要ト存シマス、ー中略ーヤツテヤツテヤリマクツテ嫁モ子モ居ナイ現在テスカラデツカイ事ヲヤツテ死レルツモリテオリマス、ト	發送 注意中
一、一九 哈爾濱	哈爾濱 中央銀行 松本三郎	北支派遣軍 飯沼部隊氣付 永田部隊 西田隊 [illegible]榮一	要旨 滿洲ノ方ハ日本ト異リ關東軍ノ命令一下如何樣ニモ動クノテ官僚萬能ヲ愈々以テ強化シテ行キ其反面[illegible]民ノ反感モ根強キモノアリ又地方滿人商人間ノ統制違反ハ大規模ニ行ハレテヰルカ之等ヲ取締ル官憲カ其人ヲ得テヰナイタメ背任ノ續出テ嘆カハシイモノタ	發送 觀察中
			「徒弟ノ[illegible]フ」ト題シ不平ヲ言 世界ノ國際慣例ハ一日ノ操作時間八時間ナルニ不拘在滿徒弟ハ未青年者ナ	

35

一、一九 哈爾賓	哈市道外染坊胡同二九 壽 軒	哈市道裡經緯街 濱江日報社 王克勝	ルニ一日十六、七時間勞働シ牛馬ノ如キ生活ヲ爲シアリ將來ヲ思フ時誠ニ危險ナリ此王道樂土下徒弟カ習慣傳統ニ從ハレ環境ヲ制限セラレ經濟上壓迫ヲ受クルカ如キ資本家ノ奴隸ナリ貴族ノ牛馬トナルコトハ大厄年ト言ハネハナラヌ是ハ還ニ待遇ヲ改善スヘキタ	觀察中
一、二五	濱江省葦河縣	哈爾賓地段街	要旨 二月ニ農事合作者ト金融合作社ノ統合カアリマスノテ何處ニ行クカ不明テス今迄同僚二名居リマシタノテ安原君カ他ノ日系ト組シテ作戰シタノヲ知ラスニ計畫ニ乘セラレ省	
哈爾賓	農事合作社 小松周助	興亜塾 板倉傳吉	聯合會ノ佐藤大四郎主事ト聯絡ヲ取リ慢滯ノ未整理トノ名目テスツカリ此ラレマシタ全ク農事合作社ハ思想的ニ良イ人間ハ一人モ居リマセン云々	
一、一六 牡丹江	朝鮮京原線遠川邑內里一三四 朴宣龍	牡丹江市西長安街延吉商會 周王氏	今度滿洲ニ行ク心算テアリマスノハ此處テ長ラク居ツタラ本年三月丁度志願兵ニナク第一線ニ出征シナケレハナラナイカラテアリマス可愛イ妻ヲ離レテ遙ルく ト戰線ニ出テ戰地ノ華トナツタラ可愛イイ玉普ハトンナニナルテセウ此處ニ居ツタナラ行カナケレハナリマセンタカラ滿洲ニテモ秘カニ行ツテ	發送

			仕舞ヒマシタラ志願兵ハ逃レルタラウト思フカラテアリマス	
一、二〇 牡丹江	自動示 工務區 以下不詳	連京線陶家屯 蘊盛興 康 志遠	此處ノ保線區長ハ滿識テ働イテ居ルモノハ兵隊ニナラナクテモ良イト言ツテ私ニ兵除ニナルナト言ツテ居リマス村長カラ何カ文句言ツテ來マシタ際ニハ早還知ラセテ下サイソウシマシタラ日本人ニ話シテ處置スル事ニシマス	發送
一、二六 竜井	竜井街新安區 大通路一五ノ一五 池 幸 光	和竜線 開山屯吉成 鐵工所 李 順 極	和竜縣テハ帶設部隊ノ兵隊トシテ一戸一名宛ニ募集スル様テアリマス私モ家ニ居レハ募集サレルカモ知リマセンカ若シ行ツタラ生命カ亡クナル運カ良クテ生命ヲ保存スルカモ知リマセンカ其レモ我カ朝鮮ノ為ナラハ最後マテ命ヲ棄テヽモ志願シマスケレトモ其ンナ日本ノ奴ノ為出ルノハ自分ノ考ヘトシテハ百名ノ中ニ一人モナイト思ヒマス日本ノ為ニ出テ他ノ國ト戰争スルナシハ知リマセンカ同シ朝鮮民族ヲ暴殺スルノヲ目テ見ラレナイ様ナ世ノ中ノ狀態テアルカラ息子カ其ノ部隊ニ出ル事ハ斷念シテ居リマス父上謙ハ私ヲ鐵道ノ方ニ就職スル氣持カアレハアツサリ軍人ニナリマス何事モヤル氣持ハ一ツモアリマセン	視察中

35

37

別紙第六

其他

(二三六)

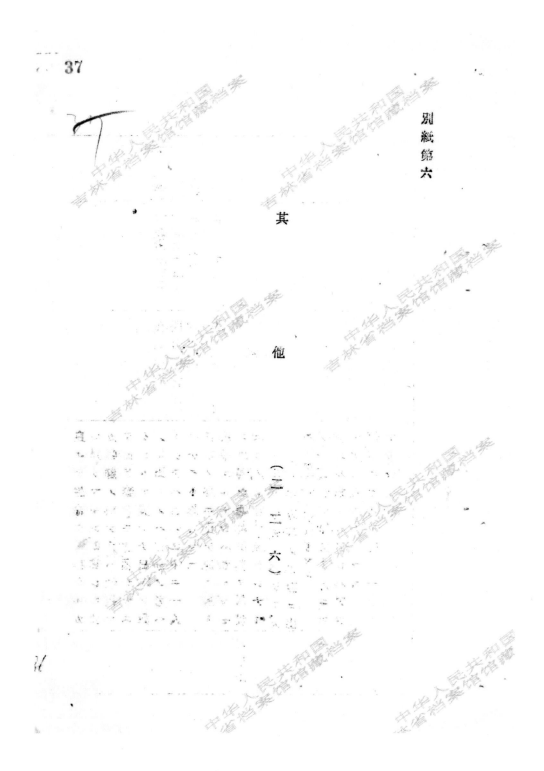

38

◎[illegible]ノ[illegible]アルモノ

發見月日 場所	發信者	受信者	通信摘要	處置
一、二四 東安	[illegible]清縣 青年[illegible]勇軍頭道訓練所 吉田長次	吉林 人造石油會社内 吉田長榮	一、[illegible]、前カラ、前田、、山根ノ一味カ訓練[illegible]此ノ系ニ入ラナイ[illegible]ヲ片[illegible]カラ[illegible]リ[illegible]メマ[illegible]タ今[illegible]ニ十三名[illegible]ラレタ中ニハ訓[illegible]生ノ[illegible]ニ[illegible]ラ[illegible]ツタモノモアリマシタ昨夜小森一隊カ村臣ニヤラレマシタ村臣ノ弟テスカラ[illegible]イ[illegible]イテメニ風ツテルノテセウソレテ僕トシテハ[illegible]後ノ[illegible]一アルノミノ一ヤ二ハ何トモアリマセン昨[illegible]ヨリ卑使ノ[illegible]テアリマスカ暗イ	中[illegible]
一、二五 東安	[illegible]清縣 頭道訓練所第二小隊三分隊 末川朗	[illegible]縣 [illegible]町六丁目 河[illegible]正臣	ノラ利用シテヤリマシタ此ノ事件以來幹部ハ猫ノ役テス所長ハ內地ニ歸リ中國モ[illegible]ツテ居ルノテ今ノ[illegible]ハナイモ[illegible]シテ前田、本[illegible]ノ一味カ[illegible]訓練所ヲ[illegible]ニシテ[illegible]リマス此ノ[illegible]ナ[illegible]テ[illegible]縁仔ノ[illegible]年[illegible]勇軍モ[illegible]モアツタモノテハアリマセン幼利テハ先[illegible]タト言ヒ隠分後[illegible]部隊テヤツツケタモノタ[illegible]勇軍ハ各訓練所共「ストライキ」許リヤツテ居ルノ之カ為全満ノ義勇軍ハ一般社會人カラ國賊養成所位ニシカ見ヘナイタロウ又非常ニ評判カ悪イカラ[illegible]子タ	[illegible]

37

39

◎國內治安ヲ害スルモノ

發見月日場所	發信者	受信者	通信概要	處置
一、二四 牡丹江	東京城 木村隊 新間博治	旅順陸軍病院第二病棟五號室 山本森造	俺等モ此ノ頃ハ毎日討伐テス十二月十一日警護ノ奥テ戰闘シ見張一等兵カ戰死シマシタ匪賊ハ七名程死ナラ殺シテ逃ケテシマイマシタ討伐ノ途中(夜)一山中ニ一軒家カアリ苦力カ七八名居マシタノテ匪賊ト間違エ皆打殺シテシマイマシタ後テ知ツタノテスカ材木切出ニ來タ苦力タサウテス	一部抹消
一、一一	吉林省敦化縣警務科氣付大塚隊	兵庫縣兵庫郡精道村芦玉	年内ニ歸還出來ルト悦ンテ居タノカ匪情カ惡ルノテ今日ノ處見當カツカス	
圖們	杉山	篠原 代	此度ノ討伐テ十月一日以降三百名余ノ戰死者ヲ出シマシタ	
一、一六 圖們	治安訓練所警備第十一中隊四小隊 佐々木精市	東京市本鄕區木町 及川三郎	正月タツテ匪賊カ出ルノテ休ミモセス警備ニ當ツテ居リマス警備ノ中隊ハ匪賊ノ通路ニ當ツテ居リマスノテ中隊ノ者ハ警備テ日ヲ送ツテ居リマス十三中隊テハ匪賊ノ頭目ヲ捕ヘテ警ヘテ見タラ日本人タツタソウテス	削除

38

◎不正行爲ヲ企圖スルモノ

發見月日場所	發信者	受信者	通信概要	處置

一一五	營口
營口市花園街	鈴木俊雄
北京[illegible]土[illegible]	柏弘隆組 李國部
本文	[illegible]制ミミテ[illegible]ナイト ハヨク[illegible]ク[illegible]テスカ ニ云ハヤタナラハ統制サ レテナレハコツ反而却ツ テ[illegible]イノナハナイカ トヨフノテス 。。。。。中略。。。。 （ツレ）（タツ）（イタ ）只上ノ三品ニ[illegible]シテハ 多丹ニ販[illegible]日[illegible]アリ[illegible] ノ利チヤ一貨車（[illegible]タ） ノ程度テハ如何テセウカ 入國許可證ノ[illegible]ニ[illegible]イテ ハ人ヲ[illegible]ンテ[illegible]個ニモ 運動シタカ此レハ仲々[illegible] 難ラシイノテス [illegible]ヲ[illegible]クル前ニ 確實ナ保證人カ二人無ケ レハ出來ナイノテス目的 ハ[illegible]ノ[illegible]ト[illegible]シテ[illegible]台
處置	内査中

一一八	營口
營口	[illegible] 春
上海[illegible]界吉祥街 北信茂内合光[illegible]	同 [illegible]
本文	カ[illegible]口[illegible]ハ天津カラ船 テ[illegible]ルノカ[illegible]イト[illegible] イマスカ[illegible]地ノ[illegible]工場 ヨリ[illegible]工[illegible]ノ[illegible]ヲ[illegible]シ テ貰ツタラ[illegible]クハナイ カト思ハレマス 一[illegible]好イ方[illegible]ハ此方テ 明[illegible]ノ[illegible]ヲ受ケ有ルモ ノカ山[illegible]テ[illegible]リ居ケ ル方[illegible]ス[illegible]カ此レモ往來 ノ際列車ノ中ヤ或ハ税關 ノ[illegible]國[illegible]テノ[illegible]重ナ身 体[illegible]中[illegible]ニ[illegible]フ[illegible]レカア リマスカラ[illegible]ニ仲々ノ[illegible]テハ アリマセン
處置	發送 動靜内査中

◎滿軍ノ逃兵[illegible]スルモノ

◎容疑通信ニ因リ偵諜中ノモノ

發見月日場所	發信者	受信者	通信記事要旨	處置
一、一八 奉天	奉天驛南滿站 中國銀行內 李宜良	重慶北碚 復旦大學 張承德	一、私ハ此ノ東三省ニ於テ住ハ幾年テアルト言フモ然シ乍ラ精神上ニ於テハ種々ノ方面ニ常ニ不快ヲ感シテ居リマス 二、此方テハ募兵ノ徴發カアリ私ノ銀行カラモ三名引張リ出サレタ本月十九日體格檢査カ施行サレタ奉天市テ一齊人募集シテ三ケ年訓練スルノデス然シ私カ服フノニ私共ノ銀行員ノ体格、[illegible]等、[illegible]々ノ方面ヨリ考ヘテ一	發送 內偵中

41

發見月日場所	發信者	受信者	通信記事要旨	處置
一、二四 吉林	吉林市河南街天德堂 爲吉祿	錦州省錦縣天益堂藥店 [illegible]人	日下吉林市ニ於ケル徴兵ハ強制的ナ[illegible]烈ニナリマシタノデ皆方々ニ逃ケ出シテヰマス又劉學ト呉徐傳ノ二人ハ徴兵ヲ避ケルタメ今日家移リシテ身ヲ隱ストノコトデス	[illegible]
一、二八 營口	營口市鎮定區日新街七四 錦綿組合 韓凱元	北支山西省太原府平漢線 第七七〇工區班 宋炳傑	前略 現在營口ニ於テハ徴兵制ヲ施行サレマシタ小生ハ年齡ガ該當シ自分ニテモ行コウト思ツテ居リマス私ノ會內カラ三人モ出マシタ今年ハ二十二歳デス	[illegible]

42

			ツモ合格シ得ヘキ條件カナイト思ヒマス 三 私ハ決シテ日文ヲ覺ヘテ將來出成シ樣ト思ツテ居ルノテハアリマセント言フノハ私ノ意思主張ハ斷シテ將來我等カ日語ヲ絶對ニ必要トスルコトヲ希望シナイカラテス私ノ希望スル所ハ東省（滿洲）ニ在ツテハ露西亞語ト英語ヲ必要トシタイ	
一、三 牡丹江	牡丹江市 興銀 長谷川菊恵	廣島縣廣島市永住町二九一 長谷川安正	今度ノ支那人ハ四十五歳未タ獨身テス露西亞語ハ日本語ヨリ上手テス一人身ナモノテスカラウルサクテウルサクテ仕方カアリマセン朋友カ二、三人居ル様テスカ皆一人身ラシク時々夜中ニ出掛ケ夜明ニ歸リマス今迄居タアパートカ軍部ノ爲メ取ラレ引越ス樣ニナリ★シタカアリマセンカラ銀行ノ二階ニ一時居リマス	通信文ハ其儘發送シ受信者ノ身元照會中 發信者内偵中
一、八	熱河省豐寧福音堂 ロビンソン	ニユージランドアスバートンバーネツト一三二 アラムバートレツト	支那人ノ大部分カ佛教徒テアリ少數ノ回教徒カ居リマス彼等ハ無學テ迷信的テソシテ怠惰テアル彼等ノ間ニ於ケル仕事ハ容易テアリマセン何故ナレハ彼等固有ノ愉惡ト外人ニ對スル嫌惡ノ爲？政治的狀態ハ御想像ノ如ク萬事惡クハアリマセン吾々ハ總テ說教者ト偶リ登記シ宗教事業ニ對スル許可ヲ得ルノテス	發送 偵諜中

41

一、一四 安東	勝州 恰隆洋行支店 ジャーニル・シェウ	奉天 英國總領事	○日下[illegible]安居住ノ要ヨリノ御備ニヨレハ安東地[illegible]當局ハ口頭ヲ以テ右ノ如ク小生ノ[illegible]ニ[illegible]ヘタル[illegible]ナリ ノ願チ吾人所有地ハ全部永代借地[illegible]ト之[illegible] [illegible]有リ[illegible]地[illegible]ノ[illegible]當局[illegible]ヲ[illegible]如ク[illegible]一[illegible]ノ方[illegible]ヲ[illegible]企家ヲ承認シ[illegible]ハ[illegible]ヲ[illegible]國[illegible]英國[illegible]民ノ居ラ[illegible]ル地全[illegible]ヨ[illegible]ノ所有地ヘ[illegible]ト[illegible]之[illegible]有之候ノ[illegible]ノ[illegible]ノ[illegible]有之[illegible]角 2. 日本ハ[illegible]外國有[illegible]モ[illegible]日本ヨリ[illegible]企ハ安[illegible]價[illegible]子 目[illegible]人ハ[illegible]二[illegible]十ノ土ニアル百二十萬[illegible]又[illegible]價格二十[illegible]以上ノ不[illegible]
其他			能的ニ政上ケント致[illegible]居ニ[illegible]僑三進[illegible]所有地ニ 3. 關シ地[illegible]ノ理局ハ[illegible]ノ出頭ヲ求メテ[illegible]ナル土地ヲ[illegible]價格[illegible]セスニ[illegible]ス[illegible]何[illegible]云々[illegible]サレ候 今ヤ正ニ小生等ノ土地ハ日本人ニ依リ[illegible] 取セラレントシ致シ居リ 4. 小生ハ現地状況並ニ土地ノ[illegible]價格[illegible]有スル[illegible]價[illegible]ノ[illegible]ハ[illegible]ヲ[illegible]ニ[illegible]派遣[illegible]下[illegible]ニ[illegible]ニ御[illegible]致ス

中[illegible]

[illegible]

42

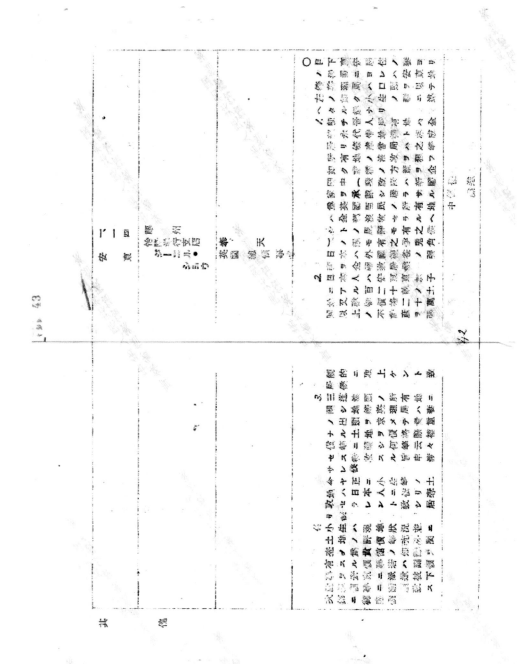

44

發見月日場所	發信者	受信者	通信要旨	處置
一、二七 安東	安東市 怡隆洋行 フミ・シヨウ	南支廣州 ジー・エル・シヨウ	貴方ハ日本ノ機關丸カ英紙ニ[illegible]サレ[illegible]ツテ居タ[illegible]通人二十一名カ拉致サレタ事ヲ知ツテキマスカ日本ノ[illegible]「ラヂオ」[illegible]ハ英艦ノ行動ニ對シ大發[illegible]シテキマス之カ[illegible]英大使館ハ二十五日「ステートメント」ヲ發表シマシタ日本軍艦ハ二年間ニ百九回英船ヲ臨檢シテキマス之ニ對シ英國ハ少シモ非難シタリ騒イタリシテキマセン私ノ船テサエ二年間ニ百回臨檢ヲ受ケマシタ英大使ハカヌルコトヲ知ツテキナイノテセウカ全ク日本ハ傲慢テアル	其發信者爾後ノ動向觀察中
一、二七 古北口	南京狀元境 大平洋旅館五號 唐治專(夫)	熱河省承德牌樓街後後河沿百五十四號 唐陳氏(妻)	九月二十二日南京ニ出シタ電報三通ハ[illegible]取リマシタ其間蚌埠安徽省綏靖部餘ノ副司令ニナリマシテ[illegible]クニ[illegible]協和會ノ方ハ辭[illegible]シマシタ併シ南京ニ來テ見レハ副司令ニハナレヌノテ又副司令モ辭シテ南[illegible]省城ニ於テ日本人ノ[illegible][illegible]谷中佐ニ逢ツタ所彼ハ私ニ南京テ部隊ヲ編成シテ宣撫工作ヲヤレト言ハレタノテソレヲヤツテ今二ケ月程ニナルカ巳ニ舊友ノ援助モアリ千餘名[illegible]與ヲ終リ名[illegible]モ[illegible][illegible][illegible]本教ト名付ケ將來ハ江南[illegible][illegible]ニ於テ司令ノ[illegible]ニ就ク事ト[illegible]フ現ニ其ノ絕綫ニ[illegible]頭シテ居ル	抹消

43

45

一一二 營口	營口市錦定區官 舍街 永田英雄	石家莊同樂胡同 八號 碓井進雄	前略 我カ國ノ經濟界ハ將來否 現在テモ既ニ獻身ヲ見ヤ カケ此ノ命テ獻身ヲ續行 シテ日本ハ果シテ勝利ヲ 獲得出來ルテアラウカ疑 外國ノ日本ニ對スル經濟 驗ノ難局？ 此ノ秋ニ當リ日本ハ戰術 ニシテ日前ニ迫ル一大危 機ヲ遺憾ナク乘越スヘキ テアラウ？	參考
一、三〇 營口	東豐台 張慶餘	營口協同興義盛 和 張鑑有	前略 家族ノ多勢ナノニ働クモ ノハ少ク其ノ上此ノ頃 ノ物價ノ高イノニハ一家 モ困窮致シテ居リマス オ前ノ方ハトウカネ 此方テハ此ノ頃募兵ヂヤ ナク徵兵ヲヤツテ居ルヨ	
			害ニ困ツタ事ニハ一家ヲ 支持シテ行カネハナラナ イ俺カ兵隊ニ取ラレテ仕 舞ツタ	

44

참고역문

개요

군사 및 보통우편 속의 유해통신의 유출을 방지하되 특히 군인과 군무원이 군대개편과 방어주둔지교체 시 군사기밀을 누설하는 것을 미리 막아야 함. 중점은 사상적으로 방첩 상 요주의 인원, 군경의 토비토벌대원, 청년의용대원, 국경접경지대 주민 등의 유해통신을 걸러내며 방첩대책자료의 수집에 진력함.

一. 이달의 우편물과 전보의 검열상황은 다음과 같음.

유 형	기간별	취급건수	처리건수	백분비
전보	지난 달	494,152	698	14%
	이번 달	405,298	892	22%
우편물	지난 달	719,234	968	13.4%
	이번 달	739,582	1,184	16%

二. 전보검열을 통해 발견한 의심스러운 통신을 절록한 것이 1,161건(그중 외국관보 391건), 처리한 것이 23건임. 그 주요한 상황은 별지제1을 참조바람.

三. 우편물의 검열성과에 관한 개황은 다음과 같음. 그 주요내용은 별지제2부터 별지제6까지 참조바람.

유 형	건 수	
	지난 달	이번 달
방첩 상 요주의 통신	327	282
유언비어의 혐의가 있는 통신	58	31
항일통신	63	223
방첩 상 혐의가 있어 정찰 중에 있는 자의 통신	31	39
군기 및 사상 상 요주의 통신	102	130
불법행위의 시도가 있어 조사 중인 통신	14	7
국내의 치안불량을 언급한 통신	16	40
국책방해혐의가 있는 통신	6	3
만주군의 징병기피를 묘사한 통신	6	2
기타 통신	75	135
합 계	698	892

소견

1. 지난달에 비해 이번 달 검열 건수는 적음. 하지만 처리한 통신건수는 아주 많음. 이러한 결과가 나타난 원인은 변강지역의 청년의용군훈련소원 및 토비토벌에 참가한 경찰대원 등의 유해통신과 우편물 및 항일통신(간행물) 수량이 급증했기 때문임.

2. 군사목적과 상관된 비밀사항 및 기타 유해통신은 큰 변화가 없음.

3. 군인 및 군무원 중에 의연히 일반우편을 사용하는 자들이 있음. 그 원인의 하나가 부대검열을 피하기 위한 것으로 "군사우편물은 전부 부대에서 개봉하여 검열을 받아야 하며 통신이 금지된 유관내용이 있기에 일반우편으로 발송 한 것"이라는 설이 있음. 군인 및 군무원은 방첩 상 금지한 사항임을 분명 숙지하고 있음에도 불구하고 일반우편으로 발송하는 것은 참 한심한 일이 아닐 수 없음. 부대에서는 방첩교육을 철저히 하고 관리를 강화해야 함.

4. 청년의용군대원 중에 아직도 군사시설에 관한 것 및 토비토벌과 치안에 불리한 통신을 발송하는 자들이 있음. 뿐더러 일부 통신은 군사행동 혹은 토비숙청 등을 실시할 때 자신이 알고 있는 사실을 부풀려 묘사하는 경우가 있음. 그러므로 쉽게 방첩에 불리한 사항과 접촉할 수 있는 인원에 대해 보다 철저한 방첩교육이 필요함.

5. 항일통신은 의연히 상해를 중심으로 하는 간행물이 태반임. 근자에 항일통신이 증가하는 추세이므로 그 유입을 방지하기 위한 노력이 요청됨.

별지제1

유해전보개황

발견 시간 및 지점: 1월 14일 가목사

발신자: 가목사 札幌旅館

수신자: 하얼빈 埠頭구 向正가 四三眞田水道公務所 小田君哉

통신개요: 어제 차량을 준비해 놓았다. 하지만 오늘 수비대의 토벌에 징발되는 바람에 운반할 수가 없게 되었다. (이하 약)

처리: 줄 친 부분 삭제

발견 시간 및 지점: 1월 6일 만주리

발신자: 만주리 國通記者 戸井田

수신자: 新京 國通

통신개요: "만주리 당지에 주재하고 있는 모로또브철도대표 우에루구노브(ウエルゲノーフ, 인명음역)가 이번에 공무출장을 명받고 모로또브철도 만주리사무소 주임 베토로브(ベトロフ, 인명 음역)가 사무처리를 명받았음."이라고 만주리 역장에게 통고하였음. 소련은 곧 시베리아를 거쳐 독일에 콩을 수출할 것임. 상기 내용은 소련이 적극적으로 수출 진영을 충실히 하는 증거로 됨.

처리: 금지

별지제2

방첩 상 요주의 통신

유 형	건 수	
	지난 달	이번 달
군사시설 및 장비편성 등 정보를 적은 통신	74	71
군사작전과 주둔지교체 등 정보를 적은 통신	139	67
고유부대명칭을 언급한 통신	14	86
만주군(경) 관계에서 요주의 통신	3	3
토벌대의 비행을 언급한 통신	0	2
기타 방첩 상 요주의 통신	97	53
합 계	327	282

◎ 군사시설 및 장비편성 등 정보를 적은 통신

발견 시간 및 지점: 1월 2일 동안

발신자: 동안 土肥原부대 본부 川名美津江

수신자: 福島현 安極군 日和田정 根本春代

통신개요: 이달 16일, 우리 부대가 주둔지를 교체하여 동안이라고 하는 국경지대에 왔다. 동안에서는 兵舍와 관사만 볼 수 있다. 부근에 ○○연대의 비행장이 있다. 훈련기가 상하로 비행하는 모습이 똑똑히 보였다.

처리: 삭제

발견 시간 및 지점: 1월 4일 동안
발신자: 동안 漆原부대 小池龜之助
수신자: 群馬현 山田군 福岡촌 小池 絹
통신개요: 이번에 온 신병은 모두 동북지방에서 온 자들이다. 우리 대의 사단 留守隊는 青森현에 있는데 그래서 우리도 유수대에 파견된다는 말이 돌고 있다.
처리: 삭제

발견 시간 및 지점: 1월 5일 동안
발신자: 土肥原부대 松村 茂
수신자: 鹿兒島현 熊毛군 西之表정 松村須惠子
통신개요: 이곳은 ○○군사령부(土肥原부대 본부를 가리킴)의 소재지이다.
처리: 삭제

발견 시간 및 지점: 1월 16일 동안
발신자: 동안 沼崎부대 有友豊二
수신자: 平壤西町 新內芳八
통신개요: 9월 하순에 저는 노몬한으로부터 귀국하게 됩니다. 이번에 우리는 黑岩부대(二四師團) 소속으로 12월 중순에 공주령에서 출발하여 이곳에 移駐했습니다.
처리: 삭제

발견 시간 및 지점: 1월 21일 동안
발신자: 관동군 경리부 동안파출소 小坂章
수신자: 신경시 露目町 一丁目 中鳴伊吉
통신개요: 이번 군부의 총편성 교체에서 저도 전임되었습니다. 이제 곧 第三軍(목단강)에 가야합니다.
처리: 몰수

발견 시간 및 지점: 1월 6일 동안

발신자: 寶淸현 頭道훈련소 末川明
수신자: 撫順 春日정 六丁目38 河永正臣
통신개요: 목하각하의 부대가 보청에 주둔하고 있습니다. 전차대, 자동차대, 기병대, 항공대와 비행장이 있어 설비가 구전합니다. 이곳은 이제 일소전쟁의 싸움터로 될 것 같습니다.
처리: 몰수

발견 시간 및 지점: 1월 7일 동안
발신자: 동안 山下勇
수신자: 愛媛현 溫泉군 湯山촌 山下武一
통신개요: 아시다시피 우리 二二연대는 유수부대인 弘前 제팔사단의 소속이며 신병들도 弘前에서 왔습니다. 신병들이 2월 상순에 도착하게 될 것입니다. 그들이 오면 우리도 귀국할 수 있다고 들었습니다.
처리: 삭제

발견 시간 및 지점: 1월 8일 동안
발신자: 斐德軍通信所 西原竹一
수신자: 대련시 土佐町 佐保近吉
통신개요: 山田부대는 제5군의 직접적인 통솔 하에 있습니다. (중략) 비덕주둔부대에는 야전중포연대 2개, 자동차연대 2개, 전차연대 1개와 육군병원 하나가 있습니다. 비록 임시군영이지만 여건이 열악하여 몹시 춥습니다. 하지만 모두들 열정이 높습니다.
처리: 몰수

발견 시간 및 지점: 1월 15일 동안
발신자: 비덕 谷田良重
수신자:
통신개요: 신병들은 1월 25일 野重八과 野重七에서 입영합니다. 연대도 주둔부대로 되어 평시부대의 일원으로 관동군에 가입합니다. 관동군의 지휘 하에 3월경 하얼빈 부근에서 새 부대를 편성할 것입니다.
처리: 몰수

발견 시간 및 지점: 1월 11일 가목사
발신자: 가목사 西安大街 吉川洋行 內 中島松一
수신자: 佐賀현 佐賀군 高木瀨촌 新村 中島 米
통신개요: 가목사의 군용비행장은 시내에서 약 4리(1리≈3.927km)가량 떨어져 있습니다. 저는 작년 6월부터 西비행장으로 출근하기 시작하였습니다. 비행장은 작년 12월에 새로 건설한 것입니다. 비행장에는 100대 정도의 비행기가 있습니다.
처리: 몰수

발견 시간 및 지점: 1월 11일 가목사
발신자: 綏陽 渡辺勝부대 日野대 石川繁逸
수신자: 가목사 안민가 古川敏光
통신개요: 부대는 이곳에 장기주둔 할 계획인 듯합니다. 올해부터 군속을 데리고 올 수 있습니다. 관사에 젊은 부인들이 많이 와 있습니다.
처리: 말소

발견 시간 및 지점: 1월 16일 가목사
발신자: 관동군 경리부 가목사파출소 西村藤登
수신자: 熊本현 飽託군 西里촌 赤木 西村末藏
통신개요: 관동군 경리부는 오늘부로 취소합니다. 더 이상 파출소라는 이름을 쓰지 않고 출장소라는 명칭을 사용합니다. 지금까지 파출소 상관인원은 세 부분으로 나뉘어 일부는 부대로 가고 일부는 항공병단으로 가고 일부는 "출장소"로 갔습니다.
처리: 말소

발견 시간 및 지점: 1월 19일
발신자: 흑하 青地淸之
수신자: 北海道 雨龍군 多度志촌 시가지 青地勝榮
통신개요: 올해 시공은 국도시공(군용도로)으로서 작년 연말에 이미 올해 안으로 국도를 70킬로 내지 100킬로 연장할 계획이었습니다. 하지만 군비예산의 감축으로 말미암아 공사계획이 거의 절반으로 줄었습니다. 그저께부터 우리

는 대량의 교섭을 통해 20킬로 되는 국도 두 갈래와 비행장 하나를 도급받아 건설키로 했습니다. 국도는 흑하로부터 하이라얼에로 직통하고 비행장은 흑하 근교의 산속에 건설하기로 했습니다.

처리: 삭제

발견 시간 및 지점: 1월 29일

발신자: 국경선 清水生

수신자: 横須賀海軍工機學校 제16분대 有村秋男

통신개요: 흑하에 약 2개 연대의 국경수비대가 주둔하고 있습니다. 우리가 주둔하고 있는 神武屯에는 1개 보병연대(여단사령부 포함)와 1개 포병연대(여단사령부 포함)가 있습니다. 孫吳에는 약 한 개사단의 병력이 주둔하고 있습니다.

처리: 삭제

발견 시간 및 지점: 1월 22일

발신자: 훈춘 彌之代三郎

수신자: 岡山현 和氣군 鹽田촌 彌之源太郎

통신개요: 아래에 말할 내용은 "군사기밀"입니다. 지금 중대의 병력은 한 개 중대에 약 200명 정도입니다. 만약 이들을 평소처럼 편성하면 160명이면 족합니다. 나머지 40명은 어디로 갔는지 모르겠습니다. 지금 연대에 8개 중대가 있는데 머잖아 신병이 입대하게 되면 중대의 병력은 300명까지 됩니다. 또 새 부대 하나를 편성할 것 같습니다.

처리: 몰수

발견 시간 및 지점: 1월 19일 연길

발신자: 간도성 성공서 무전실 高橋德行

수신자: 東京시 神田구 花房정 鶴崗勇二郎

통신개요: 우리 전보 수신기는 적들의 전파를 감지할 수 있는 주파수가 아주 적습니다. 높고 낮음이 불규칙적이고 사무전보(암호)여서 식별하기 힘듭니다. □□□□□□□□□□□□와 같은 부호들이 옛날 옷처럼 한데 이어져 있어 그 파악이 아주 힘이 듭니다.

처리: 몰수

발견 시간 및 지점: 1월 21일 古北口
발신자: 고북구 豊田부대 上村대 橋本六三郎
수신자: 滋賀현 滋賀군 雄琴촌 苗鹿 橋本增太郞
통신개요: 2월 중순이면 우리는 곧 중대를 떠나 북만, 중지나 그리고 외몽골 지역으로 갑니다. 저도 그중의 한곳으로 가게 될 것입니다. 혹시 중대에 남을지도 몰라요. (되도록이면 내지의 제9연대로 갔으면 합니다.)
처리: 삭제

발견 시간 및 지점: 1월 11일 도문
발신자: 길림성 돈화현 경무과 轉 中警校隊 西村부대1-2 金松松藏
수신자: 千葉현 印旛군 本埜촌 將監 今泉淸壽
통신개요: 비적단은 東邊道에 출몰하는 유명한 김일성의 부대입니다. 약 5000명입니다. 中警校隊는 중앙의 직속부대로서 직접 제2독립수비대사령관의 지휘하에 유격대를 조직합니다. 일본군제2독립수비대 중 만주군 5개 대대와 경찰대가 있습니다. 일만계를 포함해 도합 2만 명입니다. 이는 만주국 최후의 대토벌입니다. 비행기도 대부분 참가하였습니다. 게릴라전에 능한 비적단의 완강한 저항으로 말미암아 일본군도 약 3개 중대의 병력이 희생되었습니다.
처리: 몰수

발견 시간 및 지점: 1월 6일 도문
발신자: 만주국 寧安 田中利雄
수신자: 북해도 北見國常呂군 留辺정 佐上3區 靑山美根子
통신개요: 우리도 군대의 사정을 잘 모릅니다. 3년병과 4년병들의 말을 들어보면 북해도의 帶廣에 항공통신연대를 설립했다고 합니다. 3월 혹은 9월에 우리를 그곳에 파견한다고 합니다. 만주부대의 방첩은 아주 엄격합니다. 군대행동은 절대 쓸 수 없어요. 하지만 오늘은 설날이므로 저는 외출하여 녕안에 왔습니다. 그래서 당신께 기별을 전합니다. 우리 대오는 7중대와 8중대로 구성되었는데 저는 8중대 소속입니다. 8중대는 정보대, 비행장대대 및 연락원 세 부분으로 구성되어 있어요. 저는 연락원입니다. 3개 내무반에 도합 70명이 있어요. 듣자하니 연락원은 帶廣에 가게 된다고 하네요. 우리가 입

영 할 때 7중대에서 2명이 도망쳤고 1명이 할복자살 했어요. 군대도 그렇게 쉬운 곳은 아닙니다.

처리: 말소

발견 시간 및 지점: 1월 11일 도문

발신자: 동경성역 轉 녕안훈련소 阿部修作

수신자: 山形현 最上군 豊田촌 大字曲川本村 阿部市雄

통신개요: 우리는 동경성 田中부대의 비행장을 건설한 후 26일에 군마를 수령하였습니다.

처리: 말소

발견 시간 및 지점: 1월 21일 봉천

발신자: 봉천 藤井부대 轉 江原대 新野胤次

수신자: 鹿兒島현 始良군 蒲生정 久米 松下實

통신개요: 평소처럼 4월에 비행연습이 시작되었습니다. 그리고 당신이 편지에서 읽은 것처럼 9일에 다시 봉천으로 왔습니다. 매일 공중사격과 전투를 연습합니다. 다음 달에는 혹한지역에서 훈련을 실시합니다. 그곳은 北安省 북안에서 북쪽으로 ○○킬로되는 龍鎭입니다. 편지의 "검사완료"도장은 제가 사사로이 찍은 것입니다. 1월 28일 전까지 쭉 봉천에 있게 됩니다. 아마 먼저 平安鎭에 도착했다가 다시 용진으로 갈 것입니다.

처리: 몰수

발견 시간 및 지점: 1월 12일 도문

발신자: 安達부대 宮村대 田中대 市川俊夫

수신자: 枥木현 芳賀군 甲野촌 山本原 市川菊三郞

통신개요: 이번 달 우리는 남지나 방면의 제일선으로 나가 전투에 참가합니다. 우리 기계부대는 운수부대의 보충부대로 출동하는 것입니다. 경로는 녕안—조선—하관—대만이고 대만에서 남지나에 등륙합니다. 목적지에 도착하는데 약 한달 가량 걸릴 것입니다.

처리: 말소

발견 시간 및 지점: 1월 20일　도문
발신자:　도문가 국제운수 도문지점　加藤亮雄
수신자:　愛知현 春日井군 守山정141　道木松四郎
통신개요: 목전 우리는 도문으로부터 목단강에 이르는 복선궤도를 시공 중입니다. 이상적인 상태는 설사 폭격을 받아도 불편을 겪지 않는 것입니다. 그래서 우리는 두 선로 사이에 200미터 정도의 거리를 두었습니다. 사실 단선궤도와 다름없습니다.
처리:　말소

발견 시간 및 지점: 1월 30일　동안
발신자:　북지나 하북성 京漢線 석가장 機務段　前原治三
수신자:　안동시 九番通 三町目　前原太
통신개요: 저는 지금 여객열차의 승무원으로 일하고 있습니다. 북지나 철도연대(제6연대)의 신병들이 승무실습을 하기에 여객열차에 오른 것입니다. 매 열차에 승무원 2명이 열차의 기관조수로 책임지도를 맡고 있습니다. 기관차 내에는 기관사를 포함하여 도합 4명이 있습니다.
처리:　몰수

발견 시간 및 지점: 1월 21일　금주
발신자:　열하성 凌源 小林부대　島貫廣
수신자:　산해관 城內 東四條胡同　佐藤德之助
통신개요: 赤峰에 주둔한 부대에는 본부와 2중대 및 1중대가 있습니다. 3중대는 林西에 주둔하여 경비를 책임지고 있습니다. 올해의 신병들은 3월 4일 長野현에서 입대합니다.
처리:　몰수

발견 시간 및 지점: 1월 20일　수분하
발신자:　포크라여관(ポクラ, 음역) 목단강 富田부대　平野대
수신자:　神奈川현 片瀨정 片瀨2582　小林喜平
통신개요: 현지 전술적 원인으로 말미암아 부대는 10일 다시 돌아갑니다. 머지않아 연대는 근선에서 연습을 진행합니다. 그래서 우리는 연습준비에 바빠 돌아

치고 있습니다. 끝난 후 인차 신병입영 준비를 다그쳐야 하기에 참으로 바쁩니다.
처리: 삭제

발견 시간 및 지점: 1월 30일 하이라얼
발신자: 하이라얼 山本勝부대 芳村久
수신자: 동경시 神田구 管田高
통신개요: 당지 거리의 끝은 군용비행장입니다. 우리는 매일 그 비행장에서 발동기의 내한실험을 진행합니다.
처리: 삭제

발견 시간 및 지점: 1월 23일 만주리
발신자: 만주리 松尾부대 본부 藤一三
수신자: 佐世保시 御船정329 梅野珠子
통신개요: 소문에 따르면 이번 달 말 혹은 다음 달 초에 시작합니다(당지에서 출발). 특히 이번에는 소집병의 만기제대 때문에 군사수송을 실시합니다. 이는 극비이기에 절대 발설하면 안 됩니다.
처리: 삭제

발견 시간 및 지점: 1월 29일
발신자: 동녕 機關區 本村翔
수신자: 목단강성 橫道河子 局宅39-1 野口芳松
통신개요: 가파로운 산길이 洞庭으로부터 동녕사이 약 30킬로 구간에 있습니다. 승무는 동녕으로부터 105.7킬로 거쳐 細鱗河에 도착하는 구간입니다.
처리: 몰수

발견 시간 및 지점: 1월 29일 동안
발신자: 동안 上田부대 入野利喜
수신자: 高知현 香美군 大楠植촌 前田幸治
통신개요: 우리는 지금 小松崎부대(22연대)에 있습니다. 이 부대의 신병은 2월 20일경에 입대합니다.

처리: 삭제

발견 시간 및 지점: 1월 17일 봉천
발신자: 봉천 沼田부대 岩田대 伊藤喜市
수신자: 秋田현 南秋田군 船川港정 仁井山 伊藤文子
통신개요: 제가 소속된 회사는 3월 혹은 4월에 하얼빈, 신경, 목단강, 치치할 등지에 분공장을 세웁니다. 비록 봉천육군병기공장의 분공장이긴 하지만 편지는 모두 부대명칭으로 발송하세요.
처리: 삭제

발견 시간 및 지점: 1월 20일 연길
발신자: 간도성공서 기획과 禾田榮右衛門
수신자: 岩手현 膽澤군 若栁촌 佐藤一男
통신개요: 일본군은 시외에 石井부대(교도학교), 廣田부대(비행대), 木下부대, 헌병대, 육군병원 및 특무기관이 있습니다. 만주군은 徐海부대, 楊林부대, 치안부병원과 헌병대가 있습니다.
처리: 몰수

발견 시간 및 지점: 1월 23일 가목사
발신자: 勃利 長谷川豊
수신자: 大分현 別府시 西別府온천104 長谷川福四郎
통신개요: 이번 관동군사령관께서 현역간부후보생 중에서 만주군장교지원자를 채용하라고 명령하였습니다.
처리: 삭제

발견 시간 및 지점: 1월 29일 가목사
발신자: 목단강성 특무기관 小倉喜雄
수신자: 勃利현 福順가 眞下秀子
통신개요: 저는 비록 목단강에 살고 있지만 모종 작업을 하기 위해 온종일 밀실에 숨어 이번에 소련으로 들어가게 될 러시아인 한명과 같이 기거하면서 공작교육을 받고 있습니다.

처리: 몰수

발견 시간 및 지점: 1월 13일 가목사

발신자: 富錦 淺野부대 木村대 菊池克己

수신자: 북지나 派遣郡 田邊부대 池田대 馬貸대 新敷曹長

통신개요: 최근 만주군이 비적의 습격을 받았습니다. 만주군 連長을 비롯한 도합 9명이 희생되었습니다. 물론 만주군에는 만주인만 있는 것이 아닙니다. 전사한 連長은 일본인입니다. 그는 맨 먼저 희생되었어요. 부대장께서는 울면서 말씀하셨어요. "만주군만 희생될 수 없다. 그의 희생은 영광스러운 것이다."

처리: 삭제

발견 시간 및 지점: 1월 27일 가목사

발신자: 富錦 淺野부대 山本대 本多政吉

수신자: 北海道 樺戶군 月形촌 字綠정 五十嵐寅雄

통신개요: 며칠 전 만주군이 토벌을 나가서 4시간 지속적으로 교전하였습니다. 만주군은 전투에서 일본군과 다릅니다. 만약 일본군 장교거나 분대장이 없으면 만주군은 전진하지 않는듯한 상태에서 散兵처럼 도망칩니다.

처리: 삭제

발견 시간 및 지점: 1월 26일 길림

발신자: 九台縣城鐵道南理善分會 千本

수신자: 길림성 돈화현 六蒲柴河 九台부대 千湘宸

통신개요: 병영근무의 고달픔을 참지 못한 많은 병사들이 도망쳤습니다. 그들 중 일부는 비적이 되었고 일부는 경무과에 잡혀왔습니다.

처리: 몰수

별지제3

유언비어의 원천이 될 혐의가 있는 통신

발견 시간 및 지점 : 1월 14일　치치할

발신자 :　平山부대 櫻井대　小作

수신자 :　동경시 板橋구 東泉정513　琴坂重幸

통신개요 : 형님은 전멸당한 小松原부대(신설사단)에 전속되어 갔습니다. 싸움터에서 전사할 것은 분명합니다. 지금 도쿄에서도 전선의 상황을 얘기하고 있겠지요. 이번 사건의 제1차, 제2차 총공격에서 아군은 그래도 우세에 처해 있었습니다. 하지만 제3차 총공격에서 아군은 이미 응전할 힘이 없었습니다. 적의 포병탱크는 엄청난 위력을 갖고 있었고 그 수도 놀랄 지경으로 많았습니다. 수백 대의 탱크가 전장에 쳐들어와 맹렬한 공격을 해왔습니다. 이러한 강세 앞에서 우리는 근본 대응할 수 없었어요. 적의 탱크전술도 아주 훌륭했습니다. 아군이 따라 배울 점이 많았어요. 우리 櫻井대와 이웃한 진지의 市川(千葉)부대의 野重이 함락 될 당시 적 탱크가 발사한 포탄이 비 오듯 했어요. 포격이 끝나자 인차 수 백 대의 탱크가 갑자기 맹공을 시작했습니다. 그때 견인차가 쉽게 중포들을 전장에서 끌어냈어요. 그 속도가 빠르기로 깜짝 놀랄 지경이었습니다. 아무튼 우리는 일본군의 실력을 너무 믿는 것 같아요. 신식무기만 해도 우리는 소련의 상대가 못됩니다. 우리가 아무리 일본혼을 발양해도 과학의 힘을 이기지는 못합니다. 육탄은 탱크를 근본 저항 할 수가 없어요.

처리 :　몰수

발견 시간 및 지점 : 1월 5일　하이라얼

발신자 :　하이라얼 중앙대가　玉分文八

수신자 :　三重현 宇治山田시　田中久二

통신개요 : 8월 20일 이래 부대는 고립무원의 전투에 빠져 당금 전멸될 위험에 처해 있습니다. 30일 저녁 저는 바루스코루고지에서 눈물을 머금고 천황의 명예와 같은 聯隊旗를 불태웠습니다.

처리 :　삭제

발견 시간 및 지점: 1월 13일 하이라얼
발신자: 하이라얼 大西부대 渡邊恭平
수신자: 신경 石街 八谷力
통신개요: 大西부대는 山縣부대에 이어 편성된 부대입니다. 노몬한사건에서 한 개 중대의 생존자가 겨우 10여 명입니다. 그중 대부분은 부상을 입고 후방으로 보내졌어요. 제가 교육한 병사는 50여명이었는데 겨우 3명만 살아남았습니다. 그들도 모두 부상 입었어요.
처리: 삭제

발견 시간 및 지점: 1월 16일 하이라얼
발신자: 하이라얼 吉富부대 岩村敏男
수신자: 廣島시 中島신정 久保正男
통신개요: 노몬한사건에서 우리 야포병도 침중한 타격을 입었습니다. 700명의 전우가 희생되었고 1300필의 말이 전부 죽었습니다. 참으로 비참합니다. 러시아인들은 참 강대합니다. 지금 우리는 말 한필도 안 남았어요. 그 대신 자동차부대가 되었습니다.
처리: 삭제

발견 시간 및 지점: 1월 12일 하이라얼
발신자: 하이라얼 日濱부대 川崎英男
수신자: 廣島현 深安군 川崎高代
통신개요: 저와 함께 부상 입은 사람들은 대부분 포로가 되어 적국에 끌려갔습니다. 저도 그때 포로가 되었지만 자살할 결심으로 칼자루를 굳게 잡고 있었어요. 여차하면 자살을 선택해야지요. 적들은 부상자들도 탱크거나 트럭에 함께 싣고 떠났습니다. 지금 村山부대에는 아직도 행방불명이(포로) 된 자가 많습니다.
처리: 삭제

발견 시간 및 지점: 1월 12일 연길
발신자: 간도성 연길가 육군관사26號東 北村光子
수신자: 東京府 下西多摩군2-宮 石川仁十郎 전 □□□

통신개요: 17일부터 28일까지 남편이 가목사에 출장 가서 방한연습을 합니다. 이번에 가목사에 가서 연습에 참가하는 사람은 300명이 됩니다. 하지만 유행성감기가 돌아 그중 240명이 감기에 걸렸어요. 불과 20명만 예정된 계획에 따라 무사히 돌아왔습니다. 좀 지나 또 병사 50명을 데리고 왔습니다. 남편의 친구도 집에 돌아갔습니다. 정월에 39℃의 고열이 나고 설사까지 하였어요. 남편의 친구는 군의관과 간호사의 보살핌 덕분에 끝내 정월을 맞이했습니다.

처리: 말소

발견 시간 및 지점: 1월 5일 목단강

발신자: 목단강 林(雅)부대 安部鐵夫

수신자: 長崎시 浦町 吉田堪六

통신개요: 어제 부대의 전화를 받았습니다. "가목사의 부대가 유행성감기를 만나 이틀사이에 병사 300명이 앓아누웠다. 부대의 군의가 몹시 바빠서 끊임없이 군의의 수량을 늘이고 있다."는 내용이었습니다. 그래서 즉시 본대에서 고급군의관 1명과 하사관 2명 그리고 간호병 5명을 차출하여 밤차를 타고 가목사로 달려갔습니다.

처리: 말소

발견 시간 및 지점: 1월 9일 신경

발신자: 북지나파견 木村(具)부대 八木부대 野上대 菊地伸男

수신자: 신경 川崎부대 大西대 吉松又一

통신개요: 전략. 지난달 20일 등주 남쪽으로 50킬로 되는 곳에 勝□ 동쪽으로 20킬로 되는 곳에서 輓馬중대가 정월에 쓸 군량과 마초를 수송하던 중 1500명 되는 비적의 습격을 받았습니다. 중대장을 포함한 4명이 전사하였고 장교와 부하 도합 20명이 부상을 입었습니다. 전사자의 망령을 위무하고자 자동차중대가 토벌대를 편성하여 비적토벌에 나섰습니다......

처리: 모수

발견 시간 및 지점: 1월 9일 신경

발신자: 위와 같음

수신자: 위와 같음 尾林得夫
통신개요: 위와 같음
처리: 위와 같음

발견 시간 및 지점: 1월 3일 도문
발신자: 목단강성 녕안성 後街 일본여관 山本三郎
수신자: 長野현 岡谷시 上濱정 共益電氣商會 山本일랑
통신개요: 내일 원 부대로 돌아갑니다. 부대명은 이미 바뀌었어요. 목단강성 濕春森 부대입니다. 2월에 우리는 블라디보스톡으로 갑니다. 그때 다시 편지 드릴게요.
처리: 말소

발견 시간 및 지점: 1월 6일
발신자: 훈춘 新巴부대 高橋대 岡澤正雄
수신자: 大阪시 港區 九條中道-2 竹岡富子
통신개요: 훈춘국경선의 부대는 매일 두 셋씩 희생됩니다.
처리: 삭제

발견 시간 및 지점: 1월 23일 古北口
발신자: 협화회 고북구출장소 坂本昌比郎
수신자: 熊本시 大江정 大江734 田代茂
통신개요: 적군이 包頭(蒙疆지구)를 향해 공격을 발동했습니다. 당신은 이미 신문을 통해 소식을 알고 계시겠지만 실제상황은 더욱 참혹합니다. 일본군은 돌연 습격을 받아 전멸 당했습니다. 일본인도 위험한 경지에 이르렀어요. 하지만 우리는 사태의 악화를 힘써 막아냈습니다.
처리: 삭제

발견 시간 및 지점: 1월 5일 길림
발신자: 樺甸현 什字街 春第사진관 楊萬章
수신자: 간도성 연길현 志井촌 稅關交 張□使
통신개요: 당지의 비적은 몹시 창궐합니다. 대량의 일본군과 만주군이 그곳에 주둔하

여 끊임없이 토벌을 진행합니다. 며칠 전 부대가 출동할 때 촌민 중의 젊은 이들이 모두 징용되었어요. 땅도 전부 정부 사람들에게 빼앗겼습니다. 물가가 치솟는 마당에 살길이 끊겼어요. 저는 지금 참 막무가내입니다.

처리: 몰수

별지제4

항일통신

유 형	건 수	
	지난 달	이번 달
항일통신	18	103
일본의 전패와 폭행 등 역선전 통신	8	10
일본비방통신	5	6
종교를 이용한 선전	27	2
기타 항일기세	5	2
합 계	63	223

발견 시간 및 지점: 1월 29일 봉천

발신자: 사천성 武俊 鏡心白

수신자: 봉천 심양은행 孫海濤

통신개요: 지금은 국가가 생사존망의 위기에 처해있고 민족의 생존경쟁이 치열한 가을입니다. 저는 보국의 정성을 다하지 못하고 의지가 박약해서 짐승과 다를 바 업습니다. 이는 참으로 부끄러운 일입니다. 저는 분연히 일떠나 사억 민중이 安居樂業하고 위기에서 벗어나도록 우리 동포를 불구덩이에서 구출하고 싶습니다. 동반구가 평화를 유지하기를 간절히 바랍니다.

처리: 발송 정찰 중

발견 시간 및 지점: 1월 25일 길림

발신자: 화전현 天益新藥店 繼世

수신자: 길림시 通天街27號 程令館 程濟人

통신개요: 목전 여러 상점에 유숙하고 있는 병사들은 몹시 오만하고 난폭합니다. 참 어찌했으면 좋을지 몰라 난감합니다. 며칠 전에는 우리 가게의 점원이 23명에게 맞아 부상을 입었습니다. 최근에는 토벌대의 행위도 비적과 다를 바 없습니다.

처리: 몰수

발견 시간 및 지점: 1월 6일 산해관

발신자: 하북 南宮현 徐馬寨 馬爾庄 弟 銘棟

수신자: 彰武현 北關里 交 高繼臣

통신개요: 10월 이후 마을마다 일본병사가 들어왔습니다. 그들은 매일 마을사람들더러 곡물과 재물을 바치도록 강요합니다. 땅 한 무 당 지세를 6원 하던 것이 이제는 8원을 징수하려고 합니다.

처리: 몰수

발견 시간 및 지점: 1월 3일 산해관

발신자: 東豊台

수신자: 三江성 通河현 福益成寶號內 趙迂棟

통신개요: 제목 新式標點白話解說幼學瓊林

發行所 상해馬啓新書局

안중근은 조선인이다. 그는 일본의 재상인 伊藤을 죽여 조선의 망국지한을 풀었다. 그는 충의지사이다.

처리: 몰수

발견 시간 및 지점: 1월 9일 산해관

발신자: 상해 圓明園로169號 중화전국기독교협진회

수신자: 하북 都山현 福音堂 李仲國

통신개요: 부상자를 돌보던 여학생 한명이 적기의 폭격에 왼팔을 잃었다. 하지만 그는 결코 의기소침해 있지 않고 분발된 정신으로 다음과 같은 사실을 이야기하였다. "최근 적기가 長沙를 습격하였습니다. 모든 주민들이 그 해를 입었습니다. 생후 6개월 밖에 안 되는 아기가 영국 해군의 보호 하에 영국군함 '瓢蟲'호에 옮겨졌습니다. 간단한 처치를 마치고 인차 또 교회병원으로

옮겨졌어요. 그 후 영국주중국대사 '冠爾爵士'가 그의 教父가 되었고 蔣위원장의 부인 송미령여사께서 그의 教母가 되었습니다. 그의 행복한 장래가 기대됩니다." 운운

제목 중국학생과 기독교

발행소 상해 月明路169號 중화민국기독교협진회

처리: 몰수

발견 시간 및 지점: 1월 12일 하얼빈

발신자: 시카코시 월간 슈르나르시보(シュルナル, 음역) "12월 18일"

수신자: 하얼빈 斜文街78 치크맨(チクマン, 음역) 외 6명

통신개요: 일본군은 군기가 황당할 지경으로 해이하다. 일본군 병사는 지저분한 옷을 입고 시내에서든 시골마을에서든 양민들의 재물을 빼앗고 부녀자를 간음한다......吳佩孚장군이 북경에서 서거하였다. 이는 일본이 말하는 지병으로 인한 서거가 아니라 그가 일본의 요구를 거절하였기에 독살된 것이다.

처리: 몰수

발견 시간 및 지점: 1월 15일 하얼빈

발신자: 하얼빈주재 프랑스영사

수신자: 프랑스정부와 기타 4곳

통신개요: 목전 만주국 내에 거주하는 백계 러시아 아동은 4,5백 명 정도이다. 일본은 그들에 대해 아주 냉담하다. 멀지 않아 그들을 다른 나라에 전입시킬 것이다. 일본은 장래 연해주를 침범하려는 계획을 세우고 있으며 그들을 자신들의 하수인으로 키우려 하고 있다. 목전 일본은 당지에 2개의 하사관양성소를 설립하여 러시아청소년들을 키우고 있다.

처리: 발송

발견 시간 및 지점: 1월 19일 하얼빈

발신자: 샌프랜시스코 이바차리아(イワヤザリヤ, 음역)

수신자: 하얼빈 이만스카야가 서(イマンスカヤ, 음역) 아소프로에(アソフローエ, 음역) 외 2명

통신개요: (1) 하얼빈주재 러시아사무국은 일본의 대리기관에 불과하다. 기타 러시아

단체들은 모두 해산되고 협화회로 재조직되었다. 집회라도 가지면 전원이 신경의 만주국황제에게 경배를 드려야 한다. 참 웃기는 노릇이 아닐 수 없다.

(2)백계 러시아 아동의 과목은 일본어학습을 목표로 하고 있다. 그들은 각종 수단을 동원하여 러시아인이 자고로 지켜온 민족의식을 짓밟고 말살하려 시도한다. 다수의 러시아 상급학교는 핍박에 의해 폐교하였다. 청소년들은 전부 학업을 중단하고 힘든 노동에 종사하고 있다. 만약 사직을 제기하면 곧바로 일본헌병대에 끌려가 훈계를 듣는다.

처리: 몰수

발견 시간 및 지점: 1월 22일 하얼빈

발신자: 在上海英系 華東日報 (イスチャイナデーリーニュース, 음역)

수신자: 하얼빈 商務街 商業구락부 외 7인

통신개요: 지나유격대는 일본군 장병을 포로로 잡았을 시 반전사상을 주입합니다. 그들에게 이것은 전쟁의 고통을 잊는 방법이라고 알려줍니다. 그들을 지나군대로 동화시키기 위해서입니다. 포로들은 귀국 후 군사법정에서 엄벌을 받게 될 것임을 잘 압니다. 그들은 징벌을 받지 않으려고 합니다. 그래서 일본군의 도덕은 전쟁 발발 초기보다 현저하게 저하되었습니다. 이대로 나가면 전쟁의 목적을 달성 할 수 없게 됩니다.

처리: 몰수

별지제5

군기 및 사상 상 요주의 통신

유 형	건 수	
	지난 달	이번 달
상관을 비방한 통신	2	2
군기해이를 언급한 통신	27	29
반전반군 혐의가 있는 통신	17	2
제일선 근무 혹은 군 생활을 혐오하는 통신	21	15
현역군인의 불평불만	7	7
병역기피의 혐의가 있는 통신	4	4
전쟁의 참상을 알리는 통신	9	1
만기제대를 알리는 통신		27
사상 상 요주의 통신	15	41
합 계	102	130

발견 시간 및 지점: 1월 19일 동안
발신자: 여순육군병원 小池惣雄
수신자: 동안 平田부대 伊井대 難破伍長
통신개요: 貫一(ヌク, 인명음역)이 이미 돌아왔습니다. 다른 사람에게 알려주지 마세요! 그는 신병이면서 자신이 少尉라고 거짓말을 하였습니다. 그래서 자신의 본명을 말하고 싶지 않아 그냥 貫一이라고 합니다. 만약 그대로 노몬한에 나가 죽으면 오히려 편안할 것이요 즐거운 일이 될 것입니다.
처리: 몰수

발견 시간 및 지점: 1월 10일 하이라얼
발신자: 하이라얼 大西부대 石川作治
수신자: 봉천성 撫順시 佐藤力
통신개요: 특히는 원 連山關의 대장이자 독일육군의 聯君, 그는 까다로운 사람입니다. 우리는 매의 눈에 든 병아리 모양으로 꼼짝달싹 못합니다.
처리: 삭제

발견 시간 및 지점: 1월 15일 신경
발신자: 신경육군병원 高畠治作
수신자: 하이라얼 中尾부대 西盛重雄
통신개요: 전략......적들에게 맹렬히 공격당하고 있을 때 저는 돌격했어요. 그때 저는 적진의 중앙에 있었는데 복부에 적탄이 관통하더군요. 그런데 저는 부대의 버림을 받았어요. 부대는 이번 공격을 순리롭게 피하였지만 저는 원 자리에서 나흘 동안 정신 잃고 쓰러져 있었지요......부대는 끝끝내 저를 구하러 오지 않았어요. 그래서 지금 이 운명이 된 것이죠. 저는 신경의 육군병원에 왔어요. 이곳에서 중대 병사 둘을 만났어요. 당시 상황을 얘기하니 그들은 高畠曹長의 복부가 관통되었으니 과다출혈로 얼마 못가 죽을 것이라 판단했대요. 그래서 저를 내버려 두었다고 하네요......그 말을 듣고 저는 원망하였지요. 그런 이유라면 왜 그때 내 가슴에 한방 쏘지 않았느냐고 말이에요.
처리: 몰수

발견 시간 및 지점: 1월 8일 길림
발신자: 목단강 菱田부대 轉 礒부대 白鳥貞夫
수신자: 길림시 외 小豊滿水電局 길림출장소 辻村稔
통신개요: 비록 군대에서 정월을 맞이하기 싫지만 이 열 달의 시간을 저는 용케 견뎌왔어요. 참 목숨을 내 걸었던거죠. 이제 이년병이 되면 저는 반드시 제멋대로 할 것이에요.
처리: 몰수

발견 시간 및 지점: 1월 20일 가목사
발신자: 가목사 岩部부대 角田一男
수신자: 산동성 청도 錦州路11號 角田光二
통신개요: 걱정을 끼쳐드렸군요. 저는 이미 伍長근무의 진급에서 성공적으로 탈락하였습니다. 나쁜 성적 때문에 기뻐하니 몹시 이상하지요? 만약 지금 오장이 되면 재임 2년을 각오해야 하기 때문입니다. 국가를 위해 충성을 다하고 훌륭한 성적으로 군 생활을 계속하느니 차라리 일찌감치 집에 가서 부모님의 걱정을 덜어 드리는 것이 제 진심입니다. 만약 이번에 오장이 되어 번마

다 전우들의 말밥에 오른다면 저는 참 무섭습니다. 종이 한 장으로 진급에서 탈락 할 수 있다니? 참 이렇게 좋은 일이 어데 있을까요!

처리: 삭제

발견 시간 및 지점: 1월 18일 봉천

발신자: 錦현 遊佐부대 白石대 津村朝吉

수신자: 愛知현 豊橋시 廣田부대 藤崎대 菊池辨治

통신개요: 어느 곳에든 우수한 자는 별로 없습니다. 豊橋일대의 습관대로 하면 아주 기분이 구리다는 것이겠지요......만약 그냥 "이렇다네"하고 아무 일도 하지 않으면 남들에게 이런 말을 듣습니다. "당신은 경험이 있는데 왜 안하는 거요!" 이런 원망 어린 말을 들으면 저는 화가 나서 이틀 동안 쿨쿨 잠만 잡니다. 그리고는 고분고분한 반장이 되지요.

처리: 삭제

발견 시간 및 지점: 1월 30일 하이라얼

발신자: 하이라얼 西大街 近藤良人

수신자: 福岡현 福岡시 石井哲夫

통신개요: 참 기상천외한 일이지요! 반장과 대장이 엇갈아 가며 맹렬한 공세를 들이댑니다. 우리더러 하사관이 되라고 유혹하지요. 이러한 상황을 만나면 우리는 응당 몹시 기뻐해야겠지요. 하지만 우리는 결코 금궤거나 삼사 백 원 되는 恩賜金에 현혹되는 바보가 아닙니다.

처리: 삭제

발견 시간 및 지점: 1월 14일

발신자: 하이라얼 平野부대 國境의 형님 (武夫)

수신자: 群馬현 新田군 武藏島 宮下二三江

통신개요: 모두가 術科에 간 이후 나머지 신병과 이년병들은 전부 세수하러 갔습니다. 그들은 입을 잔뜩 벌리고 안색이 새까매서 있어요. 일부는 안색을 보면 아주 추워 보이고 일부는 얼굴에 언제면 돌아갈 수 있을까 하고 물음을 묻고 있어요.

처리: 삭제

발견 시간 및 지점: 1월 7일 하이라얼
발신자: 하이라얼 中尾부대 木下高次
수신자: 門司시 東廣정 齊藤幸市
통신개요: 사건 직후 인심이 살벌해져서 1월 1일에는 전우끼리 죽이는 참극이 벌어졌습니다. 때문에 근본적인 교육과 기타 방면의 검토가 필요합니다.
처리: 삭제

발견 시간 및 지점: 1월 21일 목단강
발신자: 목단강 長尾昇 (군인의 통신)
수신자: 福島현 信夫군 平田촌 大字山田 長尾智英
통신개요: 우리와 같은 사람은 간부후보자거나 하사관을 신청할 기회가 없어요. 그래서 올해는 줄곧 자살할 생각뿐입니다. 총검으로 목을 베어 죽으려고 했지만 죽지 않고 지금까지 살아 있어요. 그리고 부대를 떠난 사람들은 별의별 사람들이 다 있어요. 어떤 이들은 영창에 갇히기도 하였어요. 그들은 참 불쌍합니다.
처리: 말소

발견 시간 및 지점: 1월 26일 봉천
발신자: 중화민국 상해 東亞同文書院 坂東熏
수신자: 봉천시 琴平정10 日滿土木分店 坂東絹子
통신개요: 복인지 화인지는 모르겠지만 청년들은 전쟁의 커다란 충격 속에서 모두들 적극적으로 전투에 참가하고 있어요. 설마 전쟁이 끝났다 해도 상황이 어떻게 될까요? 국내 상황은 어떻게 될까요? 아무런 불평도 없이 4,5년 동안 군복무를 한다 해도 고통 속에서 전투에 임하겠지요. 이런 불안감은 청년이 아니더라도 다들 느낄 수 있을 것입니다.
처리: 말소

발견 시간 및 지점: 1월 17일 고북구
발신자: 고북구 豊田부대 본부 阿部九州男
수신자: 봉천 稻葉정43 松本玉子
통신개요: 2월 초년병을 받아들이는 일도 중지되었단다. 만약 玉子 네가 3월에 승덕

에 오면 내가 수시로 그곳에 가서 마중할 수 있다. 몹시 기다려지는구나. 하지만 그전에 전보로 승덕에 도착하는 시간을 나에게 알려주는 것을 잊지 말아라. 예하면 "언제 승덕에 도착하여 삼촌을 만나요."라고 나에게 전보를 보내면 인차 마중할 것이다.

처리: 몰수

발견 시간 및 지점: 1월 16일 하얼빈

발신자: 高野부대통신소 根本상등병

수신자: 楡樹屯 湯田부대통신소 中島상등병

통신개요: 통신소 내에서는 소장을 비롯해서 초년병이든 오년병이든 자질구레한 일을 합니다. 며칠 전 밤에 슬그머니 통신소를 벗어나 공무차를 속여 타고 여자 찾으러 간 사람도 있어요.

처리: 삭제

발견 시간 및 지점: 1월 25일 하얼빈

발신자: 村瀨부대 森田대 阿部光雄

수신자: 兵庫현 明石시 阿部哲明

통신개요: 형님, 우린 참 불쌍해요! 국내에서 慰問袋도 보내오지 않았어요. 힘든 상황에서 아버님께 돈 좀 보내달라고 부탁했지만 아버님은 제 청을 들어주지 않아요. 다 같은 전우들이지만 저의 마음은 무거워 나요. 지어 가끔 눈물이 흘러요. 다들 같은 병사인데 왜 이렇게 차이가 나는 거죠?

처리: 소속부대에 연락

발견 시간 및 지점: 1월 10일 동안

발신자: 동안 黑石부대 본부 古畑武

수신자: 近衛야포연대 제4중대 寺內操

통신개요: 사령부에는 군인이 있을뿐더러 군무원 및 열 명 정도 되는 여타자원도 있어요. 가끔은 대충 점호를 하고 가끔은 점호도 하지 않아요. 군무원이 있기에 사령부의 군기는 참 혼란스러워요.

처리: 몰수

발견 시간 및 지점: 1월 12일 동안

발신자: 동안 山田友부대 龜永대 園田德次郎

수신자: 동안제1육군병원 轟重夫

통신개요: 저는 스스로 씩씩하다고 생각하지만 2년 동안의 중대당번을 거친 후 이미 완전 타락했어요. 작년에 여순에서 취사원으로 일했지만 정월에는 못하게 되었어요. 올해 열심히 하려고 해도 불가능하게 되었지요. 그래서 정월에는 연속 나흘 동안 술만 먹었어요. 매일 푹 취해서 사무실에 갔고 간부들도 저를 미워했어요. 중대당번이고 뭐고 다 개똥이에요! 소집병은 중대당번이란 말만 들어도 신물이 나요.

처리: 몰수

발견 시간 및 지점: 1월 12일 동안

발신자: 호림 高부대 山尾佐吉

수신자: 북해도 空知군 南富良野촌 淺野孫一

통신개요: 군대는 운수에 따라 살아가는 곳이란다. 시작부터 운 좋은 사람(상관을 가리킴)을 만나야 해. 비록 네가 하사관을 신청하려고 하지만 내가 보기엔 너 같은 가정환경에는 신청하지 않는 것이 좋아. 너 참 우둔한 생각을 했어. 5년 혹은 8년 지나도 그냥 하사관이면 자유도 없을뿐더러 시간이 더 지나도 계속 하사관으로 살아야 한단다. 네가 서른 일여덟 먹고 스무 서너 살 되는 장교에게 허리를 굽히는 장면을 상상하면 참 끔찍하구나.

처리: 몰수

발견 시간 및 지점: 1월 16일 동안

발신자: 동안 菊地부대 仙葉대 古川三男

수신자: 鹿兒島현 始茂군 敷振촌 古川四郎

통신개요: 이는 비록 일본이 대륙에서의 사명이라고 하나 3년 동안의 군대생활은 나로 하여금 더 깊은 사고를 하게 하는구나. 나는 왜 응소하여 참군하였지? 왜 부대에서 27살까지 있으면서 늙은 상등병이 되었지. 나와 함께 온 보충병들은 왜 국경선에 피를 뿌려야 하지? 너는 입대하기 전에 줄곧 직업이 있었고 회사의 대우도 좋았으니 너의 절반 임금을 나한테 주면 안 되겠니? 난 고향에 돌아가는 일은 절대 반대란다.

처리: 몰수

발견 시간 및 지점: 1월 22일 안동
발신자: 美부대 添畑대 高田重勝
수신자: 大阪시 港區 入幡정 中通 佐藤文子
통신개요: 어머님께서 제가 19살 때 돌아가셨습니다. 그래서 외로운 저는 군대에 들어왔습니다. 저는 요란한 환소 속에서 영원히 일본과 작별하는 심정으로 길을 떠났습니다. 일 년 후 저는 군대생활이 싫증나기 시작 했습니다. 비록 겉보기에는 국민의 대표이지만 사실은 무엇인지 저도 알 바 없습니다. 만약 일찌감치 군대를 떠난다면......
처리: 삭제

발견 시간 및 지점: 1월 18일 안동
발신자: 목단강성 大城子 川勝부대 본부 由川端正
수신자: 안동시 중앙통 鈴本美智子
통신개요: 전 올해 정월은 군대에서 보내지 않아도 되는 줄 알았습니다. 하지만 국경선 일대에서 봄을 맞았어요. 만약 제가 하루라도 빨리 귀국하지 않으면 장래 일생의 생활방향을 잃고 아무런 쓸모가 없는 사람이 될 것 같아요.
처리: 삭제

발견 시간 및 지점: 1월 30일 고북구
발신자: 고북구 豊田부대 본부 高見군조
수신자: 兵庫현 多可군 野間呑 付門田 森肋好子
통신개요: 민간인과 이야기 나눌 때 군대의 고생을 말하는 자는 10명에서 5명이 안될 것입니다. 만약 군대 내의 진실을 자신의 부모에게 말하면 어느 부모인들 눈물을 흘리지 않겠습니까! 듣자하니 實군은 군대에 오려 하지만 군대를 좋아하는 정도는 아니라면서요. 그가 병사들이 영하 30℃의 저온에서 목총을 들고 돌격연습을 하는 모습을 보고 그들이 얼마나 불쌍했겠어요! 현재 민간인들은 병사들의 손을 보고 무슨 생각이 들까요? 어느 병사든 적어도 손가락 하나가 동창으로 잘 쓸 수 없게 되었어요.
처리: 삭제

발견 시간 및 지점: 1월 24일 도문

발신자: 도문가 철로총국 山手局宅31-1 大久保佐吉
수신자: 長崎현 佐世保시 相浦정 日岡免524 富永保
통신개요: 모든 이들이 제일 깊은 인상을 받았던 것처럼 만주에 온 이후 제일 인상 깊었던 것은 군인과 관원의 기세가 대단하다는 것입니다. 보통 민중을 대하는 것이 꼭 벌레를 대하듯이 언행이 거칠고 무례합니다. 특히는 국경선 부근 지역에서는 이런 상황이 더 한심해서 눈뜨고 볼 수 없을 지경입니다. 워낙은 군인이 지켜주기에 편안히 살 수 있는 것인데 오히려 군인의 언행이 극단적이어서 미움을 사고 있어요. 후방의 국민들도 자신들의 견해가 있어요. 아무튼 군인과 순경들은 너무 오만방자합니다.
처리: 발송 후 정찰 중

발견 시간 및 지점: 1월 24일 營口
발신자: 영구시 세무국 今村進
수신자: 蒙疆 張家口 몽강신문사 池田說壽
통신개요: 전략. 상대는 지나에 익숙한 부대입니다. 그래서 지나를 연구하고 이론적으로 군사를 지도할 실력을 갖추어야 합니다. ...중략...이제 아내와 아이들이 없으니 곧 큰 일을 할 계획을 세우는 중입니다.
처리: 발송 감시 중

발견 시간 및 지점: 1월 9일 하얼빈
발신자: 하얼빈 중앙은행 松本三郎
수신자: 북지나 파견군 飯沼부대 轉 永田부대 西田대 瀧榮一
통신개요: 개요......만주와 일본은 다릅니다. 관동군의 명령만 떨어지면 만주는 즉시 집행합니다. "관료만능"이 진일보로 강화되었습니다. 동시에 그들은 민중의 강렬한 불만과 반감을 사게 됩니다. 지방에 있는 만주인 상인 중에 대규모적인 반통치 행위가 일어났습니다. 그것을 취체하는 과정에 정부에 엄중한 독직행위가 나타났습니다. 이는 참 유감스러운 일입니다.
처리: 발송 감시 중

발견 시간 및 지점: 1월 19일 하얼빈
발신자: 哈市 道外 染房胡同19號 壽軒

수신자: 哈市 道里 經緯가 濱江일보사 王克勝

통신개요: 제목은 "徒弟를 위하여 불평을 말하다". 세계의 국제관례는 하루 작업시간이 8시간입니다. 하지만 만주에서는 미성년 학도들이 매일 16,17시간 일하면서 우마보다 못한 생활을 하고 있습니다. 그들의 앞날을 생각하면 참 위험해 보입니다. 이와 같은 왕도낙토에서 학도가 전통적 관습에 얽매이고 환경의 제한을 받으면서 경제적으로 압박착취를 당하는 등 자본가의 노예로 살고 있습니다. 귀족의 우마로 되면 大厄之年이겠지요. 우리는 하루 빨리 그들에 대한 대우를 개선해야 합니다.

처리: 조사 중

발견 시간 및 지점: 1월 25일 하얼빈

발신자: 濱江성 葦河현 농사합작사 小松周助

수신자: 하얼빈 地斷가 興亞塾 板倉傳吉

통신개요: 개요

농업합작사와 금융합작사는 2월에 합병하게 됩니다. 그때면 저는 어디로 가게 될지 모릅니다. 지금까지 동료 2명뿐 이었던 관계로 저는 安原군이 기타 일본인들과 함께 작전에 참가한 줄 몰랐습니다. 그래서 계획대로 성 연합회의 佐藤大四郎主事와 연락을 취했지요. 그런데 장부정리가 안됐다는 이유로 그에게서 한바탕 훈계를 들었습니다. 농업합작사에 생각이 제대로 된 자가 없습니다.

처리: 조사 중

발견 시간 및 지점: 1월 16일 목단강

발신자: 조선 京原선 連川邑內里134 朴宣龍

수신자: 목단강시 西 長安가 연길상회 周王氏

통신개요: 만약 이곳에 오래 있으면 올 3월에 지원병으로 전선에 나가 참전해야 합니다. 그래서 이곳을 떠나 만주로 가려 합니다. 사랑스런 玉善이를 떠나 머나면 전선으로 가서 싸움터에서 죽는다면 옥선이는 어찌할까요? 그래서 비밀리에 만주에 들어가 지원병징집을 피할 결심입니다.

처리: 발송

발견 시간 및 지점: 1월 20일 목단강
발신자: 自動示工務區 이하 미상
수신자: 連京線 陶家屯 福盛輿 康志遠
통신개요: 이곳 保線區長의 말에 따르면 滿鐵의 직원은 참군하지 않아도 된다고 합니다. 그리고는 저에게 부대에 가지 말라고 합니다. 만약 촌장이 와서 닦달하면 인차 자신에게 알리라고 하네요. 자기가 일본인에게 말해서 처리할 것이라고 합니다.
처리: 발송

발견 시간 및 지점: 1월 26일 용정
발신자: 용정가 新安區 대통로15-15 池章光
수신자: 和龍縣 開山屯 吉成철공소 李順極
통신개요: 화룡현에서 한 가구에 1명씩 모집하여 특설부대를 조직하려 합니다. 제가 집에 있게 되면 소집되어 갈 수 있어요. 하지만 부대에 가면 목숨을 잃을 수 있고 운이 좋아야 목숨을 부지할 수 있어요. 만약 조선을 위해 싸운다면 전 자원으로 참군하여 싸울 것입니다. 분신쇄골이 된다 해도 좋아요. 하지만 일본을 위한 것이라면 백 명 중 한명도 자원으로 참가하지 않을 것입니다. 다른 사람들은 일본을 위해 다른 나라와 싸우는지는 몰라도 저는 결코 우리가 조선동포를 학살하는 것을 볼 수는 없어요. 그래서 저는 입대를 포기했습니다. 만약 아버님께서 저더러 철로에서 일하라고 하면 전 차라리 군 입대를 하는 것이 낫겠어요. 전 지금 아무 일도 할 기분이 아닙니다.
처리: 조사 중

별지제6

기타(226건)

◎ 국책실행을 방해 할 우려가 있는 통신

발견 시간 및 지점: 1월 24일 동안
발신자: 寶淸현 청년의용군 頭道훈련소 吉田長次
수신자: 길림인조석유회사 내 吉田長榮

통신개요: 약 일주일 전부터 田前, 藤井, 蘆知, 本郷, 村田 및 山根 등이 눈에 거슬리는 훈련생을 구타하기 시작하였습니다. 지금까지 15명이 그들의 구타를 당했습니다. 그중 한 사람의 얼굴에는 흙칠까지 하였습니다. 어제 저녁 고바야시 등이 무라다에게 맞았습니다. 무라다도 기껏해야 약자나 괴롭히는 정도입니다! 저는 일말의 희망이라도 있다면 목숨 걸고 마지막까지 견지할 것입니다. 좀 비렬하긴 하지만 어제 밤 어둠을 타 무라다를 패주었습니다. 이 사건이 발생한 이후 간부들은 고양이처럼 전전긍긍하였습니다. 소장도 귀국하였고 中園도 돌아갔습니다. 지금 이곳에는 간부가 한명도 안 남았어요. 田前과 本郷은 훈련소에서 제멋대로 행패를 부립니다. 이게 어디 국책을 실행하는 청년의용군의 모습입니까.

처리: 진상조사

발견 시간 및 지점: 1월 25일 동안

발신자: 보청현 頭道훈련소 제2소대 3분대 末川郎

수신자: 무순 春日정 六丁目 河永正臣

통신개요: 선견대는 勃利에서 후속부대를 혼쭐내주었습니다. 각 훈련소의 의용군은 모두 파업 중입니다. 그래서 일반인들은 전 만주국의 의용군을 國賊양성소로 보고 있습니다. 평가가 아주 나쁩니다.

처리: 발송

◎ 국내치안불량을 언급한 통신

발견 시간 및 지점: 1월 24일 목단강

발신자: 동경성 木村대 新間梅治

수신자: 여순 육군병원 제2동 5호방 山本森造

통신개요: 요즘 우리는 매일 토벌을 진행합니다. 12월 11일 春陽지구에서 토벌을 했는데 일등병 見取(인명)가 전사하였습니다. 비적들은 시체 7구를 버리고 도망쳤습니다. 귀대 도중(밤중)에 산 속에서 집 한 채를 발견하였는데 안에 쿨리 일여덟 명이 있었어요. 우리는 그들을 비적으로 여기고 전부 죽였습니다. 나중에 알고 보니 그들은 산속에 벌목하러 온 쿨리들이였습니다.

처리: 일부 말소

발견 시간 및 지점: 1월 11일　도문
발신자:　길림성 돈화현 경무과 轉 大塚대　杉山薰
수신자:　兵庫현 兵庫군 精道촌 蘆玉　篠原繁代
통신개요: 워낙 올해 안으로 봉천으로 돌아갈 수 있어서 기뻤습니다. 하지만 비적 상황이 돌변하여 현재는 언제 봉천으로 돌아갈 수 있을지 미지수입니다. 이번 토벌 전투에서 10월 1일 이후 아군 300여명이 죽었습니다.
처리:　일부 말소

발견 시간 및 지점: 1월 16일　도문
발신자:　녕안훈련소 의용대 제11중대 4소대　佐佐木精市
수신자:　東京시 本鄕구 春木정　及川三郎
통신개요: 정월이라 하지만 비적이 출몰하기에 우리는 휴식을 취할 수 없습니다. 오히려 더욱 방비를 가강하여 수시로 전투할 준비를 하고 있습니다. 우리 중대는 비적이 통과할 수 있는 도로를 경비하기에 매일 무장하고 경계태세를 취하고 있습니다. 듣자하니 13중대에서 비적의 우두머리를 잡았는데 조사해보니 일본인이었다는 소문이 있습니다.
처리:　삭제

◎ 비법행위를 시도한 통신

발견 시간 및 지점: 1월 15일　영구
발신자:　영구시 화원가　植木俊雄
수신자:　북경 禮土胡同 弘隆組　栢孝四郞
통신개요: 저는 통제 하에서 돈을 벌 수 없다는 소문을 가끔 듣곤 합니다. 하지만 제가 보기엔 통제관리가 있기에 우리가 돈 벌기 더 쉬워졌어요……중략……(ツレ), (タソ), (イク) 상술한 세 가지 물품을 대량적으로 사고파는 것이 목표입니다. 당신의 이익은 시쿠(ヒク, 음역) 한 트럭입니다. 어때요?
처리:　발송 정찰 중

발견 시간 및 지점: 1월 8일　영구

발신자:　영구　舒春

수신자:　상해 프랑스조계지 吉祥가 北恒茂內合光成　同葆忱

통신개요: 입국증명 건은 이미 다른 사람에게 부탁하여 작업에 들어갔습니다. 경찰 쪽에도 사람을 찾아놓았어요. 하지만 이 일은 참 힘든 것 같습니다. 입국증명서를 하달하기 전에 반드시 보증인 두 사람이 있어야 합니다. 그렇지 않으면 입국증명서를 하달하지 않을 것입니다. 당신은 취직한다는 명의로 煙台, 龍口 혹은 천진에서 출발하여 배를 타고 영구에 오세요. 당지의 勞工협회에서 당신께 노공증명을 한 장 떼어 주면 어떤가요? 증명서를 얻으면 더 좋고요. 좋기는 여기서 누가 증명서를 얻어 가지고 산해관까지 갖다 주는 것입니다. 하지만 오가는 열차 혹은 국경 세관의 검사에서 엄격한 몸수색을 당할까 몹시 걱정입니다. 그래서 결코 쉬운 일은 아닙니다.

처리:　발송　동향 조사 중

◎ 만주군 징병을 기피한 통신

발견 시간 및 지점: 1월 24일　길림

발신자:　길림시 河南가 天德堂　禹吉勤

수신자:　화전현 天益堂 新記藥店　程濟人

통신개요: 현재 길림시내의 징병은 모두 강제적입니다. 상황 또한 점점 더 준엄해지고 있어요. 다들 사처로 도망치고 있습니다. 듣자하니 劉儀와 吳絡淸 둘은 징병을 피하고자 오늘 이사를 해서 숨어버렸대요.

처리:　경찰청에 보고

발견 시간 및 지점: 1월 28일　영구

발신자:　영구시 緣定區 日新가74 縫納組合　韓凱元

수신자:　북지나 山西省 太原府 平遙현 제77선무반　宋炳□

통신개요: 전략. 현재 만주국에서 징병제를 실행하고 있습니다. 저는 사직하고 나서 산서 등지로 갈 계획입니다. 이미 3명이 우리 구를 떠났습니다. 그들은 모두 22살 정도입니다.

처리:　발송

◎ 수상한 점이 있어 조사 중인 통신

발견 시간 및 지점: 1월 18일　봉천
발신자:　심양 南滿역 중국은행 내　李宣良
수신자:　중경 北復舊대학　張承德
통신개요: 一. 저는 동북삼성에 있으면서 몸은 건강하지만 정신적으로 여러모로 불쾌합니다. 二. 그들은 징병시험이 있습니다. 우리 은행에서 3명이 강제로 참군했습니다. 그들은 이달 19일 아침에 신체검사를 했습니다. 봉천 시내에서 만 명을 징집하고 3년간 훈련한다고 합니다. 하지만 제가 보건대 우리 은행원은 신체든 국적이든 사상이든 징병요구에 부합되는 자가 없습니다. 三. 저는 절대 일본어를 배워서 출세할 생각이 없습니다. 제가 이렇듯 단호하게 말하는 원인은 장래에 일본어를 쓰지 않기를 바라기 때문입니다. 저는 東省(만주)에서 러시아어와 영어를 배울 수 있기를 바랍니다.
처리:　발송 내부 정찰 중

발견 시간 및 지점: 1월 3일　목단강
발신자:　목단강시 興銀　長谷川菊忠
수신자:　廣島현 廣島시 永住정291　長谷川安正
통신개요: 이 지나인은 45살로 홀몸입니다. 그는 러시아어를 일본어보다 훨씬 잘합니다. 그는 외톨이기에 수다를 자주 떠는 편입니다. 그는 친구 셋이 있는데 아마 셋 모두가 외톨이인 모양입니다. 그들은 늘 밤에 나갔다가 날이 밝아서야 돌아옵니다. 제가 전에 살던 아파트는 군부에 의해 占用되었기에 부득불 이사를 하게 되었습니다. 지금은 은행의 이층에서 살고 있습니다.
처리:　원문 발송, 수신자 신분과 배경을 조사, 발신자를 비밀리에 조사

발견 시간 및 지점: 1월 8일
발신자:　열하성 豊寧 福音堂　로빈손(ロビンソン, 인명 음역)
수신자:　뉴질랜드 아스파톤 파넷트(アスバートンバーネット, 지명 음역)132 아람(アラム, 음역) 파토레토(バートレット, 인명 음역)
통신개요: 대부분 지나인은 불교도입니다. 소수의 회교도도 있습니다. 그들은 모두 미신에 빠져 문화도 없고 또 게으른 인간들입니다. 그들 속에서 일하기란

쉬운 일이 아닙니다. 그것은 그들의 체질적인 증오감과 외국인에 대한 의심 때문입니다. 정세는 상상처럼 그리 나쁜 편이 아닙니다. 우리는 설교자로 위장하여 등기 하였으므로 종교사업을 할 수 있는 허가를 얻었습니다.

처리: 정찰 중

발견 시간 및 지점: 1월 14일 안동

발신자: 福州 怡隆洋行 지점 지니루 · 쇼우(ジーニル · ショウ, 음역)

수신자: 봉천 영국총영사

통신개요: 안동에 있는 아내가 편지를 보내와 전하기를 안동 호적정리국에서 구두형식으로 그에게 다음과 같은 말을 하였다고 합니다. 대체적인 내용은 다음과 같습니다.

1. 우리의 모든 소유지는 영구적인 토지조차권을 향유한다. 하지만 당국은 지금 모종 방책을 계획하여 그 땅들을 몰수하려 한다. (우리 정부가 새 나라를 인정하지 않기에 영국신민의 소유지는 앞으로 전부 몰수한다고 합니다.) 아무튼 일본은 외국의 권익을 침범하려 시도하고 있습니다.

2. 일본인이 안동 東坎子의 120무 땅과 20여 만 원의 가치가 되는 부동산을 빼앗았습니다.

3. 三道浪頭의 소유지에 관하여서는 호적정리국에서 저의 아내더러 출두하라고 하고는 토지가격보상에 관해서는 아무 언급도 없이 직접 토지를 징수하였습니다. 지금 일본인은 우리의 땅을 빼앗고 있습니다.

4. 조속히 총영사관의 문화지식이 있는 영사 혹은 부영사를 안동에 파견하여 안동 현지의 상황과 토지상황을 조사하도록 부탁하십시오. 운운.

처리: 발송 정찰 중

기타

발견 시간 및 지점: 1월 27일 안동

발신자: 안동시 怡隆洋行 라미 · 쇼우(ラミ · ショウ, 인명 음역)

수신자: 남지나 복주 지 · 에루 · 쇼우(ジー · エル · ショウ, 인명 음역)

통신개요: 당신은 일본의 선박 淺間호가 영국군함의 임시검사를 받고 선상의 독일인 21명이 끌려간 사건을 알고 있습니까? 일본의 신문과 방송에서는 영국군함

의 이러한 행위에 대해 강렬한 분개와 불만을 표시하고 있습니다. 이에 따라 영국대사관은 25일 다음과 같이 성명을 발표하였습니다. 일본군함이 2년 사이 도합 109차나 영국군함을 가로막고 임시검사를 진행하였다. 이에 대해 영국은 아무런 비난도 하지 않았고 아무런 대책도 취하지 않았습니다. 지어 자신들의 군함이 2년 사이 100여차 임시검사를 받았음에도 영국대사관은 아무것도 모르고 있었을 것입니다. 일본인은 참 오만무례합니다!
처리: 원상 발송 이후의 동향을 추적 중

발견 시간 및 지점: 1월 27일 고북구
발신자: 남경 壯元境 大平洋旅館5號 唐治雪(夫)
수신자: 열하성 승덕 牌樓街 後後 河沿街54호 唐潔稚(妻)
통신개요: 9월 22일 남경으로 보내는 전보 3통을 받고 蚌埠 安徽省 綏靖부대 副司令을 맡기 위하여 즉시 哈 협화회의 직무를 사퇴하였습니다. 하지만 남경에 도착해 보니 부사령이 되기는 글렀더군요. 그래서 부사령 직을 사직하였습니다. 그때 남경성에서 일본인 친구 松谷중좌를 만났습니다. 그는 나더러 남경에서 부대를 조직하여 선무공작을 진행하라고 하더군요. 그래서 그의 부탁을 받아들였고 이미 두 달이 되었습니다. 나는 옛 친구들의 도움으로 1000여 명을 소집하였는데 명의는 唐부대 본부로 장래 강남지구에서 사령 직무에 취임할 예정입니다. 지금 그 조직의 일에 몰두하고 있습니다.
처리: 말소

발견 시간 및 지점: 1월 12일 영구
발신자: 영구시 綏定구 宣德가 永田英雄
수신자: 석가장 同樂胡同8호 碓井連雄
통신개요: 전략. 우리나라 경제계는 현재든 미래든 이미 아주 허약해졌습니다. 만약 전쟁을 계속하게 되면 일본이 승리할 수 있을까요? 외국이 일본의 경제전에 대한 태도요? 이제 가을이 되면 일본이 눈앞의 위기를 순리롭게 극복할 수 있을까요?
처리: 발송

발견 시간 및 지점: 1월 30일 영구

발신자: 東豊台 張慶餘

수신자: 영구 協同興義盛和 張慶有

통신개요: 전략. 식구는 많지만 일하는 사람은 아주 적습니다. 게다가 요즘 물가가 치솟아 일가족의 생활은 참 유지하기 어렵게 되었습니다. 당신은 어떻게 보내십니까? 요즘 이곳에서는 병사를 모집하는 것이 아니라 강제로 징집합니다. 제일 괴로운 일은 제가 군대에 강제로 징집되었다는 사실입니다. 하지만 저는 집안의 기둥으로 일가족의 생계를 유지해야 합니다.

처리: 발송

2

1940년

1940년 3월26일
中檢第二六號

관동헌병대사령부
중앙검열부

통 신 검 열 월 보
(이월)

발송 : 軍司(三)
복사송달 : 憲司, 朝憲司, 支憲司, 中支憲司
각 지방 검열부, 상관부대, 教習隊
牡, 延, 北, 海, 東寧, 山村 각 부대 본부

46

寫

昭和一五、三、二六
中検第二六號

通信検閲月報（二月）

關東憲兵隊司令部
中央検閲部

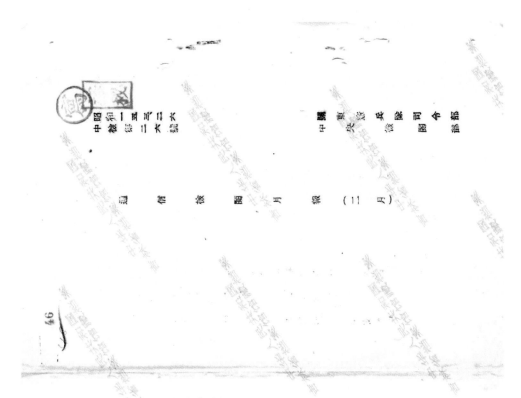

發送先 總司（三）
寫 憲司 朝憲司 支憲司 中支憲司
各地方検閲部 關係[illegible]所 教習隊
牡、延、北、海、東寧、山村各隊本部

47

要　旨

引キ續キ防諜上有害通信ノ防止竝ニ通蘇容疑者諜略事件關係者ノ[illegible]満ソ事件時反亂入蘇セル滿軍將兵關係等思想、防諜上要注意者ノ通信ニ重點ヲ指向シ防諜對策資料蒐集ニ務メタリ

一、本月中取扱タル郵便電報左記ノ如シ

區分	月別	取扱件數	處置件數	取扱件數ニ對スル處置件數ノ百分比
郵便物	前月	四〇五二九八	八九二	二二%
	本月	三八五五三五	六六一	一七、一%
電報	前月	七三九五八二	一一八四	一六%
	本月	七六二〇九〇	七〇五	九、二%

1

二、[illegible]ニ依リ容疑ト認メ寫ヲトリタルモノ六七五件（内外國官報二六〇件）處置セルモノ二九件ナリ

三、郵便物檢閲成果概況左記ノ如ク其ノ内容ノ主ナルモノ別紙第一乃至第三ノ如シ

種別	件數 前月	件數 本月
防諜上要注意通信	二八二	二二六
流言ノ因トナル虞アル通信	三一	二三
抗日通信	二二三	二三六
防諜上容疑ニ依リ偵諜中ノ者ノ通信	三九	一四
軍紀竝思想上要注意通信	一三〇	八七

不正行爲企圖ニ因リ偵諜中ノモノ	七	一三
國內治安不良ヲ報スルモノ	四〇	一三
國貨阻害ノ虞アル通信	三	六
滿軍募兵忌避ヲ報スルモノ	二	七
中國ノ治安狀況ヲ報スルモノ	〇	二
不敬記事	〇	一
政府ノ施策ヲ非難スル通信	〇	五
其ノ他ノ通信	一三五	二八
合計	八九二	六六一

所見

1 一般ニ有害通信物ハ減少シ前月ノ取扱件數ニ對スル處置件數比率二二パーセントナルニ比シ本月ハ一七パーセントナリ

2 抗日通信件數ハ前月ニ比シ增加シアルモ其ノ大半ハ有害切手ニシテ所謂抗日通信ハ五十數件ナリ

3 軍人軍屬ノ有害通信特ニ軍機事項ニ關スル通信ノ減少セルハ防諜觀念ノ普及昻揚ノ結果ト認メラル然レトモ他面普通郵便ヲ利用スル者漸增ノ傾向ニアリ殊ニ邦人雜貨商氣付トシテ文通ヲナス等部隊側ノ檢査ノ強化ニ伴ヒ此種不軍紀行爲ヲ爲スモノ續發スルニ至ルヘシ、部隊側ニ於ケル防諜教育、指導ト相俟ツテ郵檢ヲ強化シ此種有害行爲ノ根絕ニ努ムルノ要アリ

又現役軍人ニシテ慰問文ニ依リ知合トナリタル婦人ニ小遣錢ノ送金

49

ヲ無心スルモノ、婦人ニ心中ヲ求ムルモノ、或ハ日中婦人ト酒保ノ倉庫
テ面會シアルモノ等軍紀風紀上看過スヘカラサル事象ノ多キハ誠ニ
遺憾ニ堪ヘサル處ナリ
地方人中ニハ市井ニ於ケル物資缺乏ノ結果軍關係者ヲ利用シテ物資
購入ヲ圖ルモノ、日本ノ對支工作闡明セラルルニ及ヒ之ヲ論難スル
者出ツル等時局ノ進展ニ伴ヒ要注意事象漸増スル傾向アリ

3

30

別紙第一

防諜上要注意通信

4

51

區分	件數 前月	件數 本月
軍事施設並編成裝備等ヲ報スルモノ	七一	四九
軍作戰行動移駐等ヲ報スルモノ	六七	四〇
固有部隊名ヲ報スルモノ	八六	四一
軍(警)關係要注意通信	三	四
討伐隊ノ非行ヲ報スルモノ	二	〇
其他防諜上注意ヲ要スルモノ	五三	八〇
日ソ開戰ヲ臆測スルモノ	〇	一二
計	二八二	二二六

5

發見月日	發信者	受信者	通信概要	處置
二、二三 圖們	東寧城子溝見部隊富田隊 和田武[illegible]	大分縣日田郡 二[illegible][illegible]雄	何分當隊ハ新設部隊ニテ人員不足ヲ極メテ居ル處へ戰車隊ハトレ程出來ルカ知レス三月ニハ又新シク東寧ニ戰車十一聯隊カ出來ルト言フ風テ未タ命令ハ無イカ當分ノ間滿期延期トノ話テス	削除
二、一二 〃	牡丹江[illegible]田部隊[illegible]部隊 森[illegible]俊導	大分縣八分市 森[illegible]安太郎	我部隊ハ馬ハ一匹モ使用セス機械化砲兵部隊テ全ク日本一ノ新兵器テ教育モ三ケ月テ一人前ノ砲手ニ仕上ルノテス	〃
二、一四 新京	公主嶺山本部隊本部 戸島[illegible]次郎	牡丹江富崎部隊秋山隊 岩佐[illegible]吉	今ハ飛行隊ノ大演習テ朝鮮飛行隊對滿洲飛行隊ノ大演習タ歩兵トハ異ナッテ汗一ツ流サンカ飛行機ノ技術ハ此ノ時タカラ俺ハ本部編成ニナッテ行ク豫定タッタカ初年兵ノ爲殘サレ毎日受持事務ニカカリツイテ居ル	沒收

52

二、二 琿春	花美部隊鈴木隊 福田信次	茨城縣鹿島郡高松村 小川忠治	滋谷部隊ト謂フノハ獨立混成第一旅團ノ部隊內テ編成アレ其隊長カ滋谷大佐テス滋谷大佐ハ戰車第四聯隊テス	削除
二、一一 琿春	琿春ニテ 小林隆夫	長野縣信田村 小林德治	山野兵部隊長ト云フノハ琿春駐屯隊ノ通信隊長テアリマシテ（師團通信隊テス）二十二聯隊ヨリ編成サレタ二百人餘リノ通信隊テアリマス	沒收
二、一〇 佳木斯	佳木斯安民街二渡邊方 竹藤茂	東京市荒川區尾久町四 能坂辰三郎	我等カ飯遊ニナツタノモ九江ト南昌ノ間ハ全部東京ノ一〇一師團ト九洲熊本ノ一〇六師團カ警備スルコトニナツタ爲テス	削除
二、二三 琿春	新田部隊石原隊 五生	長崎市新中川町 石黒喜代子	我々ハ山砲兵聯隊テスカ此度ノ混成一ケ旅團ノ兵力ハ優ニ一ケ師團以上ノ兵力テス	
二、一五	東安省經理部	岐阜縣木巢郡	今度ノ勤務地ハ牡丹江ラシイテ—	

6

圖們	虎林派出所 廣瀨利作	穆稜村 廣瀨シツ子	ス部隊ハ尾高部隊本部之ハ仙臺ノ第二師團司令部テ此ノ外牡丹江附近ニハ機械化部隊ヤ航空兵隊等澤山アリマス	
二、一三 黒河	黒河ニテ 楨瀨生	東京市瀧野川區中里町 楨瀨テカ	本日ハ孫呉ノ第一師團將兵各位ノ慰問ト中島部隊長閣下ヲ訪問 ---歩兵第一聯隊ノ後藤部隊ノ慰問ニハ部隊長カ目ヲウルマシテ居ツタ夜ハ師團長閣下ノ招宴ニテ旅團長太田閣下ヨリ---	
二、二八 古北口	古北口豐田部隊 長畑幸雄	福岡縣小倉市 長畑元治	承德ノ福井部隊（司令部）ニテ仕事ヲ成シ後、豐田部隊（奉天兵器支廠）ニテ仕事ヲナシ新京村岡部隊（兵器本廠）後藤部隊（新京支廠）中村部隊（新京自動車廠）西浦部隊（補給支廠）ニ行ツタ	
二、七	[illegible]北縣城駐屯部隊本部	富山市 渡邊德二	國境ハ[illegible]ノ出入カ頻繁テソ[illegible]工作ノタメ不名譽ナ	

			飽テ[illegible]ヘ[illegible]內ノ兵モ二、三名[illegible]逃亡シマシタ	
三二三 二・三 哈爾賓	[illegible]部隊 [illegible]三夫	哈爾賓獨立[illegible]兵站 [illegible]山知[illegible]	俺ハ遂ニ[illegible]怨ノ[illegible]ヲ切ッテ昨日軍醫上尉ヲブン[illegible]ツテ組打シ始メタ勤務兵ヤ警備中ツ財カ居タノデ[illegible]ノ知タ出來ナカツタカ[illegible]ノ蟲カ治マライ何ンカトツカスル心算タトウセ人タカラ一人ヤ二人殆ナクナツテモ分ルヤ[illegible]イト思フ都合ニ依リ非常手段ヲ[illegible]スル心算タ	發送
二七 海拉爾	[illegible]部 [illegible]至	愛知縣名古屋市 古[illegible]二好	何レ[illegible]今年ノ警察ニハ召ヒ「[illegible]」ト思ヒマス[illegible]一事件カ[illegible]スル事ト[illegible]會議決議シテ來タ今日	削除
三一〇 京安	[illegible]部隊[illegible]谷部隊 河野松夫	北京[illegible]長安街華北電々會社 中川長[illegible]	種々ノ情報カアリ[illegible]ヲ暗示スル所カアリマス[illegible]綜シテ夾[illegible]モ自由デスカラ耳[illegible]許ノ多イノハ當然デスカラ時々職性者ヲ出スノ[illegible]モ苦シク悲シイコトデス	没收
二四 牡丹江	牡丹江[illegible]街四 中宇均	京[illegible]町 中[illegible]均	貨ハ[illegible]へ直[illegible]特[illegible]科長ノ[illegible]下ニ[illegible]ト[illegible]ハ[illegible]活動シテイマス[illegible]ノ[illegible]下[illegible]トシテ[illegible]ケニ[illegible]リマス[illegible]密）ノ爲小生ハ牡丹江上[illegible]便宜[illegible]ニ秘密[illegible]荷子ヲ[illegible]キ全ク[illegible]ノ[illegible]員トシテ[illegible]事ヲヤリ[illegible]際ハ[illegible]ノ仕事シテ居ルノデアル	[illegible]
二七 黒河	黒河 石川千代吉	東京市大[illegible] 石川正[illegible]	一ケ月前カラ[illegible]川部[illegible]カラ[illegible]人カ三十[illegible]テ大[illegible]一千名ニ[illegible]シ[illegible]ヲ[illegible]ケテ居リマス[illegible]トラナ[illegible]イ[illegible]ヲシテ居ツテ一[illegible]アツタ[illegible]合ハ兵隊ト一[illegible]ニ[illegible]ニ立ツテ戰爭ヲスルノデス渡[illegible]來防[illegible]々テ非常ニ八[illegible]シク手紙テモ此ノ[illegible]ナ事ハ[illegible]軍[illegible]	削除

54

二、六 東安	東安省西東安 松永義雄	佐賀縣東與賀村 松永榮	軍機トモ考ヘラレナイ事デモ一々赤線ヲ記シ抹サレテ參リマス或ハ大部分燒却サレテ居ル由何モ書ケマセン此ノ様ナ手紙ヲ中隊カラ出セハ必ス檢閲ヲ受ケマスカラ地方カラ出シマス	沒收
二、七 東安	愛媛縣西宇和島郡 阿部エダエ	東安三合商店 阿部繹男	貴方ノ滿期除隊迄一日千秋ノ思デ待ツテ居リマス（滿人雜貨店氣付トシテ差出シアリ）	發送
二、二七 古北口	古北口豊田部隊上村隊 塚原・頑	茨城縣新治郡土浦町 塚原八古黒	今度約十五日位ノ豫定デ[illegible]行ツタ方面二十五日汽[illegible]ニテ向フカラ當分手紙ハ書イテ下サラナイ様若シ班長ヤ幹部ニ見付ケラレタラ飛ンデモナイ罰ダヨ敵ハ重機ヲ持ツテ居ルソウダ共産第八路軍ダ	削除

6

55

別紙第二

流言ノ因トナル虞アル通信

前月 一三一
本月 一二三

9

56

發見月日	發信者	受信者	通信概要	
二、一五 琿春	琿春寺 大山良潤	山口縣佐波郡柚野村 伊藤三樹三	既ニ御承知ノ事テセウカ第一線ノ近クニ居ル關係上色々ノ事ヲ聞キマスカ例ノノモンハン事件議會テモ秘密會テ報告スル位テ我軍ノ不利此ノ上モナカツタトノ事一ケ聯隊トコロカ一ケ師團全滅ノ所モアル由敵ノ優秀ナル戰車ノ火砲ニハ我軍ノ戰死者數知レス新聞ニハ一萬八千トアルモ實數ハ四萬ト謂ヒ六萬トモ云ヒ未タ死体ノ行衛不明モアル由	沒收
二、二九 滿洲里	滿洲里ニテ 戸井田新	新京市滿洲國通信社 坂本德一	去ル二月十九日西新巴旗内ニテ國境警備員ノ小衝突カアリマシタ「ノモンハン」事件後外蒙軍カ滿領内ニ進入シテ居リ特ニ貝爾諾爾以西地緯四十八度以南ノ占領ハ興北省蒙古人ノ家畜ヲ連レ多認地「ボスンタウ」「[illegible]ンツリ」等ノ喪失テアリ現在種々傳ヘラレル蒙古人ノ不平ノ最大原因ハ此處テアリマス長谷川報道班長ノ言ニモアル樣ニ蒙古人中ニハ國外ニ脫出シタイト公言スルモノモアルノテアリマス事實十九日ノソレハ外蒙軍ニ占領サレテ居ル地ヘ草ヲ喰ハシニ行ク蒙古人ヲ警察官カ引留メントシテ惹起シタモノト闘イテ居リマス	沒收
二、二六 佳木斯	[illegible]出張所 秋谷芳[illegible]	群馬縣多ノ町小野木 秋谷鶴	先日富錦縣城監獄カラ匪賊一二○名カ脫獄逃走シ監守ヲ殺シテ銃ヲ持チ出シテ樂シイ縣城カ一時ニ死ノ街トナリ○○軍モ○○名戰死シマシタ警察遊擊隊ニモ相當ノ死傷者カアリ佳木斯カラ○○軍警察ハ○個中隊出動シマシタ脫獄者カ警察官ノ服ヲ着テ	削除

10

57

			街ヲ辻ケ出スナンテ[illegible]テナクテハ見ラレマセン----	
三二三 [illegible]	陸軍病院庶務 加島知英子	石川縣江沼郡湯南村 濱田纓子	齊々哈爾陸軍病院ニハ白衣ノ勇士カ何時モ五、六百ハ居リマス白衣ノ天使ハ三十名余シカ居リマセン患者ハ内地ヘトン々々帰シテ居リマス帰サナイト一杯ニナッテ仕舞マス齊々哈爾陸軍病院ハ一千名位ハ這入レマス	没收
三一五 佳木斯	綏佳國境警察隊 高田玉雄	朝鮮咸北會寧郡阿吾地[illegible] 川合浪子	ノモンハン停戦協定ニ關連スル某要員會モ遂ニ○○スルニ至リ從前ニ比シ對ソ關係ハ悪化緊迫リシツツアリ從ッテ當地方面ハ國境警備ヲ嚴重ニ極メテ居リ事務ノ如何ニヨリテハ家ヲ引キ拂ハネハナラヌ状況ニ立至リ不時ノ突發事件ニ即應スル為旅行ハ一切禁止セラレテ居リマス	削除
	古北口 豊田部隊井手隊 宮野鐔男	昌圖義勇隊兵藤隊 宮野寛	入營スルトキハ四百名程入營シマシタカ除隊スル時ハ僕ヲ入レテ八名タヨ外ノ者ハ「ノモンハン」ニテ戰死シテシマイマシタ	削除

11

58

別紙第三

抗日通信

12

區分	件數 前月	件數 本月
抗日通信	二〇三	一九〇
日本ノ敗戰暴逆等ノ逆宣傳	一〇	二一
日本誹謗	六	一六
宗教利用ノ宣傳	二	〇
其他抗日氣勢	二	九
計	二二三	二三六

發見月日 發信者	受信者	通信ノ要旨	處置
三一〇 齊々哈爾 中國救國軍司令 [illegible]	東京 吉田海相 有田外相	日本ハ口ニ平和ヲ唱フルモ自ラ世界ノ平和ヲ攪亂シアリ即チ日本ハ兵ヲ進メテ我東三省ヲ強奪シタルニ飽ラズ今尚ヒ華北、華中華南ノ地ヲ奪ヒ之ヲ占領スルコト二年半ニシテ然モ尚一省ヲモ得ス對外國交調整ナラス亡國ノ破滅ニ瀕シツツアリ運ニ撤兵セヨ然ラサレハ日本ノ爆撃ヲ決行スヘシ	沒收 內偵中
三一二 大連 [illegible] 何先緣	上海巨籟路 何[illegible]	紀元二千六百年紀念切手ヲ封入シ八紘一宇トハ世界ニ君臨スルノ意ニシテ日本カ如何ニ得意ノ絶頂ニアルカ窺ハル然カシカカル得意ハ何時迄モ續クモノテハナイ、自慢ノ鼻ヲ折ラレル日モ近度遠クハァイタラウ	沒收 內偵中
三[illegible] 吉林 [illegible] 禎	奉天北方小[illegible] 石村[illegible]士	現今八路軍ノ聲望モ貴君ノ力ニ俟ツモノ多ク一層ノ努力ヲ望ム君ノ拳銃一挺ハ絕對賣却セヌ様	受信者勤務行內偵中

13

一二、一四 山海關	上海 博物院路一二八號 廣學會	錦州省 北鎮縣 キリスト教	敵人ハ我等ノ國土ヲ侵略セリ依ツテ我等ハ生命ヲ犠牲ニシ敵人ヲ國外ニ放逐スヘク戰斗ニシテ居ル和平ノ提議ナンカ誰一人トシテ耳ヲ藉スモノカナイ此ノ爲幾多ノ戰士カ犠牲ニナッタ將來モ種々犠牲者カ出ルタラウ然カシ抗戰ハ必ス永遠ニ繼續サレネハナラヌ	沒收
一二、二六 奉天	天津 佛租界教堂前 大利里五 徐景田	奉天 浪速通三七 臺洋服店 [illegible]福良	私カ天津ニ於テ借リタル家屋ハ不幸ニモ日本軍ノ爲ニ占領セラレ兵營トナリマシタ驚内ノ家具ハ持出スコトヲ許サレス唯衣物丈ケ持ツテ出マシタ此ノ樣ナ脅迫ヲ日軍ヨリ受クルトハ夢ニモ知ラス心中誠ニ痛惜ニ堪ヘマセン	沒收
一二、二八 奉天	四川[illegible]江 王	奉天 [illegible]泉郵局裏 王[illegible]昌	個人ノ一切ヲ犠牲ニシ民族ノ敵ヲ討セ [illegible]江集團民兵團	〃
一二、一三 營口	江蘇省鹽城沙 溝西大街 [illegible]恭號	同 營口市鐵口胡 王守漢	日本軍ハ實ニ恐ロシイ――掠奪殺人強姦タ此野獣的ナ暴擧ハ彼等ノ行フ空襲ト同樣國民ノ最モ反感ヲ買フコトニナルタラウソシテ遂ニハ擬捐セヌ結果ニナルカモ知レヌ	〃
一二、一七 哈爾賓	ニューヨーク 日刊新聞 タイムス	哈爾賓[illegible] [illegible]館	要旨 二ケ年間ニ於ケル日本軍ノ死者ハ百四十萬四千四百名職傷死者ハ五十八萬五千七百六十名ニシテ其ノ内ノ六割ハ傳染病死[illegible]死テアル （英文）	〃
	サンフランシスコ市 ノーワヤザリヤ新聞社	在哈 外人二名	要旨 一、日本ハ何故ソ聯ト不可侵條約ヲ締結スヘク實現ニ躊躇トナツテ居ルカ次ノ四ツノ理由カアル ● 日本軍ハ一九三八年以來ソ	

14

61

哈爾賓 二一七。			[illegible]國境ニテ赤衛軍ノ爲打擊ヲ受ケ大ナル損害ヲ蒙ツテ居ル 2 支那全土ニ日軍ハ戰線ヲ擴大スルタケテ事變ノ收拾ニ困惑シテ居ル 3 日軍ハ支那ニ約百萬ノ兵ヲ駐屯セシメテ居ルカ豫想外[illegible]カ大テアツタカラ 4 支那ヨリ[illegible]外交官カ本國ニ引揚ケタカ日本ニ對スル全面的戰鬪ナリト懸念シタカラ 一、ノモンハン事件ハ日軍ノ敗觀テアツテ停戰協定ハ日本ノ陸軍大臣カソ聯ニ申込ンタノテアル （露文）
			日本ノ對支政策ハ全三ケ年ニモナツテ居ルカ其ノ目的ヲ達シタモノハ何モナイ却而支[illegible]
哈爾賓 二三	ロンドン 宣傳省	哈爾賓 英國領事	ジンノ爲大ナル損害ヲ蒙ツテ居ル日本ノ勝利テハナイ 一、米國モ英國ト同樣ニ蔣介石ヲ援助シテ大ナル犧牲ヲ拂ツテヰル 天津ニテ英國民カ自力ヲ以テ支那ノ銀幣ヲ日本ニ渡サナイ樣ニ努力シテヰルノモソノ一例テアル 一、最近ノ日本ノ對支政策ハ裏切常習犯汪精衛ヲ評立テ、傀儡的政府ヲ樹立セントシテ居ル 一、日本政府ハ傾ニ疲弊ノ色ヲ現ハシ始メタ
哈爾賓 二三	ニューヨーク 月刊雜誌（アジア雜誌）（一月號）	在哈 外人四名	要旨 一、日本ハ濠洲テスラ處理出來ナイノニ支那ノ處理ハ絕對困難ナイノタ 一、濠洲國內ノ事業ハ日本人ノ[illegible]占テ外人側ノ經營ハ殆ト皆目 沒

62

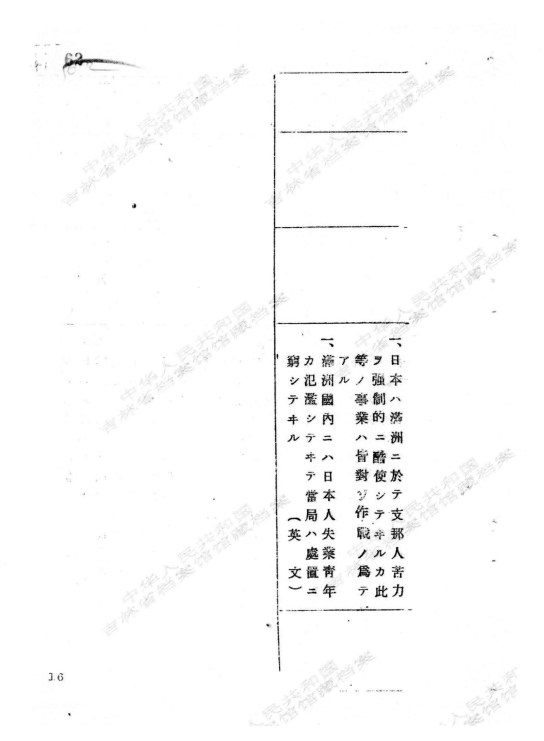

一、日本ハ滿洲ニ於テ支那人苦力ヲ強制的ニ酷使シテヰルカ此等ノ事業ハ皆對ソ作戰ノ爲テアル

一、滿洲國內ニハ日本人失業青年カ氾濫シテヰテ當局ハ處置ニ窮シテヰル（英文）

1.6

別紙第四

軍紀並思想上要注意通信

17

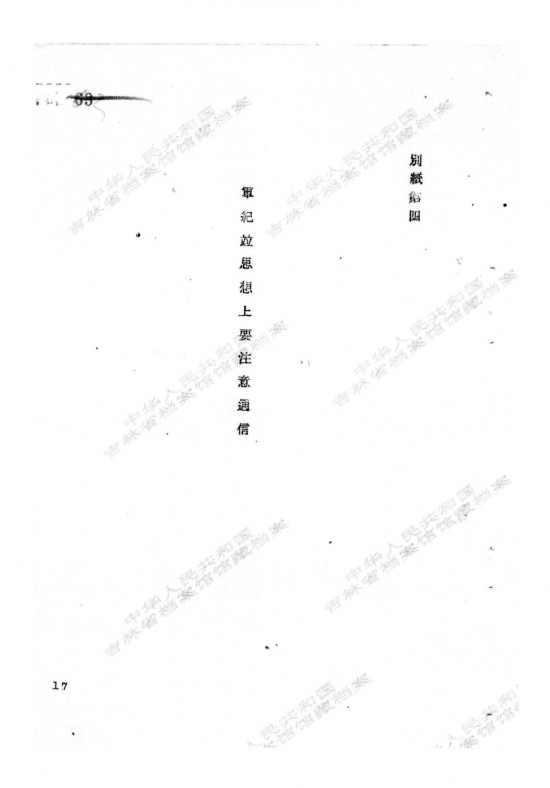

區分	前月	本月
上司誹謗	二	〇
軍紀弛緩ヲ窺ハルモノ	二九	三三
反軍反戰ノ虞アルモノ	二	二
第一線勤務又ハ軍隊生活ヲ嫌忌スルモノ	一五	九
現役軍人ノ不平不満	七	二
兵役忌避ノ虞アルモノ	四	一
戰爭ノ悲惨狀況ヲ報スルモノ	一	〇
滿期除隊ヲ報スルモノ	二七	二四
防諜上要注意通信	四一	一六
		18
計	一三〇	八七

發信月日	發信者	受信者	通信要旨	處置
二、二〇 東安	東安菊田部隊神田隊 松浦米蔵	北海道札幌市 坪井治作	俺達モ入營以來早ヤ三年ニナリマシタモウ演習等ニハ出ル心配ハナイ氣カ向カナイ時ハ勝手ニ就寢シ上官モ知ラヌ衛兵モ知ラヌ病氣ト云ツテ寢臺ノ中テ「一クスホツテ」居レハ良イノタ將校下士官ハ皆友達タ全ク呑氣至極タ	没收
二、七 海拉爾	海拉爾伊藤部隊中鈴隊 下重秀雄	福島縣東白川郡近津村 下重忠五郎	後ノ者カ伍勤ニナツテモ只ノ上等兵テ居ル文安心テス成績カ良クナルノモ良シ悪シテス軍隊テ暮スモノテハナシ早ク社會ニ出	削除

65

			ナケレハ間題ニナリマセン下士官ニナッタ位テ他ノ者ヨリ一年モ多ク殘サレルノテハ困マリマスカラ其ノ點仲々頭ヲ使ハセマス	
二八 哈爾賓	哈爾濱市 佐々木晴進	北支派遣福川部隊 福井部隊 古家 秀	防諜上禁止セラレテ居ルカラ地方郵便ニテ出ス 私共同年兵モ總ヘ來月中旬頃除隊タ[illegible]ンナ嬉シイ事ハ生レテ始メテタ天下晴レテノ俗界ノ人トナル譯タ嫌ナ軍除生活ヲ「アバヨ」タヨ 毎日々々班内テコロコロシテネル來月上旬衛生行軍カアルカ小生ハ仮病テウマク逃レルヨ ヤハリ偽様ハ要領萬點タ	削除
二二一一 海拉爾	海拉爾 岡部隊 入尾幹	京都市岡崎地 御所町	今日終電暗號ノ[illegible]技テ最後ノ勤メト許リ[illegible]ニヤツテ[illegible]ニ歸ル早々八[illegible]准尉ニ呼ハレ召集延勤ニ訂正サレ生ヲ受ケテ以	削除
海拉爾	谷津良一	市井美代子	來ノ[illegible]振リテ[illegible]々タル鉛ノ様ニ重イ頭テス	
二三 海拉爾	海拉爾 一[illegible]部隊 [illegible]岡	中支派遣[illegible]三好部隊 魚住利治	初年兵初年兵テ氣合ヲ掛ケラレテホントニマラナイ、モウ少シノ辛棒タ今度コソ俺達カ氣合ヲ掛ケテヤル番タ況ハンヤ關東カラ來ルンタ關西ト關東、ウントト張切ツテ掛ケテヤル待チ遠シイ待チ遠シイ	削除
一二 哈爾濱 一三二	哈爾濱[illegible]街 福家瀧三	熱河省承徳 北部臨軍官舎 大沼寿久子	於較官部日直下士官 死ト云フ言葉ハ何ト美シク崇高ナモノテハナイテセウカ 私ト一諸ニ死ンテ頂ケナイテセウカ 私ハ最近ソンナ事シカ考ヘテ居リマセン馬鹿ナ奴タトオ笑ヒニナルカモ知レマセンカ私ハ眞剣テス	没收

19

66

二、一九。 古北口	古北口 豊田部隊折田隊 高見軍曹	京都 帝大醫學部北部舍 小西テユキ	[illegible]ノ[illegible]隊カ「[illegible]ンエー」テ[illegible]ンテ[illegible]官アハレタ上等兵ヲ持ツテ「カフエー」ノ女給ヲ殺シタ上自分モ心臓へ一發、其場テ即死シタトノ司令部カラノ情報、冷水ヲ被ツタヨウニナツタ犯行ノ場所ト云ヒ射殺シタ點ト云ヒ全ク想像モ出來ナイ様ダヲ一名殺シタ罪ハ到底免レマイモノト決心シテ居ル	没
二、二八 東安	東安 中代部隊 笠原隆	大阪新三島郡鳥飼村二〇〇 川上君子	誠ニ勝手ナ御願テスカ小遣銭不足ニ付借用致シ度イト存シマスカ八月後八十錢ノ俸給テ六円、七圓ノ貯金煙草代モアリマセン家ニ手紙ヲ出セハ二十圓ヤ三十圓ハ送ツテ來マスカ除隊ノ際ハ一歸父様ノ許ニ戻ル身テアレハ何ノ苦モナク送金願ヒマスカ除隊ノ節ハ一番先ニ貴女様ノ所へ行ク身何テ一家ニ歸來出來マセウヤ	没
			テモ無理ニハ申シマセン出來ナケレハ出來ナイテ良イカラ送ラナイテ下サイ（證間文ニ依リ知リタル女ニ金ノ無心）	
二、一 徳木斯	富錦 淺野部隊本部 齊藤仁作	牡丹江省 [illegible]田[illegible]部隊[illegible]村 山本[illegible]一	討伐中ノ外出ナシテ人情ヲ缺クカソレテモ度々會ツテ來タヨ彼モ女ニカケタラ[illegible]菜ニ[illegible]テ昔ノ文句ニモアル通リテス此ノ頃ハトテモ發展シテ度々彼女カヤツテ來テ酒保ノ倉庫テ室中ニ面會タ惡クナイネ	削 [illegible]
二、一三 延吉	延吉 未來ノ妻	圖們 村上部隊本部 内田安信	今モ他人達ヲ見ルト貴男様ガ思ヒ出サレテ一日モ早ク逢ツテ見タイノテス十一日ノ日ニ圖們ニ行キタカツタケト貴女様カラ電話ナリ便リテ知ラセル日ニ來ル様ニトリ申サレタノテ十日ノ夜電話シタノテスカ貴男ハ居リマセ	削

67

			ントカ十七日ハ私ノ公休日ナノ貴男ノ許ヘ行キタイノタケト貴男ノ御都合ハ何ウナノ	
二、二三 圖們	琿河佐渡(牛)部隊渡邊隊 高橋喜一	佐世保局第十五航空隊副官部 清水一男	今度ハ君ニ御氣ノ毒ナ話ソレハ今月末ニ除隊ニナルカラサ樣中生活三ケ年モアト一ケ月今ハスツカリ準備モ完了シタ一度ハ來タカ二度ト再ヒ來ル所テハナイ志願テ來ル馬鹿モアルトカ『ソンナ奴ノ氣カ知レナイ	削除
二、二 承德	熊本縣上益城郡白水村 大塚孝	承德稅務監督署 川上繁	入營スヘキ國家ノ身体タト思フト自分ノ氣持カ悲シク裝閑シイ生キテ行クノカ面倒臭イ俺ニハ世ノ中總テ不明白タ肉体的享樂ノ外ニ何ノ目的カアルノタ兎ニ角第一線ニ行ツテ名譽?ノ戰死テモスルカ中隊カ判明シタ十三聯隊補充隊步兵砲中隊タ	削除

21

二、一六 哈爾賓	濱江省安達縣 中條善次郎	哈爾賓馬家溝市營住宅三六 喜多裝藏	低物價モ高物價モ問題ヂヤナイ金テ解決出來ル世ノ中テハナイカ政府ハ統制々々ノ餘リ總テ對立許リテハナイカ軍部ノ爲ニ威張リ官吏ノ獨善・・・吾々ハ順風ニ帆ヲ上ケテ徐々ニ進行スル丈サソウスレハ金ハ幾何テモボタリボタリ 軍資係ヨリ	管內隊ニ通牒 發送
二、一四 龍井	濱江省遜河縣正陽街恒盛元 金永相	龍井國民高等學校 許光培	四月中旬頃修學旅行ニ赴キマスカ私ハ行キ度クナイノテスレニン、孫文、ムソリーニ、ヒツトラーハ總テ私ト同シ樣ナ人間タ私モ眞面目ナ人間ニナラウト思ツテヰマス然シ人間ハ環境ノ支配ヲ受ケナケレハナリマセンカラ私ノ前途ハ破レル樣テス・・・・哈大ヲ應試シテ意ノ通リ出來ナイ時ハ上海、重慶、昆明方面ニ行キマス兄ヨ絕對ニ他人ニ秘密ニシテ下サイ	視察中 沒收

68

別紙第五

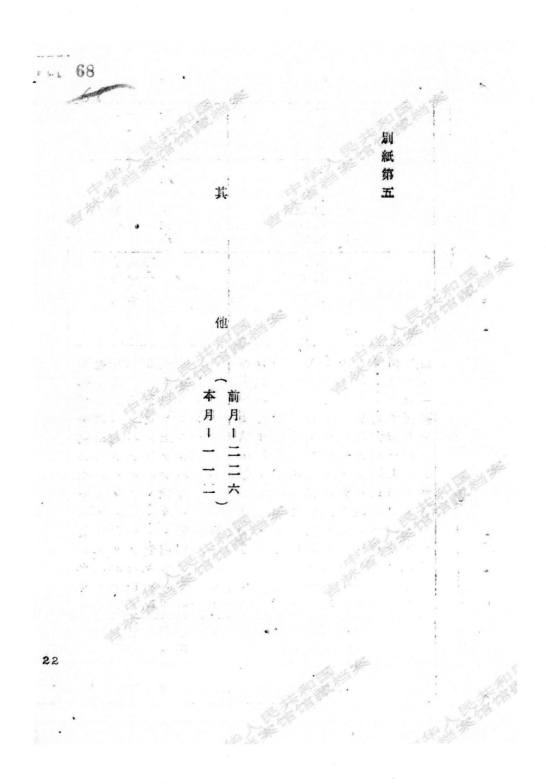

其他（前月－二二六
本月－一一二）

22

69

發見月日	發信者	受信者	通信要旨	處置
二、一七 古北口	塘沽 塘沽旅館十一號 清水孝作	熱河省 稅務監督署 山中信夫	日本側ノ偉力カ頻リニ支那側ヲ喜ハセルモノテ支那側ハ強クナル一方テス戰ハモウ一度ヤリ直サネハナラヌト云フ聲モソロソロ此處彼處ニ傳ヘラレテ居リマス	
三、二八 奉天	上海 特別市秋思威路六二一七號 岩田榮藏	熱河省 興隆縣城 尾崎藤馬	時代ハ異常ナ速度テ最後ノ斷崖ヘト驀進ヲ續ケテ居マス日本人ハ一人殘ラス直ニ血ノ涙ヲ流サナクテハナラナイ秋カ迫ツテ來タ様テス 1. 汪政權ハ果シテ成立スルカシナイカ知リマセンカ成立シタトシテモ事變收拾ノ能力ハ零ニ等シイコト 2. 零ニ近イトスレハ其ノ次ニ打ツ手カ考慮サルヘキテスカ之ニ就テ具体的ナ準備ナク見透ハ絶無ナルコト 3. 重慶政府ノ抗戰力ハ〇〇ノ傾向ニアルコト 4. 日ソ間ノ摩擦漸次増大シツツアルコト 5. 國內情勢トシテ對民カ政府ヲ信用シナクナツタコト 6. 當地ニ於テ實地ニ於ケル今後ノ動向ヲ察スルニ滿洲國人ハ一人殘ラス日本ノヤリ方ニ愛想ヲツカシテ居ルカラ・・・・・・特ニ協和會ノ惡黨思想ニ・・・・・・若シ日ソノ全面的ナ衝突カ起キルトスレハ過去七年ノ苦心ハ悉ク水泡ニ歸スル危險カアルコト 7. 歐洲ハ平和ノ希望ヲ失ヒ遂ニ實力發動ノ態勢ニ移リツツアルコト	押收

23

70

二、二二 古北口	熱河省古北口 駐在遞緒員 管野展藏	熱河省安遠郡 下川崎村大字 下川崎 半澤義幸	吾等モ考ヘル如ク俺タツテ此大[illegible]ニ於シテ政黨ノ考ヘテ居ル事[illegible]ヤ此事變カ領土ヲ[illegible]シテ居ルノテハナイナラハ何[illegible]ニ尊イ人命ヲ北支、中、南支ノ野ニ散ラスカト云ヒ度イ歐洲ヲ見給ヘ「[illegible]」ノ[illegible]ヒツトラーハ何ト云ツタカ「余ハ領土カ欲シイカラ戰フ、武力ニハ武力ヲ以テ答ヘル」ト堂々ト世界ニ叫シタテハナイカテラ何故日本ハソウ叫ハレナイカト俺ハ云ヒタイ又ソレニ對シテ疑問ヲ持ツテキル	其儘發送
二、一〇 營口	營口 田上生	山西省平安線陽泉德盛街 佐藤榮	俸給生活者カヨリ良キ生活ヲ求メテ轉出セントスル傾向[illegible]強クナツテ來タ事ハ自然ノ[illegible]アツテ何等怪シムニ足ラナイ常識的ニ考ヘレハ三倍ノ物價ニ[illegible]シテ三倍ノ俸給ヲ給與スルノカ妥當テアル[illegible]ハ苦シク殷賑産業家タケカ無限ノ潤ヒニ浴シ時局ヲ謳歌シテキル	發送
二、六 海拉爾	海拉爾 白[illegible]部隊竹内 伊藤秀雄	岐阜縣海津郡 伊藤儀一	今度ノ事件テ亡クナツタ戰友ノ遺族ヨリ殘念タトカ幸カ不幸カトカ私物カ一部屆イタカマタ有ル答タトカ厚カマシイ便ラ仕事ノ[illegible]係テ受取リマスカ何ント「シヤタ」ニ偏ツテ自分カ若シ殿死シテ此ンナ便ヲ家カラ出サレタラ[illegible]フ鐵カアリマセン彼ノ世カラ係ムテセウ常ニ纏リ[illegible]ハ人情テス	削除
二、二六 古北口	北京 新舊庫 マニイ、シヅツク	熱河省灤平縣城内 [illegible]婦人	[illegible]ンソン氏ハ暫ク休ミマスノテ私ハ失體テスカモウ一度仕事ノコトテ御訪問致ス心算テ御座居マス其日貴女ハ苦力ニ報告ヲ持タシテ寄コシマシタネ併シ今テハ新シク別ノ[illegible]ト料理人ノ息子カ苦力ニナルテセウ	發送 偵諜中

24

二、二 圖們	明月溝 高木部隊 岸秀臣	汪清縣榮明村 十里坪 東滿會社 岸鐵藏	昨年十一月以降關東軍大討伐ニ參加シテ早クモ三ケ月余リニキリマス全滿各地ノ鐵道警備隊滿軍、滿洲國警察隊合シテ五萬余ノ大討伐テス我部隊モ部隊長以下戰死者ヲ出シ僕ハ生キ殘リテス	削除
二、二 東安	北滿ニテ 松本	長野縣下水内村 森野喜江子	當地ハ國境附近ノ無住地ナレハ匪賊ノ群カ約八十名位ノ一團ヲナシ昨年モ北滿各開托地ニ於テ多數ノ死傷者ヲ出シテ居リマス	沒收
二、九 東安	東安省 寶清頭道訓練所 山田寅雄	依蘭縣義勇軍 大猫子訓練所 車田部隊 中村一次	十二月十三日夜ノ七時頃ヨリ全員テ幹部ヲ襲擊シマシタ幹部二名ハ全治一ケ月ノ重傷テシタ丁度激戰中宿舍カラ火ヲ發シ一棟全燒シマシタ之ノ事件ノ爲所長ハ退職シ幹部一名ハ內地ニ飯サレマシタ昨夜一時半頃迄ニ全燒シタカ誰モ出ス唯見テ居ルハカリタ本當ニ面白イヨ	沒收
二、一九 黑河	大黑河 三井豐	山梨縣中巨摩郡[illegible]村 杉野玄三郎	故鄉ヲ出ル時ハ役場ノ人達ノ甘イ言葉ニ乘セラレ大ナル希望ヲ抱イテ來マシタカ來テ見テ始メテ滿洲ノ事情カ分リマシタ今迄ノ希望ハ皆裏切ラレテシマイマシタ現金ノ支給等一錢モナク酒保ノ購買券トシテ一ケ月二圓ニ相當スル券カ給セラレルタケテス	削除
二、二七 黑河	大黑訓練所二中隊 管原梅治	宮城縣玉造郡東大崎村新田 管原梅吉	中隊長ハ僕達ノ將來等トウナツテモヨイト思ツテ居リマスカラネコンナ處テ何カ百姓等出來ルモノテスカ如何ニ國ノタメトハ云ヒ長クコンナ處ニ居ツタノテハ自滅ヲ待ツハカリテス	發送
二、二二 吉林	吉林人造石油株式會社鑛業實務學校	黑河省孫吳義勇隊渡邊隊 榮養部	一週間實務ニ當ツテ居タラ所長排斥運動テ五小隊八小隊共ニ大暴レテ幹部二名ハ未タ入院中陸	沒收 [illegible]情調査中

25

			軍步兵少佐モ[illegible]ニハ賃ケルラシイ歸職シタ幹部モアレハ所長ノ如ク逃ケテ來ナイ[illegible]モイル今度ハ病院ヲ一番[illegible]スル心算タ	
二五 琿春	北安省通北縣五福堂新潟村 山田孝二	琿春 森島部隊村上 竹[illegible]金造	滿期除隊シテモ俺達開拓生活ハ全ク駄目ダモウ三年、何年モ經済的精神的ニ苦シメラレテ何時マテ經ツテモ安[illegible]ノ來ルトハナイ 移民ナンテナルモンヂヤナイ沒法子タ	發送
二二 琿春	琿春保全會社連絡所 下田源六	長野縣下伊那郡鶴丘村 伊原芳男	移民ノ方ノ其ノ後ノ様子ハ知ラナイケレ共一昨年及二ケ年ノ決算ハ移民團本部ノ決算書見ルト一人當リノ利益金三十六圓領トナツテ來マシタカラ一ケ年ニ一人當十八圓ノ利益ヲ舉ケタ譯ニナリマス移民團ハコンナツマラス事タノニ内地ノ宣傳樣ハ一ケ年ニ千八百圓[illegible]モナル[illegible]ナ事ヲ言ツテキマス コレカ移民ノ實情テス	26 沒收
二一 哈爾濱	上海 英國大使館	哈爾濱 英國領事館	要旨 日本國及滿洲國ニ駐在スル全英國領事館ニ對シ[illegible]毒瓦斯ニヨル空襲予防ノ必要上[illegible]地下室ニ之カ一切ノ設備ヲ施工スルコトニナツタ故[illegible]技師ヲ派遣ス	發送
二一 [illegible]安	東安 田中和部隊 [illegible]田長次	[illegible]家屯新[illegible]街 泉水洋行内 静戶試子	先日依賴ラ受ケマシタ例ノ件早速御送リシマセウト思ヒ當[illegible]保ニ行キマシタ處生憎品切レテ有リマセンテシタカラ送ルコトカ出來マセンテシタ品物ハ早ク來ル由テスカラ來タラ早ク送リマス 煙草ノ許テスカ[illegible]テ求メルコト	抹消中 發送

73

二一四 東安・發	東安[illegible] (カフェー三好) 野崎[illegible]子		カ出來マセンノテ何カノ「ツイデ」ニ持ツテ來テ頂ケマセンカ御願ヒ致シマス	削除
二一九 東安	東安 [illegible]部隊[illegible] 小[illegible]一[illegible]	齊々哈爾 [illegible]株式會社 齊々哈爾支店	若シ[illegible]ラ注文サレルノテシタラ[illegible]地ノ[illegible]ハ[illegible]保ニテ御求メ下サイ[illegible]一[illegible]下サレハ便宜[illegible]取計ヒマス[illegible]地ハ外[illegible]等[illegible]々アリマスカラ[illegible]考造ニ	注意中
二二四 〃	東安ニテ [illegible]高[illegible]	愛知縣[illegible]矢作村 [illegible]子	寵々ノ[illegible]居品ハ特殊機[illegible]ニ屬ンテ長ツテ居ル安イノハ[illegible]ク位タ少シ工作シテ行クト何時テモ買フ事カ位來ル	〃
二二九 〃	滿[illegible]道[illegible]食堂 [illegible]田[illegible]三郎	東安 [illegible]田[illegible]本部 立谷[illegible]雄	滿係ノ[illegible]ラ請「[illegible]」貰ツテ下サイ「[illegible]」ト「御[illegible]」リ送リマス本月ノ十六日ノ公[illegible]日ニ行キマスカラ其時ニ私[illegible]シマス	注意中
二一一 穆木新	穆木新 [illegible]品三	[illegible]品[illegible]九 [illegible]石	穆木新ノ面白クナイ馬潮ハ巳ー決定サレ店カラ三十人宛リ予遊ッレ十二月十八日コノ三十人中ヨリ買ニ二八ヲ次ヘテ十九日身論後至テ命セラレマシクカ金部造亡シテ了ヒマシタノテ三十人中ヨリ買ニ追ルト管フノテ再ヒ合箱シタモノハ皆除レテ了ヒ私モ二日日司内ヲ後方比方ト掛ケ歩キ結為シダノナ店ニ臣リマシタ所二十二日私祭個カッ又人ラ給リニ來タノテ三試懸レマシタ南ク今日ハ給ラ遂レマシタカ次岡ハ法ラク数レシレヌト恩ヒマス私ハ本名ラ復居セス字一数ーラ後ンテ居リマスカラ私承知下サイ 前[illegible]又[illegible]兵[illegible]至タ惣々[illegible]等モ原ナ兵出ニヤラネハナラヌカト思フト居テモ立ツテモ居ラレナイ	沒收

27

74

二二一 營口	營口 王	天津海河南平碼頭 商榮貴	此ノ前ノ募兵ノ時ハ巧ク逃ケタカ今度ハ逃ケラレ様モナイ國ニ歸ツテモ良イカ彼方テモ強制的ニ兵隊ニスルラシイカラ彼方テナルヨリ此方テナツタ方カ得タロウ後略	削除
二一五 營口	營口 父ヨリ	臨楡縣海陽鎭小落安寨村 劉洪泉	滿洲テハ愈々徵兵カ實施サレタオ前ハ當分ノ間皈ルノヲ控ヘタカヨイタロウ出來タラ是非ソチラテ就職シタ方カヨイ若シ皈營スルナラ徵兵年限二十才ヨリ二十五才迄タカラソレヲ過シテカラ皈リナサイ	〃
二一六	察南省方學鎭 郭玉隊 張遇	熱河省豐寧縣[illegible]村複村德氣付 長宅 張德甲	私ノ警察學校ニ入學シタ目的ハ一ツニハ家ノ生活ノ爲テアルカ一ツニハ康德八年度ヨリ施行サレル兵役法制度ヲ欺ク爲テス徵兵制度ハ如何ナル機關ニモ行ハレルカ然シ警察官タケハ除外サレルカラテス	〃

23

참고역문

개요

방첩 상 유해한 통신을 방지하는 것에 중점을 둔다. 특히 通蘇 용의자, 모략사건 상관 인원, 노몬한사건 때 반란을 일으켜 입소한 만주군 장병 등 상관 인원의 사상 및 방첩 상 요주의 통신을 방지한다. 방첩대책자료를 수집하는데 진력한다.

一. 이번 달 우편물과 전보의 검열상황은 다음과 같음.

유 형	시 간	취급건수	처리건수	처리건수가 취급건수에서의 백분비
우편물	지난 달	405,298	892	22%
	이번 달	385,535	661	17.1%
전보	지난 달	739,582	1,184	16%
	이번 달	762,090	705	9.2%

二. 전보검열 후 발견한 의심스런 통신을 초록한 것이 675건 (그중 외국관보 260건)이며 처리한 것이 29건임.

三. 우편물의 검열성과개황은 다음과 같음. 그 주요내용은 별지제1부터 별지제5까지 참조바람.

유 형	건 수	
	지난 달	이번 달
방첩 상 요주의 통신	282	226
유언비어의 원류로 의심되는 통신	31	23
항일통신	223	236
방첩에 유해한 용의자의 통신	39	14
군기 및 사상 상 요주의 통신	130	87
부정행위의 기도가 있어 조사 중에 있는 통신	7	13
국내 치안불량상황을 묘사한 통신	40	13
국책방해의 우려가 있는 통신	3	6
만주군의 징병기피를 언급한 통신	2	7
중국의 치안상황을 알린 통신	0	2
불경기사	0	1
정부시책을 비난한 통신	0	5
기타 통신	135	28
합 계	892	661

소견

1. 유해통신의 수량이 감소되었음. 지난 달 처리건수와 검열건수의 비율은 22%이지만 이번 달은 17%임.

2. 항일통신 건수가 지난 달에 비해 증가되었음. 하지만 대부분은 유해우표이며 소위 항일통신 건수는 50여 건임.

3. 군인 및 군무원의 유해통신 특히 군기사항의 통신이 감소된 것은 방첩관념의 보급과 제고의 결과로 인식됨. 하지만 한편으로 보통우편을 이용하는 추세가 신속히 증가하고 있음. 특히 만주인잡화상을 이용하여 편지를 전달한다는 명목으로 통신을 진행하는 등 군기를 어기는 행위가 부대검열의 강화에 따라 끊임없이 나타나고 있음. 따라서 부대는 방첩교육과 지도를 강화하는 동시에 우편검열을 강화하여 그러한 유해행위의 발생을 근본적으로 차단해야 함. 이밖에 현역군인 중 군기와 풍기를 문란케 하는 현상이 나타나 유감임. 예하면 위문편지를 통해 알게 된 여자에게 용돈을 부탁하거나 여자에게 동반자살을 권유하거나 대낮에 酒保의 창고에서 여자를 만나는 등등임. 지방인들 중에 물자결핍 때문에 군관계자를 이용하여 물자를 구매하거나 일본의 對지나공작을 질책하는 등임. 시국의 진전에 따라 요주의 사항이 점차 증가하고 있음.

(完)

별지제1

방첩 상 요주의 통신

유 형	건 수	
	지난 달	이번 달
군사시설 및 장비편성 등 상황을 누설한 통신	71	49
군 작전행동 주둔전이 등을 누설한 통신	67	40
고유부대 명칭을 누설한 통신	86	41
만주군(경) 관계 상 요주의 통신	3	4
토벌대의 비행을 언급한 통신	2	0
기타 방첩 상 요주의 통신	53	80
일소개전을 억측한 통신	0	12
합 계	282	226

발견 시간 : 2월 23일 도문
발신자 : 동녕 城子溝 重見부대 富田대 和田武雄
수신자 : 大分현 日田군 三俊義雄
통신개요 : 우리는 신설부대로 인원이 극히 부족합니다. 게다가 전차부대가 어느 정도 되었는지 모릅니다. 듣자하니 3월에는 또 동녕에 전차11연대를 신설한다고 합니다. 비록 아직 명령을 받지 못하였지만 당분간 만기를 연장해야 할 것 같습니다.
처리 : 삭제

발견 시간 : 2월 12일 도문
발신자 : 목단강 菱田부대 磯부대 森重俊導
수신자 : 大分현 大分시 森重安太郎
통신개요 : 우리 부대는 말 한필도 사용하지 않는 기계화 중포병부대입니다. 일본제일의 신병단에서 3개월의 교육을 받은 후 저는 독자적인 포사수가 될 수 있어요.
처리 : 삭제

발견 시간 : 2월 14일 신경
발신자 : 공주령 山本부대 본부 戸島□次郎
수신자 : 목단강 富崎부대 秋山대 岩佐龜吉
통신개요 : 지금 비행대 대연습을 진행하고 있다. 조선비행대 대 만주비행대의 대연습이었다. 보병과 달리 땀벌창이 되지는 않지만 비행기술을 겨루는 것이라 나를 본부에 편입시킬 예정이었지만 초년병이라 그냥 남겨졌다. 매일 맡은 바 작업을 하고 있단다.
처리 : 몰수

발견 시간 : 2월 2일 훈춘
발신자 : 佗美부대 舞대 福田信次
수신자 : 茨城현 鹿島군 高松촌 小川忠治
통신개요 : 澁谷부대는 독립혼성제1여단부대 내부에서 편성한 부대로 澁谷부대장은 대좌입니다. 그는 전차제4연대의 사람입니다.

처리: 삭제

발견 시간: 2월 11일 훈춘
발신자: 훈춘 小林隆夫
수신자: 長野현 信田촌 小林德治
통신개요: 山野邊부대장은 훈춘주둔대의 통신대장(사단통신대를 가리킴)입니다. 사단통신대는 22연대로부터 편성된 부대로 200여명으로 구성된 통신대입니다.
처리: 몰수

발견 시간: 2월 10일 가목사
발신자: 가목사 安民가 二渡邊 轉 竹藤茂
수신자: 東京시 荒川구 尾久町四 能坂辰三郎
통신개요: 우리가 귀환한 것은 구강과 남창 사이에 전부 도쿄의 一0一사단과 규수 熊本의 一0六사단이 주둔하고 있기 때문입니다.
처리: 삭제

발견 시간: 2월 23일 훈춘
발신자: 新田부대 石原대 K生
수신자: 長崎시 新中川町 石里嘉代子
통신개요: 우리는 산포병연대이지만 이곳 혼성여단 한 개의 병력이 한 개 사단의 병력을 초과하고 있습니다.
처리: 삭제

발견 시간: 2월 15일 도문
발신자: 동안성 경리부 虎林파출소 廣瀨利作
수신자: 岐阜현 木巢군 穗精촌 廣瀨質子
통신개요: 다음 근무지는 목단강이라고 합니다. 부대는 尾高부대 본부로서 仙臺의 제2사단 사령부입니다. 그밖에 목단강 부근에 많은 기계화부대와 항공병단이 있습니다. 운운.
처리: 삭제

발견 시간 : 2월 13일　흑하
발신자 :　흑하　槙瀨生
수신자 :　東京시 瀧野川구 中里정　槙瀨近
통신개요 : 오늘은 孫吳제1사단의 여러 장병들을 위문하고 中島부대장 각하를 방문하였습니다......보병제1연대 後藤부대의 위문에서 부대장이 울었습니다. 밤에는 사단장각하의 초대연에서 여단장 太田각하께서 말씀하시기를......
처리 :　삭제

발견 시간 : 2월 28일　고북구
발신자 :　고북구 豊田부대　長畑幸雄
수신자 :　福岡현 小倉시　長畑元治
통신개요 : 승덕의 福井부대(사령부)에서 일하고 沼田부대(봉천병기支廠)에서 일하였습니다. 그 후 선후하여 신경 村岡부대(병기本廠), 後藤부대(신경支廠), 中村부대(신경自動車廠), 西澤부대(보급支廠)에서 일하였습니다.
처리 :　삭제

발견 시간 : 2월 7일
발신자 :　蘿北縣城 蘿慶부대 본부
수신자 :　富山시　渡邊德二
통신개요 : 국경지대의 간첩출몰이 빈번합니다. 소련의 간첩공작이기에 별로 떳떳하지 못한 일입니다. 그렇지만 우리 부대에도 병사 두 세 명이 소련으로 도망쳤습니다.
처리 :　삭제

발견 시간 : 2월 23일　하얼빈
발신자 :　동안성 虎頭만주군　末松三男
수신자 :　하얼빈 독립헌병대　鷲山知誠
통신개요 : 더 이상 참을 수가 없었습니다. 어제 군수상위를 한바탕 패주었어요. 하지만 당시 근무병과 連附중위도 있었기에 처음 계획했던 것처럼 하지 못했죠. 그래도 제 마음속의 분노는 누그러들지 않았어요. 다음번 기회에 한 번 더 혼내줘야겠어요. 만주인이기에 한두 놈 없어진다고 해서 티 나지도 않

아요. 그래서 기회를 봐서 비상수단을 써야겠어요.

처리: 발송

발견 시간: 2월 7일 하이라얼

발신자: 하이라얼 大西부대 渡邊恭平

수신자: 愛知현 名古屋시 古賀二好

통신개요: 하얼빈회담이 결렬됐어요. 제가 보기엔 올 해동기에 노몬한사건이 다시 터질 것 같아요.

처리: 삭제

발견 시간: 2월 10일 동안

발신자: 동안성 虎頭 布施谷부대 河野松夫

수신자: 북경 西長安가 華北電電회사 中川長輔

통신개요: 우리는 대량의 정보를 입수하였습니다. 이는 국경지대에서 어떤 상황이 발생했음을 암시합니다. 강이 언 후 교통이 더 편리하고 자유로워졌습니다. 그래서 분쟁사건이 당연히 자주 발생합니다. 그런데 가끔 희생자가 나타나기도 합니다. 이것은 가장 괴롭고 슬픈 일입니다.

처리: 몰수

발견 시간: 2월 24일 목단강

발신자: 목단강시 圓明가4호 申宇均

수신자: 京城府 北町 申沖均

통신개요: 저는 경찰청 특무과에서 근무한다고 말하지만 실제로는 직접 佐藤과장의 지휘 하에 소위 특첩반(정찰)의 조사계로 활동을 하고 있어요. 활동의 편의(비밀)를 위해서 저는 목단강 흥신소에 취직하여 흥신소의 사무원이 되었어요. 하지만 실제 하는 일은 경찰의 일입니다.

처리: 발송

발견 시간: 2월 7일 흑하

발신자: 흑하 石川千代吉

수신자: 東京시 大森구 石川正雄

통신개요: 한 달 전부터 廣川부대에서 30여명의 군인을 이곳에 보내 大額훈련소의 1000명 학생들에게 엄격한 군대교육훈련을 시키고 있습니다. 이런 훈련은 군대의 훈련과 전혀 다를 바 없습니다. 일단 상황이 발생하면 그들은 군대와 함께 전장에 나가 전투에 참가해야 합니다.

처리: 삭제

발견 시간: 2월 6일 동안

발신자: 동안성 西동안 松永義雄

수신자: 佐賀현 東興賀村 松永榮

통신개요: 만주에 온 이래 그들은 줄곧 방첩을 입에 달고 있습니다. 설사 편지내용 중에 반군 혹은 군사기밀에 유관된 내용이 없음에도 불구하고 그들은 하나하나 빨간 줄을 치고 편지를 돌려보냅니다. 혹은 대부분 소각하고서 이유도 설명하지 않습니다. 만약 중대에서 그런 편지를 발송하면 훈시를 듣습니다. 그래서 우리는 지방에서 편지를 발송합니다.

처리: 몰수

발견 시간: 2월 7일 동안

발신자: 愛媛현 西宇和島군 阿部枝江

수신자: 동안三三合상점 阿部輝男

통신개요: 당신의 만기제대를 일일여삼추로 기다리고 있습니다. (이 편지는 만주인잡화상을 통해 전달한 것입니다.)

처리: 발송

발견 시간: 2월 27일 고북구

발신자: 고북구 豊田부대 上村대 塚原垣

수신자: 茨城현 新口군 土浦정 塚原八古黑

통신개요: 이번에는 보름가까이 걸릴 것 같습니다. 25일 우리는 기차를 타고 지난번에 갔던 곳으로 갑니다. 그래서 당분간 저에게 편지를 쓰지 마세요. 만약 반장이거나 간부에게 들키면 전 무서운 벌을 받습니다. 적들은 중무기를 갖추고 있어요. 공산당 제팔로군입니다.

처리: 삭제

별지제2

유언비어의 원류로 의심되는 통신(지난 달: 31건 이번 달: 23건)

발견 시간 : 2월 15일 훈춘
발신자 : 훈춘寺 大西良潤
수신자 : 山口현 佐波군 抽野촌 伊藤三樹三
통신개요 : 이미 다 알고 계시리라 믿습니다. 저는 제일선의 부근에 있습니다. 그래서 늘 각종 사정을 들을 수 있어요. 의회에서 비밀회의를 열어 노몬한사건을 보고하였다고 합니다. 이번 사건은 아군에 아주 불리합니다. 한 개 연대는 아무것도 아닙니다. 한 개 사단이 전멸되었어요. 적군의 우수한 전차포격에 아군의 전사자가 부지기수입니다. 신문에서는 1.8만 명이라고 하지만 실제로는 4만 혹은 6만 정도입니다. 시체조차 행방불명이 된 자가 많습니다……
처리 : 몰수

발견 시간 : 2월 29일 만주리
발신자 : 만주리 戶井田耕
수신자 : 신경시 만주국통신사 坂本健一
통신개요 : 2월 19일 西新巴旗 내의 국경경비원 사이에서 소규모 충돌이 발생했습니다. 노몬한사건 이후 외몽골군대가 만주영토에 진입하여 貝爾諾爾 以西 북위 48도 이남의 광대한 지역을 점령하고 興北省 몽골인의 가축을 약탈해 갔습니다. 그래서 몽골인들이 越冬지역인 메슨타라(メスンタラ, 지명음역)와 후호인타라(フホインタラ, 지명 음역)를 잃고 말았습니다. 이것이 몽골인들의 불만을 자아낸 최대의 원인입니다. 長谷川보도반장도 말했다시피 몽골인들 중 일부는 외국으로 도망가겠다고 공언하였다고 합니다. 19일의 충돌도 사실 몽골인들이 외몽골군에 점령당한 땅으로 가서 방목하려는 것을 경찰관이 제지하는 와중에 발생한 것입니다.
처리 : 몰수

발견 시간 : 2월 26일 가목사
발신자 : □하출장소 秋谷芳雄

수신자: 群馬현 多之정 小野木 秋谷鶴

통신개요: 며칠 전 비적 150명이 富錦현 감옥에서 탈옥하여 간수를 죽이고 총을 빼앗아 도망쳤습니다. 시끌벅적하던 시가지가 갑자기 쥐죽은 듯 조용해졌습니다. ○○군도 ○○명이 희생되었습니다. 경찰유격대에도 대량의 사상자가 나타났습니다. ○○군과 경찰은 가목사에서 ○개 중대를 파견하였습니다. 탈옥수들은 경찰관의 제복을 입고 현성에서 도망쳤습니다. 이런 일은 만주에서나 발생할 법 합니다......

처리: 삭제

발견 시간: 2월 23일 치치할

발신자: 육군병원 총무 加島知英子

수신자: 石川현 江沿군 深南촌 濱田綾子

통신개요: 치치할의 육군병원에는 500명 내지 600명 정도의 의사가 있지만 간호사는 30명 정도 밖에 안 됩니다. 환자들이 육속 일본으로 돌아갑니다. 그렇잖으면 병원이 초만원이 될 것입니다. 치치할 육군병원에 1000여명의 환자가 입원해 있습니다.

처리: 몰수

발견 시간: 2월 15일 가목사

발신자: 綏濱국경경찰대 高田玉雄

수신자: 조선 함북 富興군 阿吾地 滿鐵 川合浪子

통신개요: 노몬한정전협정과 관련이 있는 모 위원회도○○, 소련과의 관계가 예전보다 더 악화되었고 긴박하게 되었습니다. 그래서 현지 국경에서도 경계를 강화하고 있으며 사태의 변화에 따라 수시로 옮길 준비를 하고 있습니다. 긴급사태를 대비하여 외출이 전면 금지되어 있습니다.

처리: 삭제

발견 시간:

발신자: 고북구 豊田부대 井手대 宮野輝男

수신자: 昌圖의용대 兵藤대 宮野寛

통신개요: 제가 입영할 때 부대에 400여명 가량 입영했었습니다. 제대 할 때는 저를

포함해서 8명만 남았어요. 다른 사람들은 전부 노몬한전역에서 희생되었습니다.

처리: 삭제

별지제3

항일통신

유 형	건 수	
	지난 달	이번 달
항일통신	203	190
일본의 전패와 폭행 등 역선전	10	21
일본비방	6	16
종교를 이용한 선전	2	0
기타 항일 기세	2	9
합 계	223	236

발견 시간: 2월 10일 치치할

발신자: 중국救國軍司令 雷震遠

수신자: 동경 吉田海相 有田外相

통신개요: 일본은 비록 입으로는 평화를 외치고 있지만 오히려 스스로가 세계평화를 교란하고 있다. 일본은 출병하여 우리 동북삼성을 강탈하였을 뿐더러 지금은 화북과 화중 그리고 화남까지 강점하려 하고 있다. 이년 반이 지난 지금 일본은 한 개 성도 점령하지 못하였고 외교적 입지도 곤란해져 망국의 위험에 직면해있다. 속히 군대를 철수하라. 아니면 우리는 일본을 폭격할 것이다.

처리: 몰수 조사 중

발견 시간: 2월 14일 대련

발신자: 대련시 山縣通122호 何先煉

수신자: 상해巨籍路 何祖煌

통신개요: 기원 이천육백년기념우표를 봉입한 八紘一宇는 세계에 군림하겠다는 뜻으로 일본이 얼마나 오만방자한지 알 수 있다. 하지만 이러한 오만방자는 얼마가지 못할 것이고 그것을 부숴버릴 날도 멀지 않다.

처리: 몰수 조사 중

발견 시간: 2월 3일 고북구

발신자: 元禎

수신자: 灤平현 북방 小營村 鄭超士

통신개요: 지금 팔로군의 봉기는 당신의 도움에 힘입었습니다. 더욱 노력해주십시오. 권총 한 자루도 팔아서는 아니 됩니다.

처리: 수신자의 동향을 조사 중

발견 시간: 2월 14일 산해관

발신자: 상해博物院路128號 廣學會

수신자: 만주리 北鎮현 기독교

통신개요: 적들이 우리의 고향을 침략하였으니 우리는 목숨 걸고 저항하여 적들을 몰아내야 합니다. 이제 더 이상 평화적 제의 따위를 믿는 사람이 없습니다. 그것을 위해 이미 수많은 전사들이 희생되었습니다. 앞으로도 더 많은 희생이 따르겠지만 항전은 영원히 계속될 것입니다.

처리: 몰수

발견 시간: 2월 26일 봉천

발신자: 천진 프랑스조계지 教堂前 大利里5號 徐景田

수신자: 봉천 浪速通37 豊양복점 藩福良

통신개요: 제가 천진에서 세 든 집이 불행하게 일본군에 의해 점령되어 병영이 되었습니다. 그들은 제가 방안의 가구를 옮기는 것을 금지하였어요. 그래서 그냥 옷가지만 들고 나왔습니다. 저는 일본군대의 협박을 받을 줄 꿈에도 생각지 못하였어요. 그래서 아주 슬픕니다.

처리: 몰수

발견 시간: 2월 28일 봉천

발신자: 사천 綦江 王

수신자: 봉천 醴泉郵便局里 王楊昌

통신개요: 개인의 모든 것을 희생하여 민족의 적을 타도하자!

綦江集團民兵團

처리: 몰수

발견 시간: 2월 13일 영구

발신자: 江蘇省 鹽城 沙溝西大街 裕恭號

수신자: 영구시 鎭口胡同 王守漢

통신개요: 일본군은 참으로 무섭습니다. 약탈, 살인, 강간 이런 짐승보다 못한 폭행은 일본의 공습처럼 국민들의 극도로 되는 반감을 사고 있습니다. 그들은 결국 예기치 못한 결과를 가져올 것입니다.

처리: 몰수

발견 시간: 2월 17일 하얼빈

발신자: 뉴욕 일간신문 타임스

수신자: 하얼빈 만철도서관

통신개요: 2년 사이 일본군은 1404 400명이 전사하였고 사상자가 585 760명이나 된다. 그중 6할은 전염병으로 죽거나 동사한 것이다. (영문)

처리: 몰수

발견 시간: 2월 17일 하얼빈

발신자: 산프랜시스코 노와야자리야(メーワヤザリヤ, 음역)신문사

수신자: 在하얼빈 외국인 2명

통신개요: 개요

一. 일본이 적극적으로 소련과 불가침조약을 체결하려는 이유는 다음과 같은 네 가지이다.

1. 일본군은 1938년 이래 소만국경에서 적위군의 타격을 받아 거대한 손실을 입었다.

2. 일본군은 지나 전역에서 전선을 부단히 확대하고 있어 사태의 발전을 수습하는데 있어 곤경에 빠졌다.

3. 일본이 지나에 약 100만의 군대를 주둔시킨 것은 예상 밖의 戰禍가 크기 때문이다.
4. 지나에서 소련외교관이 본국에 소환된 것은 일본에 대한 전면전쟁이 발생할 것이 우려되기 때문이다.
一. 노몬한사건 중 일본이 전패하여 정전협정은 일본의 육군대신이 소련에 제기한 것이다. (러문)

처리: 몰수

발견 시간: 2월 3일 하얼빈
발신자: 런던 宣傳省
수신자: 하얼빈 영국영사
통신개요: 일본의 대지나 정책은 이미 3년이 지났지만 아직 소기의 목적을 이루지 못했을 뿐더러 지나유격대의 타격을 받아 거대한 손실을 입었다. 일본은 승리를 취득하지 못하였다.
一. 미국과 영국은 함께 장제스에게 원조를 보냈고 큰 희생을 치렀다. 가령 천진에 있는 영국인들은 지나의 銀幣를 일본인들에게 넘기지 않으려고 자신들의 노력을 다하였다.
一. 최근 일본의 대지나 정책은 반역자 왕징워이(汪精衛)를 부식하여 괴뢰정부를 세우는 것이다.
一. 일본정부도 점차 피로한 기색이 나타나고 있다.

처리: 몰수

발견 시간: 2월 3일 하얼빈
발신자: 뉴욕 월간잡지(아시아호) (1월호)
수신자: 재하얼빈 외국인 4명
통신개요: 요지
一. 일본은 만주도 지배하지 못하기에 절대 지나를 지배할 수 없다.
一. 만주국 내의 사업은 일본에 의해 독점되었고 외국인은 대부분 경영할 수 없다.
一. 일본은 만주에서 지나 쿨리를 노역하고 있는데 이는 소련과 전쟁을 치루기 위해서이다.

一. 만주국 내 대량의 일본 청년들이 실업하고 있는데 당국은 속수무책이다. (영문)

처리: 몰수

별지제4

군기 및 사상 상 요주의 통신

유 형	건 수	
	지난 달	이번 달
상사 비방	2	0
군기해이를 언급한 통신	29	33
반군반전 혐의가 있는 통신	2	2
일선근무 혹은 군 생활을 기피하는 내용의 통신	15	9
현역군인의 불평불만	7	2
병역기피의 혐의가 있는 통신	4	1
전쟁의 참상을 언급한 통신	1	0
만기제대를 알리는 통신	27	24
사상 상 요주의 통신	41	16
합 계	130	87

발견 시간: 2월 20일 동안

발신자: 동안 菊田부대 神田대 松浦米藏

수신자: 北海道 札幌시 坪井治作

통신개요: 제가 입대한지 어느덧 3년이 되었습니다. 이제는 더 이상 연습따위는 참가하지 않아도 됩니다. 기분이 나쁠 때 자고 싶으면 자도 상사든 위병이든 모릅니다. 병을 핑계로 침대에 누워 자면 그만입니다. 장교하사관은 모두 친구이기에 모두 편합니다.

처리: 몰수

발견 시간: 2월 7일 하이라얼
발신자: 하이라얼 伊藤부대 中鉢대 下重秀雄
수신자: 福島현 東白川군 近津촌 下重忠五郎
통신개요: 후임이 다 오장이 되었지만 저는 상등병으로 만족해요. 성적이 좋아도 좋은 건지 나쁜 건지 구분이 안 됩니다. 부대를 떠나 일찌감치 사회에 들어가면 아무 문제가 되지 않습니다. 만약 줄곧 하사관으로 다른 사람들보다 부대에 일 년 더 있게 되면 저는 곤혹스럽고 몹시 머리가 아플 것입니다.
처리: 삭제

발견 시간: 2월 8일 하얼빈
발신자: 하얼빈시 佐佐木輝雄
수신자: 북지나파견 瀨川부대 藤井부대 古家亮
통신개요: 방첩 상 통신을 금지하고 있기에 지방우편으로 보내드립니다. 나와 同年兵은 다음 달 중순에 제대하게 됩니다. 태어나서 처음으로 이렇게 기쁜 것 같아요. 전 드디어 신물 나는 부대생활을 벗어나 시름 놓고 범속한 인간이 될 것입니다. 지금 반 내에서 매일 빈둥거리기만 합니다. 다음 달 하순에 내한 행군을 하게 되는데 꾀병으로 훈련을 피해야겠어요. 부처님께 굽어 살펴주소서 빕니다!
처리: 삭제

발견 시간: 2월 21일 하이라얼
발신자: 하이라얼 岡부대 入尾대 谷津良一
수신자: 京都시 岡崎地御所정 市井美代子
통신개요: 오늘은 무선전암호경기를 치루는 날입니다. 마지막 날이기에 열심히 노력하여 일찌감치 부대로 돌아왔습니다. 인사준위가 저를 부르더니 소집시간을 연장한다고 일러주더군요. 태어나서 처음으로 낙담했습니다. 머리는 납덩이처럼 무겁습니다.
처리: 삭제

발견 시간: 2월 5일 하이라얼
발신자: 하이라얼제일육군병원 森岡達

수신자: 중지나파견 藤堂부대 三好부대 魚住利治

통신개요: "초년병 힘내라! 초년병 힘내라!"하면서 응원을 하지만 이건 참 무료한 일입니다. 조금 더 견지하면 다음엔 우리가 소리쳐 응원하게 되겠지요. 하물며 우리는 關東에서 왔으니까요. 관서와 관동, 힘내서 응원하면서 기다립니다. 기다립니다.

처리: 삭제

발견 시간: 1월 2일

발신자: 하얼빈 遼陽街152호 福家瀧三

수신자: 열하성 승덕 북부육군관사 大沿喜久子

통신개요: 교육부 日直하사관, "죽음"이라는 단어는 얼마나 아름답고 숭고한가요! 저와 함께 죽어요!

전 요즘 이 문제를 심사숙고하고 있어요. 아마 당신은 제가 우둔하다고 비웃을 테죠. 하지만 전 심각합니다.

처리: 몰수

발견 시간: 2월 19일 고북구

발신자: 고북구 豊田부대 折田대 高見軍曹

수신자: 京都제대 의학부 北部舍 小西池幸

통신개요: 그 병사는 술집에서 술을 마시고 야료를 부리면서 총으로 술집 여종업원을 쏴 죽였어요. 그리고는 자신의 심장에도 한방 쏘아 당장에서 죽었습니다. 사령부에서 이 소식을 듣고 나서 저는 찬물을 뒤집어 쓴 듯이 소름이 돋았어요. 범죄현장이든 살인한 사실이든 모두 상상할 수조차 없는 것들이었죠. 제 보기엔 병사 한명을 쏘아 죽이면 죄를 절대 용서받지 못할 것입니다.

처리: 몰수

발견 시간: 2월 28일 동안

발신자: 동안 中代부대 笠原隆

수신자: 大阪 新三島군 鳥買村西700 川上君子

통신개요: 어려운 부탁이 있습니다. 용돈이 부족하니 돈을 좀 꾸어주십시오. 매달 8

원 80전 받는 봉급으로는 적금과 담뱃값만 육칠 원이 드니 늘 부족합니다. 집에 편지를 하면 인차 20원 내지 30원 쯤 부쳐 보내겠지요. 만약 제대해서 부모님 곁으로 돌아갔다면 저는 쉽게 부모님께 돈 달라고 하겠어요. 하지만 웬만한 일이 아니고서야 어찌 부모님께 손을 내밀겠습니까. 제대한 후 전 곧장 당신이 있는 곳으로 갈 것입니다. 설사 집에서 송금해준다고 해도 차마 입이 떨어지지 않습니다. 힘들면 꿔주지 않아도 됩니다. (위문편지를 통해 알게 된 여인에게 돈을 꾼 사례)

처리: 몰수

발견 시간: 2월 1일 가목사

발신자: 富錦 淺野부대 본부 齊藤仁作

수신자: 목단강성 田畑부대 奥村대 山本德一

통신개요: 토벌 기간 외출을 금하는 것은 인정미 떨어지는 일입니다. 설마 그렇다고 해도 저는 자주 여자 찾으러 나갔습니다. 예전에는 여자가 없는 생활은 참 무미건조하다고 늘 두덜거렸지만 요즘은 상황이 많이 좋아졌어요. 그녀가 자주 찾아옵니다. 우리는 주보의 창고에서 자주 만나거든요. 좋아요!

처리: 삭제, 근무 상황을 감시 중

발견 시간: 2월 13일 연길

발신자: 연길 약혼녀

수신자: 도문 布上부대 본부 內田安信

통신개요: 다른 사람을 볼 때마다 당신이 떠오릅니다. 하루 빨리 만나고 싶습니다. 워낙 11일에 도문으로 가려고 했지만 그녀가 전화로 편지에서 약정한 시간에 당신이 있는 곳으로 오라고 해서 11일 저녁 당신에게 전화를 했습니다. 하지만 당신은 전화를 받지 못하더군요. 17일은 공휴일이어서 당신이 있는 곳으로 가려고 합니다만, 괜찮은지요?

처리: 삭제

발견 시간: 2월 23일 도문

발신자: 掖河 佐渡(半)부대 渡邊대 高藏喜一

수신자: 佐世保局 제15항공대 副官部 淸水一男

통신개요: 이번엔 참 죄송하게 되었습니다. 이달 말에 제대하게 되었어요. 3년의 옥살이가 이제 한 달이면 끝납니다. 전 이미 제대준비를 마쳤습니다. 이곳엔 두 번 다시 오고 싶지 않아요. 자원입대한 바보들의 생각을 참 이해할 수 없어요.

처리: 삭제

발견 시간: 2월 2일 승덕

발신자: 熊本현 上益城군 白水촌 大塚孝

수신자: 승덕세무감독서 川上繰

통신개요: 입대하여 나라를 위해 충성을 다한다고 생각하니 저의 심정은 몹시 침울합니다. 사는 것이 귀찮아요. 속세의 일은 잘 모르겠습니다. 육체의 즐거움 빼고는 다른 목적이 있을까요? 설마 전선에 나가 명예를 위해 죽어야 하는 건가요? 전 소속중대를 잘 알고 있어요. 13연대 보충대 보병 范중대입니다.

처리: 삭제

발견 시간: 2월 16일 하얼빈

발신자: 濱江성 安達현 中澤善次郎

수신자: 하얼빈 馬家溝 市營주택36호 喜多養藏

통신개요: 저물가와 고물가는 문제가 되지 않습니다. 현재 사회는 돈이 모든 문제를 해결하지는 않습니다. 정부의 과잉통제로 말미암아 그와 모두 대립되지는 않지만 군부의 오만과 관원의 독선......우리는 순응하면 돈이 손에 들어옵니다.

軍資係로부터

처리: 발송 관내부대에 통보

발견 시간: 2월 14일 용정

발신자: 빈강성 珠河현 正陽가 恒盛元 金求相

수신자: 용정 국민고등학교 許光培

통신개요: 4월 중순 수학여행을 갑니다만 전 가고 싶지 않아요. 레닌, 손문, 무솔리니, 히틀러와 저는 모두 같은 사람이잖아요. 저도 참다운 인간이 되고 싶어요. 하지만 사람은 환경의 지배를 받게 되죠. 전 그 때문에 몹시 괴롭고 가슴이

찢어지는 것만 같아요......만약 제가 소원대로 哈大에 응시하여 합격하지 못하면 그대로 상해, 중경, 모스크바로 갈 거예요. 형님, 제발 누구한테든 비밀로 해주세요.

처리: 몰수 조사

별지제5

기타(지난 달: 226건 이번 달: 111건)

발견 시간: 2월 7일 고북구

발신자: 塘沽 塘沽여관 11호 清水孝作

수신자: 열하성 세무감독서 山中信夫

통신개요: 일본의 거대한 힘은 중국을 기뻐하게 할 것입니다. 왜냐면 지나는 끊임없이 강대해지고 있기 때문입니다. 다시 전쟁을 벌이자는 목소리가 점차 여러 곳에서 전파되고 있습니다.

처리:

발견 시간: 2월 28일 봉천

발신자: 상해특별시 秋思威路6217호 岩田榮藏

수신자: 열하성 興隆縣城 尾崎藤馬

통신개요: 이 시대는 이상한 속도로 최후의 절벽을 향해 치닫고 있다. 일본인이 피눈물 뿌리며 끝까지 싸워야 할 가을이 다가오고 있다.

1. 汪정권이 과연 성립될 것인지 의문이며 설사 성립된다고 해도 사변을 해결할 능력이 거의 零에 가깝다.

2. 만약 왕정권이 사변을 해결할 능력을 갖추지 못한다면 우리가 다음 대책을 고민해야 할 것이다. 하지만 우리는 그에 대한 아무런 구체적 준비를 하지 못하고 있어 추측불가능이다.

3. 중경정부의 항전력은 ○○의 경향이 있는 듯하다.

4. 일소 사이의 마찰은 점차 증가세를 보이고 있다.

5. 국내의 형세로 말미암아 국민은 더 이상 정부를 신임하지 않고 있다.

6. 당지 상황에 관하여서는 貴地의 금후 동향을 살펴보면 만주인들이 일본

의 작법에 대해 혐오를 느끼고 있기에......특히 협화회의 악당들이 사상적으로......만약 일소 사이에 전면적 충돌이 일게 되면 지난 7년의 노력은 거품으로 될 것이다.

7. 유럽은 평화의 희망을 잃었고 그에 따라 실력발동의 태세로 전환하였다.

처리: 압류

발견 시간: 2월 22일 고북구

발신자: 열하성 고북구주재연락원 管野廣壽

수신자: 福島현 安達군 下川崎촌 大字下川崎 半澤義幸

통신개요: 당신들이 생각하는 것처럼 저도 같은 생각입니다. 政黨이 고려하는 일이거나 이번 사변이 영토침탈을 위한 것이 아니라면 왜 소중한 생명들을 화북 화중 화남의 들판에 쓰러지게 하는 것인지요? 유럽을 보세요! 독일의 히틀러는 떳떳하게 세계를 향해 선언했잖아요. "난 영토를 위해 싸우며 무력으로 무력에 대항할 것이다." 그래서 전 이런 의문이 들어요. 일본은 왜 이렇게 큰소리로 자기의 목적을 말하지 않느냐구요.

처리: 원상발송

발견 시간: 2월 10일 영구

발신자: 영구 田上生

수신자: 산서성 平安線 陽泉德盛街 佐藤榮

통신개요: 봉급생활자들은 늘 더 나은 생활을 위해 전근하는데 이는 아주 자연스런 일로 놀랄 것 없다. 상식적으로 물가가 세배 되면 대응하여 급여도 세배가 되어야 한다. 봉급생활자들은 아주 힘들게 산다. 오직 부유한 사업가들만 무한한 이윤을 얻으면서 시국을 노래하고 있다.

처리: 발송

발견 시간: 2월 6일 하이라얼

발신자: 하이라얼 白濱부대 竹內대 伊藤秀雄

수신자: 岐阜현 海津군 伊藤健一

통신개요: 전 가끔 이번 사건에서 전사한 전우의 가족들이 보내온 편지를 받군 합니다. 편지에서는 유감이니 불행이니 행운이니 이미 (전사자)의 일부 유품을

받았지만 더 있을 것이라느니 하는 말뿐입니다. 저는 이에 몹시 분개합니다. 만약 제가 전사하여 가족이 이런 편지를 보내온다면 전 위안 받을 수 없을 것입니다. 전사한 전우들이 원망할 것입니다! 가장 쉽게 변하는 것이 인심입니다.

처리: 삭제

발견 시간: 2월 6일 고북구

발신자: 북경 新舊庫 마니이라츠쿠(マニイラツク, 음역)

수신자: 열하성 灤平 현 성내 다비스토마쿠보루므(ダビソトマツクボルム, 음역) 여사

통신개요: □빈손씨(□ビンソン, 음역)가 휴가 중이므로 실례지만 제가 업무로 한번 방문할까 합니다. 그날 당신께서 쿨리를 시켜 저에게 보고서를 주었지요. 하지만 지금은 또 다른 남자애와 요리사의 아들이 쿨리가 되었겠지요.

처리: 발송 조사 중

발견 시간: 2월 2일 도문

발신자: 명월구 高木부대 岸秀臣

수신자: 왕청현 春明촌 十里坪 東滿회사 岸鐵藏

통신개요: 작년 11월 관동군대토벌에 참가한 이래 이미 3개월이라는 시간이 흘렀습니다. 전 만주지역의 철도경비대와 만주군 그리고 만주국경찰대가 연합으로 5만 여명의 병력을 묶어 대토벌을 진행했지요. 우리 부대의 부대장과 부하도 전사하였습니다. 저는 살아남았어요.

처리: 삭제

발견 시간: 2월 2일 동안

발신자: 북만 松本

수신자: 長野현 下水內촌 森野喜江子

통신개요: 이곳은 국경부근의 무인지대입니다. 비적들이 이곳에서 80명 정도의 무리를 지었습니다. 작년 북만 각 개척지에도 대량의 사상자가 나타났습니다.

처리: 몰수

발견 시간 : 2월 9일　동안
발신자 :　동안성 寶淸 頭道훈련소　山田寅雄
수신자 :　依蘭현의용군 大茄子훈련소 車田부대　中村一次
통신개요 : 12월 13일 밤 7시부터 전원이 간부들에 대해 공격을 시작했어요. 그중 간부 2명이 중상을 입어 한 달 후에야 완치되었습니다. 양측이 격돌하고 있을 때 기숙사에 불이 나고 그중 한 채는 전소되었습니다. 이 일 때문에 소장이 사직하고 간부 한명이 일본 국내로 귀환되었습니다. 큰 불은 어제 밤 한시 반까지 타올랐지만 그 누구도 나서지 않고 구경만 하였습니다. 참 재미있었습니다.
처리 :　몰수

발견 시간 : 2월 19일　흑하
발신자 :　대흑하　三井豊
수신자 :　山梨현 中巨摩군 稻積촌　杉野玄三郎
통신개요 : 고향을 떠날 때 정부 사람들의 감언이설에 저는 큰 희망을 품게 되었습니다. 하지만 이곳에 와서 만주의 실상을 요해하고 나서야 모든 희망이 거품처럼 사라졌습니다. 돈 한 푼도 주지 않고 한 달에 2원어치의 酒保구매권만 지급합니다.
처리 :　삭제

발견 시간 : 2월 27일　흑하
발신자 :　大額훈련소 2중대　管原梅治
수신자 :　宮城현 玉造군 東大崎촌 新田　管原梅吉
통신개요 : 중대장은 전혀 우리의 미래를 상관하지 않습니다. 이곳에서 백성들이 할 수 있는 일이 무엇인가요? 설사 국가를 위해서라도 이곳에 오래 있어서는 안 됩니다. 그렇잖으면 죽음뿐입니다.
처리 :　발송

발견 시간 : 2월 22일　길림
발신자 :　길림人造油주식회사 鑛業實務학교
수신자 :　흑하성 孫吳의용대 渡邊대 榮養부

통신개요: 소장배격운동이 일주일간 지속되었습니다. 5소대와 8소대는 2차의 폭동을 일으켰습니다. 간부 2명이 아직도 입원 중입니다. 듣자하니 육군보병소좌도 우리 의용대에 의해 구타당했습니다. 일부 간부들은 사직하였지만 일부는 소장처럼 도망치고 다시 돌아오지 않았습니다. 다음번엔 병원을 파괴할 계획입니다.

처리: 몰수 실상 조사 중

발견 시간: 2월 5일 훈춘

발신자: 북안성 通北현 五福堂 新潟촌 山田孝二

수신자: 훈춘 來島부대 村上대 竹前金造

통신개요: 설사 만기제대한다고 해도 우리 개척생활은 전혀 희망이 없습니다. 삼사년 동안 우리는 이미 경제적으로나 정신적으로나 극도로 되는 고통과 괴로움을 받았습니다. 안락한 나날은 더 이상 돌아오지 않을 것입니다. 이민 갈 수도 없고, 참 막무가내입니다.

처리: 발송

발견 시간: 2월 24일 훈춘

발신자: 훈춘채금회사연락소 下田源六

수신자: 長野현 下伊那군 龍丘촌 伊原芳男

통신개요: 전 비록 이민 후의 상황은 모르지만 이민단 본부의 결산서에서 작년 및 재작년의 이윤이 일인당 36원 즉 매년 일인당 18원의 이윤이라는 것은 알게 되었어요. 이민단의 이윤이 이토록 보잘 것 없지만 일본 내지의 선전기구는 해마다 1800원의 이윤이 있다고 선전하지요. 이것이 바로 이민의 실상입니다.

처리: 몰수

발견 시간: 2월 1일 하얼빈

발신자: 상해 영국대사관

수신자: 하얼빈 영국영사관

통신개요: 개요

일본국 및 만주국 주재 영국영사관에 대한 폭탄 및 가스의 공습에 대처하기 위해 귀관 지하실에 여러 설비를 가설하고자 건축기사를 현지에 보냅니다.

처리: 발송

발견 시간: 2월 14일 동안에

발신자: 동안 田中和부대 眞田長次

수신자: 鄭家屯 新市가 泉水洋行 내 神戸澄子

통신개요: 며칠 전 당신의 편지를 받았습니다. 하루빨리 보내드리려고 했지만 매점에 가보니 생활용품이 마침 다 팔리고 없더군요. 그래서 부치지 못했습니다. 하지만 인차 물건이 들어온다고 하니 그때면 인차 부쳐드리겠습니다.

처리: 발송 주의 중

발견 시간: 2월 14일 동안

발신자: 동안 野崎生(카페 三好野) 野崎桂子

수신자:

통신개요: 담배를 시가지에서 살 수가 없네요. 당신이 올 때 좀 갖고 오면 안 될까요? 부탁드립니다!

처리: 삭제

발견 시간: 2월 19일 동안

발신자: 동안 加藤부대 加藤대 小林一喜

수신자: 치치할 만주양곡회사 치치할분소

통신개요: 당신이 만약 옷을 주문하려면 군대 내 매점에서 포목을 사세요. 전보 한통이면 제가 모든 편의를 봐드리지요. 군복 옷감은 외투옷감만 여러 종류 있으니 잘 참고하세요.

처리: 주의 중

발견 시간: 2월 24일 동안

발신자: 동안 關崎萬龜夫

수신자: 愛知현 矢作촌 關崎君子

통신개요: 각종 일용품은 특무기관을 통해 사들입니다. 값이 놀랄 지경으로 쌉니다.

조금만 변통하면 아무 때나 살 수 있어요.
처리: 주의 중

발견 시간: 2월 29일 동안
발신자: 滴道 아이우에오식당(アイウエオ, 음역) 奥山榮五郎
수신자: 동안 菊田부대 본부 立谷敏雄
통신개요: 매점으로부터 파인애플통조림과 감귤통조림을 부탁받았어요. 돈을 부치오니 이번 16일 공휴일에 당신에게로 갈 것입니다. 잘 부탁드립니다.
처리: 주의 중

발견 시간: 2월 11일 가목사
발신자: 가목사 大品三
수신자: 牙克石 福昌상점 大品九
통신개요: 가목사에 재밌는 현상이 일고 있습니다. 명령에 의해 상점에서 30명을 예선하여 12월 18일에 다시 그 중에서 2명을 뽑아 19일에 신체검사를 하게 되었습니다만 두 명 다 도망쳤어요. 그래서 다시 30명에서 선발하였지만 합격자들이 다시 전부 숨어버렸지요. 저도 시내에서 이틀 동안 사처로 도피하여 숨어 다니다가 잠잠해지니까 다시 상점으로 돌아왔습니다. 제가 상점에 금방 돌아오니 22일 경찰에서 또 징병하려 왔더군요. 그래서 또 세 번째로 숨었습니다. 드디어 모면하였지만 다음엔 벗어날 것 같지 못하군요. 전 지금 실명을 쓰지 않고 자(호)를 씁니다. 이해해주시기 바랍니다.
처리: 몰수

발견 시간: 2월 21일 영구
발신자: 영구 王
수신자: 천진 海河南平부두 商榮貴
통신개요: 전략. 또 징병검사라고 하네요. 우리도 밉살스러운 병사가 된다고 생각하니 불안하기만 합니다. 지난 번 징병 때에는 용케 빠져나왔었는데 이번엔 빠져나갈 길이 없군요. 비록 귀국할 수는 있지만 국내에서도 강제징병을 한다고 하니 그쪽에 있기보다는 이쪽에 있는 편이 훨씬 낫겠지요. 후략
처리: 삭제

발견 시간 : 2월 15일 영구

발신자 : 영구 아버지

수신자 : 關裡 臨楡현 海陽진 小落安寨촌 劉洪泉

통신개요 : 만주에서 드디어 징병하고 있으니 잠시 오지 말라. 만약 가능하다면 그쪽에서 일자리를 찾아보렴. 징병 연한은 20세부터 25세라고 하니 만약 고향에 돌아오려면 그 나이가 지나서 돌아 오거라.

처리 : 삭제

발견 시간 : 2월 16일

발신자 : 察南省 永寧鎮 郭玉隊 張遲

수신자 : 열하성 豊寧窄嶺葭村德 轉 長宅 張德甲

통신개요 : 제가 경찰학교에 입학한 목적은 하나는 생계를 위한 것이고 다른 하나는 康德 八年(1941)에 실행한 병역제도를 피하기 위해서입니다. 그 제도에 따르면 모든 기관에서 징병을 실시한다고 하였고 경찰관만 제외한다고 하였으니까요.

처리 : 삭제

3

1940년

1940년 5월 1일
中檢第三四號

관동헌병대사령부
중앙검열부

통 신 검 열 월 보

(삼월)

발송 : 軍司(三)
복사송달 : 憲司, 朝憲司, 支憲司, 中支憲司
각 지방 검열부, 상관부대, 교육대
牡, 延, 北, 海, 동녕, 山村 각 부대 본부

秘

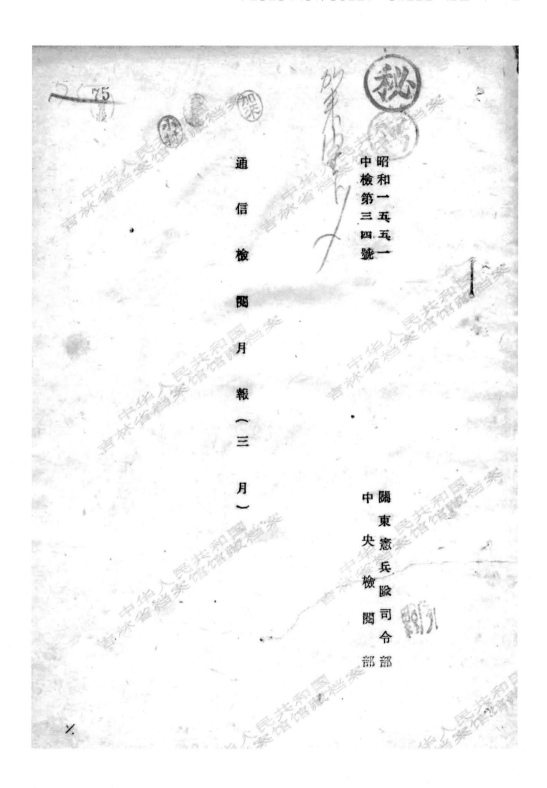

昭和一五、五、一
中檢第三四號

關東憲兵隊司令部
中央檢閱部

通信檢閱月報（三月）

發送先　軍司（三）

寫　憲司　朝憲司　支憲司　中支憲司

各地方検閲部　關係隊所　教習隊

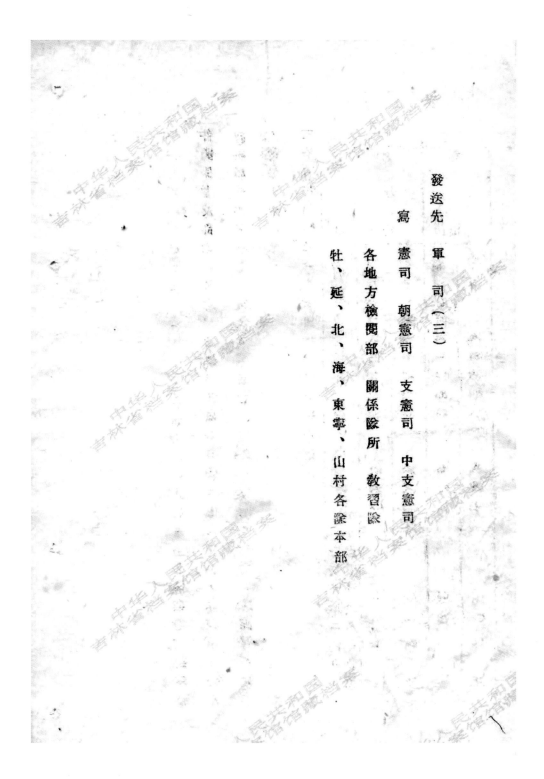

牡、延、北、海、東寧、山村各隊本部

要旨

引續キ軍事普通郵便ニ對スル有害通信ノ防止特ニ通蘇容疑者、諜略事件關係者及部隊ノ改編、移駐、入除隊ニ件フ軍人軍屬ノ軍機漏洩防止竝時局ニ件フ不正行爲企圖容疑者ノ通信ニ重點ヲ指向シ防諜對策資料ノ蒐集ニ努メタリ

一、本月中取扱ヒタル郵便物、電報左ノ如シ

區分	期間別	取扱件數	處置件數	取扱件數ニ對スル處置件數ノ百分比
郵便物	前月	三八五五三五	六六一	〇、一七%
	本月	四五七二六九	六八二	〇、一四%
電報	前月	七六二〇九〇	七〇五	〇、〇九%
	本月	八九三六六四	八四七	〇、〇九%

二、電報檢閲ニ依リ容疑ト認メ寫ヲ採リタルモノ八四〇件（内外國官報四〇九件）處置セルモノ七件ナリ

三、郵便物檢閲、成果概況左ノ如ク其内容ノ主ナルモノ別紙第一乃至第五ノ如シ

種別	件數 前月	件數 本月
防諜上要注意通信	二二六	一六四
流言ノ因トナル虞アル通信	二三	一八
抗日通信	二三六	一四六
防諜上容疑ニ依リ偵諜中ノ者ノ通信	一四	六二
軍紀竝思想上要注意通信	八七	六九
不正行爲企圖ニ因リ偵諜中ノモノ	一三	一〇

77

國内治安不良ヲ報スルモノ	一三	一七
國策阻害ノ虞レアルモノ	六	一一
滿軍募兵忌避ヲ報スルモノ	七	二
中國ノ治安狀況ヲ報スルモノ	二	五
不敬記事	一	一〇
政府ノ施政ヲ非難スル通信	五	八
其他ノ通信	二八	四〇
合計	六六一	五六二

四、所見

ノ一般ニ有害通信ハ減少セリ殊ニ軍事防諜ニ關スル通信ハ逐月減少ノ傾向ニ在リ

2. 所謂抗日通信ニハ見ルヘキモノナキモ抗（排）日刊行物ハ依然多數流入シアリテ本期間沒收處分ニ附シタルモノ一四六件ニ上レリ

3

3. 軍人軍屬ノ有害通信ハ漸次減少シ殊ニ本期間大連、承德、黑河、山海關ニ於テ殆ント有害通信ヲ見サリシハ防諜觀念昂揚ノ結果ナリト認メラレ喜フヘキ事象ナリ然レトモ新設部隊、改編移駐部隊所在地ニ於ケル有害通信ハ依然增加ノ傾向ニアリ然シテ之等大半ハ變名ノ上地方郵便ヲ利用シアリテ檢閲實施上將　又部隊側ノ教育指導上注意ヲ要スルトコロナリ

4. 地方人ノ通信中特ニ注意ヲ要スヘキハ開拓團又ハ青年義勇軍ノ團員等ニシテ幹部對團員間ノ軋轢葛藤ノ狀ヲ記載シ或ハ

(イ)未タ義勇軍ノ方針決定セス施設ノ不完全加之幹部義勇軍ノ身分

78

ノ保證確定セス不安ノ生活モ多々アリ
◎現ニ義勇軍カ將來性ナク我等ノ前途タルヤ暗黒ナリ等悲觀的通信ヲ爲スモノアリテ國策遂行上憂慮スヘキモノヲ散見シアリ
又物資購入ニ軍關係者對地方人ニ不正行爲ヲ企圖シアルヤヲ窺知セラルルモノ多シ所在地機關ニ於テハ之種通信ニ基ク內偵査察ヲ進メ眞相把握ニ努ムルヲ要ス

79

別紙第一

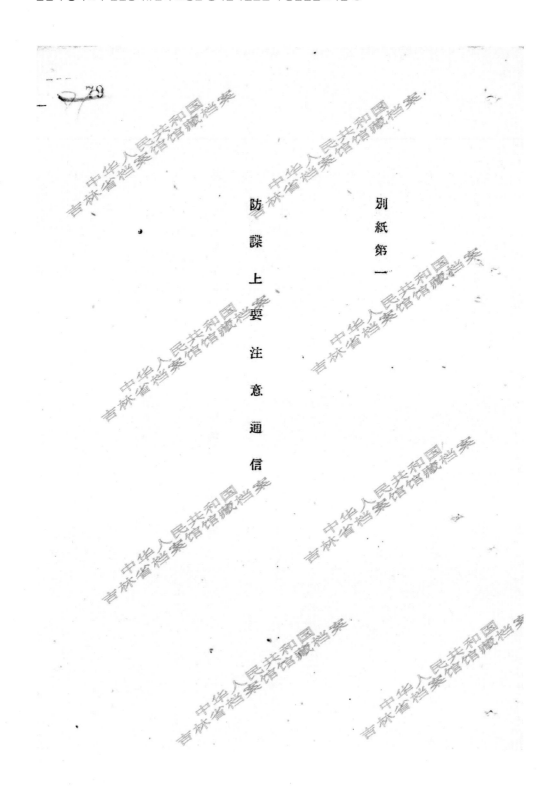

防諜上要注意通信

80

區分	件數 前月	件數 本月
軍事施設竝編成裝備等ヲ報スルモノ	四九	四八
軍作戰行動移駐ヲ報スルモノ	四〇	二八
固有部隊名ヲ報スルモノ	四一	一五
滿軍（警）關係要注意通信	四	七
其他防諜上注意ヲ要スルモノ	八〇	六二
日「ソ」開戰ヲ憶測スルモノ	一二	四
計	二二六	一六四

發見月日及場所	發信者	受信者	通信ノ概要	處置
三月五日 南綏中（山海關）	大連市外周水子 向井警備隊 李秀山	山海關鐵道南藩頭 李秀山	私ノ居ル警備隊百五十名ハ南京へ向ケ出發シテ僅カ二十數名殘ツテヰルノミテス私ノ所ヘ手紙ヲ呉ル時ニハ餘計ナ事柄ヲ書カナイテ下サイ手紙カ私ノ手ニ入ル前ニ必ス除テ通信檢閲ヲサレルカラテス云々…	沒收
三、二三 新京	琿春佗美部隊東隊 石橋常三郎	北支派遣多田部隊溫井部隊梅本隊 石橋精一	琿春ノ部隊モ逐次十四師團ノ方ニ申送ツテヰマス旅團長閣下モ變リ今テハ鷹森少將テス大隊長殿モ變リマシタ	削除
三、七 琿春	琿春福昌公司 小林正雄	靜岡縣田方郡南村日守 杉山國雄	本年當方ノ工事ハ又昨年通リ軍工事ニテ發電所（百萬圓）及軍事施設各五十萬圓ニアリマス	削除

81

三、一〇 琿春	琿春炭鑛會社 田中操三	長野縣北佐久郡輕井澤町 半田彥七	內地ト異リ滿洲テハ一ケ聯隊モ一諸ニアルコトナク總テカ分散配置ニテ國境線ノアチコチノ山陰ニ兵舍、飛行場ヲ造ツテ警備ニ着イテヰマス張鼓峰カラ東寧ニ至ル國境線ノ地下ニハマジノ線ニ劣ラヌ重要ナ要塞カアリマス	削除
三、一八 琿春	土門子井平隊 田中隆三	山梨縣西八代郡丈塚村 鹽島喜前	近ク東寧迄實ニ完備シタ道路（軍用）ト本年中ニハ鐵道カ敷設サレマス要塞ノ地下道ハ東寧カラ續イテキルソウテス	〃
三、一一 琿春	於東興鎮 三島常造	新京八島通八ノ二六 竹畑稔一	牡丹江ー圖們間ノ複線工事ハ完成ニ近シ且興寧線モ本年全通ノ見込ミ且當地方ノ琿春、東興鎮東寧、密山ヲ結フ鐵道モ本年中ニハ完成ノ見込ミ昨年強行シテアレ位ノ鐵道ノ完成ハ出來得サル工事ナラサルモ何セ資材ノ欠乏ニテ思フ様ニ行カナカツタラシイ軍作戰ノ主力ハ東北滿ニ集中シ鐵道完成ヲ待ツテ本格的ニ腰ヲ据エルタロウ	削除
三、二 琿春	琿春西門外新和農場內 川村クラ子	東京市板橋區志村遠根町 遠藤儀一	當地ノ部隊モ滿期除隊スルソウテ兵隊サンカ市街ニ氾濫シテヰマス二千人位ノ初年兵カ這入ツテ來ルソウテ現在ノ旅團カ師團ニナルソウテス	削除
三、三〇 圖們	東京城 木村部隊 藤原	島根縣松江市天神町一六 藤原マサ子	兵團長閣下（中將）ノ隨持檢閱モ昨二十八日テ終了シマシタ兵舍ノ向フノ飛行場テハブンブン卜戰斗機カ猛烈ナ演習中テス此處ニハ飛行隊カ二ケ隊アリマスカ戰斗機隊ハカリテス此處ヤ寧安、牡丹江ニテ東部航空兵團カ出來テヰマス	削除

第五軍ハ東北滿一帶「牡丹江」

82

三、四 圖們	東安省虎林 土肥原部隊經理部虎林派出所 太田卯一	新潟縣刈羽郡中通村大字赤田 石黒祐二	以東北牡丹江西南ハ第三軍黒河佳木斯一帯ヲ第四軍ト云フ有様ニ編成サレマシタソレニ全滿ニ航空兵團及航空集團カ編立ノ態勢ニテ設置サレソノ主應トシテ關東軍司令部ト日本領事館カアリ參謀格テ軍事ノ統帥權ヲ持ツテヰル仕組トナツタノテス私モ去ル二月一日第五軍土肥原部隊經理部附ヲ被命シマシタ昨年十二月迄ニ當地守備隊ヲ除ク各駐屯部隊モ約一ケ師團入リ日進月歩國境ノ軍備擴充ト強化ノ實ヲ擧ケテ居マス	沒收
三、四 琿春	琿炭 稻田進	福岡縣田川郡添田町中之寺 中村鹿之助	當琿春ニモ混成一ケ旅團駐屯軍隊約五千名歩騎砲工アラユル兵科カ駐屯シテヰマス	削除
三、三 圖們	東安省密山 瓦田部隊佐藤隊 石川照好	香川縣大川郡志度町東末 秋友松吉	我カ部隊ハ昨年九月「ノモンハン」事變ニ出動シ停戰協定後錦州ニ引上ケマシタ十二月移動テ東部國境ノ要衝密山ヘ移駐シテ參リマシタ以前ハ獨立守備隊ニテ奉天ニ居リマシタ第六大隊カ主テスカ國境守備第七九聯隊ニ編成替シテ此處ヘ來マシタ我部隊ハ完全ナル戰時編成ニテ初年兵モ一千二百余名入隊シマシタ	削除
二、九 圖們	濱綏線綏西驛 竹田部隊 竹田興次	山形縣山形市小姓町八一 日下部晉	當地ハ第八師團ノ警備地ニテ八師團ノ各兵科ハ澤山駐屯致居候多分山形第三十三聯隊モ在ルノテハナイカト存居候・	・
三、一 圖們	圖們 布上部隊官舍 大場アヤ子	熊本縣球磨郡山江村山田 倉本ハツキ	主人達ノ討伐ハ何時終ルヤラ想像モ付キマセン五六月迄ハ續クト言ツテ來マシタ二月二十日ヨリ最后ノ大討伐ヲ敢行シ牡丹江方面ヨリ南下シ敦化方面ヨリ東	・

83

			進シテ挨拶トナシ全滅セシメル計畫タサウテス	
三、一五 黒河	黒河市政府代用官舍 富澤春子	山梨縣巨摩郡穗足村藤田 里吉昌焱	陸軍ノ三月ノ定期移動ハ思ノ外小範圍ニ行ハレマシタ現役將校三名ハカリ移動ニナッタハカリテ後ハ長イ召集ノ方カ召集解除ニナッタノテス平和ノ訪レト共ニ國境方面モ軍備ノ必要カナクナリ坂田部隊テモ現役ノ方カ僅カニ殘ッテ居ルハカリテス	削除
三、四 東安	東安街千代菊内 鶴千代	岡山縣倉敷市々川西町 岩井千鶴	當地ハ河一重ニテ「ソ」聯領テスカラ約二ケ師團位ト事テ將官ヤ大佐、中佐ノ方々モ多クサン見受ケラレマス	〃
三、九 東安	東安街斐德甲斐部隊 加賀啓巳	哈爾賓市鐵工街一三 加賀靜	當斐德モ機械化部隊四ケ聯隊カ新設サレマシタ電氣モ點ラス未完全ナ兵舍ニハ驚キマシタ	〃
三、一三 東安	東安街藤村ハル方 新山リヨ	札幌市南二條西一〇丁目 山形久子	東安ニハ札幌ノ二十五聯隊ト旭川ノ二十六聯隊カ來テ居リマス兄樣ノ入ツタ二十七聯隊ハ不明ニ付分ツテ居リマシタラ知ラセテ下サイ	〃
三、二六 東安	東安省警務所 秋葉實	東京市杉並區西荻窪一〇八〇 田中饒	斐德驛ヨリ北側ノ「パンツタ」穆稜ノ兵舍カ吾カ自慢ノ機械化部隊三ケ聯隊兵員約四千名ノ兵營テス近ク野砲聯隊カ一ケ聯隊來ル由テ現在ノ三ケ聯隊ハ六月頃又前進スル由テ秘密裡ニ準備中テズ	沒收
三、一五 黒河	齊々哈爾平山部隊松家隊 宮本心一	栃木縣那須郡黒田町屋代隘三方 阿部久作	成田曹長カ二十日ノ日ニ獨立山砲第十二聯隊ニ轉屬ヲ命セラレテ出發サレマシタ隨分ト山ノ中テ東寧カラ自動車テ一時間行ッタ處タト云フコトテス	〃
			中隊爆撃訓練演習ノ爲先發隊ト	

9

84

三二三 齊齊哈爾	藤崎部隊宮澤隊 綿舍八郎	玉縣所澤町本町六二一 御口武雄	シテ公主嶺ニ前進ノ目的ヲ以テ隊長佐野大尉操縦竹内准尉副操縦伊藤准尉無線別府軍曹無線係トシテ第一一〇〇號機ニ搭乘竹内准尉地上試運轉良好十三時二十五分離陸第一施回直後突然右發動機ヨリ黒煙ヲ吐キ第三施回直後ハ殆ト不調「プロペラ」ハ停止狀態第四回ヲ實施セント初道ノ舵ヲ當カヘシタ時機ハ速度ヲ失シ「きりもみ」トナリ垂直ニ地上ニ墜落セリ詳シキ事不明ナルモ操縦ノ誤リト云フ人アリ高度七〇米速度一五〇粁位テ無理ナ施回ヲナセシカ原因ト思ヒマス「プロペラ」ハ一タ位下ツテ居リマシタ	沒收
三二四 延吉	間島省延吉 陸軍特務機關 戸泉方	張家口市圏三道巷三 加藤武雄	夜ニナルト國境近クニ或ハ密カニ越境シテデスネ「ソビエツト」ノ政策ヲ滅茶苦茶ニ痛擊シタ「	〃

10

	遠藤晃		ビリ」ヤ風船玉ヲ飛ハスノテス危險タカ面白イ仕事テス	
三一二 東寧	石門子 藤田組 小山國友	新京吉野町一丁目五ノ四 安武内 佐吉寅治	左記ノ通リ工事モ多クナリマシタ 左記 ㋑兵舍 八二三平方米 二棟其ノ他附屬及渡廊下 桁行 六一、〇〇米 梁行 一三、〇〇米 ㋺兵舍 七二九平方米 一棟 桁行 五四、〇〇米 梁行 一三、五〇米 其他附屬アリ ㋩兵舍増築 六、三棟 桁行 一六、〇〇米 梁行 一三、五〇米 ㋥中隊倉庫 移轉三棟 桁行 一六、〇〇米 梁行 五、五〇米 ㋭中隊倉庫 移轉三棟	沒收

			(イ) 桁行 一四、〇〇米 梁行 五、五〇米 砲廠移轉 一棟 桁行 一八、〇〇米 梁行 七、八〇米 [illegible] ジント倉庫 一棟 桁行 三〇、〇〇米 梁行 五、七〇米 [illegible] 現場事務所 一棟 桁行 一五、〇〇米 梁行 六、〇〇米 一棟 桁行 一三、〇〇米 梁行 六、〇〇米	
三、二一 錦州	錦州大島部隊升內隊 工藤理一	秋田縣北秋田郡米內澤町 工藤米若	來ル三月二十五日錦州出發今度中支「關封」ノ第一線ニ立ツ事ニナリマシタ私共ノ部隊ハ今度新ラシク出來タ騎兵第七十二聯隊、後一週間デ第一線ニ立ツノテ猛訓練自分モ覺悟ヲ決メテ居リマス	削除
三、二二 錦州	滿洲國錦縣ニテ 田中正子	岡山縣宮下部隊飛田隊氣付 山田湊	自分等ノ商賣ノ方モ昨日（二十日）ニテ打切ツタ遊佐部隊モ「白城子」ヘ移駐シタ今日モ小半隊出發シ明日ニテ全部出發シテ空ニナル然シ四月ニ入レハ秘密タカ錦州獨立守備隊カ駐屯スル筈ニテ（一ケ師團カ二ケ師團）將校集會ノ內交渉出來テ居ルカ本部カ來テ見ネハ確實ナラネ共云々	削除 (中查閱)
三、一一 錦州	錦州市奉山ホテル內（部隊將校宿舍）西山秀雄（大島部隊）	東京市淀橋區下落合二ノ七七五 大島千代	部隊ハ隊長以下約一二三名兵ハ主トシテ北陸健兒テス將校三八名 中略 聯隊幹部ヲ紹介致シマス「聯隊長騎兵大佐大島久忠」副官騎兵大尉豐田貴二」旗手騎少平井政雄一中長騎中室田一光」「二中長騎中李龍文」「三中長」小生」「四中長同升內正壽」mg中長騎中佐藤毅吉」「聯隊砲長歩大尉	沒收

//

			伊藤二郎」「自動車中長輜中尉「鈴木成」「主計中尉河野篠巳」「軍醫大尉本端正一」以上テス	
三五 佳木斯	佳木斯牛島部隊 亀川代吉	樺太名好郡恵須取町 児玉徳次郎	僕等ノ部隊ニハ航空部隊ニ屬スル飛行機工場、發動機工場、汽罐室旋盤工場同事務所ハ勿論營務室物品倉庫酒保等コレ等全部ヲ以テ手島部隊ト言ヒ周圍ハ皆鐵條網ヲ張ツテ居リマス云々	没收
三一九 古北口	古北口陸軍病院兵舍 吉田友之	大阪市北區壺屋町一ノ一一 茶木吉次	此ノ關當地ニモ初年兵カ五百名程入隊シテ日々入院患者ノ度ヲ増シテ居リマス中ニハ第二三乙種モ居ル事故身体ヲ悪クシテ入院スルノモ全ク無理カラヌコトテセウ	削除
三三一 古北口	河南省汲縣數樓前街 [illegible]憲一	熱河省承德綏子街 由良之助	各部隊長其他ノ將校ヨリ至急ニ料理屋開業ノ請求モアリ急ニ出發シタ樣ナ次第テス兵隊サンハ	・
		主人	約一ケ聯隊千五六百人テス	

別紙第二

流言ノ因トナル虞アル通信

前月　二三

本月　一八

88

發見月日 局所	發信者	受信者	通信ノ概要	處置
三、二五 奉天	上海秋恩路六二八號 中會信子	滿洲海拉爾吉秀部隊火上隊 吉村恒廣	此ノ間カラ迚モ變ナ噂カ日本人街方面ニ居ル支那人間ニ起ツタンテス其レハ夜ニナルト日本人服ヲ着用シタ人カ數名出テ來テ通行シテキル働キ盛リノ支那人ヲトラツクニ乘セテ何處カヘ連レテ行キ服ヲ着セ替ヘテ船テ臺灣ニ送リ奴隷ノ樣ニ使用シテ日本ノ爲働カセルソウタト云フ話カパツト廣カツタノテス	削除
三、二二 東安	東安西澤部隊本部 小松鐵造	愛知縣名古屋市西區西管原町三ノ一二 高津千江子	先日ハ蘇軍兵二十數名越境シ來リ暗夜ヲ利用地形偵察等行ヒタル後滿人ヲ速ヘ去リ我軍ノ狀況ヲ聽取シ「イザ」ト云フ時ノ準備ヲシテ居ル樣タ國境ナラハ此ノ樣ナコトカラ紛爭事件モ屢々アリ我等ノ持ツ一發何十圓モスル彈丸ヲ御見舞致スノモ近クノ	
三、二〇 圖們	圖們春風街春風[illegible] 青柳[illegible]	東安沼崎部隊野見隊 青柳正	樺太ノ國境テハ日本ノ警察隊ト蘇軍カ交戰シテ蘇軍ノ飛行機カ越境シ往々擴大スル模樣 蘇聯ト「フインランド」ノ講和成立後蘇聯ノ極東ニ於ケル動作ハ一層注目ノ要アリ關東軍ハ東部國境防備ニ全力ヲ擧ケテキルトカ大イニ氣ヲ引締メル樣コトト思ヒマス	削除
三、二〇 圖們	東安省虎頭早淵部隊本部 諸隈正[illegible]	佐賀縣杵島郡武雄町上西山 井手ツヨ	情報ニ依レハ蘇聯將校ノ滿領偵察頻々トアリマス故此レモ何カノ前徵テハナイカト思ヒマスソ聯ノ陣地モ大分完成シタ樣テスソレニ解氷ト共ニソ聯警備艇砲[illegible]拖艦等ニ依ル滿人拉致事件カ頻發シテキマス	
三、二六	海拉爾東三道街	秋田縣[illegible]	〇〇隊ハ歩兵隊ヨリハ少シ在營期間カ永イ樣テス此レモ噂ニ依	

14

89

			リマスト未タ「ノモンハン」ノ暗雲晴レヤラヌ為又々空氣カ緊張シテ來タ様テス	
三、一五 圖們	地藏政一	大阪西淀區海老江上二ノ一六八 高木美代子	二月二十九日約三百ノ匪賊ト交戰シテ戰死五負傷八重機分隊全滅ト云フ有様デシタ今日ハ白木ノ箱テ無言ノ凱旋テス最近其ノ殘匪ラシイ情報カシキリニ上リ何時出動カ知レマセン	削除
三、一六 圖們	鹿道警護隊 山部巡長	岡山縣小田郡小田町六一五八 山部岩藏	一度襲撃ヲ受ケタラ我々日本人ハ見ルニ見ラレヌ無慘ナ光景テス女等ハ皆裸体ニサレ兩足ヲ馬ニ付ケテ股ヲ引裂カレルノカ普通テス鐵道沿線ハ大シタコトハナイカ田舎テハ盛ニ襲撃サレテ居マス	
三、一四 佳木斯	三江省樺北縣公署 淵上松次		親英米派親獨派ト日本内地ノ偉イ人達カ盛ンニ論議シテヰルト聞キマスカ？ノモンハン事件テハ日本軍モ相當負ケタ様テス機械化部隊ニハ散々ヤラレタラシイテス張鼓峰ノ心算テ決死隊カ戰車ヲ待ツテヰレハ火焔砲テ焼キ殺サレ戰車ハ悉ク彼ノ術中ニ陥リ全滅シタトカ聯隊旗ハ三本モ行方不明トナル位ニ全滅シ流石ニ關東軍モ一カ八カノ大戰略ヲナシタ迄ハヨカツタカ參謀本部カラ停戰ト來タソレヲ聞キ入レナカツタタメ勅令ヲ以テ斷ク停戰シタトカ云々	
三、一三 吉林	吉林省永吉縣河灣子滿鐵訓練所 福田忠一	栃木縣河内郡巢井村大字石那田六本木 金田フミ子	河灣子附近ニ匪賊カ出テ鮮人百余名モ拉致サレ三ケ月間モ零下三十度ノ屋外ニ縛リ上ケラレテイタノテスカ不思議ニモ一人ハ匪賊ノ手ヲ逃レテ皈リマシタカ	

15

90

三、一八 吉林	
滿洲里 ニキチンホテル 戸井田耕	
福井縣遠敷郡小濱町一番地 戸井田盛藏	
國境モ血腥イ事件カポツポツト起テ居リマス毎年夏ノ年中行事ノ一ツトナツタ國境紛爭事件モ今年ハドウナリマスカ歐洲ノ情勢カラ見タラ大局的ナ立場ヨリハアルマイト思ツテ居リマスカ對峙シシテ居ル第一線ハ大局ト關係ナシニ感情ヲ昂奮シマス「ノモンハン」事件カ如何ニツマラヌ誤解カラ起ツタカヲ現地ニ來テ吾々カ社友カラ聞キマシタ新聞ハ嘘シカ書カヌ時代ニシテ僕カ此處カラ打ツ電報モ新京テキレイニ去勢サレテ居マス全ク闇ノ時代テス昭和暗黒時代ト歴史ノ本ニ書カネハナリマスマイ	其ノ形相ハ片手ヲ切斷サレ足ハ凍傷ニ罹リ何トモ言ヘナイ有様テシタ
沒收	

91

別紙第三

抗日通信

92

區分	件數 前月	件數 本月
抗日通信	一九〇	一四六
日本ノ敗戰暴逆等ノ逆宣傳	二一	三四
日本誹謗	一六	五三
宗敎利用ノ宣傳	〇	二四
其他抗日氣勢	九	九
合計	二三六	二六六

發見月日場所	發信者	受信者	通信ノ概要	處置
三一 哈爾賓	佛國パリ發行日刊新聞「タン」	哈爾賓滿鐵圖書館	要旨 本月二十二日日本ト汪精衛ノ秘密協定ハ完全ニ田中ノ腹案通リニシテ支那ハ事實經濟政治ノ凡テニ於テ日本軍閥ノ野望ニ侵害セラレアリ即チ日本ノ野望ハ不合理ニシテ實現不可能ナリ列國ハ支那ヲ援助シ日本ヲ膺懲スヘキテアル（英文）	沒收
三二 右同	上海發行英字日刊新聞ノースチヤイナーニユース	在哈 外一八名	要旨 中村（雅夫中將）部隊ハ南寧北西高地ニ於テ支那砲兵隊ノ猛攻擊ニ遭ヒ中村部隊長以下六百名戰死シタ支那軍ハ「チンツンクオ」中將カ總指揮ニ當ツタ之カ爲果敢ナル戰果ヲ收メタルモノナリ（英文）	

18

93

三、七 哈爾賓	上海 猶太民會	ハルビン 砲隊街猶太人民會長 カフマン	要旨 日本ノ情勢ハ經濟的ニ破綻ノ極ニ達シ國民ハ戰爭ノ爲疲勞シ戰爭ノ長期ニ亘ルノヲ嫌ヒアリ之ニ反シ日本軍ハ今尚抗戰ヲ主張シアリ之カ爲今後日、猶間ノ關係ヲ阻害センコトヲ恐レ當地猶太人ハ憂慮シアリ（露文）	其儘發送
三、七 右同	上海月刊雜誌 佛字リヤレウキュ ナショナル シヌアズ	哈爾賓龍江街外國人宣教師教會	要旨 支那ニ於ケル日本軍ノ損害ハ開戰以來一、四〇〇、〇〇〇名ニシテ一ケ月平均約五〇〇〇〇名ナリ日本内閣更迭毎ニ内閣陣容脆弱シアリ即チ近衛内閣一ケ年半平沼内閣八ケ月阿部内閣四ケ月ト云フ短命サテ戰爭ノ結果日本國家ノ最高機關タル内閣カ脆弱化シアルコトハ日本新聞デスラ之ヲ認	沒收
			メテキル（佛文）	
三、八 右同	上海英字週刊雜誌 チャイナウキクリレヴキュー	哈爾賓 私書函一三二	要旨 日本ノ作ツタ支那人形政府ハ樹立セルモ其ノ首班トシテ任命スル人物ニ對シ難題アリ人望アル支那人有力者ハ何レモ日本ノ下ニ馳セ参スル者ナシ之カ爲日本トシテハ不純分子ヲ採用スルノ余儀ナキニ至リ人形政府ノ存在ハ何等ノ意義ヲ爲サス（英文）、	沒收
三、一四 右同	上海發行週刊雜誌 チャイナウイクリレヴキュー	右同	要旨 日支戰爭ノ經過ニ付最近二週間ニ亘ル戰況報導ニ對シ日毎ニ矛盾多ク其眞相カ那邊ニアルカヲ局外者ニハ判斷ニ困惑セサルヲ得ス一例トシテ日本陸軍省ノ發表ニ依ルト南寧地域ニ於テ日軍部隊ハ支那側ニ○○○○○名ヲ徹底的ニ掃蕩セ	

19

				リト報導シ一方支那側ニ於テハ日本側ノ戰捷報告ハ日本國民カ出征ノ義務ト重税ノ爲苦シミ疲レ果テタル民衆ヲ慰撫スル手段ニ過キス其ノ眞相ハ支那軍ハ南寧郊外駐屯部隊ト激戰同部隊ヲ全滅セリト報シアリ右支那側ノ報導ニ對シ日本側ハ反駁シテ曰ク支那側カ戰捷セル如ク報シテ居ルモ多分夢テモ見テヰルノタラウト（英文）	
三、二三	右同	米國 プレザンツウヰリ市發行 月刊雑誌 リデルニチゼント	哈爾賓市英、米佛領事館	要旨 麻醉劑ハ日本ノ新手武器ナリト題シ日本軍隊ハ支那征服ニ際シ其ノ手段ヲ選ハス阿片、モルヒネ、ヘロエン等恐ルヘキ有害物ヲ武器ニ使用セリ日本ハ支那國民ノ抗戰カラ滅殺スル手段トシテカクノ如キ麻醉劑ヲ利用セルモノナリ日本軍部ノ最高首腦部ハ亞細亞大陸ノ或ル部分ヲ攻略スルニ先立チ其ノ都度麻醉劑ヲ買賣多數密輸入ヲ行ハシメアリ滿洲事變直前支那官憲ハ日滿人多數ノ不正業者ヲ逮捕シタカ日本人ハ日本側ノ裁判ニ附シ無罪釋放セリ日本ハ此ノ手ニ依リ朝鮮モ征服シタノテアル（英文）	沒收
三、二七	右同	米國 シカゴ市發行 週間英字雑誌 タイム	哈爾賓 米國領事外在哈外人十二名	要旨 日本ノ經濟狀態ハ混頓タルモノタ特ニ燃料ニ至ツテハ深刻ナリト題シ日本小學校ノ暖房燃料皆無ナリ各小學校ニ於テハ生徒ヲシテ薪木ヲ拾ヒ集メシメテヰル狀態ナリ其レカ爲生徒中ニハ疲勞シ遂ニ死亡スルノ悲惨事ヲ惹起シ一般民ノ喧噪甚タシ	沒收

20

95

			工業中心地大阪市ノ如キハ電力配給半減セラレ各工場ハ殆ト中止ノ状態ナリ（英文）	
三、二九 右同	上海發行週間英字雜誌 チヤイナウヰクリレヴヰユー	哈爾賓 私書函二三二 滿洲經濟レウヰユ社	要旨 吾人ノ畝汪精衛ト題シ 汪精衛ハ日本ト秘密協定ヲ結ンタ該協定ニ依リ支那ハ日本ノ植民地トナルノテアル汪精衛ハ日本ト抗戰ヲ續ケルコトヲ苦痛トシテ日本ヲ恐レタカラテアル斯ル協定ヲ愈々實現ノ曉ハ支那人ハ現在ノ臺灣、朝鮮人ノ如ク奴隷扱ハ必至ナリ（英文）	沒收
三、二九 右同	米國ボストン市日刊英字キリスト新聞 ターズチヤンエンエンスモンナル	哈爾賓斜紋街 エルヂヤコフ	要旨 日本軍ニ對シ支那游擊隊ノ軍事行動ニ關スル報導ハ數ケ月絕エシ處最近ノニユースニ依リ支那游擊隊ハ侵略者ノ日本軍ニ對シ活潑ナル抗戰繼續中ノ快報ヲ得タ（英文）	
三、二〇 右同	ラトビヤ國リガ市 日刊露字新聞 セゴヅニヤ	在哈外人 二九名	日本ハ支那ヲ克服シ難シト題シ 日本ハ一九三七年八月戰端火蓋ヲ切ツタ期間ハ早クテ三ケ月長クテ六ケ月位ト豪語シ且武力ヲ以テ中華民國ノ全支配者タランコトヲ確信シタノテアル然ルニ戰爭遊ヒハ案外長引キ終局ノ見透シカツカナイ戰爭ニ對スル最后ノ勝利ハ前途遼遠ナリ第一日本人ハ支那人ニ對スル認識不足ナリ日本ハ正規軍ヲ追擊戰果ヲ收メタリト見ルモ三〇〇、〇〇〇名ノ支那游擊隊カ至ル處ニ蠢動ヲ續ケテヰル日軍ハ前記游擊隊ノ全部掃蕩ハ不可能ナリ云々（露文）	

21

96

三、五 右同	ロンドン 週刊サツルデイヴニングポスト	ハルピン YMCA圖書館	1. 要旨 蘇聯ハ日本帝國主義東洋ヨリ驅逐セントシテ積極的体勢ヲ執リアルヲ以テ日本ハ極度ニ狼狽シアリ 2. 蘇聯ハ日本トノ戰端ニ備ヘルタメ滿洲國內ノ主要施設ノ調査ヲ完備シアリ若シ滿洲攻略開始ノ際ハ先ツ東部國境ヨリ進軍日軍心臟部ヲ貫キ日軍ヲ蒙古方面ニ退却セシムル計畫ナリ（英文）	沒收
三、三〇 山海關	大阪川口六十三番 乾生橋	山海關內 撫寧縣田各莊 陳錫爵	題號 獨立評論 卷號 第一八四號 出版社 北平後門慈位殿北月胡同二號 察哈爾ノ危機 此ノ度ノ察東事件ニ於テ何ノ必要アツテ蒙古保安隊問題ニ干渉スルノカ？日本側ニトツテ見レハ此ハ一貫セル滿蒙政策テアルコトハ疑ヲハサム余地カナイ所謂東部蒙古ハ既ニ滿洲國ノ版圖ニナツテシマツタシ西部蒙古ハ今丁度彼等ニトツテ垂涎措ク能ハサル存在ナノタ 中略 經濟上、軍事上カラ見テモ日本ハ決シテ察哈爾省ノ侵略ヲ放棄スルコトハ出來ス 中略 今僞國（滿洲國ヲ指ス）ノ李守信部隊カ沽原佔領後尙歩ヲ張北一帶ニノハシツツアル此ノ樣ニ底地レス侵略サレテ行ケハ察哈爾省全部カ彼等ニ併呑サレテ了フ日カ來ルノモ遠イコトテアルマイ	
			去年ノ夏ノ大水ノ爲衣食ナキ同胞ハ數ヘキレヌ程ー凍死、餓死	

22

98

別紙第四

軍紀並思想上要注意通信

99

區分	件數 前月	件數 本月
上司誹謗	〇〇	一
軍紀弛緩ヲ窺ハルモノ	三三	二二
反軍反戰ノ虞アルモノ	二	九
第一線勤務又ハ軍隊生活ヲ嫌忌スルモノ	九	一四
兵役忌避ノ虞アルモノ	一	三
戰爭ノ悲慘狀況ヲ報スルモノ	〇	一
滿期除隊ヲ報スルモノ	二四	三
思想上要注意通信	一六	九
其他	三	七
合計	八八	六九

發見月日場所	發信者	受信者	通信ノ概要	處置
三、一九 古北口	豐田部隊折田隊 蓼沼國吉	中支派遣軍岩松部隊鈴木部隊 大矢喜一	三年兵ニナツテハモウ匪賊相手ノ戰爭コツコハ一寸飽キルネ、今俺モ中隊ヨリ員數外ニサレ三年兵ノ神様トントンテ此邊テモ有名ナ山ノ中ノ分遣隊ニオツポリ出サレテ居ルヨ、守備隊ノ神様ハ内地部隊ノ神様ト違ヒ一寸幹部モ手餘シシテル加減タ暇サヘアレハ支那酒テモ飲ンテフラフラシテキルノカ關ノ山タ二年テ滿期ト思フタカトンタ話悪タスルトモウ一年置カサレルラシイ多々ペチヤンタ	削除
三、二九 古北口	豐田部隊井手隊 吉田正二郎	名古屋市臨時第二陸軍病院第三病棟四號室 南田[illegible]三	初年兵教育助手ヲシテ居ツタカ某下士官ト意見カ合ハス遂ニ口論シタ結果點數ヲ「ペチヤンコ」ニシテ居ツタ爲ニ三ツ星今年モ初年兵掛ヲ命セラレタカ中隊長	

85

100

日付・地名	發信者	受信者	通信内容	處置
			ニ云ツテ止メテシマイ今ハ呑氣ナ静様サ、約一ケ月前カラ歩兵砲ノ教育隊ヘ來テ一寸マア初年兵ト二年兵ノ教育ヲシテヰルカ一生懸命ニナルノハ酒ト女位タ「ビール」飲ンタリ「ビール」ヲ買ツタリシテ金ハカリ使ツテ家カラ送金々々サ家カラハオ目玉ヲ度々戴イテ居ルヨ、俺モ慰問ノ口テ良イ「チャンス」カニツ許リアルノタ慾シ此頃テハ大辯様ニナルト暇カ多クテ後四ツ五ツホシイ氣持タ	
三、六 東安	東安ニテ 黒田部隊本部 駒坂善次郎	宮城縣仙臺市表柴田町七三 大浦ミドリ	軍ノ行動等ハ一筆モ書ケマセンハカリテナク手紙ハ一々検閲サレマス ソシテ十二月十日頃迄ハ一日一人葉書一枚シカ出セマセンテシタ様ナ狀況テス 自分等モ軍隊ニ長ク居ル氣ハア	沒收
			リマセン近ク他ニ嚮向シマス地方ニサヘ行ケハ身體ハ自由ニナレマスシ給料モ多クナル様ナ仕事カ澤山アリマス 滿洲國官吏又ハ民間官吏テモ年ニ一、二囘ノ皈鄕モ敎サレル筈テス	
三、一六 東安	東安省鷄西菊田部隊香西隊 藤田守義	北海道十勝國河東郡音更村 櫻井功	夜ハ毎日學科カアリ其時ハ必ス十ヤ二十ノ「ピンタ」ヲ貰ヒオマケニ皈ル時ニハ御苦勞様ト言ハナケレハナリマセン 自分達ハ四日目ニ十三貫ヒ涙ヲ流シテ喜マシタ其様ナコトハ毎日テ顔カ變形シテ食事モスルコトカ出來マセン 軍隊ト言フ處ハ村ノ人カ言フ様ナ良イ處テハアリマセン 私カ入ル官舎ハ教育ノ主任ノ少佐カ奥サンヲ携行スルノテ自然消	沒收

26

三一八 東安	東安田中（和）部隊 富山勳	大阪市住吉區合町二一七 有光英都子	識トナリ其代リ六疊二間ノ小サナ官舍ヲ貰ヒマシタ命令カ出タ時ハ腹カ立ツテ腹カ立ツテ係ノ將校ニ喰ヒ付タノテスカ上官カ入ルノテハ泣寢入リテ一層ノ事軍隊廢業トモ思ヒマシタカ殘念テ殘念テ仕方カアリマセン	沒收
三二二 東安	西東安西澤部隊新隊 渡邊二等兵	札幌市北四條西六丁目 小川三四三九	御用船トハ名ハカリテ貨物船ニ入レラレテ塵席ト言ツテモ板ノ上ニ莚ヲ敷テ丁度押入ノ樣ニ上下ニ二分シタモノタ又飯ト來タラ豚ニ食ハス樣ナモノテ鹽辛ヒ汁スツパイ漬物全ク嫌ニナツタ人間ノ頭ヲ尻ニシテ居ルノハ皆下士官タ文句ヲ言ヘハ「今言ツタ奴前へ出ロ」ト云フ前へ出ルト「貴樣ハ下士官ヲ侮辱シテ居ル」ト何トカ言ツテ「ビンタ」	〃
			ヲハルコトハカリ考ヘ威張ツテ居ル	
三、八 延吉	間東省延吉希上部隊本部 宮本安三郎	天津東局路二二號 三國春夫	軍隊モ余ス所後三百六十日此萬年上等兵ハ何ヨリ晴レノ滿期カ待タレマス長期討伐モ何時終ルヤラ未タ見當モ付カス全ク嫌ニナリマス	發送
三一七 延吉	延吉陸軍官舍七五號京一 內藤樣方	埼玉縣足立郡損扇村 安藤柳太郎	來年ノ八月ハ滿期タ兄チヤン飛行隊ノ凱旋者ハ一寸職當リカ良クテネ・・・・何ト言ツテモ軍隊ハモウ嫌タ	〃
三三〇 海拉爾	海拉爾第一陸軍病院 村岡清	哈爾賓工廠街一七 石井玄太郎	今度ノ院長ハ敬禮ヲ確實ニ要求スルノテ皆平口シテヰル下士官ハ勿論將校迄廊下テ敬禮ノヤリナホシヲ命シ兵隊等ハ捕マツタラ最後三、四度位ヤラサレル此レタカラ全ク手ヲ燒イテシマウ明日ハ院長ノ診斷カアルカラ喰	削除

27

月日・發信地	發信者	受信者	通信內容	處置
			付カレヌ樣ニ少シ仕事ヲシヤウ	
三、[illegible] 海拉爾	海拉爾吉富部隊吉田隊 鈴木英雄	延吉石井部隊山本隊 鈴木年之	オ前ハ伍長勤務タカ俺ハカス上等兵テ相變ラスクスフツテヰル軍隊ハ最初カラ俺ノ性ニ合ハンカラ僕々的テヤツテヰル永イ間經理室テ事務ヲ執ツテ居タカ嫌ニナツタノテ止メサセテ貰ツタ又直ク大隊本部ノ使役サ	削除
三、一九 安東	中支派遣岡村部隊野部隊 [illegible]村正幸	安東市北四條通二丁目二 三村金五郎	僕ノ戰友モ半數ハ內地還送殘ッタ者ハ入院テ一年近クハ今日テハ僕ノ外六名ニナリ其ノ中僕等三名ハ前線ニ出サレ內一名ハ滿期ニナリ達者ナモノハ二人キリニナリ心細イ話タ前線ニ出ルト食料不足ト行軍ノツラサニ泣カサレル一思ヒニ當ツテ死ンタ方カ樂タラウト思フ事カ暫々アリマス	
			本當ニ現在ノ狀況テハ何時歸レ	
三、一〇 安東	北支派遣福澤部隊北川部隊 小池茂信	安東市市場通六丁目ノ四 南 正秋	ルコトヤラ解リマセン開戰以來滿三年モワボツ々々戰爭モ止メテモヨイ頃テス何時迄ヤツテモ限リナキモノテス銃後ノ國民ハ漸次刺戟カナクナルテセワ一人戰線ニ苦勞スルノカツマラナイ樣ナ氣カシマス	削除
三、六 琿春	佐美部隊舞隊 京塚重路	山梨縣南巨摩郡増穗村 芦澤梅松	惜イ三年兵モ三日打揃ツテ滿期シタヨ俺モ運カ惡クテ隨分毆ラレタ初年兵ノ頃ハ未タシモ二年兵ニナリ初年兵ノ前テ上靴ヲ喰ヘテ四足テ這ツテ步イタコトモアルテ一年位早ク入隊スルトソンナニ偉イモノカト思ツタ私ノ友達テモ初年兵ノ頃上靴テビンタヲ取ラレテ耳ノ鼓膜ヲ破ツタ者モヰル片輪ニナル程毆ラナクトモ良サソウナモノタ	沒收
			地方ノ氣分ハトウテスカ窮屈ナ	

28

103

三二四 安東	牡丹江 田部隊矢島隊 武田伍長	安東市驛前堀割通三 新谷秋義	軍隊生活ヨリノンヒリシタ生活ハ又格別テセウ何ト云ツテモ婆婆ノ風ノ方カ人間生活ラシイネモットウヤラ軍隊生活モ飽キテ來マシタ	削除
三二七 奉天	奉天 森木部隊小林隊 鈴木富士郎	北支派遣軍入見部隊氣付加藤美部隊澤田隊 鈴木正三	非公式ニハチヨイチヨイ寢テヰマス此ノ頃ハ起床カ七時タカラ點呼ヲ濟マシテ又一睡リト云フ具合テス奉天ニ居テモ何ンニモ面白イコトハナイテスカ兵隊ハツクゾク嫌ニナリマシタ上等兵ニナツタラ早ク家ニ歸リタイノテス	
三二一 營口	天津河北東西里 錦俊仲	營口市大和區彌生街 若林富三郎	入院スレハ兵隊モ部屋附ノ看護婦サンノオ相手テスコレノ方カ良イカモ知レマセンネ田[illegible]トハ違ヒ二、三日置ニ色々[illegible]演藝カ有ツテ實ニ面白イ	

別紙第五

其他

（前月一一二
本月一八三）

105

發信月日場所	三二九 東安		三三 東安	三一一 東安	三一 東安
發信者	近洲線札蘭屯 宮澤喜久雄（警察官）		久留米明治通八丁目 樋蕗友江	東安驛 靜內買店 外村道人	濱北線李家鷗 氣付 青年義勇軍訓
受信者	東安省密山縣局 家崗警察隊 小島有幸		東安省東安驛前 東安ホテル 中原文子	熊本縣玉名郡高瀬町 竹下能記方 外村ウイ	東安省東安街 滿洲糧穀株式會社
通信ノ概要	旗ノ方テ本年度博克圖警察署ヲ市内ニ移轉スル計畫ヲシテ居タソウテスカ之ニ要スル費用モ幾萬圓カヲ要スルテセウカ市民側カラハ全然寄附等シナイトノ意向テス 某氏達ノ謂ク前ノ署長ナラ吾々カ直先ニナツテ無理ニモ寄附サセルノタカ今ノ狀態テハ一文タツテスルモノカ寧ロ警察署等ハ山ノ奥ニ置イタ方カ如何程市民カ喜フカ知レナイト單ナル寄附ノ問題テサヘ斯クノ通リ況ンヤロニ出シテ言フ事ノ出來ナイ市民ノ反感ト言フモノハ察スルニ余リアリト言ヒ度イ 幹部ハ此ノ事情ヲ知ツテカ知ラスカ〇〇局ノ遞中ニ依リ締メラレテ居ルカラ知ツテ知ラサル風	ヲスルノテハァイカトモ思フ又知ツテ居テモ如何トモ出來ナイカ現在ノ骨絲幹部ノ狀態テス	今度三男サンカ召集サレマシタ輜重兵特務兵ト云フ立派ナ馬車引サンテス三男サンモ俺ヲ馬ノ奴郎カ蹴ツタナラ「トデツ」腹ニ風穴ヲアケテ鼻面ニ咬付テ「チンギリ」廻シテ呉レル等言ツテ居リマスカ矢張リ駄目テス	今般ノ辨當ハ一度ニ何百個テナク二千モ三千個モアリマシタ二萬ノ予想テシタカ只今迄一萬五千個位終リマシタカラ後ハ少シ位タト思ヒマス	未タ義勇軍ノ方針決定セス施設ノ不完全加之幹部ノ義勇軍ノ身分保證確定セス不安ノ生活モ多々
處置	發送		沒收	沒收	發送 注意中

31

	鎌田幹男	山下實男	アリ訓練生ノ氣分モ漸ク惡傾向ヲ帶ヒ前途ハ暗雲ノ樣テス植民ハ戰爭ノ延長トカ私モ一軍人トシテ三年間モ勤メテ來マシタカ最近ハ嫌ニナツテシマヒマシタ	
三、二五 東安	寶清縣龍頭青年義勇軍 宣保盛禮	佐世保局氣付第三聯合航空隊警備隊 宣保盛忠	兄サン良ク渡滿サレナカツタ本當ニ兄サンハ幸福者デス現ニ義勇軍カ將來性ナク我等ノ前途タルヤ暗黒テス第一集團ノ干振鄕、第四試驗民ノ品之村等借金ノ爲首カ廻ラス苦シンテ居ル樣テスカラ	削除
三、二七 大連	大連市 李恒慈	山東省濟南府西南鄕王瓜店蔣莊後街 孟昭鈞	刻下ノ時局ハ汪精衞カ和平建國ノ旗ヲ揭ケ來ル三月三十日ニ正式政府ヲ設立華北五色旗モ同時ニ消滅スル所謂還都後ハ中央國民銀行ヨリ紙幣ヲ發行シ準備銀行券ト入替ルタロウ然レトモ汪精衞ノ和平ハ何等意義ナシ彼ノ對日和平ハ外國之ヲ認メアラス蔣介石委員長カ失地ヲ奪回シテ後ニ於テ始メテ和平カ現出サレ待ルノテアル汪和平ノ成行ハ日本ニ投降スルコトニナル絕對ニ容認不可ナリ賣國的行爲ヲ敢テシタ汪精衞ヲ打倒スヘキテアル吾等中華民國人多數ノ軍民ヲ死ナシ又困難困苦ニ迫ラレ如何ニシテ日本トノ平和カ講セラレ樣ヤ	發信ノ上爾後ノ通信ニ注意スルト共ニ所在內偵中
三、一九 營口	營口市大和區入船街三丁目 山崎嘉市（海上警察隊員）	青島市大平路西五新民會青島都市指導部 花房武藏	海南島ニテ活躍セントスルモノハ多ク有リ諸彼ト論セス口外セハ漏洩ノ虞アリ此ノ點十分注意ヲ要スル事先便ノ通リニ有之候	發送 動靜內偵中

差出地・月日	發信人	受信人	通信內容	處置	備考
			故ニ一時ニ十五名モ退職スル事ハ不可能ト存セラレ候極秘裡ニ一人二人ト退職シ理由ヲ家事都合トシ辭職スルヲ穩當カト存セラレ候ーー中略ーー只疑關トシテ殘ルモノハ退職ノ理由及許可アルヤ否ヤノ問題ニシテ此點皆心配致居リ候然萬雖ヲ排シテ進ミ度覺悟ナレハ其點安心被下度候		豫備役海軍大尉ニシテ三、一五事件ニ關係者
琿春 三、一三	海拉爾陸軍病院 [illegible]○8	佗美部試首藤家 三島良吉	海拉爾方面孫ニ官公署ニハ未タ事變戰死者ノ舊遺骨カ隨分澤山安配シテアリマス戰死傷合セテ一萬八千ト發表サレマシタカ事實ハ仲々ソンナ事テハアリマセン一時ニ遊送セシメハ防諜上ノ將モアリ夜間秘ニ或ハ交代スル部隊ノ手ニ依ツテ人ノ目ニモ觸レスニ亂旋テス家爲テハセメテ骨テモト待チ焦レテヰル老父母カアリマセウニーーーー戰爭ハ仲々悲慘テスネ國ニ命ヲ捧ケ乍ラ死刑囚ノ骸ノ樣ニ人目ヲ避ケネハナラヌノテス	沒收	
綏芬河 三、一八	牡丹江省綏陽縣紫陽青年義勇隊訓練所 泉保正義	香川縣香川郡相續村大字鶴尾 田村よし子	我カ紫陽青年鐵道自警村訓練所長赤羽先生及ヒ事務指導員有野先生等ハ言フ[illegible]ト行フ事カ一致セス又非常ニ訓練生ヲ率イテ我等生活上非常ニ困ルノテ訓練生三百五十名ハ三月十日ノ夜半連判狀ヲ作リ三月十一日午前所長先生ノ前ニ訓練所ヨリ身ヲ遇イテ下サイト言ツタノテス又其ノ前ニ一寸言ツテ置キマスカ我等義勇軍ノ指導員ハ内原訓練所ヨリ三ケ年ノ義勇軍ノ間ヲ終リ開拓團トナツテモ一生ノ間生死ヲ共ニスルト言フ事ニ成ツテ井ルノテスタノニ三ケ年カ終レハ内地	沒收	

			ヘ旗ヲ立テテ「ラッパ」ヲ吹イテ歸ルト言フテ事ヲ言ッタノテス此様ナコトテ此ノ間遁カ出テ來タノデス三月十一日ニハ赤場所長ハ身ヲ退クト言ッテ置イテ三月十三日ニハ所長ハ近クノ河東ノ日本軍洞河ノ日本軍、柴陽ノ警護隊峙ニオ願ヒシテ訓練所ニ軍ヲ出張ササセテ重要人物ヲ引具シテ柴陽ニ行キ未タ歸ラス我等ハ憲兵、縣公署、滿鐵、塚田部隊ニオ願ヒシテ所長引退ヲサセ様ト今ハ大問題ト成ッテ居テ外出ハ禁止サレテキルノテス	
奉天 三、六	上海特別市警務局顧問室 加藤正三	安東市六道溝中央通四ノ七 鈴木照治	○我等ハ又他ニ轉職ノ已ムナキ實情ニ立至リタリ其理由ハ新政權ノ出現ニ依リ元來日系官吏ノ新政府内政ニ關與スル事ヲ喜ハサリシ汪兆銘ノ主張カ通リタルモノニシテ從來ヨリノ顧問指導官制度特務機關制度ハ全廢サレ又各種國策會社モ新政權ニ返却スルノ運ヒニナルモノノ如ク既ニ轉職セントスルモノハ潔ヨク辭表ヲ提出就職運動スヘシトノ上部ヨリノ通牒モアリ在支該當者ハ目下相當[illegible]ロンヲ捲キ起シアリ ○秩父宮殿下モ汪兆銘ハ國賊ナリト漏サレアル旨間接ニ承リタリ ○此ノ事實ハ日本ノ弱腰ヲ如實ニ物語リアリ	沒收
錦州 三、二四	天津日本租界松島街十番地扶桑工業會社天津出張所 石橋正	錦州市大正街二三ノ三ノ二 槐尾登久一	(前略)何トナラハ小生ニハ兵役ノ關係有之候條滿洲國ニ居住致ス場合ニハ必ス召集サルルハ確實ニ御座候就而ハ先日天津ニ軍籍全部ヲ轉籍致置候間當分召集ノ	調査中

109

			憂無之候云々	
三、二八 奉天	中支安徽省鳳陽縣臨淮關 寺岡芳?	東安省林口[?]南山營二十一號室 中原幸夫	汪精衛ノ新中央政府ニ迎合スル為南京中山路ノ日人商店ニ十日間ノ期限付テ立退ヲ命スルトカ其他凡有方面ニ機會均等要求シテ居ル様ナ事ニ相當居留民ニ不安ヲ覺ヘサセ皆現在日本ノ外交ノ弱腰ヲ罵シテ居マス	削除
三、一二 牡丹江	牡丹江 營林局長	哈爾濱 營林局 利用科長	樺井營林署管内旗河事業所本部昨夜十一日金日成ノ率ル匪團約二〇〇名ノ襲撃ヲ受ケ日系所員一名日滿職員一名殺死其他負傷者多數尚木材搬出用「トラツク」全部燒失ス本期當及縣ト打合セノ結果自動車六臺ニテ直テニ[?]セシムルコトトセリ	其儘發送
三、一九 牡丹江	[?]宮門電氣區 加藤一郎	哈爾濱道外承德街六〇 加藤リル	山テハ[?]ノ留守中ニ大[?]ナ騒動カ有ツタソウダ守備隊ノ兵隊カ電氣區ヤ工務區ノ事務所ヤ宿舍ニ向ツテ二十名許リ發砲シ事務室ヤ宿舍ニ闖入シ暴行ヲ働イタ相ナコウシタ所ニ居ル兵隊ハ暴行許テ仕末カ惡イ馬鹿ナ兵隊ニハカカハラナイ暴カ一番タ ハハハハ ------	沒收
三、二五 滿州里	滿州里 玉屋旅館 菊地清司	北海道旧信市穴前町二〇 五十嵐[?]意	仕事ト言フノハ獨乙ヘノ輸送ハ海上不能ノ爲大豆大豆油ヲ國際鐵道ニヨツテ歐亞連絡貨車輸送トナリ之カ滿州里ト「ソビエト」トロシヤ」ノ接續點カ當地滿州里ノ爲貨物ノ連絡狀況「モロトフ」鐵道（「ソ」聯側ノ鐵道）ノ貨車配給能力等觀察見學ニ單身派込ンタ譯テス ------	押收
			妖雲去來シ東亞ノ空時代錯誤ノ思想ニ安協シ皇道ヲ觀念論ナリ	

35

月日・局	發信人	受信人	通信内容	處置
			トシ葬リ去ラントスル奴輩アリ打ツテ紛ニセネハナラヌ昭和維新ノ翼賛ト東亞ノ動向ハ重大ナル闘保アリ最惡ノ場合ヲ予想シ締賛ヲ練ルヘキ重大ナル秋ナリ印度獨立運動モ實踐ノ時代ニ入リ一入ノ同志出發セリ	其儘發送
三、二四 承德	吉林市通天區 吉林倶樂部内 清水二郎	(1) 京城府漢江通リ三ノ三七 鈴木清三郎 (2) 東京市芝區三田四國町三番地 山崎徹太	小生ハ日本ニモ滿洲ニモ政治カナイト思ツテイマス有ルノハ待合政治？ト言フ自由主義社會ノミニ通スル政治カアルノミテス時態ハ急速ニ進展スルシ民心ハ不安此ノ上ナシ…中略…何レニシテモ昭和維新ノ斷行ヲ期待スルト共ニ我カ同志等ハ行動ニ移リツツアリ（同文二通）	沒收后動向内査中
三、二三 吉林	吉林警察廳大和町派出所 太田晃	茨城縣西茨城郡北山内村 太田進	百余圓足ラスノ俸給ハ苦シイ我々ハ良イカ宣傳ニ乘ツテ來ル義勇隊二十才前後ノ者テスカ實ニ可愛想テス自分ノ身内ノ者ハアンナコトハサセタクアリマセン過日ハ三家子ト言フ所テ義勇隊員カ暴行ヲ起シタノテ取締リニ行キマシタカ彼等ノ話ヲ聞ケハ同情ニ堪ヘマセン又笠間ノ農學校ニ於テ拓士花嫁ノ講習ラスルコトモ新開テ見マスカ宣傳カ巧妙ナノテス又小學校ヲ卒ヘタ許リノ者カ義勇隊等トモテハヤサレ其ノ氣ニナツテ渡滿シ内地ニモ居ヘラレス自然不良化シテ了フノテス	沒收后警察廳連絡注意中
三、二七 吉林	敦化縣大石頭義勇隊訓練所 日高平	吉林市外人造石油株式會社鑛工實務訓練所 前田伊勢光	我々ノ滿軍事件ハ面白カツタ三小隊ノ奴カ公用ニテ茶器ヲ買ヒニ行ツタ時滿軍カラ苦力トカ何トカ言ハレタノニ端ヲ發シ滿軍隊ト義勇軍ノ大爭ヒトナリ川原少將カ斷然許サス堂々掛合ツタ結	一部抹消ノ上同地機關ニ連絡注意中

111

果満軍ノ師團長ヤ聯隊長等カ謝
罪ニ來ルシ大變愉快タツタ云々

참고역문

개요

군사 및 보통우편 속의 유해통신을 방지하는 것을 중점으로 하되 특히 通蘇혐의자, 모략사건의 상관인원 및 군인과 군무원이 군대개편과 방어주둔지교체 그리고 입대제대시 군사기밀을 누설하는 것을 미리 막아야 한다. 또 시국의 발전에 따라 비법행위를 감행하려는 시도가 있는 혐의자들의 통신을 방지하고 방첩대책자료를 수집하는데 진력해야 한다.

一. 이달의 우편물과 전보의 검열상황은 다음과 같음.

유 형	기간별	취급건수	처리건수	백분비
우편물	지난 달	385,535	661	0.17%
	이번 달	457,269	682	0.14%
전보	지난 달	762,090	705	0.09%
	이번 달	893,664	847	0.09%

二. 전보검열을 통해 발견한 의심스러운 통신을 절록한 것이 840건(그중 외국관보 409건), 처리한 것이 7건임.

三. 우편물의 검열성과에 관한 개황은 다음과 같음. 그 주요내용은 별지제1부터 별지제5까지 참조바람.

유 형	건 수	
	지난 달	이번 달
방첩 상 요주의 통신	226	164
유언비어의 혐의가 있는 통신	23	18
항일통신	236	146
방첩 상 혐의가 있어 정찰 중에 있는 자의 통신	14	62
군기 및 사상 상 요주의 통신	87	69
불법행위의 시도가 있어 조사 중인 통신	13	10
국내의 치안불량을 언급한 통신	13	17
국책방해혐의가 있는 통신	6	11
만주군의 징병기피를 묘사한 통신	7	2
중국의 치안상황을 묘사한 통신	2	5
불경내용	1	10
정부의 시책을 비난한 통신	5	8
기타 통신	28	40
합 계	661	562

四. 소견

1. 총적으로 유해통신이 다소 감소되었음. 특히 군사방첩에 관한 통신이 달마다 감소하고 있음.

2. 항일통신을 발견하지 못함. 하지만 항(배)일 간행물이 의연히 대량 유입되고 있으며 이번 기간에 몰수한 것만 146건 증가하였음.

3. 군인 및 군무원의 유해통신이 점차 감소하고 있음. 특히 본 기간 동안 대련, 승덕, 흑하, 산해관에서 유해통신이 거의 발견되지 않았음. 이는 방첩관념이 앙양된 결과로 보여 지며 기꺼운 현상임. 하지만 신설부대와 개편移駐부대 소재지의 유해통신이 의연히 증가추세를 보이고 있음. 뿐더러 대부분은 변명 후 지방우편을 통해 발송 수신한 것임. 따라서 검열 실시 및 부대의 교육지도 상 주의를 강화해야 함.

4. 일반인의 통신에서 특히 개척단이거나 청년의용군단원 등의 간부와 단원 사이의 갈등을 기록한 내용 혹은 비관정서를 표출한 통신에 주의해야 함. 예:

- 의용군의 방침미정과 시설의 불완전 그리고 의용군간부의 신분이 보장확정이 안 됨에 따른 몹시 불안한 생활.

• 현재 의용군의 장래성이 없기에 우리의 전도가 어둡다.

이상은 국책집행 상 우려되는 자주 보이는 통신임.

이밖에 대량의 통신에서 물자구입 시 군대 내 관계인원이 일반인에 대한 부정행위가 보임. 해당 기관에서는 이러한 통신에 근거하여 부대 내에서 조사를 진행하여 진상규명에 진력할 것.

별지제1

방첩 상 요주의 통신

유 형	건 수	
	지난 달	이번 달
군사시설 및 장비편성 등 정보를 적은 통신	49	48
군사작전과 주둔지교체 등 정보를 적은 통신	40	28
고유부대명칭을 언급한 통신	41	15
만주군(경)에 연관되는 요주의 통신	4	7
기타 방첩 상 요주의 통신	80	62
日蘇 개전을 억측한 통신	12	4
합 계	226	164

발견 시간 및 지점: 3월 5일 南綏中(산해관)

발신자: 대련시 외 周水子 向井경비대 李秀山

수신자: 산해관 철도南蕭頭 李秀山

통신개요: 제가 소속된 경비대의 150명이 남경을 향해 출발하고 현재 20여 명만 남았습니다. 저에게 편지를 쓸 때에는 불필요한 말은 쓰지 마세요. 편지가 저의 손에 들어오기 전에 이미 부대에서 통신검열을 하거든요……

처리: 몰수

발견 시간 및 지점: 3월 23일 신경

발신자: 훈춘 佗美부대 東대 石橋常三郎

수신자: 북지파견 多田부대 溫井부대 梅本대 石橋精一

통신개요: 훈춘의 부대도 순차적으로 14사단에 상황을 보고합니다. 여단장이 바뀌었어요. 지금은 鷹森소장입니다. 대대장도 바뀌었어요.

처리: 삭제

발견 시간 및 지점: 3월 7일 훈춘

발신자: 훈춘 福昌公司 小林正雄

수신자: 靜岡현 田方군 南村日守 杉山國雄

통신개요: 올해 현지의 공사는 작년과 마찬가지입니다. 변전소(100만원) 및 군사시설 두 개 사항입입니다.

처리: 삭제

발견 시간 및 지점: 3월 10일 훈춘

발신자: 훈춘탄광회사 田中操三

수신자: 長野현 北 佐久군 輕井澤町 半田彦七

통신개요: 내지와 달리 만주에서는 한 개 연대도 한곳에 배치되는 것이 없습니다. 전부 분산배치하고 있어요. 국경선 이곳저곳이 산등성이에 병영과 비행장을 건설했고 그 경비를 책임지고 있어요. 장고봉으로부터 동녕에 이르는 국경선 지하에는 마지노선에 짝지지 않는 요새를 수축했습니다.

처리: 삭제

발견 시간 및 지점: 3월 18일 훈춘

발신자: 土門子 井平대 田中隆三

수신자: 山梨현 西八代군 丈塚촌 鹽島喜前

통신개요: 최근 동녕에 이르는 아주 완벽한 도로(군용)가 완공되었습니다. 올 해 내로 철도부설도 완공할 예정입니다. 듣자하니 요새의 지하도가 동녕부터 쭉 이어져나갔다고 합니다.

처리: 삭제

발견 시간 및 지점: 3월 11일 훈춘

발신자: 東興鎭에서 三島常造

수신자: 신경 八島通8-26호 竹畑稔一

통신개요: 목단강-도문 사이의 복선공사가 막바지단계에 들어갔어요. 興寧線도 올해 전부 관통되어 현지를 잇는 훈춘, 동흥진, 동녕 그리고 밀산의 철도도 올해 안으로 완공될 것입니다. 작년에 강행했던 철도부설도 워낙은 완성할 수 있었던 것이지만 자재부족으로 제 기한에 완공되지 못했대요. 군대의 작전 주력이 東北滿에 집결하고 있고 철도를 다 부설한 후에야 본격적으로 집결을 시작할 것입니다.

처리: 삭제

발견 시간 및 지점: 3월 2일 훈춘

발신자: 훈춘 西門 外 新和농장 內 川村倉子

수신자: 東京시 板橋구 志村 速根町 遠藤儀一

통신개요: 현지부대도 아마 만기제대하는 것 같아요. 거리에는 온통 병사들뿐입니다. 듣자하니 2000여 명이 제대하고 약 4000명이 새로 입대해서 온대요. 지금의 여단은 사단으로 될 것 같아요.

처리: 삭제

발견 시간 및 지점: 3월 30일 도문

발신자: 東京城 木村부대 藤原

수신자: 島根현 松江시 天神町 一六 藤原政子

통신개요: 兵團長각하(중장)의 수시검열이 어제 28일에 끝났습니다. 병영 맞은 쪽 비행장에서 전투기가 웅웅 소리 내며 연습 중입니다. 우리 이곳에는 두 개 비행대가 있는데 전부 전투기편대에요. 이곳 녕안과 목단강에서는 동부항공병단을 편성하였어요.

처리: 삭제

발견 시간 및 지점: 3월 4일 도문

발신자: 동안성 虎林 土肥原부대 경리부 호림파출소 太田卯一

수신자: 新潟현 刈羽군 中通촌 大字赤田 石黑祐二

통신개요: 편성상황을 보면 제5군이 동북만 일대 목단강의 동북 방향에 있어요. 목단강의 서남 방향에는 제2군, 흑하 가목사 일대는 제4군입니다. 그리고 만주 전역에 항공병단 및 항공집단이 독립적 태세로 설치되어 있어요. 관동군사

령부와 일본영사관이 참모자격과 군통수권을 가진 조직기구로 책임지고 있습니다. 2월 1일 저는 명령을 받고 제5군 土肥原부대 경리부에서 근무하게 되었어요. 지난 12월까지 현지의 수비대 이외 각 주둔부대의 한 개 사단 병력이 밤도와 국경선을 향해 진격하여 국경수비군사력을 가강하였습니다.

처리: 몰수

발견 시간 및 지점: 3월 4일 훈춘

발신자: 琿煤 稻田進

수신자: 福岡현 田川군 深田정 中之寺 中村鹿之助

통신개요: 훈춘에도 한 개 혼성여단이 주둔하고 있습니다. 약 5000명 병사에 보병, 기병, 포병, 공병 각 병종이 있습니다.

처리: 삭제

발견 시간 및 지점: 3월 3일 도문

발신자: 동안성 밀산 瓦田부대 佐藤대 石川照好

수신자: 香川현 大川군 志度정 東末 秋友松吉

통신개요: 우리 부대는 작년 9월 노몬한사변 시 출동하였다가 정전협정이 체결 된 이후 錦州로 철수하였습니다. 12월에는 동부국경의 요새인 밀산으로 전이하여 이곳에 왔습니다. 예전에는 독립수비대로 봉천에 주둔하고 있었죠. 제6대대를 중심으로 국경수비대 제7연대로 편성된 후 이곳에 온 것입니다. 우리 부대는 완전히 전시에 편성된 부대로 1200여명의 신병이 입대해 왔습니다.

처리: 삭제

발견 시간 및 지점: 2월 9일 도문

발신자: 濱綏線 綏西역 竹田부대 竹田興次

수신자: 山形현 山形시 小姓정 八一 日下部晉

통신개요: 이곳은 제8사단의 경비지역으로 8사단 각 병종의 수많은 병사들이 주둔하고 있어요. 제가 보기론 山形제33연대도 이곳에 주둔하고 있어요.

처리: 삭제

발견 시간 및 지점: 3월 1일 도문
발신자: 도문 布上부대 관사 大場亞子
수신자: 熊本현 球磨군 山江촌 山田 倉本初
통신개요: 저희 남편이 참가한 토벌이 언제 끝날지 모르겠어요. 말로는 5,6월까지 계속된다고 하더군요. 듣자니 2월 20일부터 최후의 대토벌을 발동한대요. 목단강 방면으로 남하하고 돈화 방면으로 동진하여 협공으로 그들을 일거에 소멸한대요.
처리: 삭제

발견 시간 및 지점: 3월 15일 흑하
발신자: 흑하시 정부대용관사 富澤春子
수신자: 山梨현 巨摩군 穗足촌 藤田 里吉昌藏
통신개요: 육군의 3월 정기이동이 생각 밖으로 소범위 내에서 진행되었어요. 단지 현역장교 3명이 전이하고 나머지 장기 소집한 인원은 전부 소집을 해제했어요. 평화의 도래와 함께 더 이상 국경 방면의 경비가 필요 없게 되었대요. 坂田부대에도 소수의 현역만 남았어요.
처리: 삭제

발견 시간 및 지점: 3월 4일 동안
발신자: 동안가 千代菊 내 鶴千代
수신자: 岡山현 倉敷시 市川西정 岩井千鶴
통신개요: 이곳에는 담장 하나만 넘으면 소련 영토입니다. 그래서 약 두 개사단의 병력을 주둔시켰어요. 대좌, 중좌 등 수 많은 장교를 볼 수가 있습니다.
처리: 삭제

발견 시간 및 지점: 3월 9일 동안
발신자: 동안가 斐德 甲斐부대 加賀啓巳
수신자: 하얼빈시 鐵工街13호 加賀靜
통신개요: 斐德에 또 4개 기계화 부대를 신설하였어요. 제가 놀란 것은 병영에 아직 전기가 없다는 것이에요. 모든 것이 완비되지 못했어요.
처리: 삭제

발견 시간 및 지점: 3월 13일 동안
발신자: 동안가 藤村春 轉 新山呂
수신자: 札幌시 南 二條西一〇丁目 山形久子
통신개요: 동안에 札幌의 25연대와 旭川의 26연대가 주둔하고 있습니다. 형님이 소속된 27연대의 상황은 잘 모르겠어요. 만약 알고계시면 저한테 알려주세요.
처리: 삭제

발견 시간 및 지점: 3월 26일 동안
발신자: 동안성 경무소 秋葉實
수신자: 東京시 杉並구 西萩窪1080 田中饒
통신개요: 斐德 역 북면의 판자병영 내에는 우리 자랑찬 기계화 부대가 주둔하고 있어요. 모두 3개 연대에 약 4000명 병사가 있죠. 멀지않아 한 개 야포연대가 올 것입니다. 지금의 3개 연대는 6월 즘에 진격하기 위해 비밀리에 준비 중입니다.
처리: 몰수

발견 시간 및 지점: 3월 15일 흑하
발신자: 치치할 平山부대 松家대 宮本心一
수신자: 栃木현 那須군 黑田정 屋代隆三 轉 阿部久作
통신개요: 成田曹長께서 20일 당일 독립산포제2연대에서 근무하라는 명령을 받고 출발하였습니다. 그곳은 심심산속에 있어 동녕에서 차를 타고 한 시간 가량 달려 도착한다고 합니다.
처리: 몰수

발견 시간 및 지점: 3월 23일 치치할
발신자: 藤崎부대 宮澤대 籠合八郎
수신자: 玉현 所澤町 本町621 御口武雄
통신개요: 선견부대로 公主嶺에 가서 중대의 폭격훈련 연습에 참가하게 되었어요. 대장 佐野대위는 조종사로 竹內준위는 부조종사로 伊藤준위는 무전을 別府군조는 무전보조로 제1100호 비행기에 탑승했어요. 竹內준위는 지상시운

행이 양호하여 13시 25분에 이륙하였지만 제1차 선회 이후 갑자기 엔진에서 검은 연기가 피어오르고 세 번째 선회 후에는 모든 것이 말을 듣지 않았고 프로펠러가 정지상태에 이르렀어요. 방향타를 처음 조종하고 네 번째 선회를 하려고 할 때 비행기가 속도를 잃고 회전낙하를 하다가 지면에 수직으로 추락했어요. 비록 상세한 비행기 추락의 원인은 잘 모르지만 듣자니 조종실수 때문이라고 하더군요. 고도 70미터에 속도 150킬로, 이런 상황에서 선회를 강행한 것이 이번 추락사고의 원인인 것이죠. 프로펠러가 1/4이나 내려앉았다고 하더군요.

처리: 몰수

발견 시간 및 지점: 3월 4일 연길

발신자: 간도성 연길육군특무기관 戶泉 轉 進藤晃

수신자: 張家口시 圈三道巷3호 加藤武雄

통신개요: 밤만 되면 국경선부근에 가거나 비밀월경하여 소베트정책을 비방하는 전단지를 풍선에 매달아 살포합니다. 비록 위험하긴 하지만 아주 재미있는 일입니다.

처리: 몰수

발견 시간 및 지점: 3월 12일 동녕

발신자: 石門子 藤田組 小山國友

수신자: 신경 吉野정 一丁目 5-4 安武 내 佐吉寅治

통신개요: 공사가 많아졌습니다. 구체적으로 다음과 같습니다.

- 병영 823평방미터, 2개 동과 기타 부속건축 및 복도, 병영은 길이 61.00미터, 너비 13.00미터
- 병영 729평방미터, 1개 동은 길이 54.00미터, 너비 13.50미터 및 기타 부속건축
- 병영 3개 동 증설. 길이 6.00미터, 너비 13.50미터
- 중대 창고 이전 3동, 길이 16.00, 너비 5.50미터
- 중대 창고 이전 3동, 길이 14.00미터, 너비 5.50미터
- 砲廠 이전 1동, 길이 30.00미터, 너비 5.70미터
- 콘크리트창고 1동, 길이 30.00미터, 너비 5.70미터

• 군대현장사무소, 1동, 길이 15.00미터, 너비 6.00미터; 1동 길이 13.00미터, 너비 6.00미터

처리: 몰수

발견 시간 및 지점: 3월 21일 금주
발신자: 금주 大島부대 昇內대 工藤理一
수신자: 秋田현 北秋田군 米內澤정 工藤米若
통신개요: 3월 25일 우리는 금주에서 출발하여 중지나 "開封"이라는 제일선으로 갑니다. 우리 부대는 금방 편성된 기병제72연대입니다. 일주일 후 우리는 제일선에 서있게 됩니다. 그래서 전 지금부터 잘 훈련하기로 결심했습니다.
처리: 삭제

발견 시간 및 지점: 3월 22일 금주
발신자: 만주국 금현 田中正子
수신자: 岡山현 宮下부대 飛田대 轉 山田湊
통신개요: 우리는 어제(20일) 영업을 중단했어요. 遊佐부대도 白城子로 이전했어요. 오늘도 절반만 출발하고 내일에는 한사람도 안 남고 전부 출발하게 됩니다. 하지만 蒙疆독립수비대(한개 사단 혹은 두 개 사단)는 4월에 비밀리에 주둔하게 됩니다. 이에 관해서는 장교와 취사원이 내부적으로 합의를 보았어요. 하지만 이 일은 본부에서 사람이 내려와야 최종 확정을 지을 수 있어요. 운운.
처리: 삭제 (조사 중)

발견 시간 및 지점: 3월 11일 금주
발신자: 금주시 奉山호텔 내 (부대 장교숙사) 西山秀雄(大島부대)
수신자: 동경시 淀橋구 下落合2-775 大島千代
통신개요: 부대에는 대장 이하 123명 병사가 있습니다. 그들은 주로 北陸의 건아들입니다. 그중 장교가 38명이에요. 중략. 연대의 간부를 소개하면 다음과 같습니다. "연대장 기병대좌 大島久忠" "부관기병대위 豊田貫二" "旗手騎少 平井政雄" "一中長 騎中 室田一光" "二中長 騎中 李龍文" "三中長 소생" "四中長 同 昇內正壽" "m g 中長 騎中 佐藤義吉" "연대 砲長步대위 伊藤二

郞" "자동차 中長 輜중위 鈴木成" "主計중위 河野德巳" "군의대위 本鄕正一"

처리: 몰수

발견 시간 및 지점: 3월 5일 가목사

발신자: 가목사 牛島부대 龜川代吉

수신자: 樺太名好군 惠取정 兒玉德次郞

통신개요: 우리 부대에는 항공부대 소속의 비행기공장, 발동기공장, 汽罐室, 선반공장 그리고 사무소가 있습니다. 그리고 의무실, 물품창고, 매점 등이 있습니다. 이 모든 것은 手島부대 소속입니다. 그 주변에는 전부 철조망을 설치하였습니다. 운운.

처리: 몰수

발견 시간 및 지점: 3월 19일 고북구

발신자: 고북구 육군병원 병영 古田友之

수신자: 大阪시 북구 壺屋정 1-11 茶木吉次

통신개요: 며칠 전 이곳에 500여명의 신병이 입대하였습니다. 매일 입원한 환자의 수도 늘고 있습니다. 그중 제2, 제3乙種도 있습니다. 그래서 몸을 잘 돌보지 않아서 입원하는 것은 너무나 정상적인 일입니다.

처리: 삭제

발견 시간 및 지점: 3월 31일 고북구

발신자: 하남성 汲縣 鼓樓前街 堀惠一

수신자: 열하성 승덕 粮子街 由良之助 主人

통신개요: 각 부대장과 기타 장교들은 빨리 요리옥을 개업하라고 청구하였습니다. 이미 급히 출발하였습니다. 병사는 약 한 개 연대 천 오육백 명 정도입니다.

처리: 삭제

별지제2

유언비어의 혐의가 있는 통신 (지난 달: 23건 이번 달: 18건)

발견 시간 및 지점: 3월 25일 봉천
발신자: 상해 秋思威로628호 中曾信子
수신자: 만주 하이라얼 吉野부대 火上대 吉村恒廣
통신개요: 며칠 전부터 일본인거리에 거주하는 중국인 사이에 이상한 소문이 돌고 있습니다. 소문에 의하면 "밤만 되면 일본인복장을 입은 사람 몇 명이 거리에 나와 젊고 힘깨나 쓰게 생긴 중국인을 잡아 트럭에 실어 어디론가 데려간다고 합니다. 그리고는 그들에게 옷을 갈아입힌 뒤 배를 타고 대만에 가서 그들을 노예처럼 부려먹는다고 합니다. 일본을 위해 일하는 것이겠지요." 이 소문이 잠간 사이에 파다히 퍼졌습니다.
처리: 삭제

발견 시간 및 지점: 3월 22일 동안
발신자: 동안 西澤부대 본부 小松鐵造
수신자: 愛知현 名古屋시 서구 西管原정3-12 高津千江子
통신개요: 며칠 전 소련군 20여명이 국경선을 넘어 어둠을 타 지형정찰 등을 진행하고 만주인을 붙잡아 돌아갔습니다. 그들은 아군의 정황을 탐지하여 비상사태에 대비하기 위한 것입니다. 국경선에서 이런 분쟁사건들이 자주 발생하지요. 제 보기엔 우리의 손에 있는 한발에 수 십 원씩 하는 탄알이 멀지 않아 쓸모 있게 될 것입니다.
처리: 삭제

발견 시간 및 지점: 3월 20일 도문
발신자: 도문 春風가 춘풍숙사 青柳實
수신자: 동안 소기부대 野見대 青柳正
통신개요: 일본의 경찰대와 소련군은 樺太국경에서 접전을 벌였습니다. 소련군의 비행기는 이미 국경을 넘었습니다. 전세가 확대되는 추세입니다. 소련과 핀란드가 媾和한 이후 소련이 극동에서의 움직임을 주목해야 할 것입니다. 관동군은 동부국경의 수비에 총력을 기울이고 있습니다. 분위기가 아주 긴

장합니다.

처리: 삭제

발견 시간 및 지점: 3월 20일 도문

발신자: 동안성 屯頭 早淵부대 본부 諸隈正恭

수신자: 佐賀현 杵島군 武雄정 上西山 井手强

통신개요: 정보에 따르면 소련군장교들이 만주 영토를 빈번하게 정찰한다고 합니다. 따라서 제가 보기엔 이것이 어떤 사건이 터질 징조라고 생각합니다. 소련의 진지는 이미 거의 포치가 마무리되었습니다. 해동기가 오면서 소련경비용 포정과 포함이 만주인을 납치하는 사건이 빈발하고 있습니다.

처리: 삭제

발견 시간 및 지점: 3월 26일

발신자: 하이라얼 東三道街

수신자: 秋田현 雄勝군 東成瀨촌

통신개요: ○○대는 보병대에 비해 在營기간이 좀 더 긴 것 같아요. 듣자하니 이는 "노몬한사건"이 아직 해결이 안 되고 국세가 아직도 몹시 긴장하기 때문이라더군요.

처리: 삭제

발견 시간 및 지점: 3월 15일 도문

발신자: 地藏政一

수신자: 大阪 西淀구 海老江上 2-168 高木美代子

통신개요: 2월 29일, 약 300명의 비적들과 교전하였는데 5명이 전사하고 8명이 부상입고 중기관총분대가 전부 전사하였습니다. 그들은 오늘 하얀 나무함속에 담겨져 묵묵히 돌아왔습니다. 최근 그 비적들에 관한 소식이 다시 육속 들려옵니다. 우린 언제 출동할지 모릅니다.

처리: 삭제

발견 시간 및 지점: 3월 16일 도문

발신자: 鹿道경호대 山部巡長

수신자: 岡山현 小田군 小田정 6158 山部岩藏

통신개요: 한차례 습격이후 그 참혹한 정경은 우리 일본인들도 눈뜨고 볼 수 없었습니다. 여인네들은 전부 발가벗긴 채 두 발이 말에 묶여 몸뚱이가 두 토막으로 찢어졌어요. 이런 일은 자주 있는 일입니다. 철도연선은 자주 습격을 받지는 않습니다. 하지만 농촌은 맹렬한 습격을 자주 받는 편입니다.

처리: 삭제

발견 시간 및 지점: 3월 14일 가목사

발신자: 三江성 蘿北현 公署 淵上松次

수신자:

통신개요: 듣자니 친영미파와 친러파가 일본 내지의 위인들과 격렬한 논쟁을 벌였다면서요? 일본군이 노몬한사건에서 크게 충격을 입었고 듣자니 기계화 부대가 참패를 당한 것 같더군요. 결사대가 장고봉에서 탱크를 기다릴 때 화염포에 타죽었다더군요. 탱크도 그 올가미에 걸려들어 전멸하고 세 개 연대의 깃발이 어디로 갔는지 찾지 못했대요. 관동군도 모험적인 전략을 펼쳤으면 좋으련만 참모부가 정전명령을 내려도 관동군은 명령을 듣지 않았대요. 결국 칙령이 내려서야 전투를 멈추었다더군요.

처리: 삭제

발견 시간 및 지점: 3월 23일 길림

발신자: 길림성 永吉현 河彎子 滿鐵훈련소 福田忠一

수신자: 栃木현 河内군 巢井촌 大字 石郡那田六本木 金田文子

통신개요: 河湾子 부근에 비적이 출몰하여 조선인 100여명이 납치당했어요. 섭씨 영하 30도 되는 실외에 석달 동안 묶여있었대요. 놀라운 것은 그중의 한 사람이 비적의 손아귀에서 벗어나 도망쳐 왔다는 사실이에요. 그 사람은 손 하나를 절단하였고 발이 동창을 입었어요. 눈 뜨고 볼 수 없는 참상이었죠.

처리: 삭제

발견 시간 및 지점: 3월 18일 길림

발신자: 만주리 니크친호텔(ニキチン, 음역) 戸井田耕

수신자: 福井현 遠敷군 小濱정 일번지 戸井田盛藏

통신개요: 국경에서도 늘 유혈사건이 벌어지고 있어요. 해마다 여름 연중행사 때마다 발생하는 국경분쟁사건은 올해는 어떠할까요? 유럽의 형세로 미루어 볼 때 아마 발생하지 않을 것 같아요. 하지만 대치상태에 있는 전선은 전반 국세와 상관없이 흥분상태에 처해 있어요. 우리가 현지에 이르러 신문사 동료들에게서 들은 바로는 노몬한사건은 아주 보잘 것 없는 오해로 시작되었대요. 신문이 그냥 헛소리를 쓰는 시대에 제가 이곳에서 발송한 전보가 신경에서 첨삭되었다더군요. 이는 암흑한 시대입니다. 사책은 반드시 암흑한 昭和시대를 기록할 것입니다.

처리: 몰수

별지제3

항일통신

유 형	건 수	
	지난 달	이번 달
항일통신	190	146
일본의 전패와 폭행 등 역선전	21	34
일본비방	16	53
종교를 이용한 선전	0	24
기타 항일기세	9	9
합 계	236	266

발견 시간 및 지점: 3월 1일 하얼빈

발신자: 프랑스 파리 발행 일간신문『단(タン, 음역)』

수신자: 하얼빈 만철도서관

통신개요: 개요

이번 달 22일, 일본과 汪精衛의 비밀협정이 완전히 田中의 腹案과 같게 되었다. 지나는 경제, 정치 등 모든 방면에서 야심찬 일본군벌의 침해를 받게 되었다. 다시 말해서 일본의 야망은 불합리할뿐더러 실현될 수 없는 것이다. 열국은 지나를 지원하여 일본을 응징해야 할 것이다. (영문)

처리: 몰수

발견 시간 및 지점: 3월 2일 위와 같음
발신자: 상해발행 영문 일간신문『字林西報』
수신자: 在하얼빈 (그밖의 18명)
통신개요: 개요
中村(雅夫中將)부대는 南寧 서북고지에서 지나포병부대의 맹렬한 공격을 받았다. 부대장 이하 600명이 전사하였다 중국군은 陳誠考(チンツンクオ, 음역)中將이 총지휘를 맡았기에 아주 좋은 전과를 거두었다. (영문)
처리: 몰수

발견 시간 및 지점: 3월 7일 하얼빈
발신자: 상해 유대민회
수신자: 하얼빈 砲隊街 유대인민회장 카프만(カフマン, 음역)
통신개요: 개요
일본의 정세는 경제의 파탄이 극에 달하고 국민이 전쟁 때문에 피곤하여 장기전에 혐오를 느끼고 있다. 이와 반대로 일본군은 아직도 항전을 주장하고 있다. 이에 따라 금후 일본과 유대인의 관계가 악화될까 현지의 유대인들은 우려하고 있다. (러문)
처리: 원상 발송

발견 시간 및 지점: 3월 7일 위와 같음
발신자: 상해 월간잡지 불문 리아레큐(リヤレヴヰュ, 음역) 내셔널 시누아즈(ナショナル シヌアズ, 음역)
수신자: 하얼빈 龍江街 외국인선교사교회
통신개요: 개요
개전 이래 일본군은 지나에서 이미 1 400 000명을 손실 보았다. 매달 평균 약 5000명을 손실 본 셈이다. 일본 내각은 매번 바뀔 때마다 내각진영이 더욱 취약해지고 있다. 즉 近衛내각은 일 년 반, 平沼내각은 8개월, 阿部내각은 4개월로 모두 단명내각이다. 전쟁의 결과는 일본으로 하여금 국가의 최고기관인 내각을 약화시키고 있다. 일본의 신문들도 이를 인정하는 바이

다. (불문)

처리: 몰수

발견 시간 및 지점: 3월 8일 위와 같음

발신자: 상해 영문 주간지 『중국평론주간』(チャイナウイクリレビュ―, 음역)

수신자: 하얼빈사서함132

통신개요: 개요

일본이 만들어낸 중국괴뢰정부가 수립되었다. 하지만 그 수반으로 삼을 만한 인물이 없는 것이 난제로 나서고 있다. 위망이 있는 지나인 가운데는 일본에 협력하려는 유력자가 없다. 그래서 일본은 불순분자를 채용할 수밖에 없었다. 괴뢰정부의 존재는 아무런 의미가 없다. (영문)

처리: 몰수

발견 시간 및 지점: 3월 14일 하얼빈

발신자: 상해발행주간지 『밀레스평론보』(チャイナウイクリレビュ―, 음역)

수신자: 위와 같음

통신개요: 개요

일지전쟁의 경과에 관한 최근 두주간의 전황보도는 점점 모순투성이이다. 방외인은 그 진상을 판단하기 어렵다. 예를 들면 일본육군성의 보도를 보면 다음과 같다. "일본군은 남녕 지역에서 지나군 ○○○○○명을 말끔히 소탕하였다." 한편 지나의 보도는 다음과 같다. "일본국민들은 출정의 의무와 重稅의 압력에 의해 고통을 받고 있으며 이미 기진맥진하였다. 일본의 戰捷보도는 민중을 위무하기 위한 수단에 불과하다. 진상을 보면 중국군이 남녕 교외에 주둔한 부대와 격전을 벌여 그 부대를 전부 섬멸하였다." 이러한 지나의 보도에 관해 일본은 다음과 같이 반박하고 있다. "비록 지나 측에서 대승을 거두었다고 보도하고 있지만 그것은 백일몽을 얘기고 있는 것이다." (영문)

처리: 몰수

발견 시간 및 지점: 3월 23일 위와 같음

발신자: 미국 브레잔츄리(ブレザンツウイリ, 음역) 발행 월간잡지 리데루니지젠

트(リデルニジゼント, 음역)

수신자: 하얼빈시 영, 미, 불 영사관

통신개요: 개요

"마취제는 일본의 신식무기이다"

일본군대는 지나를 정복하기 위해 수단을 가리지 않고 아편, 모르핀, 헤로인 등 무서운 유해물질을 무기로 사용하고 있다. 지나국민의 항전시기부터 시작하여 일본은 마취제를 살해수단으로 사용하고 있다. 일본군부의 최고 수뇌부는 아시아대륙의 일부 지역을 공략할 때마다 해당 지역에 대량의 마취제를 밀수입하고 판매하려는 생각이다. 만주사변이 발발하기 직전 지나정부는 대량의 日滿人 부정업자를 체포하였었다. 하지만 일본인은 일본에 인도되어 재판 받을 때 모두 무죄석방되었다. 일본은 이러한 수단으로 조선을 정복하였다. (영문)

처리: 몰수

발견 시간 및 지점: 3월 27일 위와 같음

발신자: 미국 시카고시 발행 영문주간 『타임』(タイム, 간행물명)

수신자: 하얼빈 미국영사 및 재하얼빈 12명 외국인

통신개요: 개요

제목 "일본의 경제는 혼돈상태이다. 특히 연료부족이 심각하다." 일본의 소학교에는 난방용 연료가 전혀 없다. 그래서 지금 각 소학교마다 학생더러 땔감을 주어오게 하는 바람에 일부 학생이 과로사하는 비참한 사건까지 발생하고 있다. 일반민중들은 크게 불만을 품고 있다. 공업중심지인 오사카 지역에는 전력공급이 반으로 줄어 각 공장마다 생산중지상태에 처해있다. (영문)

처리: 몰수

발견 시간 및 지점: 3월 29일 위와 같음

발신자: 상해발행주간지 『밀레스평론보』(チャイナウイクリレビュー, 간행물명)

수신자: 하얼빈 사서함232 만주경제평론사

통신개요: 개요

「우리의 적 汪精衛」

汪精衛와 일본이 비밀협정을 체결하였다. 그 협정으로 하여 지나는 일본의 식민지로 전락하였다. 이는 汪精衛가 일본과 지속적인 항전을 진행하는 것을 두려워하기 때문이다. 상관 협정이 체결되면 지나인은 현재의 대만인과 조선인처럼 노예로 전락할 것이다. (영문)

처리: 몰수

발견 시간 및 지점: 3월 29일 위와 같음

발신자: 미국 보스턴시 일간영문기독교신문 타스타엔엔스몬날(ター―スタャンエンエンスモンナル, 음역)

수신자: 하얼빈 斜紋가 에루쟈코브(エルジャコフ, 음역)

통신개요: 개요

이미 몇 달 동안 지나유격대가 일본군에 대한 군사행동에 관한 보도가 없었다. 최근 보도에 따르면 지나유격대가 일본침략자에 대한 활발한 항전을 계속 진행 중이라고 한다. 기꺼운 소식이다.

처리: 몰수

발견 시간 및 지점: 3월 20일 위와 같음

발신자: 라트비아국 리카시 일간 러문신문 세코지냐(セゴヅニヤ, 음역)

수신자: 재하얼빈 29명 외국인

통신개요: "일본은 지나를 전승하기 어렵다"

일본은 1937년 8월 전쟁을 도발하여 빠르면 3개월 늦으면 6개월 내에 무력으로 중화민국을 정복하고 그 지배자가 될 수 있다고 호언장담하였다. 하지만 전쟁의 게임은 생각 밖으로 연장되어 최종결과는 예측할 수 없게 되었다. 전쟁 중에 최후의 승리를 누가 거둘지는 추측불가이다. 우선 일본인은 지나인에 대해 요해가 부족하다. 비록 일본은 정규군작전에서 전과를 쌓았으나 30만 지나유격대는 곳곳에서 적극적인 행동을 개시하고 있다. 일본군은 유격대를 철저히 소멸하지 못할 것이다. (러문)

처리: 몰수

발견 시간 및 지점: 3월 5일 위와 같음

발신자: 런던 주간 살로드석간

수신자: 하얼빈 YMOA도서관

통신개요: 개요

1. 소련은 적극적인 태도로 일본제국주의를 동양에서 몰아내려고 한다. 따라서 일본은 극도로 낭패를 보고 있다.

2. 소련은 일본과의 전쟁을 대비하고자 이미 만주국내의 여러 시설을 철저히 조사하였다. 만약 만주를 공격한다면 소련은 동부국경으로부터 진군하여 일본의 심장부를 관통하여 일본군을 몽골방면으로 퇴각시킬 계획이다. (영문)

처리: 몰수

발견 시간 및 지점: 3월 30일 산해관

발신자: 大阪 川口 육십삼번 乾生橋

수신자: 산해관 내 撫寧현 田各庄 陳錫舜

통신개요:

제호: 독립평론

권호: 第一八四號

출판사: 北平 後門 慈位殿 北月胡同 二號

「察哈爾의 위기」

이번 察東사건에서 어떤 수요로 몽골보안대문제에 간섭했을까? 일본 측으로 볼 때 이는 의심할 나위 없이 일관적인 만몽정책이다. 동부몽골은 이미 만주국의 판도에 귀속되었으니 서부몽골이야말로 그들이 군침을 흘린 지 오래된 지역이다. 중략. 경제적으로나 군사적으로 볼 때 일본은 절대 차할에 대한 침략을 포기하지 않을 것이다. 중략. 지금 僞國(위만주국을 가리킴)의 李守信부대가 沽原을 점령한 이후 張北 일대에서 부단히 세를 확장하고 있다. 만약 이대로 나간다면 차할성 전역은 머잖아 그들에 의해 완전 점령될 것이다.

처리: 몰수

별지제4

군기 및 사상 상 요주의 통신

유 형	건 수	
	지난 달	이번 달
상사 비방	00	1
군기해이를 언급한 통신	33	22
반군반전 혐의가 있는 통신	2	9
일선근무 혹은 군 생활을 기피하는 내용의 통신	9	14
병역기피의 혐의가 있는 통신	1	3
전쟁의 참상을 언급한 통신	0	1
만기제대를 알리는 통신	24	3
사상 상 요주의 통신	16	9
기타	3	7
합 계	88	69

발견 시간 및 지점: 3월 19일　고북구
발신자:　豊田부대 折田대　蓼沼國吉
수신자:　중지파견군 岩松부대 鈴木부대　大矢喜一
통신개요: 삼년병이 되고나니 이미 비적과 전쟁에 혐오를 느끼기 시작하였겠지요. 지금 저도 중대 편제 밖의 삼년짜리 "神兵"이 되었어요. 삼년병은 끊임없이 이곳 산중의 유명한 분견대에 배치되고 있어요. 수비대의 삼년병과 일본부대의 삼년병은 달라요. 간부들도 그들을 어찌할 도리가 없어요. 그들은 시간만 나면 지나술을 마시고 비칠비칠 취해서 돌아다니지요. 전 그들이 기껏해야 2년이면 만기가 되는 줄 알았어요. 그런데 그들이 아직 일 년 더 있게 된다는 것은 생각도 못했어요. 참 할 말이 없군요.
처리:　삭제

발견 시간 및 지점: 3월 29일　고북구
발신자:　豊田부대 井手대　吉田正二郎
수신자:　名古屋시 임시제2육군병원 제3병동 4호실　南田市三
통신개요: 전 예전에 신병교육조수였었지만 어느 하사관과 의견이 맞지 않아 다투고

나서 점수가 떨어졌어요. 별 세 개가 되었죠. 올해 또 신병교육을 맡으라고 하였지만 중대장과 잘 말하여 가지 않게 되었어요. 지금은 신선 같은 생활을 하고 있어요. 약 한달 전 보병포의 교육대에 와서 신병과 이년병 교육을 책임지게 되었어요. 하지만 모든 정력을 술과 여자에게 허비하게 되었죠. 돈을 물 쓰듯이 하고 집에서 돈 좀 부쳐 보내라고 했어요. 그래서 집에서는 늘 저를 훈계하더군요. 저도 늘 챤스는 두 번 뿐이라고 자아위안을 하였어요. 하지만 신선이 되고 난 뒤로는 한가한 시간이 많아서 별 네 개 다섯 개가 되고 싶더군요.

처리: 삭제

발견 시간 및 지점: 3월 6일 동안

발신자: 동안 黑田부대 본부 駒坂善次郎

수신자: 宮城현 仙臺시 表柴田정72 大浦綠

통신개요: 군대의 행동에 관해서는 일절 쓸 수 없어요. 편지마다 검열 당하거든요. 12월 10일 전까지는 일인당 하루에 엽서 한 장 씩 쓸 수 있었어요. 우리도 군대에 장기간 있고 싶지 않아요. 멀지않아 전 다른 곳으로 이전해가게 됩니다. 그곳에 가면 자유를 누릴 수 있어요. 그리고 근무임금도 꽤 높다고 하더군요. 만주국 관리와 민간관리는 해마다 고향에 한두 번 돌아갈 수 있어요.

처리: 몰수

발견 시간 및 지점: 3월 16일 동안

발신자: 동안성 鷄西 菊田부대 香西대 藤田守義

수신자: 北海道 十勝國 河東군 音更촌 櫻井功

통신개요: 매일 밤마다 학과가 있어요. 그때면 전 뺨을 열 개 혹은 스무 개를 맞아요. 그리고는 돌아올 때면 반드시 수고 하셨습니다 하고 인사해야 해요. 나흘 되던 날에는 13개를 맞고 울면서 잠이 들었어요. 이런 일은 매일 발생하고 있어요. 맞아서 얼굴이 다 변형되었고 밥조차 먹을 수 없어요. 군대라는 곳은 마을사람들이 말하던 것처럼 그렇게 좋은 곳은 아니에요.

처리: 몰수

발견 시간 및 지점: 3월 18일 동안
발신자: 동안 田中(和)부대 富山勳
수신자: 大阪시 佳吉구 鷹合정217 有光英都子
통신개요: 제가 입주할 관사는 교육주임을 맡은 소좌가 아내를 데려오는 바람에 자연스럽게 취소되었어요. 그 대신 다다미 여섯 개를 깐 방 두 개짜리 관사에 들게 되었죠. 이 명령을 받고 전 몹시 화가 나 있었어요. 이 일을 책임진 장교에게 따지고 들리라 작심했었죠. 하지만 상관이 들어오자마자 전 말을 꿀꺽 삼킬 수밖에 없었어요. 저도 제대를 생각했지만 그러면 참 아쉽기 그지없더군요.
처리: 몰수

발견 시간 및 지점: 3월 22일 동안
발신자: 西동안 西澤부대 新隊 渡邊이등병
수신자: 札幌시 北西條西六丁目 小川三四三九
통신개요: 이른바 어용선이라는 것은 그냥 명색뿐입니다. 화물선의 행렬에 끼어있고 소위 좌석도 널판자에 돗자리를 깐 것입니다. 마치 벽장처럼 위아래 두 부분으로 나뉘어져 있죠. 밥이란 것은 돼지죽 같은 것이요 짜고 맵고 시큼시큼한 짠지는 도저히 씹어 넘길 수가 없어요. 이른바 얼굴을 엉덩이취급 하는 자들은 모두 하사관들이지요. 만약 누가 불평이라도 터트리면 "금방 말한 녀석 앞으로 썩 나와!"하는 명령을 듣게 되지요. 앞으로 나서면 "너 감히 하사관을 욕해!"하고 귀뺨을 때리며 위엄을 부립니다.
처리: 몰수

발견 시간 및 지점: 3월 8일 연길
발신자: 間東성 연길 希上부대 본부 宮本安三郎
수신자: 천진 東馬路22호 三國春夫
통신개요: 군대에서 참아야 할 시간이 아직 360일 남았어요. 저와 같은 만년상등병은 그 어느 때보다 더 해맑은 만기일을 기다리게 되지요.
장기적 토벌작전이 언제 끝날지 몰라요. 참 신물이 나요.
처리: 발송

발견 시간 및 지점: 3월 17일 연길
발신자: 연길 육군관사 75호 동1 内藤様方
수신자: 埼玉현 足立군 損扇촌 安藤柳太郎
통신개요: 명년 8월이면 만기됩니다. 형님은 비행대의 개선용사로 취직하기 좀 쉽겠지요. 아무튼 군대는 싫증이 났습니다.
처리: 발송

발견 시간 및 지점: 3월 30일 하이라얼
발신자: 하이라얼第一陸愚병원 村岡清
수신자: 하얼빈공장가27호 石井玄太郎
통신개요: 이번 원장은 경례를 붙이도록 분명히 요구하고 잇기에 우리는 참 딱해. 하사관은 물론이고 장교들도 복도에서 다시 경례를 하도록 명령하거든. 병사들은 일단 잡히면 끝장이야. 서너 번 반복하게 하지. 참 힘들어. 내일은 원장의 진찰이 있기에 꼬리를 안 잡히려면 뭔가는 해둬야겠지.
처리: 삭제

발견 시간 및 지점: 3월 30일 하이라얼
발신자: 하이라얼 吉富부대 吉田대 鈴木英雄
수신자: 연길 石井부대 山本대 鈴木年之
통신개요: 비록 네가 오장이고 나는 그냥 상등병이라고 해도 너의 표현은 참 병신 같아. 애초부터 군대가 나의 적성에 맞지 않아 천천히 적응해야겠지. 긴 시간 동안 난 경리실에서 사무를 보고 있었지. 난 이젠 싫증났어. 그래서 사직했지. 그리고 인차 대대본부에 가서 근무하게 됐어.
처리: 삭제

발견 시간 및 지점: 3월 19일 안동
발신자: 중지파견 岡村부대 町野부대 □□대 三村正幸
수신자: 안동시 北四條通 二丁目2 三村金五郎
통신개요: 나의 전우 태반이 내지로 보내졌고 나머지는 모두 병원에 입원했어요. 일년 후인 지금 나와 다른 병사 6명이 남았어요. 그중 우리 셋은 전선으로 보내졌고 한 사람은 만기되었죠. 건장한 사람은 2명뿐입니다. 참 씁쓸한

일이지요. 전선에 나가면 음식물 부족과 행군의 고달픔은 늘 눈물이 나게 하지요. 생각만 해도 아예 죽어버리는 것이 훨씬 낫겠다는 충동이 일어요.
처리: 삭제

발견 시간 및 지점: 3월 10일 안동
발신자: 북지파견 鷲津부대 北川부대 小杉茂信
수신자: 안동시 시장통 六丁目-4 南正秋
통신개요: 지금 상황으로 미루어 보아 참 언제 돌아갈지 모르겠어요. 개전 이래 이미 삼년이 지났으니 바야흐로 전쟁이 끝날 때도 된 것 같아요.
전투가 끝이 없네요. 후방의 국민들도 이젠 심드렁해졌어요. 저 혼자 전선에서 고생하는 것도 멋이 없네요.
처리: 삭제

발견 시간 및 지점: 3월 6일 훈춘
발신자: 佗美부대 舞대 京塚重路
수신자: 山梨현 南巨摩군 増穂촌 芦澤梅松
통신개요: 밉살스런 삼년병은 사흘만 채우면 곧 만기제대하게 됩니다. 저도 참 재수가 없게 몹시 얻어맞았어요. 일년병일 때는 괜찮은데 이년병이 되어서도 일년병들 앞에서 슬리퍼를 입에 물고 땅에서 기어야 하다니요. 일 년 일찍 입대 한 것이 그리 대단한 것인가요. 제 친구도 일년병 시절에 슬리퍼에 귀뺨을 맞아 고막이 터졌어요. 그들은 때려서 병신이 되지 않으면 괜찮다고 생각하는 것 같아요.
처리: 몰수

발견 시간 및 지점: 3월 24일 안동
발신자: 목단강 田부대 矢島대 武田伍長
수신자: 안동시 역전 堀割通3호 新谷秋義
통신개요: 지방의 분위기는 어때요? 구속 받던 군대생활에서 한가한 생활을 하게 되니 느낌이 이상하죠? 아무튼 세속적인 생활이 더 인간의 삶 같지요. 전 군대생활에 싫증이 난 것 같아요.
처리: 삭제

발견 시간 및 지점: 3월 27일　봉천
발신자:　봉천 奉木부대 小林대　鈴木富士郎
수신자:　북지나파견군 人見부대 轉 加藤美부대 澤田대　鈴木正三
통신개요: 수면이 불규칙적입니다. 일곱시에 일어나 점호를 마친 후 다시 한잠 더 잡니다. 봉천에 있어도 별로 재미있는 일이 없어요. 전 군대 생활이 참으로 싫어졌어요. 상등병이 되면 일찌감치 집으로 돌아가야겠어요.
처리:　삭제

발견 시간 및 지점: 3월 21일　영구
발신자:　천진 河北 東西里　劉僕伸
수신자:　영구시 大和구 彌生가　若林富三郎
통신개요: 만약 입원하게 되면 병사들도 병동 간호사들의 간호대상이 됩니다. 아마 이게 훨씬 나을 것입니다. 농촌과 달리 이틀 혹은 사흘에 한 번 꼴로 공연이 있어 아주 재미있습니다.
처리:　삭제

별지제5

기타 (지난 달: 112건　이번 달: 183건)

발견 시간 및 지점: 3월 29일　동안
발신자:　近洲線 札蘭屯　宮澤喜久雄(경찰관)
수신자:　동안성 밀산현 馬家崗경찰대　小島有幸
통신개요: 듣자하니 旗에서 博客圖경찰서를 시내로 옮기려는 계획이더군요. 그런데 이전에 필요한 비용이 아마 몇 만 원은 필요할 것이지만 시민들이 전혀 기부할 뜻이 없는 것 같아요.
만약 모씨같은 전임 서장이면 우리가 즉시 나서서 강압적으로 기부하도록 할텐데 지금 상황은 일전 한푼 얻을 것 같지 못하군요. 寧口경찰서처럼 산속에 있으면 시민들은 오히려 아주 기뻐할 것입니다. 단순한 기부조차 이 꼴이니 말입니다. 제가 보기엔 시민들이 입 밖에 드러내지 않는 반감은 이미 상당한 정도에 이른 것 같아요.

간부들이 이 일을 알든 모르든 그들이 ○○국의 압력 하에 알아도 모른 척 하는 것이겠지요.
설사 안다고 해도 아무 것도 할 수 없어요. 요즘 간부들은 전부 무골충들이에요.

처리: 발송

발견 시간 및 지점: 3월 3일 동안
발신자: 久留米 明治通 八丁目 權藤友江
수신자: 동안성 동안역전 동안호텔 中原文子
통신개요: 이번에 三男도 소집되었어요. 치중병 특무병의 마부로 되었죠. 三男은 이렇게 말하더군요. "만약 말이 나를 차놓으면 난 말의 배때기에 구멍을 뚫고 그 코를 당겨 뱅뱅 돌게 할 거에요." 하지만 그러면 안되지요.
처리: 몰수

발견 시간 및 지점: 3월 11일 동안
발신자: 동안역내 매점 外村道人
수신자: 熊本현 玉名군 高瀨정 竹下龜記 轉 外村有爲
통신개요: 요즘 도시락은 한 번 에 몇 백 개가 아니라 2000개, 3000천개씩 돼요. 2만 개까지 예상했지만 지금까지는 15000개로 끝났어요. 나중에는 좀 적어진 것 같다는 생각입니다.
처리: 몰수

발견 시간 및 지점: 3월 1일 동안
발신자: 濱北線 李家역 轉 청년의용군훈□□□ 鎌田千男
수신자: 동안성 동안가 만주양식주식회사 山下實男
통신개요: 의용군의 방침은 아직 미정이고 시설도 완벽하지 못합니다. 게다가 의용군 간부의 신분도 확정하지 못하였기에 생활이 몹시 불안정합니다. 훈련생의 정서도 점차 악화되는 경향이 있고 장래를 어둡게 내다보고 있습니다. 식민은 전쟁의 延長이기에 저도 일개 군인으로 이미 삼년 근무했습니다. 하지만 요즘 참 싫증이 납니다.
처리: 발송 주의 중

발견 시간 및 지점 : 3월 25일　동안
발신자 :　보청현 龍頭청년의용군　宣保盛禮
수신자 :　佐世保局 轉 제3연합항공대 경비대　宣保盛忠
통신개요 : 형님, 형님께서 만주로 오지 않은 것이 참 다행입니다. 형님은 참 행복한 사람이에요. 지금 의용군은 장래성이 없어요. 우리의 미래도 어둡습니다. 제1집단의 千振鄕과 제4시험민의 品之村 등은 빚더미에 앉아 고통을 받고 있습니다. 이미 빚에 눌려 숨도 못 쉬고 있어요.
처리 :　삭제

발견 시간 및 지점 : 3월 27일　대련
발신자 :　대련시　李恒憲
수신자 :　산동성 濟南府 西南鄕 王瓜店 蔣庄後街　孟昭鈞
통신개요 : 목전의 시국을 보면 汪精衛가 평화건국의 깃발을 높이 들고 3월 30일에 정식으로 정부를 발족할 것입니다. 그와 함께 華北의 五色旗도 사라지겠지요.
이른바 還都 후 중앙국민은행은 지폐를 발행하여 준비은행권을 대체하려고 할 것입니다. 하지만 汪精衛의 평화는 아무런 의미가 없습니다.
그의 對日평화는 외국의 승인을 받지 못하였습니다.
오직 蔣介石위원장이 失地를 탈환한 이후에야 평화를 실현할 수 있습니다. 汪의 평화가 실현된다는 것은 곧바로 일본에 투항하는 것입니다. 이는 절대 용납할 수 없는 것이지요. 우리는 매국노 汪精衛를 타도해야 합니다. 중화민국의 수많은 국민을 살해하고 우리를 도탄에 빠트린 일본과 평화를 논할 수 있다고 생각하십니까?
처리 :　발신 후 금후의 통신상황을 주목. 동시에 소재지를 비밀리에 조사 바람.

발견 시간 및 지점 : 3월 19일　영구
발신자 :　영구시 大和구 入船가 三丁目　山崎嘉市 (海上경찰대원)
수신자 :　청도시 大平로 四五신민회 청도도시지도부　花房武藏(예비 후 해군대위로 五一五사건의 관계자임.)
통신개요 : 海南島에서 활약하는 것은 많은 사람들의 소망입니다. 그 누구든 비밀을 누설할 우려가 있습니다. 이 점에 특히 주의해야 합니다. 지난 번 편지에서

말 한 것처럼 말입니다. 그래서 15명이 한꺼번에 사직할 수 없으니 당신은 집일을 핑계로 한 두 사람과 함께 조용히 사직하세요......중략......나머지 문제는 사직 이유 및 허가를 얻을 수 있느냐는 문제입니다. 이 점은 모두들 심히 걱정하는 것이지요. 하지만 당신이 만난을 헤쳐 나갈 결심이 돼 있으면 걱정하지 않아도 됩니다.

처리: 발송 후 그 동향을 비밀리에 관찰.

발견 시간 및 지점: 3월 13일 훈춘

발신자: 하이라얼육군병원 HOS

수신자: 佗美부대 首藤대 三島良吉

통신개요: 하이라얼 방면, 특히는 관공서에 아직도 사변에서 전사한 유골을 대량 쌓아놓고 있습니다. 비록 사상자가 1.8만 명이라고 발표하고 있지만 사실은 그렇지 않습니다. 만약 그 유골들을 함께 송환하면 방첩에 불리합니다. 그래서 그들은 밤중에 비밀리에 진행하거나 교대부대에 인계하여 사람들의 눈을 피해 송환합니다. 비록 유골일지라도 고향의 부모형제들은 애타게 기다리고 있습니다......전쟁은 참 가혹합니다. 국가를 위해 목숨을 바쳤지만 유골조차 사형수의 것처럼 사람들의 눈길을 피해야 하니 말입니다.

처리: 몰수

발견 시간 및 지점: 3월 18일 수분하

발신자: 목단강성 綏陽현 紫陽청년의용대훈련소 泉保正義

수신자: 香川현 香川군 相紙村 大字御廐 田村益子

통신개요: 자양청년철도자경촌훈련소장 赤堀선생과 사무지도원 有野선생 등은 언행이 불일치하고 훈련생들을 학대하기에 우리들의 생활은 몹시 고통스럽습니다. 그래서 350명 훈련생은 3월 10일 저녁 단체로 서명하여 3월 11일 오전 소장이 훈련소를 떠날 것을 당면에서 제기하였습니다. 먼저 말씀드릴 것은 우리 의용군의 지도원이 삼년 의용군생활이 끝나면 內原훈련소에서 개척단으로 전환해도 일생동안 생사를 함께 하기로 했다는 점입니다. 하지만 3년이 지난 지금 그는 깃발을 흔들고 나팔을 불면서 내지로 귀환하라고 합니다. 이 일 때문에 상기 문제가 발생하였습니다.

3월 11일, 소장이 사직하기로 하였지만 3월 13일에는 부근 河東의 일본군과 洞河의 일본군 그리고 자양의 경호대 등에 군대를 훈련소에 파견할 것을 청구하여 중요한 인물을 자양에 데려간 뒤로 그들이 아직까지 돌아오지 못하고 있습니다. 그래서 우리는 헌병, 현공서, 만철 그리고 塚田부대에 부탁하여 소장의 사직을 요구하였습니다. 현재 큰 사고를 쳤으니 외출이 완전 금지되었습니다.

처리: 몰수

발견 시간 및 지점: 3월 6일 봉천

발신자: 상해특별시 경찰국고문실 加藤正三

수신자: 안동시 육도구 중앙통4-7 鈴木照治

통신개요:

○ 목전 상황을 보면 우리가 부득불 전직할 수밖에 없게 되었습니다. 새 정권이 들어선 이후 일본관원이 새 정권에 관여하는 것을 달가워하지 않는 汪兆銘의 주장이 관철되었습니다. 예전의 고문지도관제도와 특무기관제도가 폐지되고 각종 국책회사도 새 정권에 반납하기로 하였습니다. 상부에서는 사직하려는 인원은 사전에 사직서를 제출하고 다른 직업을 찾으라는 통첩을 내려 보냈습니다. 목전 중국에 있는 해당 인원들은 센세이션을 일으켰습니다.

○ 秩父宮전하도 간접적으로 汪兆銘이 매국역적이라는 사실을 인정하였습니다.

○ 이 사실은 일본의 나약함을 사실적으로 보여주었습니다.

처리: 몰수

발견 시간 및 지점: 3월 24일 금주

발신자: 천진 일본조계지 松島가 십번지 扶桑공업회사 천진출장소 石橋正

수신자: 금주시 大正가 23-3-2 梶尾登久一

통신개요: (전략) 아무튼 저는 병역관계가 있습니다. 만약 만주에 거주하면 필시 소집될 것입니다. 그래서 며칠 전 저는 전부의 軍籍을 천진에 옮겼습니다. 한동안은 소집을 걱정하지 않아도 될 듯합니다.

처리: 조사 중

발견 시간 및 지점: 3월 28일 봉천
발신자: 중지나 安徽성 鳳陽현 臨准關 寺岡芳樹
수신자: 동안성 林口 滿鐵南山숙사21호실 中原孝夫
통신개요: 汪精衛의 새 중앙정부에 영합하기 위해 상부에서는 남경 中山路의 일본인 상점들에 열흘 내로 철수하라는 명령을 내렸습니다. 그밖에 모든 분야에서 기회균등주의를 실시하였습니다. 이는 거류민들에게 큰 불안감을 안겨주었고 모두들 일본의 나약한 외교를 욕하고 있습니다.
처리: 삭제

발견 시간 및 지점: 3월 12일 목단강
발신자: 목단강 營林局長
수신자: 하얼빈영림국 利用科長
통신개요: 용정 영림서 관내의 旗河사무소 본부가 어제인 11일 밤 김일성이 거느리는 비적단 약 200명의 습격을 받았다. 일본 所員 1명과 日滿商事직원 1명이 전사하였고 그밖에 여러 명이 부상 입었다. 그리고 목재를 운반하는 트럭이 전부 소각되었다. 그 사이 성 및 현과 토론한 결과 즉시 자동차 6대를 파견하여 지원하기로 하였다.
처리: 원상 발송

발견 시간 및 지점: 3월 19일 목단강
발신자: 翟童門 電氣區 加藤一郎
수신자: 하얼빈 道外 승덕가60 加藤リレ
통신개요: 내가 없을 때 산 속에서 큰 소동이 일어났다고 한다. 수비대의 20명 병사가 전기구와 工務區의 사무소 및 숙사에 발포하고 다시 그곳에 뛰어들어 폭행을 저질렀다고 한다. 이곳 병사들은 거칠고 야만적인 등신들이다. 아아아아.......
처리: 몰수

발견 시간 및 지점: 3월 25일 만주리
발신자: 만주리 屋玉여관 菊地淸司
수신자: 北海道 函館시 穴前정20 五十嵐藤意

통신개요: 독일에 해상으로 콩과 콩기름을 운송할 수 없기에 우리는 국제철도를 통해 歐亞連絡貨車로 수송하고 있다. 만주리는 만주와 소베트러시아의 접속점으로서 나의 일은 만주리 현지에 잠입하여 화물의 연락상황 및 몰로토브(소련 측 철도)의 화차배급능력을 관찰하는 것이다. 운운.

처리: 압류

발견 시간 및 지점: □□□

발신자: □□□

수신자: □□□

통신개요: 요상한 구름이 동아시아의 상공을 덮고 있다. 어떤 자들은 이미 시대의 착오적인 사상과 타협하였다. 그들은 皇道는 일종 관념론으로 매장해버려야 한다고 인식하고 있다. 우리는 이런 주장을 철저하게 부숴버려야 한다.
소화유신에 대한 翼贊과 동아시아의 동향은 중대한 연관이 있다. 지금은 최악의 경우를 대비하여 神策을 마련하는 중요한 가을이 될 것이다.
인도독립운동도 실천의 시대에 진입할 것이다. 처음 들어가는 동지들이 이미 출발하였다.

처리: 원상 발송

발견 시간 및 지점: 3월 24일 승덕

발신자: 길림시 通天구 길림구락부 내 淸水二郎

수신자: (1) 경성부 한강통3-37 燕木淸三郎 (2) 동경시 芝구 三由四國정 5번지 山崎徹太

통신개요: 저는 일본과 만주에 모두 정치가 없다고 생각합니다. 있다면 "待合정치"?(공식적인 장소에서 정책을 결정하는 것이 아니라 다방이거나 요정에서 방침을 결정하는 일본식 정치활동. 역자 주)가 있겠지요. 이러한 정치는 자유주의사회에만 적용되는 것입니다. 시국은 급속히 발전하고 있고 민심은 흉흉합니다……중략……아무튼 소화유신의 단행을 기대하면서 우리 동지들은 행동에 나서고 있습니다.(同文二通)

처리: 몰수 후 그 동향을 비밀리에 조사

발견 시간 및 지점: 3월 23일 길림

발신자: 길림경찰청 大和町파출소 太田晃
수신자: 茨城현 西茨城軍 北山內村 太田進
통신개요: 백 원도 안 되는 봉급 가지고는 너무 힘들다. 우리는 그나마 괜찮지만 선전을 믿고 의용대에 온 스무 살 전후 되는 애들은 참 불쌍하다. 만약 내 친지라면 절대 이곳에 오지 말라고 할 것이다. 며칠 전 三家子라고 하는 곳에서 의용대원이 폭행을 일으켰는데 우리가 가서 取締하였다. 그들의 말을 듣고 나는 그네들을 몹시 동정하였다. 또 笠間에 있는 농업학교에서 拓士신부강습을 하였다는 신문기사를 본 적이 있다. 선전은 참 교묘하다. 금방 소학교를 졸업한 사람이 의용대를 찬미하는 소식의 선전을 듣고 만주에 오고 싶어 한다. 만주에 도착하면 다시 내지로 돌아가지 못하게 된다. 그러면 자연스럽게 나쁜 물에 젖게 되는 것이다.
처리: 몰수 후 경찰청에 연락하여 조사

발견 시간 및 지점: 3월 27일 길림
발신자: 돈화현 大石頭의용대훈련소 日高平
수신자: 길림시외 人造석유주식회사 鑛工실무훈련소 前田伊勢光
통신개요: 우리 만주군사건은 아주 재미있다. 3소대의 녀석이 공용으로 쓸 다기를 사러 갔는데 만주군에 의해 쿨리니 뭐니 하는 소리를 들었다. 그래서 만주군과 의용군 사이에 싸움이 일었다. 川原少將은 절대 이 일을 용서하지 않겠다고 하면서 당당하게 교섭을 진행하였다. 그 후 만주군 사단장과 연대장 등이 와서 사죄하였다. 우리는 몹시 기뻐하였다. 운운.
처리: 일부 삭제 후 당지 기관에 연락하여 감시

4

1940년

1940년 5월 20일
中檢第三九號

관동헌병대사령부
중앙검열부

통 신 검 열 월 보
(사월)

발송: 軍司(三)
복사송달: 憲司, 朝憲司, 支憲司, 中支憲司
각 지방 검열부, 상관부대, 教習隊
牡, 延, 北, 海, 東寧, 山村 각 부대 본부

秘

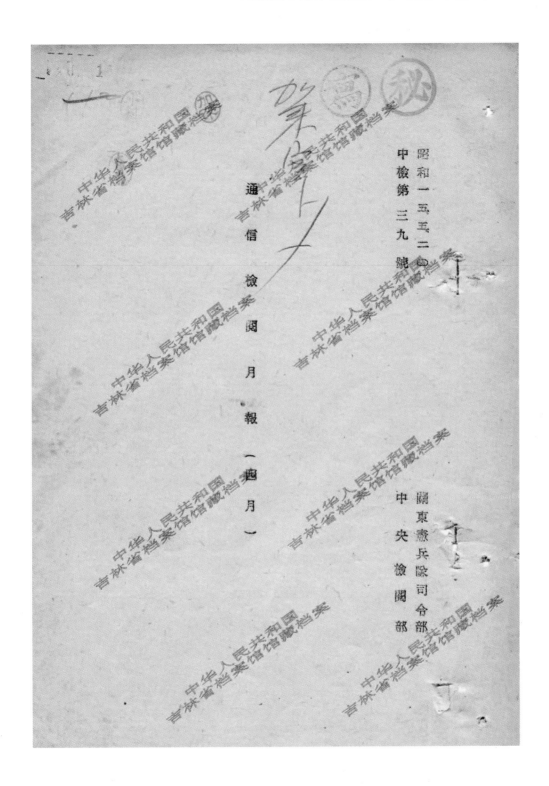

昭和一五、五、二〇
中檢第三九號

通信檢閲月報（四月）

關東憲兵隊司令部
中央檢閲部

發送先　軍　司（三）

寫　憲司、朝憲司、支憲司、中支憲司

各地方檢閲部、關係隊所、敎習隊

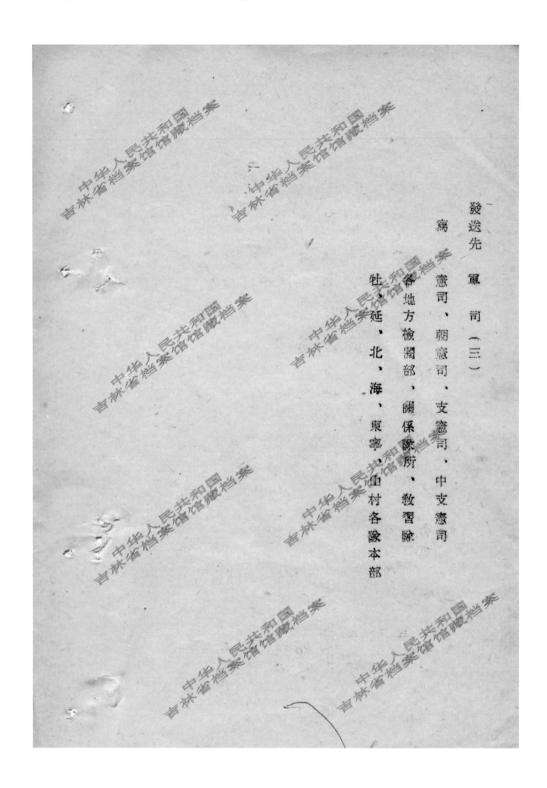

牡、延、北、海、東寧、山村各隊本部

目次

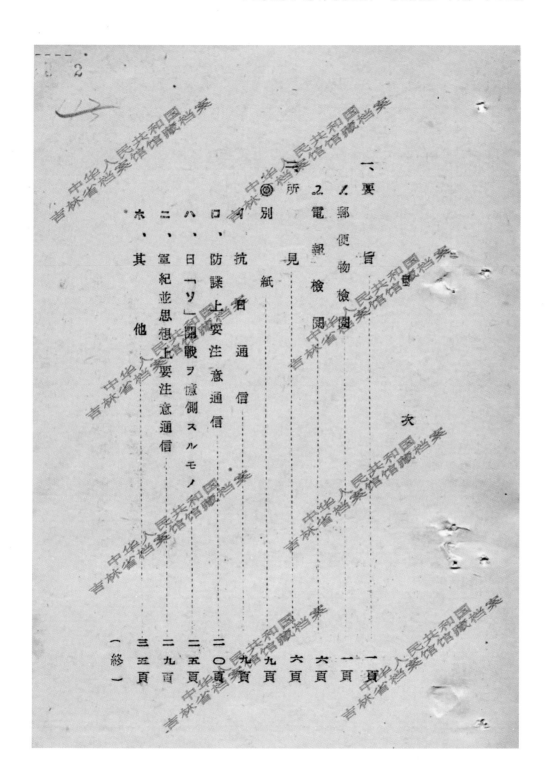

3

一、要旨

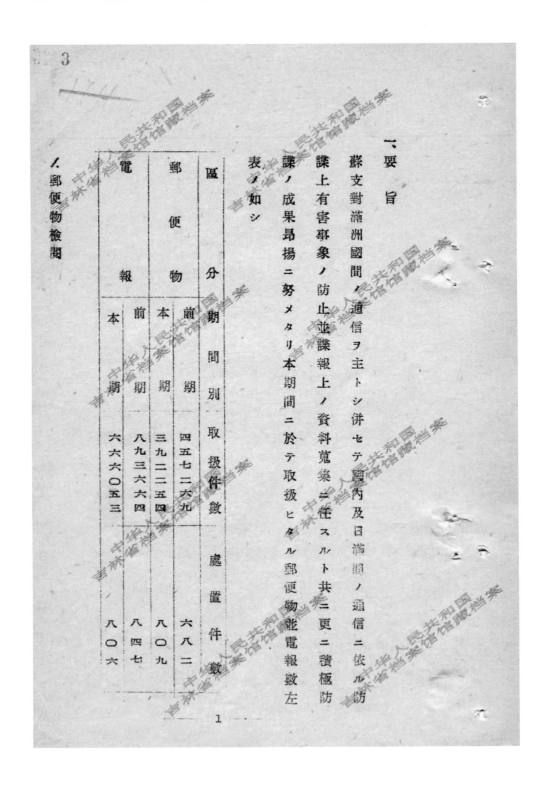

蘇支對滿洲國間ノ通信ヲ主トシ併セテ國內及日滿間ノ通信ニ依ル防諜上有害事象ノ防止並諜報上ノ資料蒐集ニ任スルト共ニ更ニ積極防諜ノ成果昂揚ニ努メタリ本期間ニ於テ取扱ヒタル郵便物並電報數左表ノ如シ

區分	期間別	取扱件數	處置件數
郵便物	前期	四五七二六九	六八二
	本期	三九二二五四	八〇九
電報	前期	八九三六六四	八四七
	本期	六六六〇五三	八〇六

イ、郵便物檢閲

1

國內及日滿間ノ通信中有害通信ハ前月ト大差ナク逐次有害ノ度ヲ低下シアルモノト認メラルルモ國外ヨリスル抗日通信ハ激增セリ
其重ナルモノノ種別內容要旨左表ノ如ク詳細別紙ノ如シ

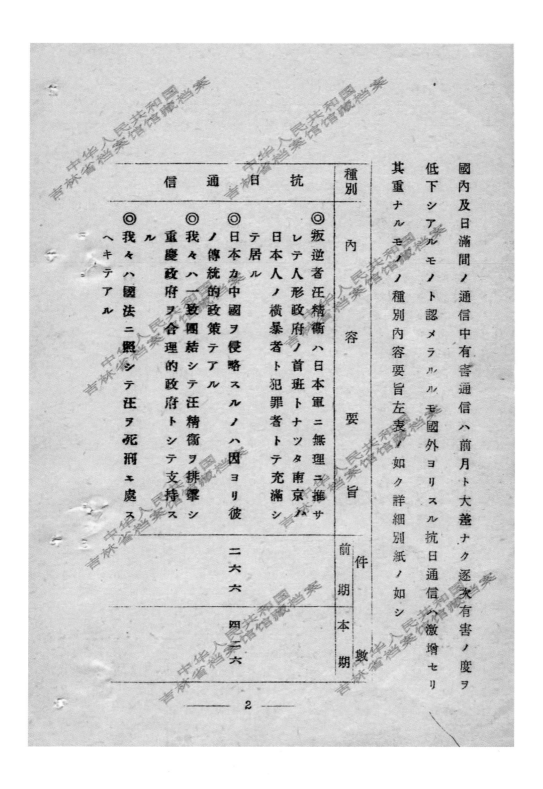

種別	內容要旨	件數 前期	件數 本期
抗日通信	◎叛逆者汪精衛ハ日本軍ニ無理ニ推サレテ人形政府ノ首班トナツタ南京ハ日本人ノ橫暴者ト犯罪者トテ充滿シテ居ル ◎日本カ中國ヲ侵略スルノハ因ヨリ彼ノ傳統的政策テアル ◎我々ハ一致團結シテ汪精衛ヲ排擊シ重慶政府ヲ合理的政府トシテ支持スル ◎我々ハ國法ニ照シテ汪ヲ死刑ニ處スヘキテアル	二六	四二六

4

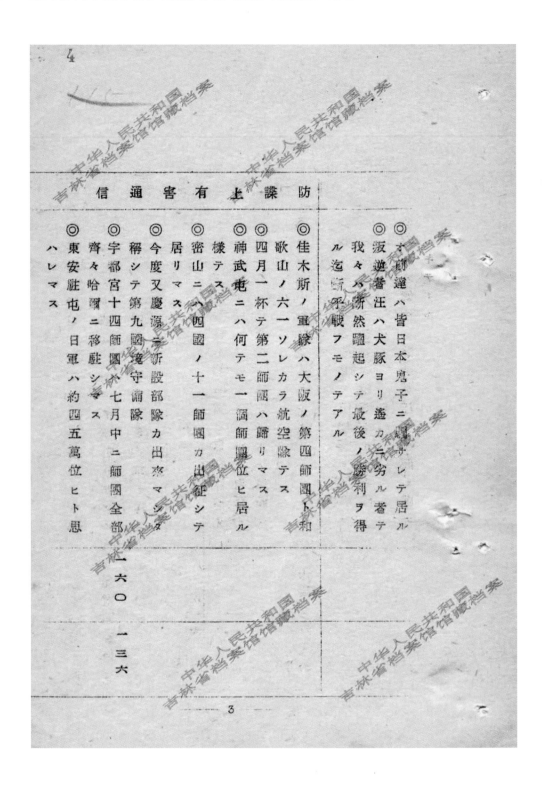

◎才前達ハ皆日本鬼子ニ騙サレテ居ル
◎叛逆者汪ハ犬豚ヨリ遙カニ劣ル者テ
我々ハ断然蹶起シテ最後ノ勝利ヲ得
ル迄断乎戦フモノテアル

防諜上有害通信

◎佳木斯ノ軍隊ハ大阪ノ第四師團ト和
歌山ノ六一ソレカラ航空隊テス
◎四月一杯テ第二師團ハ歸リマス
◎神武屯ニハ何テモ一個師團位ヒ居ル
様テス
◎密山ニハ四國ノ十一師團カ出征シテ
居リマス
◎今度又慶源ニ新設部隊カ出來マシタ
稱シテ第九國境守備隊
◎宇都宮十四師團ハ七月中ニ師團全部
齊々哈爾ニ移駐シマス
◎東安駐屯ノ日軍ハ約四五萬位ヒト思
ハレマス

一六〇

一三六

— 3 —

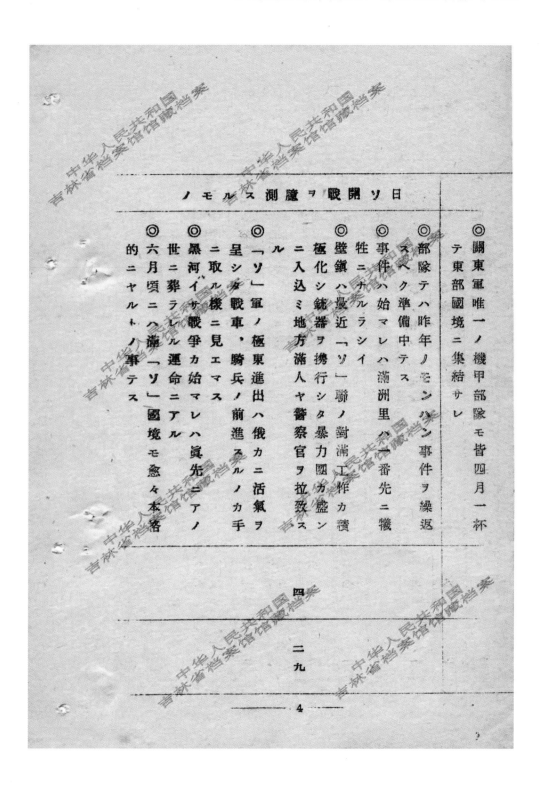

◎關東軍唯一ノ機甲部隊モ皆四月一杯
テ東部國境ニ集結サレ

日ソ開戰ヲ臆測スルモノ

◎部隊テハ昨年ノモンハン事件ヲ繰返
スベク準備中テス

◎事件ハ始マレハ滿洲里ハ一番先ニ犧
牲ニナルラシイ

◎壁鎭ハ最近「ソ」聯ノ對滿工作カ積
極化シ銃器ヲ携行シタ暴力團カ盛ン
ニ入込ミ地方滿人ヤ警察官ヲ拉致ス
ル

◎「ソ」軍ノ極東進出ハ俄カニ活氣ヲ
呈シタ戰車、騎兵ノ前進スルノカ手
ニ取ル様ニ見エマス

◎黒河ハイサ戰爭カ始マレハ眞先ニアノ
世ニ葬ラレル運命ニアル

◎六月頃ニハ滿「ソ」國境モ愈々本格
的ニヤルトノ事テス

5

◎昨今國境方面カ急ヲ告ケ越境事件カ續發シ如何ナルノカ解リマセン

流言ノ因トナル虞レアル通信	一八	三四
防諜上容疑ニ依リ偵諜中ノモノ	六二	四〇
軍紀並思想上要注意通信	六九	四九
不正行爲企圖ニ依リ偵諜中ノモノ	一〇	一四
國内治安不良ヲ報スルモノ	一七	一一
國策阻害ノ虞レアルモノ	一一	一六
中國ノ治安狀況ヲ報スルモノ	五	一
政府ノ施政ヲ非難スル通信	八	四
不敬記事	一〇	一

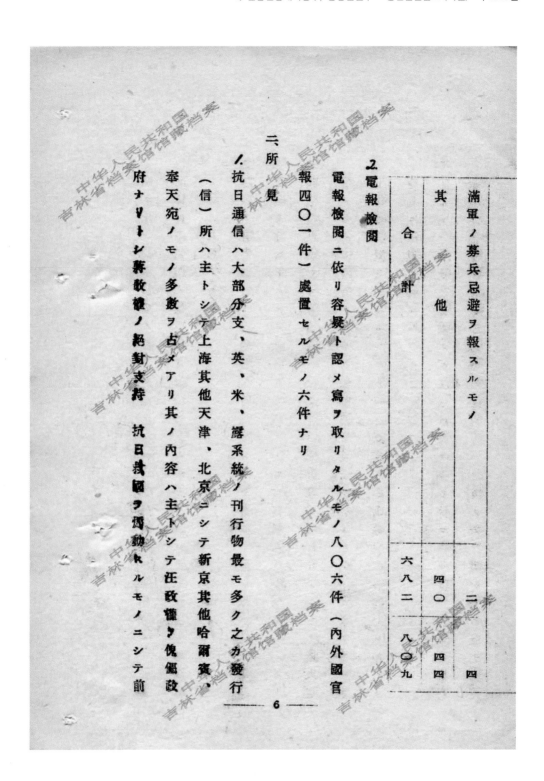

滿軍ノ募兵忌避ヲ報スルモノ	二	四
其他	四〇	四四
合計	六八二	八〇九

2.電報檢閲

電報檢閲ニ依リ容疑ト認メ寫ヲ取リタルモノ八〇六件（內外國官報四〇一件）處置セルモノ六件ナリ

二、所見

1.抗日通信ハ大部分支、英、米、露系統ノ刊行物最モ多ク之カ發行（信）所ハ主トシテ上海其他天津、北京ニシテ新京其他哈爾濱、奉天宛ノモノ多數ヲ占メアリ其ノ內容ハ主トシテ汪政權ヲ傀儡政府ナリトシ蔣政權ノ絕對支持　抗日救國ヲ煽動スルモノニシテ前

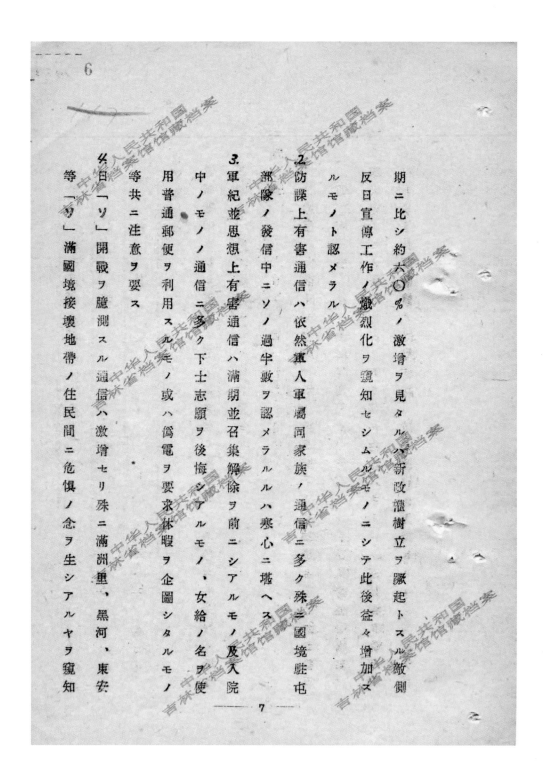

期ニ比シ約六〇%ノ激増ヲ見タルハ新政權樹立ヲ蹶起トスル敵側反日宣傳工作ノ熾烈化ヲ窺知セシムルモノニシテ此後益々増加スルモノト認メラル

2. 防諜上有害通信ハ依然軍人軍屬同家族ノ通信ニ多ク殊ニ國境駐屯部隊ノ發信中ニソノ過半數ヲ認メラルルハ寒心ニ堪ヘス

3. 軍紀並思想上有害通信ハ滿期並召集解除ヲ前ニシアルモノ及入院中ノモノノ通信ニ多ク下士志願ヲ後悔シアルモノ、女給ノ名ヲ使用普通郵便ヲ利用スルモノ或ハ僞電ヲ要求休暇ヲ企圖シタルモノ等共ニ注意ヲ要ス

4. 日「ソ」開戰ヲ臆測スル通信ハ激増セリ殊ニ滿洲里、黑河、東安等「ソ」滿國境接壤地帶ノ住民間ニ危惧ノ念ヲ生シアルヤヲ窺知

セシムルモノアリ

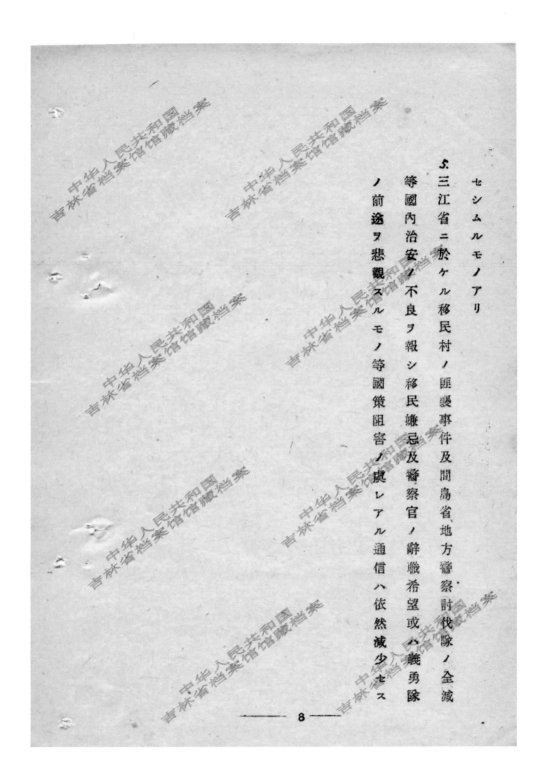

5. 三江省ニ於ケル移民村ノ匪襲事件及間島省地方警察討伐隊ノ全滅等國內治安ノ不良ヲ報シ移民嫌忌及警察官ノ辭職希望或ハ義勇隊ノ前途ヲ悲觀スルモノ等國策阻害ノ虞レアル通信ハ依然減少セス

7

別紙

イ・抗日通信

區分	件數 前期	件數 本期
抗日通信文	三三	四四
抗日刊行物	二三三	三八二
計	二六六	四二六

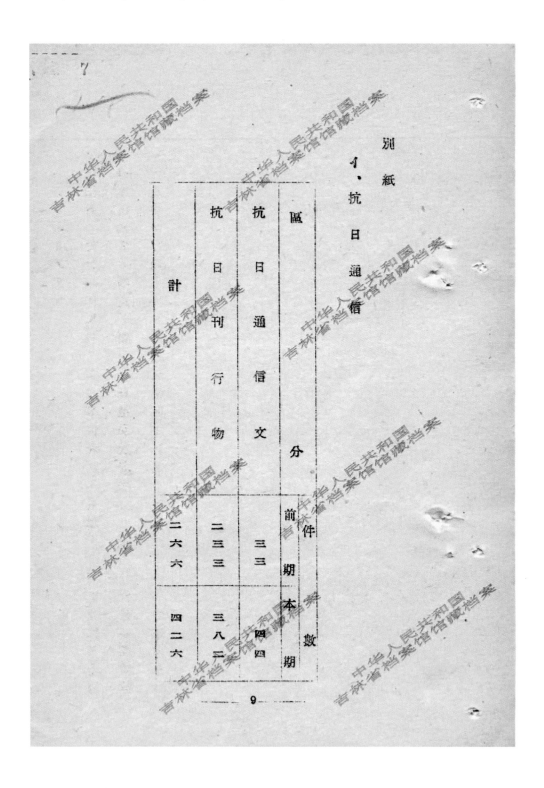

— 9 —

8

發見月日場所	發信者	受信者	[illegible]信[illegible]	[illegible]
四、二 哈爾賓	ボストン市 日刊雜誌 マソレ クラフルマン	哈爾賓 私書函二四八 ヘンリー ウイリー	要旨 支那(現在ノ滿洲ヲ指ス)ヲ支配シテ居ツタ哈爾賓松花江マソン結社ハ現在有名無實ノ狀態トナツタ此ノ結社ハ千九百二十八年六月五日租借地ヲ有スル在住英米商會關係者ニテ組織サレテ居ツタノテアル然ルニ其後日本ヨリ矮小ナル黃色人種カ來滿シテ當地方ノ政治經濟ヲ蹂躙シタタメマソン結社ハ閉鎖ヲ余儀ナクサレテシマツタノタ(英文)	沒收
四、四	ニユヨーク市 日刊新聞	哈爾賓	要旨 日本軍ノ手ニ依ツテ編成サレテ居ル支那ノ人形政府所屬ノ支那兵隊一千余名ハ場	沒收

哈爾賓	ニユヨーク タイムス	滿鐵 圖書館	子江某何岸ニ於テ蔣介石軍ニ寢替リシテ日本軍所有ノ小銃九〇〇野砲三門機關銃十二其他兵器多數ヲ掠奪逃走シタ云々（英文）	
四六 哈爾賓	米國 ネシユキリ市 宗教雜誌 カオルド マウツリツク	哈爾賓 テリンスカヤ 一三號 カウリロ ウヰチ	要旨 宣教師ツロイ女史ノ徐州戰場視察談トシテ左ノ如ニ談話ヲ發表シタ日軍ノ爲襲擊ヲ受ケタ徐州ヲ實地視察シテ來タカ一般支那民衆ヲ始メ私達教會迄大ナル被害ヲ蒙リ其ノ慘擔サハ言語道斷テアル、教會ノ書籍、家具其他アラユル財產ヲ皆日軍ノ爲掠奪サレ全ク目モ當テラレナイ、幾度カ日本當局ニ抗議ヲ申込ンタカ一向措置ヲ講シテ呉レナイ云々（英文）	沒收

9

四一七
上海
哈爾賓
ウィムス
哈爾賓
黑山街一二三
[illegible]クリノフ

要旨
汪精衛政府ハ結局滅亡スル
ノタ其原因ノ(一)ハ支那人ノ
知識皆級ノ根强イ道德團結
ト云フモノハ決シテ亂ルル
モノテナイ汪ノ下テ政治的
役割ヲ演シテ居ル少數ノ不
純分子カ潜在シテ居テモ一
向差支ヘナイ日本國內ニ於
テモ相當不純分子カ居ルノ
タ此レカ證據ニハ日本ニハ
汪精衛政府ヲ喜ハナイ中央
政權樹立ニ反對ノ二派カア
ルノテアル其ノ(二)ハ汪ノ下
テ政治ニ馳セ參シ居ル不純
分子ハ唯金ノ爲ニ自己ノ地
位ヲ得ル爲ニアルノテ國家
的觀念ハ毫モナイノタ、汪
政府等問題ニスル必要ハナ
イ、最後ノ勝利ハ吾々ニ歸
スルノタ云々 ─英文─

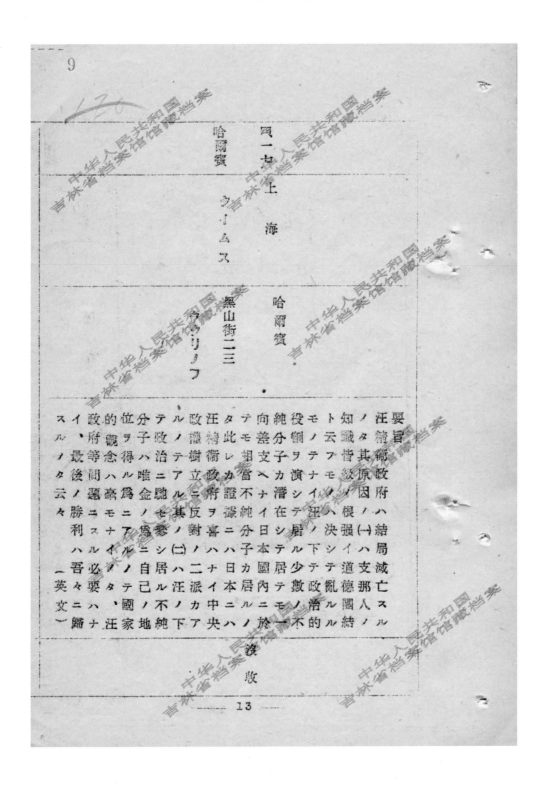

沒收

四一七
哈爾賓

シカゴ市
週間雜誌
タイム

哈爾賓
キタイスカヤ　四二
チクマン

要旨
支那愛國士ヨリ狙撃サルルヲ警戒シ日本軍ニ護衛サレツツ辛ウシテ南京ニ到着シタ叛逆者汪精衛ハ日本軍ニ無理ニ推サレテ人形政府ノ首班トナツタ、南京ハ日本人ノ横暴君ト犯罪者トテ充滿シテ居ル日本ノ検閲官ハ汪精衛ニ對スル文書ノ點検ヲシタリ支那新聞ヲ検閲シテ支那民衆ニ眞意ヲ知ラシメナイ様細心ノ注意ヲ拂ツテ居ル有様タ還遷政府ハ南京ノ人形首班ノ發表スル諸法令ハ一切無效テアルト聲名ヲ出シテ居ル、何時カハ汪ハ天罰ヲ受クル日カ來ルノテアルト云々（英文）

没收

14

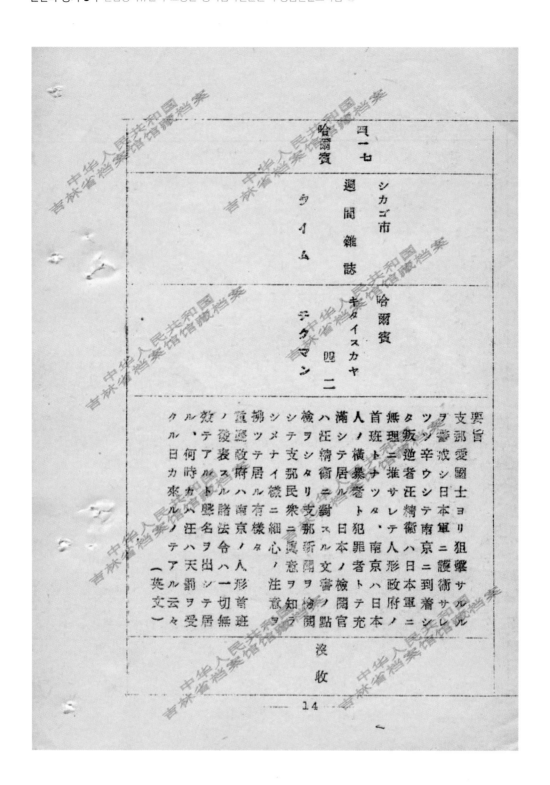

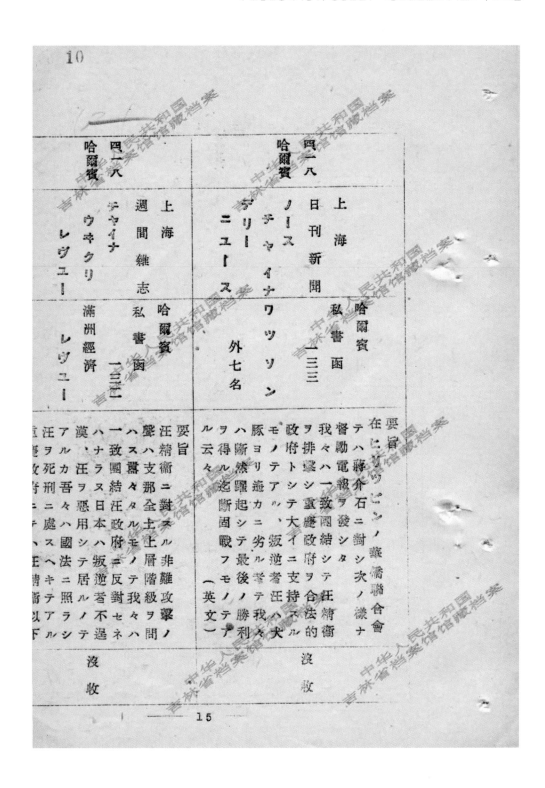

四一八 哈爾賓	上海 日刊新聞 ノースチャイナデリーニュース	哈爾賓 私書函一三三 ワッソン外七名	要旨 在ハルピンノ華僑聯合會テハ蔣介石ニ對シ次ノ樣ナ督勵電報ヲ發シタ 我々ハ一致團結シテ汪精衛ヲ排撃シ重慶政府ヲ合法的政府トシテ大イニ支持スルモノテアル、叛逆者汪ハ大豚ヨリ遙カニ劣ル者テ我々ハ斷然躍起シテ最後ノ勝利ヲ得ル迄斷固戰フモノテアル云々（英文）	沒收
四一八 哈爾賓	上海 週間雜志 チャイナウヰクリレヴユー	哈爾賓 私書函一三二 滿洲經濟レヴユー	要旨 汪精衛ニ對スル非難攻撃ノ聲ハ支那全土上層階級ヲ問ハス囂々タルモノテ我々ハ一致團結汪政府ニ反對セネハナラヌ日本ハ叛逆者不逞漢、汪ヲ悪用シテ居ルノテアルカ吾々ハ國法ニ照ラシ汪ヲ死刑ニ處スヘキテアル 重慶政府ニテハ、汪精衛以下	沒收

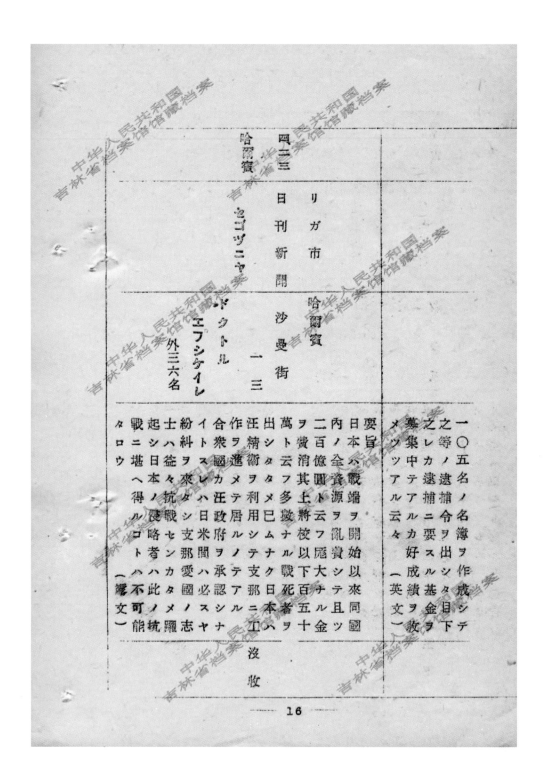

哈爾賓 四二三	リガ市 日刊新聞 セゴヅニヤ	哈爾賓 沙曼街 一三 ドクトル エフシケイレ 外三六名	要旨 日本ハ戰端ヲ開始以來同國内ノ全資源ヲ亂費シテ且ツ二百億圓ト云フ厖大ナル金ヲ費消其上將校以下百五十萬ト云フ多數ナル戰死者ヲ出シタタメ已ムナク日本ハ汪精衛ヲ利用シテ支那ニ工作ヲ進メテ居ルノテアル合衆國カ汪政府ヲ承認シナイトスレハ日米間ハ必スヤ紛料ヲ來タシ支那愛國ノ志士ハ益々抗戰セシカタメ躍起シ日本ノ侵略者ハ此ノ抗戰ニ堪ヘ得ルコトハ不可能タロウ（露文）	一〇五名ノ名簿ヲ作成シテ之等ノ逮捕令ヲ出シタ目下之レカ逮捕ニ要スル基金ヲ募集中テアルカ好成績ヲ收メツツアル云々（英文）	沒收

11

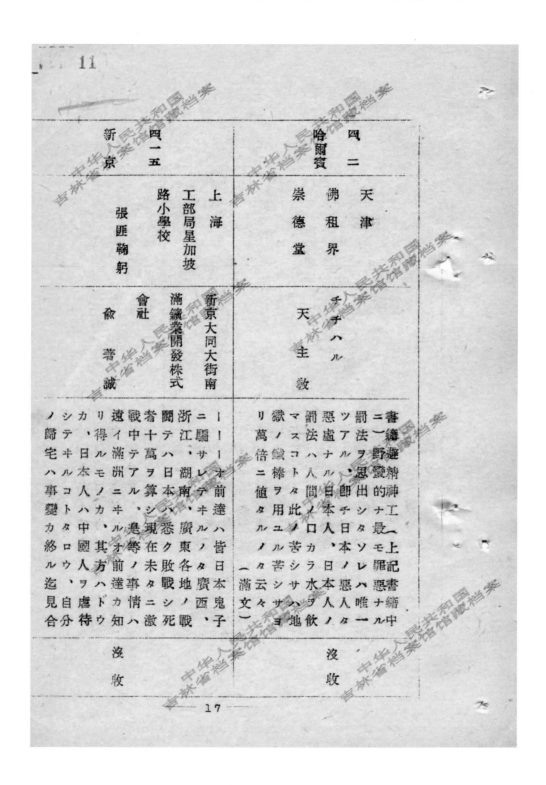

番號・地名	四二 哈爾賓	四一五 新京
發信者	天津 佛租界 崇德堂	上海 工部局星加坡路小學校 張匪鞠躬
受信者	チチハル 天主教	新京大同大街南 滿鑛業開發株式會社 兪著誠
内容	書籍「避精神工」上記書籍中ニ「野蠻的ナ最モ罪悪ナル罰法ヲ思出シタソレハ唯一ツアル、即チ日本ノ悪人タ悪虐ナル自本人、日本人ノ罰法ハ人間ノ口カラ水ヲ飲マスコトタ此ノ苦シサハ地獄ノ鐵棒ヲ用ユル苦シサヨリ萬倍ニ値タルノタ云々」（滿文）	――オ前達ハ皆日本鬼子ニ騙サレテ井ルノタ廣西、浙江、湖南、廣東各地ノ戰鬪テハ日本ハ悉ク敗戰シ死者十萬ヲ算シ現在未タニ激戰中テアル、是等ノ事情ハ遠イ滿洲ニ井ルオ前達カ知リ得ルモノカ、其方ハドウカ、日本人ハ中國人ヲ虐待シテ井ルコトタロウ、自分ノ歸宅ハ事變カ終ル迄見合
處置	沒收	沒收

セル事ニシヤウーーー

四 八 新京	湖南省辰縣辰場 雲然	吉林省蛟河縣梨樹鎮盛醞爐 趙秀智	ーーー汪政府成立ハ如何ナル芝居ー日本カーヲ打ツタノカ其ノ樂屋裏ヲ見タラ嘆キ且笑フタローーーー	沒收
四一八 新京	河南省封邱縣公署總務部長 朱小川	吉林省京白線前郭旗電氣區 王子良	ーーー現在ニ於テ間違ツタ考ヘヲ持ツテヰル君ハ大馬鹿者タ 君ハ日本軍ノ武威ハ神聖ニシテ不可侵、日本軍ノ援助ヲ以テスレハ何事モ成ラヌ事ハ無イト謂ツテヰルカ其ノ考ヘハ間違ツテヰルーーー	沒收
四一二 古北口	河南省秘陽縣劉塞西魏家歷門牌五號 萬生	熱河省圍場縣小孟奎玉德豐雙拐梓溝 葛才	家ヲ出テヨリ數年私モ一度歸ツテハ見度イトハ思ヒマスカ何分ニモ山ハ高ク路ハ遠シ其ノ上一切交通ハ絶タレ歸宅出來マセン貴方方モ御存シノ事テセウカ現在ハ	削除

— 18 —

12

即チ抗戰ノ時期テス私ハ抗戰ノ期ト謂フ事ノ爲ニモ又歸宅出來ナイ

四九 奉天	奉天遼中縣小新民屯春育堂 傅秉衡	雲南省城内門牌七十五號 于尚賢	一、最近日本商民ノ言ニ依レハ「日本國内ノ金庫ハ已ニ皆無ノ狀態ニシテ兵器彈藥ハ辛シテ現狀ヲ維持シ得ル程度ナリ國内ノ人民ハ均ク和平ヲ熱望シアルモ天皇ノ許ス處トナラス」云々 二、我等北省ノ「轟日軍」ハ連戰連勝ヲ博シツツ我カ武運ハ益々良好ナリ日本軍及警察隊ハ唯堅守ノ力アルノミニテ全ク攻擊能力ナシ御案シノ楊司令ノ玉体ハ甚タ健康ニテ萬事好都合ニ進捗シアリ	沒收 内偵中

四一六 奉天	北京西城 妹	奉天市大西關一經路神學院 崔小塩	――久シク別レテ居タ國旗――青天白日紅滿地・再ビ現在目ヲ開キ見レバ心ノ中ハ晴天ノ如ク爽快ニシテ日光下ニ照ラサレテ居ル樣ダ正ニ祖國ノ偉大ナル代表テアル然シ――此ノ羞恥ヲ知ラザル傀儡達――遷都?遷都	發送 內偵中

四・防諜上要注意通信

區分	件數 前期	本期
軍事施設並編成裝備ヲ報スルモノ	四八	四四
軍作戰行動移駐ヲ報スルモノ	二八	二四
固有部隊號ヲ報スルモノ	一五	一九
滿軍（警）要注意通信	七	四
其他	六二	四五
計	一六〇	一三六

13

發見月日場所	發信者	受信者	通信概要	處置
四、九 東安	東安 田中和部隊本部 北川幸生	大阪市住吉區駒川町八丁目一五 石川チヅ子	我カ戰車隊モ著々ト戰備ヲナシ「ソ」聯何者ゾト意氣込ンテ居リマス關東軍唯一ノ機甲部隊モ皆四月一杯テ東部國境ニ集結サレ今度コソ「ノモンハン」ノ仇ヲ報スヘク大童テス	沒收
四、七 東安	寶清 本田部隊井口隊 寺崎久四郎	山形縣北村山郡大石田町 戸田竹子	我カ騎兵旅團ハ昨年「ノモンハン」事件ノ影響ヲ受ケ本年二月其半數カ機械化部隊ニ變リ初年兵カ入營スル少シ前戰車隊トナリ愈々〇〇地ニ六月頃迄ニハ全部進出移駐スルコトニナリマシタ	沒收
四、一六 滿洲里	滿洲里南部街 鐵官舍 緯子	名古屋田代町堀割七〇一 濱田道子	「ソ」聯ノ山々カ遠クニ見エテ居リマス千二、三百名ノ將兵カコチラノ國境ヲ守備ニ來テイマス時局柄大變	削除

			タロウト思ツテイマス	
四一六 新京	東京市中野區桃園町二四 萩原秀子	新京市東三馬路 平井織之助	宇都宮十四師團テハ七月中ニ師團全部齊々哈爾ニ移駐シマス師團中三個聯隊カ各地ニ割當ラレマス宇都宮歩兵五九ハ何處ヘ行クコトニナルカ分リマセンカ又留守ニナリマス	没收
四三〇 新京	琿春 佗美部隊舞隊 染谷忠夫	吉林市吉林倶樂部清水方 大垣惠亮	今度又慶源ニ新設部隊カ出來マシタ稱シテ第九國境守備隊（401）一家カラモ思ヒ掛ケヌ人カ出マシターーー	削除
四二六 奉天	上海 特務機關崇明班 赤藤多喜夫	北滿 黑河阪田部隊山内隊 赤藤松郎	特務機關ナルモノハ昔ハ敵ノ情報ヲ探ル爲ノ機關ヘスバイ一ナリシカ現在ハ全然ソノ要ナク支那側政治機關ノ上ニ居リ之ヲ指導且班内ノ政治工作、謀略工作、武力工作ヲ行フ機關テアリマス	削除

22

14

			中央政府成立後ハ特務機關モ漸次ソレニ合流スルモノト見ラレテ居リマス云々	
四、三〇 奉天	奉天南部部隊 堀田隊 落合尚平	栃木縣下都賀郡桑村大字羽川 落平敬作	「ノモンハン」事件ニ鑑ミ毒瓦斯就中窒息瓦斯ヲ大量使用シ教育隊全員ニ亘ル聯合演習ニシテ此ノ成果ヲ見ル爲全滿各部隊大隊長カ來奉サレ參謀本部青木高級參謀ノ教育指導ヲ受ケル模様テス	削除
四、四 琿春	琿春佗美部隊舞隊 岩崎常次	東京市大森區馬込町一ノ三六四 ブヘルト内 岩崎靜江	琿春佗美部隊步兵第七十七聯隊テアリマス土門子ハ步兵第七十八聯隊テス國境線ハ私達カ交替ニ、三ケ月宛一ケ中隊約三百名位テトーチカニ這入ツテ警備致シマス非常ニ面白イ生活テス	削除
四、九 琿春	琿春ニテ 畠山藤太郎	宮城縣仙台市内 畠山喜一	大体琿春駐屯隊ハ防諜〱テ能クハ判明致シマセンカ私ノ見聞シタ處ニ依ルト旅團司令部ノ外土門子ラ算入シテ步兵二ケ聯隊其他砲兵大隊自動車一ケ大隊陸軍倉庫及陸軍病院等アリマス陸軍病院ハ二等病院タソウテス、琿春ニ今後ハ澤山ノ軍隊カ這入ツテ相當ナ發展	沒收

			ヲ致シマセウ今度又國境守備隊ガ出來ルソウテス	
四一六 圖們	圖們滿鐵 春風寮 七ノ九 三宅一雄	新京市北大街 電々社員 養成所 三宅良夫	國境方面ニ新設鐵道測量ノ為一ヶ月位飛行機ヲ飛ハシマシタ今東部國境殊ニ琿春、東寧方面ハ來ルヘキ對蘇戰ニ備ヘテ軍事工事特ニ自動車道路鐵道其他飛行場「トーチカ」建築ニ全速力ヲ擧ケテ居ル之等ハ凡テ地中ヤ山中ニアッテ外部カラハ全々見ラレヌモノハカリテス此ノ樣ナ事ハ他人ニ言ッテハナリマセン	削除
四二一 吉林	吉林市 第一軍管 區顧門部 小西延雄	間島省延 吉市除海 部隊無線 電臺長 駒高時雄	牡丹江移駐ノ件未タ發令ハナイノテスカ野副部隊討伐隊司令部ノ討伐計畫ハ四月ヨリ第二期ニ入リ九月ヲ以テ終末トノコトト移駐ハ其ノ後ト存シマス云々	削除

— 24 —

15

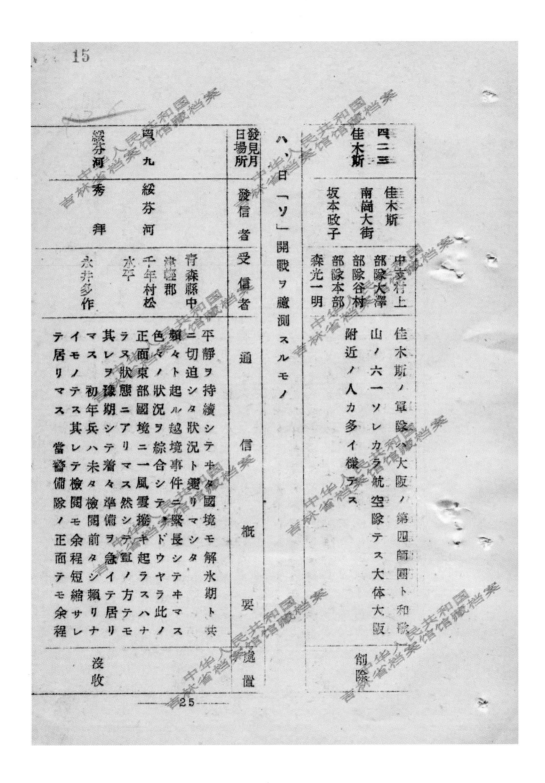

發見月日場所	發信者	受信者	通信概要	處置
四、二三 佳木斯	佳木斯 南崗大街 坂本政子	中支村上部隊大澤部隊谷村部隊本部 森光一明	佳木斯ノ軍隊ハ大阪ノ第四師團ト和歌山ノ六一ソレカラ航空隊テス大体大阪附近ノ人カ多イ様テス	削除

八、日「ソ」開戰ヲ臆測スルモノ

發見月日場所	發信者	受信者	通信概要	處置
四、九 綏芬河	綏芬河 秀 拜	青森縣中津輕郡千年村松木平 永井多作	平靜ヲ持續シテ來タ國境モ解氷期ト共ニ切迫シタ状況ト變リマシタ頻々ト起ル越境事件ニ緊張シテキマス色々ノ状況ヲ綜合シテ・ドウヤラ此ノ正面東部國境ニ一風雲捲キ起ラスハナラヌ状態ニアリマス然シテ當ノ方テモ其レヲ豫期シテ着々準備ヲ急イテ居リマス初年兵ハ未タ檢閲前タシ頼リナイモノテス其レテ檢閲モ余程短縮サレテ居リマス 當警備隊ノ正面テモ余程	沒收

			大仕掛ノ工事ヲ進メテ居ルト言フ偵察班ノ報告テス斯ウ言フ方面カラシテモ三年兵ノ滿期モ至難ト思ハレマス、勿論吾々ノ歸還ハ豫想モ及ヒマセン――後略――防諜ニ觸レル樣ナ事ガアルカモ知レマセンカラ特ニ四錢ヲ張リ込ミマシタ	
四六 滿洲里	滿洲里 分關 玉川 清	宮城縣志田郡古川町西館五二一 玉川人工	一度「ソ」聯ト戰火ヲ交ヘレハ我カ滿洲里ハスク幾多ノ犧牲者ヲ出シテ灰ノ都市ト化スル主要都市テス時々「ソ」聯ト入境兵トノ交戰テ我方ト「ソ」聯兵ト戰ノ銃器ノ音ヲ我々ハ聞キマス	削除
四一七 東安	東安ニテ 隆 ヨリ	熊本縣八代郡交敬 林 原 植原スヘノ	叔父サンハ「良ケレハ行クカラ返事クレ」ト言ハレマシタカ國境カ近時騷シクナリマシタノテ若シ戰爭カ始マレハ東安ハ第一ニ戰爭ノ巷トナリマスカラ來ナイ方カ良イト思ヒマス匪賊ノ出ル心配ハアリマセンカ軍隊○ケ師團モ集中駐屯シテ居リマス其レタケニ尙心配テス	沒收

16

四一五 東安	東安田中部隊 金子久保	東京市板橋區下赤坂町一五三二 金子二三	部隊テハ昨年ノ「ノモンハン」事件ヲ繰返スヘク準備中テス私等ハ私物整理ノ爲風呂敷一ケニ取纏メ何時テモ送レル様ニシテ待機シテ居リマス若シ始マルト物凄イ場面ヲ展開セシムルコトト思ヒマス毎日ノ實戰同様ノ演習ヲ實施シテ居リマス	沒收
四四 牡丹江	滿洲國牡丹江 中根久太郎	東京市淺草區左衛門町一 中根芳之助	以前カラ解氷期ニナレハ應急派兵カアルノカ滿洲部隊ノ例ニナツテオリマスカラ近クアルタロウト言フ噂カ專ラテシタカ最近ニ至ツテ其ノ風評ハ愈々確實性ヲ持ツテ來マシタ當隊ハ綏芬河ノ交ハ東寧方面ノ第一線警備ニナルトノ專テアリマス恐ラクソレハ初年兵ノ教育カ終ツタ後ト思ヒマス我等ハ第一線ニ進出シ戰フ時前ノ「ノモンハン」事件ノ經驗ニ徴シ敵ノ裝備ノ優秀ナルハ知レテオリマス相當ノ苦戰ハ免レヌテセウ	削除

27

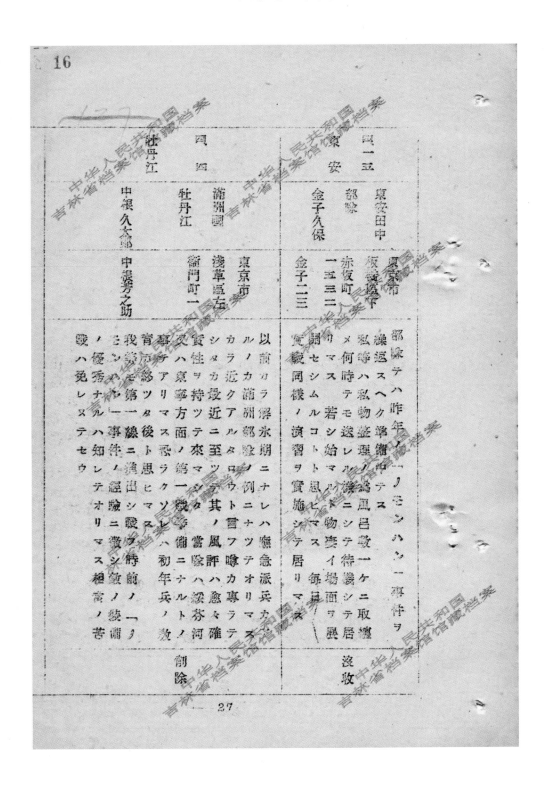

四二二 滿洲里	滿洲里驛ニ於テ 井上	東京市荒川區江戸川町三〇〇 井上德治	滿洲里ノ國境ハ地勢的ニ我カ方ニ不利ト云フ事ヲ現戰ニ來タ將校カ話シテキタヨ、向フノ「ソ」聯ノ陣地ハ高イノテス事件カ始ツハ滿洲里ハ一番先ニ犠牲ニナルラシイヨ、第一線ハ危險テス	削除
四一六 牡丹江	牡丹江鐵道建設事務所設計係 武藤寶善	福島縣師範學校寄宿舍四十三號 高橋俊夫	濱綏線モ複線トナル工事日々ニ進ミ一ソ」聯ト東滿ノ國境ニ在リテハ其ノ邊一未開ノ地トシテ顧ミサル處ナルカ今ハ堅固ナル「トーチカ」有リ山一ツ要塞ニナツテ居リ鐵道モ敷カレ物々シクナツテ居ル「ソ」聯モ同様ニナツテ居ル事テセウ「ノモンハン」事件ニ於テ日本軍多大ノ損害ヲ受ケ空ニハ勝利ヲシタカ陸軍ハ負戰トシテ終リマシタ天皇ノ身代リトモナル軍旗三本モ取ラレタトノ事「ソ」聯ニ於テハアノ河ニ橋ヲ造リ空カラ見エナイ様ニ造リ夜暗ニ乘シテ兵隊戰車ヲ集メ橋ヨリ渡シ我カ軍ノ負戰ニ力ヲ注キマシタ	沒收

— 28 —

17

四一九 黒河	交通部黒河土木工程處人事股 福良一男	熊本縣熊本市黒髪町五高北西詰 北林一光	黒河モイサ戰爭カ始マレハ眞先ニアノ世ニ葬ムラレル運命ニアルノダ三千人モ居ル日本人ヲドウシテ助ケルカ中々重大ナ問題トナツテキルラシイ而シ軍部トシテハ此ノ黒河ハモウ放棄ノ覺悟ラシイノダソレテ軍トシテモ重大性ハムシロ黒河ノ手前ノ神武屯璦琿附近ニ置イテイルラシイソシテ其處テ軍ヲ引止メル作戰ノモトニ策戰シテイルラシイノダ	沒收

二、軍紀並思想上要注意通信

區分	件數 前期	件數 本期
軍紀弛緩ヲ窺ハルルモノ	二二	二五
反軍反戰ノ虞レアルモノ	九	三
第一線勤務又ハ軍隊生活ヲ嫌忌スルモノ	一四	六

29

現役軍人ノ不平不滿	〇	六
兵役忌避ノ虞レアルモノ	三	一
思想上要注意通信	九	二
軍隊誹謗	一	二
滿期除隊（召集解除）ヲ報スルモノ	三	三
其他	八	一
計	六九	四九

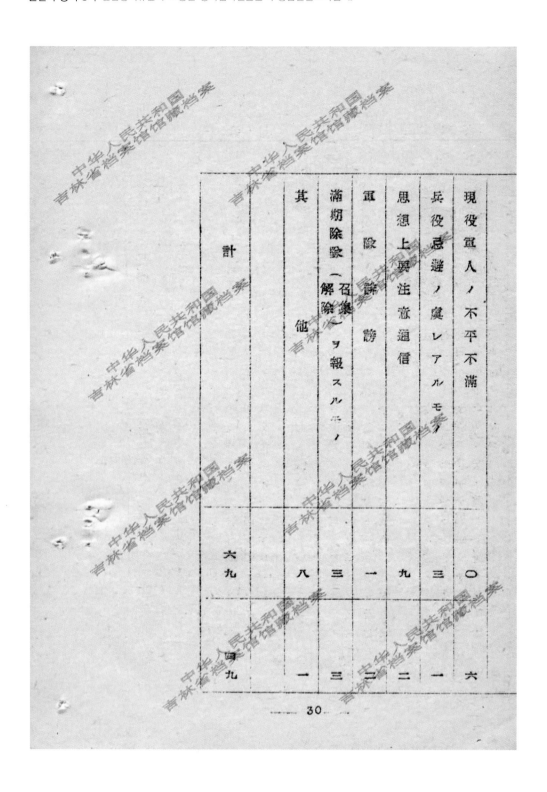

— 30 —

發見月日場所	發信者	受信者	通信概要	處置
四二〇 安東	黑河 陸軍病院 片山正次	安東市 滿鐵病院 高沼道博 外二	オミキハ相變スラス來黑以來酒ノ氣ノナイ日幾日ソト云フ有様、夜ナ〳〵町ヘ下リテ行キマス ー ー ー 頻々トシテ、泊リテス今週先週ヲ通シテ實ニ六回モ宿直ヲヤラセラレマシタ馬鹿〳〵シイノテ適當ニスラスラカシテ出テ行キマス	削除
四一一 大連	軍艦磐手 第七分隊 喜枝末好	上海東有垣路五〇 三ノ四一 江南アルミ社宅 春藤一二美	五月ハ佐世保ニ歸港スルト思ヒマス一日モ早ク滿期ヲ待ツテ居リマス社會ノ空氣ヲ吸ツテ見タイ浮世ノ風ニ當リヌイト思フ入團シテ已ニ六ケ年ホントニイヤニ成ル君ト宮本君ト三名テ入團シタノニ自分タケ最後迄殘サレテ實ニ殘念タ	削除
四六 東寧	井原部隊 横山隊 稻塚元春	山梨縣北都留郡上野原町 新井 清水親男	ーーー壹隊テハタメタヨ人間ノ様ナ氣持カシナイヨマルテ縛ラレテ居ル様タ毎日〳〵土煙リノ中テ馬乗リテハナ、イヤニモナルソ國ノ爲タト思フカラ仕方ナシタ云々	沒收

四二七 佳木斯	佳木斯 陸軍病院 出原二男	大阪府泉 南郡日塚町 橋　本 出原富久	病院ニ居レハナニモ仕事ヲシナクテモ ヨイカラネ、中々呑氣ナ事ヲ考ヘテ居 ルタロウ隊テ歸ヘル準備ノ出來上ツタ 處ヘ歸ツテ皆ト共ニ內地ニ歸ヘル樣ニ スレハ一番樂ナンタカラネ軍隊ニ居ル 間ハ出來ルタケ樂ナ方ヘ廻ラナケレハ 損タ	削除
四一 東安	東安黑岩 部隊本部 朝　助	沖繩縣郡 八市外壺 川二區 三八〇 島袋ウシ	母樣オ願カ一ツアリマス 無理ニ歸ロウトシテモ歸ルコトカ出來 マセン　何カ私情カアレハ歸レマス 此ノ手紙ノ着キ次第次ノ樣ナ電報ヲ打 ツテ下サイ 「ハハキトクスクカヘレ」	沒收 (注意中)
四一一 牡丹江	關東州柳 樹屯陸軍 病院 松本精一	三江省佳 木斯岩部 部隊 大石隊 岡部敬三	小生目下大連近傍ニ漂着今一息テ內還 ト言フ處テ、ストツフトハ殘念ノ至リ 兄ヨ滿洲アタリテ病死シテハ全ク犬死 タ輕イ〇〇ニナツテ內地ヘ歸レヨ死ン ネテ花實カ咲クモノカト古言カアルカラ	削除

19

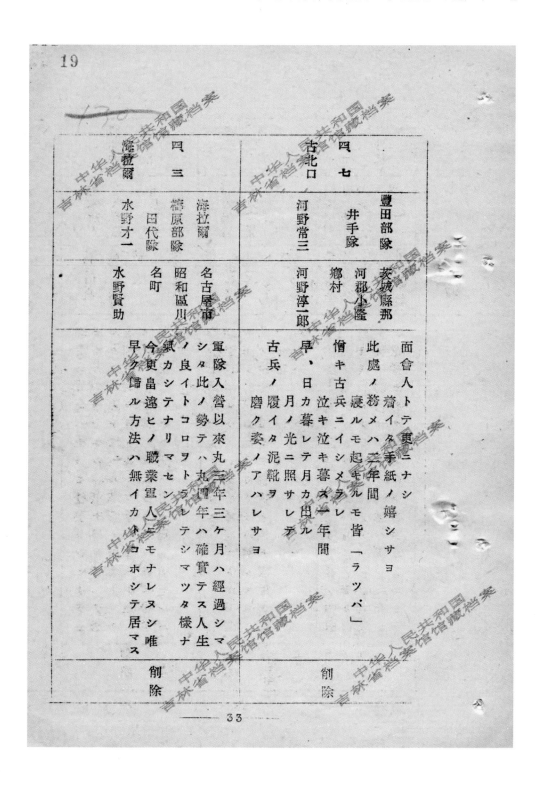

四七 古北口	豐田部隊 井手隊 河野常三	茨城縣那河郡小隆鄉村 河野淳一郎	面會人トテ更ニナシ 着イタ手紙ノ嬉シサヨ 此處ノ務メハ二年間 寢ルモ起キルモ皆「ラツパ」 憎キ古兵ニイシメラレ 泣キ泣キ暮ス一年間 早、日カ暮レテ月カ出ル 月ノ光ニ照サレテ 古兵ノ履イタ泥靴ヲ 磨ク姿ノアハレサヨ	削除
四三 海拉爾	海拉爾 檮原部隊 田代隊 水野才一	名古屋市昭和區川名町 水野賢助	軍隊入營以來丸三年三ケ月ハ經過シマシタ此ノ勢テハ丸四年ハ確實テス人生ノ良イトコロヲトラレテシマツタ樣ナ氣カシテナリマセン今更畠違ヒノ職業軍人ニモナレヌシ唯早ク歸ル方法ハ無イカトコホシテ居マス	削除

20

ホ、其他

發見月日場所	發信者	受信者	通信概要	處置
四六 龍井	延吉縣竜水坪部落警防隊 李秉鉉	龍井街朝日區 李仕鉉	見ヨ現在ノ警察官ハ本當ニ馬鹿ラシクテナラン危險ナル討伐ハカリ續ケテ居ルカラ私ハ辭職致シマス	削除
四六 龍井	五道陽岔森林警察隊第二小隊 李永哲	咸北山部農事洞警察官駐在所 崔萬哲	私ノ小隊ノ駐屯地ヨリ本部迄四十滿里一小隊カ十三名宛居リマスカラ危險テス兎角私ハ今辭職願ヲ提出シテ居リマス退職後ハ農業ニ從事スル積リテス ーー此頃中隊ノ方テハ仰々讀極的ナ運動カ始ツタラシイ一月下旬俺カ分離問題ヲ提唱シテヨリ二ケ月後ニ愈々其具体的運動カ始メラレタルノハ嬉シイ限リタ 暴力制壓下ノ下ニ甘ンシテ唯與ヘラレ	削除

已制卡

已制卡

已制卡

四四	綏芬河	太嶺青年義勇隊訓練所？ Y.K	長野縣南佐久郡川上村梓山 川上三四郎	タル運命ニ絶對ニ從順ニ生活スル事ヨリ外ニ自分ノ進路ヲ開拓スル事モ又ハ自分一個ノ金ヲ求メル事モ出來ナイ小羊ノ群トモ云フヘキ集リテアツタ――中略――斯ウシタ制壓ハ常ニ威示的暴壓的テ決シテ理論的テハナカツタ――中略――國々ノ隊員其ノ者カ既ニ惡カツタノタ、其レハ、既ニ現在ノ義勇軍ノ採用法カ惡ク、又其ノ採用方法ヲ取ラナケレハナラナクシタ大量移出策ニ既ニ無理カ有ルトハ考ヘル即チ國策トシテ質ヨリ量ノ大移出ヲ策トシタ事ハ非常ニ大キナ誤策テ有ツタト思フ如何ニ惡質ナ義勇軍テモ入殖サヘスレハ半ハ成功タト考ヘハ移民系ノ大人（主腦部）ニ存スル樣ニ思ハレテナラナイカ實際何ウカト思フ 現地ニ於ケル義勇軍カ此ノ間又非常ニ騷ク、僕等ニ最モ近イ紫陽訓練所ハ此ノ二、三日前所長排擊ヲヤツテ、所長ヲ首ニシタアケク幹部モ全部ヤメルラシテ、憲兵カラ兵隊マテ出動シテ大騷
				沒收

21

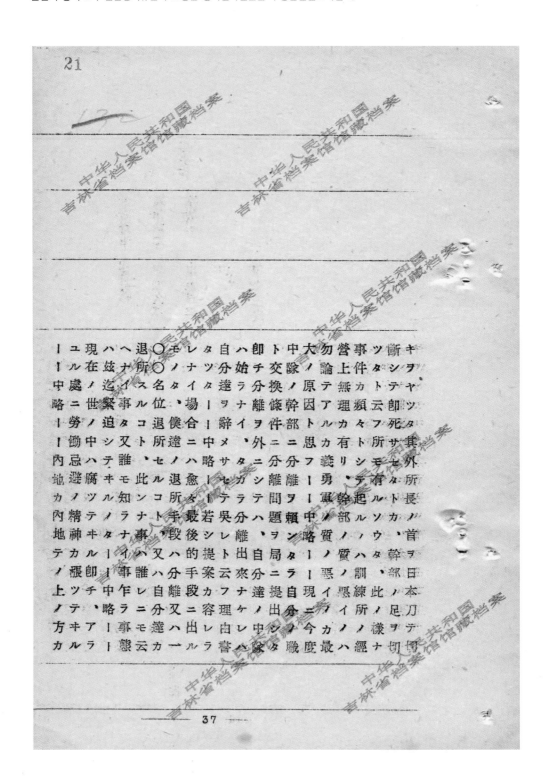

キヲヤツタ其外所長ノ首ヲ日本刀デ切
斷シテ卽死サセタトカ、幹部ノ足ヲ切
ツタト云フ所モ有ルソウタ、此ノ樣ナ
事件カ頻々トシテ起ルノハ訓練所ノ經
營上無理カ有リ、幹部ノ質ノ悪イノハ
勿論テアルカ義勇軍ノ質ノ悪イノカ最
大ノ原因ト恩フーー中略ーー現ニ今度
中隊ノ幹部ニ分離ヲ賴ンタラ自分ノ職
ト交換條件ニ分離問題ヲ局ニ提出シタ
卽チ分離ヲ外ニシテハ、自分達ノ中隊
ハ始ラナイ、タカラ分離出來ナケレハ
自分達ヲ辭メサセテ吳レト云フ理由書
タツターー中略ーー若シ提案カ容レラ
レナイ場合ニハ愈々最後的手段ニ出ル
モノタ、僕達ノ退所手段ハ分離又ハ一
○○名位退所セルコト、又ハ自分達カ
退所スルコト、此ンナ事ハ誰レニモ云
ヘナイ事タ又誰モ知ラナイ事乍ラ事態
ハ玆迄緊迫シテヰルノターー中略ーー
現在ノ世ノ中ハ腐ツテヰル卽チ、アラ
ユル處ニ勞慟忌避ノ精神カ脹ツテヰル
ーー中略ーー內地カ內地テノ上ノ方カ

腐ツテキル、農村カ腐ツテキルカ未タ未タ良イ方タ・野郎共カフサケテキヤカルカラ俺モ仕事ナンカ眞平タト・農村カ腐レハ日本ナンカスク倒レル悪イ奴カフサケテハカリキルカラ俺達モ仕事ナンカ厭ト云ヘハ義勇軍ナンカ成リタクナイ縁ノ下ノ力持チカーーー中略ーーー今度ノ手術テ左ノ畢丸ヲ完全ニ取リ去ツテシマツタ義勇軍ニ來テ榮養不足ノ為結核菌ニ侵サレテ、畢丸ヲ取ツタナンテ云フ事ニナルト義勇軍ノ生活モ考ヘサセラレル義勇軍（中隊）ニ約一割五分位結核菌又ハ相當進ンタ呼吸器病タト診斷サレテキル者カアルカト、此ノ樣ナ生活狀態ノ下ニ生活スルコトハ大キナ社會問題タト思フ、國家ト云フ奴ハ中々自分勝手ナ奴テ、自分ノ手ノ内ノ内ノ握リツフシテ知ラヌ顔ヲシテ居ル、厚生省邊リテ何シトカシテ貰ヒタイ　大キナ事業ノ為ニハ多クノ犠牲者カ出ル成程俺モソウ思ツテオルノ而シ五割モ六割ヲモ精神的肉体的ノ犠牲者

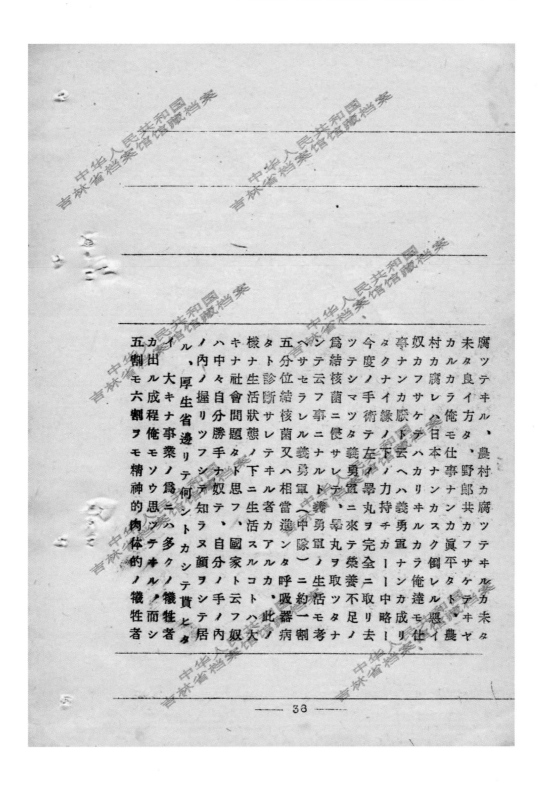

22

ヲ出ス樣テハ如何ニ必要ナ事テモ止メルカ又ハ時期ヲ待ツカ方法ヲ換フルカ經營方針ヲ變ヘルカスル事ヲ望ム・郎チ渡滿シテ發病シ滿洲ニ於テ全治見込ナキ者ハ內地ニ療養ニヤルカガ一例タ今ノ樣ニ死ヌ事カ判ル者ラ死ヌ迄僅クトカ・愈々トナツテ實家ニ歸ス等ハ餘リト云ヘハ餘リタ・血ヲ吐ク病人ト一緒ニ居テ而モ何ントモ手ノ施シ樣カ無イ・病人ハ日々衰ヘテ行ク・ソレカ自分ト仲ノ良イ同郷ノ友達タツタリスル時普通ノ血ノ通ツテヰル人間ナラ大低理性モ糞モナクナツテシマウ衛ナンカソウタ昨年六月牡丹江迄行ツタラ何大丈夫タ位テ追歸ヘサレテ了ツタ・オ蔭樣テ今頃一ツ取ルテ事ニナツテ了ツタ之カ大事達成ノ爲ノ犧牲カ

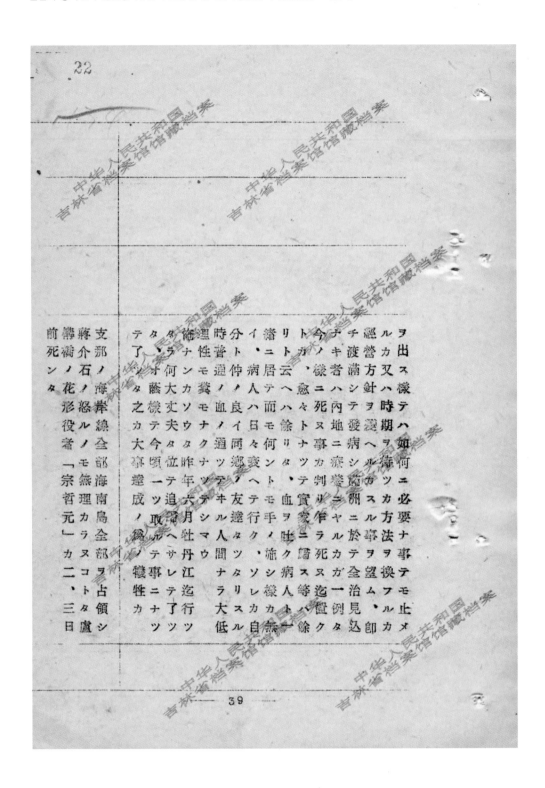

支那ノ海岸線全部海南島全部ヲ占領シ蔣介石ノ怒ルノモ無理カラヌコトタ盧溝橋ノ花形役者「宗哲元」カ二、三日前死ンタ

四一八 東安	東京中央郵便局庶務科 鬼澤豪步	北滿密山縣東安省長官房庶務科 榊原康一	事變ノ發端者カ死ンタノタカラ是ノ調子テ事變モ死ンテ欲シイモノタ（中略）人間ハ今戰爭ヲシテ居ル「此處迄ハ俺ノ土地タネ」「何ヲ云フ是レハ俺ノタ」「馬鹿俺ノ地タ、聞拔ケ目」？血ト土トヲコネテ土地ノ奪ヒ合ヒタ何百萬人ノ人間カ「ホロンハイル」テ戰ツタ「ノモンハン」テモ戰ツタ同シ土地テハアルカ人間ハ二ツノ名ヲ重ネル其レモ良イトシテ生キテ居ル人間ハ恐シイ藝當ヲスルモノタ「自然ハ如何」何ノ闘係モ知ラナイト言ツタ風テ春ハ櫻ヲ夏ハ海ヲ秋ハ梧桐ノ葉ヲ落ス冬ハ冬テ眞白ナ雪ヲ降ラシテ人間ニ「サービス」ヲスル「自然ハ乾度笑ツテ居ルタロウナ」「何ノ爲ニ戰爭スルノカ」ト	發送（注意中）
四二二 佳木斯	勃利青年義勇隊勃利青年訓	勃利縣城內 門田直齋	今日義勇隊訓練生徒四十名程我々幹部ノ官舎ヲ襲撃スル目的テ行動ヲ起ス等現在ノ義勇隊ノ幹部トシテトテモ勤メルコトカ出來マセン一時モ早ク今ノ仕事カラ足ヲ洗ヒ度イト思ヒマス何處カ	沒收（內偵中）

23

	練所第一大隊第二中隊 三浦 生		働ク處カアリマシタラ見付ケテ下サイ コンナコトヲヤツテヰルト早死シマス 義勇隊ノ生徒ナンカ一人モ良イ者ハ無ク將來思ヒヤラレル者許リテス	
四一六 奉天	上海 禮査飯店 放送局 伊藤整三	滿洲國奉天省本溪湖本溪湖煤鐵公司 文書課 篠原賢藏	當地ニ於ケル汪政權ノ成立ハ內外ニ相當ノ反響ヲ呼ンテヰマスカ然シ日本側ノ利權屋ニハ支那側財産ノ返還ヲ聲明シマシタノテ何カト危懼ヲ感シテヰル樣テス ソレト國民黨ノ靑天白日旗カ公然ト日本側占領區域ヲノサハツテヰルノハ吾々ニハ一寸了解シ難イ事ノ一ツテス	削除
四一九 安東	安東縣前陽村公立廟子溝國民優級學校 谷川雄瀧（鮮人）	上海連爾西愛路 文宗浩	衣服ノ修繕ノ餘裕モナク白衣ニ藍色ノ襟口ヲ纏ヒ一字ヲモ學ハントシテ學校ニ來ル吾々同胞ノ兒童達ハ彼等ニ諺文テモ解讀サセ、セメテ高麗ノ故土ナリトモ昔ノ如ク回復サセテヤリタイトモ考ヘテヰマス	發送（偵諜中）

41

四一二 南綏中	包頭憲兵 特務機關 菅沼正芳	承德南營 子興亞塾 屋美後之	須田利男君モ桑原機關長ノオ供ヲシテ五原テ華々シク活躍シテイマシタカ二十日午前十時ヨリ一萬餘ノ敵襲ヲ受ケ桑原機關長以下十六名ノ機關員安東中尉以下十二名ノ工兵、二十餘名ノ囑託（滿鐵、交通、電設各社）ハ二十二日午后七時二十分全員全滅シマシタ	削除
四二二 哈爾賓	山東 趙家村 兒子	哈爾賓中央大街モデルン內 趙德善	將來滿洲紙幣ハ通用シナイタロウ中國ノ軍隊ハ南カラ北ヘト進ミツツアルノタ云々	發送
四二七 哈爾賓	天津エンゲンビルデンダ五號	哈爾賓馬家溝ロートナヤ街三三	昨年中ハ天津某領事館テ働キ相當稼出シタカ今度同館閉鎖テ館員全部引揚ケテシマツタノテ吾々モ第二ノ故郷哈爾賓ニ歸リ度イト思ツテ居ルカ第一ノ故郷ハ露西亜テアルカ祖界ニハ歸レナイノタ	發送（動靜視察中）

24

	ア、ガル カーウイ	[illegible]リオー フスキ	(某領事館トハ「ソ」聯領事館ト思料セラル)	
四一八 牡丹江	新潟縣水原町下原 加藤又衞	牡丹江市小島部隊田中隊 阿部益雄	百性カ自分テ作ツタ米ヲ賣ル事カ出來ナイナンテコンナ馬鹿ケタ世ノ中カアリマスカ正月ニ糯米一俵賣ツタノヲ見ツカリ警察ニ二週間入レラレマシターーコレカ永ク續クノテシタラ商人、百性ハ白滅ノ外ハアリマセン	沒收
四七 延吉	間島省延吉街大和區 吉原泰助	佐賀縣西松浦郡二里村 吉永テツ	辭職願ヲ提出致シマシタ警察官トハ云ヘ特殊任務ニ從事シ家庭ナト省ル暇モ無ク留守勝チ終始山間テ生命ニ危險ヲ痛感シテ仕事テスカラ最近ホト〳〵嫌ニナツテ居タノテシタノレニ討伐隊ノ全滅ナトアリマシタ 實際義勇軍ナンテ名ハカリノ義勇軍テス初ノ内ハ皆眞面目ニヤリ現在テハ中隊内テ動亂ヲ起シテ幹部ヲナクリ今テ	發送

43

四六 熱河	熱河郵政局私書函 十一ノ三 永山悟	大阪府豐中市新免町三六ノ一三 山口方 永山三代子	ハ非常ナ有様テス本當ニ義勇軍ナンテ馬鹿ラシイ訓練テス雜誌ヤ映畫ナンカニハ良イ處タケ乘セテ親ヤ兄弟ヲ安心サセル爲ヤッテ居ルノテス義勇軍ノ將來ハトンナモノテセウ開拓國テアッテ土地分配ニハ國長幹部等ハ皆殺サレルカモ知レマセン全ク義勇軍ナンテ不公平テス義勇軍モ將來ハ駄目テス私ハ信シマス三年間滿洲ニ來テ遊ンテイル若イ青年テス非常時ニイクラ國策義勇軍ト言ッテ何ンノ御役ニモ立チマセン親カラ金ヲ送ッテ頂ク爲ニ來タ義勇軍テス	沒收
四一 延吉	間島省省公署 伊佐和雄	福岡縣飯場市德前貴船町 大貝八重松	四、五日前茂山ノ上流滿洲國側ニ金日成匪ノ爲前田以下日系十一名鮮滿系五十三名戰死負傷者ヲ加ヘ九十名近クテシタ匪賊ノ根絶ハ倒底駄目テショウ未タ物騷ナ風カ奥地ニ吹イテ居マス	削除

참고역문

목차

一. 개요

소련과 지나에서 만주국으로 보낸 통신을 위주로 하되 겸하여 국내 및 일만 사이의 통신내용 중 유해사항의 발생 방지 및 첩보자료를 수집함. 동시에 보다 적극적으로 방첩 성과를 제고. 본 기간에 처리한 우편물 및 전보의 수량은 다음 표에 표시한 바와 같음.

유 형	시 간	취급건수	처리건수
우편물	지난 기간	457 269	682
	본 기간	392 254	809
전보	지난 기간	893 664	847
	본 기간	666 053	806

1. 우편물 검열

국내와 일만 사이의 유해통신은 지난 달에 비해 큰 변화가 없음. 오히려 점차 줄어드는 추세로 인정됨. 국외의 항일통신이 급증하고 있으며 그 주요내용의 분류와 절록은 다음 표와 같음. 상세한 내용은 첨부된 별지 참조 바람.

유 형	내 용 요 지	건 수	
		지난 달	이번 달
항일통신	◎ 반역자 汪精衛가 일본군대의 협박 하에 괴뢰정부의 수반이 되었다. 남경은 현재 도처에 일본폭도와 범죄자들이다. ◎ 일본이 중국을 침략하는 것은 그들의 전통적인 정책의 소치이다. ◎ 우리는 일치단결하여 汪精衛를 배격하고 중경정부를 합법적 정부로 지지하여야 한다. ◎ 우리는 국법에 따라 汪精衛를 사형에 처하여야 한다. ◎ 너희들은 日本鬼子(한국어의 쪽발이에 대응하는 중국식 멸칭. 역자 주)에게 속고 있다. ◎ 반역자 汪精衛는 개돼지보다 못한 놈이다. 우리는 응당 분연히 일떠나 최후의 승리를 이룰 때까지 견결히 싸워야 한다.	266	426
방첩 상 유해통신	◎ 가목사의 군대는 오사카의 제4사단과 和歌山의 六一 및 항공대입니다. ◎ 4월이 다 지나면 제2사단은 돌아갑니다. ◎ 神武屯에 약 1개 사단의 병력이 있는 듯합니다. ◎ 밀산에는 四國의 11사단이 출정하였습니다. ◎ 이번에 또 慶源에 새 부대를 편성하였습니다. ◎ 宇都宮 14사단은 7월 중에 사단 전부가 치치할에 移駐합니다. ◎ 동안에 주둔한 일본군은 4,5만 명 정도로 짐작됩니다. ◎ 관동군 유일의 기갑부대도 4월 말에 동부국경에 집결하게 됩니다.	160	136
일소개전을 억측한 통신	◎ 부대는 작년에 발생한 노몬한사건의 재발을 대비하고자 준비 중입니다. ◎ 사건이 시작되면 만주리는 제일 먼저 희생될 곳입니다. ◎ 최근 소련은 壁鎭에서 대만공작을 적극적으로 진행 중입니다. 총기를 휴대한 폭력단이 사처로 횡행하면서 지방의 만주인과 경찰을 납치합니다. ◎ 소련군대의 극동 진출이 갑자기 활기를 띠고 있습니다. 전차와 기병의 전진이 특히 현저합니다. ◎ 흑하에 일단 전쟁이 발생하면 저를 기다리는 것은 목숨을 잃는 운명뿐입니다. ◎ 6월 경, 만소국경도 점점 긴장한 분위기입니다. ◎ 요즘 국경 방면에서 위급함을 알리고 있습니다. 월경사건이 빈발하고 있습니다. 앞으로 어떻게 될지는 알 수가 없습니다.	4	29

유언비어의 원류로 의심되는 통신	18	34
방첩에 유해한 용의자의 통신	62	40
군기 및 사상 상 요주의 통신	69	49
부정행위의 기도가 있어 조사 중에 있는 통신	10	14
국내 치안불량상황을 묘사한 통신	17	11
국책방해의 우려가 있는 통신	11	16
만주군의 징병기피를 언급한 통신	5	1
중국의 치안상황을 알린 통신	8	4
불경기사	10	1
정부시책을 비난한 통신	2	4
기타 통신	40	44
합 계	682	809

2. 전보검열

전보검열 시 혐의가 있는 내용을 절록한 편지가 806통(그중 외국관보 401건) 있고 처리한 편지가 6건임.

二. 소견

1. 항일통신의 대부분은 중, 영, 미, 러 등 국가의 간행물임. 발행(발신)이 가장 많은 지역은 상해 외에 천진, 북경 등 곳임. 신경 및 하얼빈, 봉천 등 지역에 보내는 편지가 대부분을 차지함. 그 내용 대부분은 汪정부를 괴뢰정부라고 칭하고 蔣介石정권을 절대적으로 지지하며 항일구국을 선동하는 등등임. 지난 기간에 비해 약 60% 급증했음. 분석하면 새 정부의 건립에 의해 奮起한 적측의 반일선전공작의 백열화를 엿볼 수 있음. 앞으로 이러한 상황이 점차 증가할 추세로 추측됨.

2. 방첩 방면의 유해통신은 의연히 군인과 군무원 및 가족 사이의 통신이 제일 많음. 특히 국경에 주둔한 부대에서 발송한 편지가 가장 많음. 그중 대부분 이러한 경향이 있으니 한심함.

3. 군기 및 사상 방면의 유해통신은 주로 만기 혹은 소집해제를 앞둔 병사들과 입원한 병사들의 통신이 제일 많음. 하사관을 지원입대한 것을 후회하는 편지, 여급의 명의로 일반우편을 이용한 편지, 그리고 가짜전보를 보내달라고 하여 휴가를 신청하려는 편지

등이 특히 주목해야 할 부분임.

4. 일소개전을 억측한 통신이 급증하고 있음. 그중 특히 만주리, 흑하, 동안 등 소만국경접경지대의 주민들의 불안한 심리를 엿볼 수 있음.

5. 三江성에서 발생한 이민촌에 대한 비적의 습격사건 및 간도성 지방경찰토벌대가 전멸된 사건 등 만주국 내 치안의 불량상황을 반영하거나 이민을 회피하고 경찰관의 사직을 희망하며 의용대의 장래를 비관적으로 생각하는 등 국책훼방의 우려가 있는 통신이 의연히 줄어들지 않고 있음.

별지

1. 항일통신

유 형	건 수	
	지난 기간	이번 기간
항일통신	33	44
항일간행물	233	382
합 계	266	426

발견 시간 및 지점 : 4월 2일 하얼빈

발신자 : 보스턴시 일간잡지 마소레・클라브맨(マソル・クラフルマン, 인명 음역)

수신자 : 하얼빈 사서함248 헨리・위리(ヘンリー・ウイリー, 인명 음역)

통신개요 : 요지

지나(현재의 만주를 가리킴)를 지배하고 있는 공제회(マソン, 조직명 음역)결사는 이미 유명무실해졌다. 이 결사는 1928년 6월 5일 조차지를 갖고 있는 영국과 미국에 거주하고 있는 상회의 관계자들이 조직한 것이다.

하지만 나중에 일본의 그 왜소한 황색인종이 만주에 온 후 당지의 정치경제는 그들의 유린을 당했다. 그래서 공제회는 부득불 문을 닫게 되었다. (영문)

처리 : 몰수

발견 시간 및 지점 : 4월 4일 하얼빈

발신자: 뉴욕시 일간신문 뉴욕타임스(Newyork Times)
수신자: 하얼빈 만철도서관
통신개요: 요지
일본군의 손에 의해 조직된 지나괴뢰정부 소속의 1000여명 지나군대는 揚子江 모처에서 귀순하여 蔣介石의 휘하에 들어갔다. 그들은 일본군 소유의 소총 900자루, 야전포 3문, 기관총 12정 및 기타 대량의 병장기를 들고 도망쳤다. (영문)
처리: 몰수

발견 시간 및 지점: 4월 6일 하얼빈
발신자: 미국 네츄리(ネシュヰリ, 지명 음역)시 종교잡지 세계(world)마크리(マウツリック, 잡지명 음역)
수신자: 하얼빈데린스카야(テリンスカヤ, 지명 음역)13호 갈리로 · 비치(ガウリロウ · ウヰチ, 인명 음역)
통신개요: 요지
선교사 트로이(ツロイ, 인명 음역)여사는 徐州전장의 시찰담을 발표하였다. 담화 내용은 다음과 같다. 나는 일본군의 습격을 받은 서주에서 돌아왔다. 일반 지나민중이든 우리 교회든 모두 커다란 피해를 입었다. 그 비참한 정도는 이루다 말로 할 수 없다. 교회의 서적과 가구 및 기타 재산은 모두 일본군에 의해 말끔히 강탈당하였다. 눈뜨고 볼 수 없는 정경이었다. 우리는 몇 번 일본군당국에 항의를 제기한 적이 있지만 그들은 아무런 조치도 취하지 않았다. (영문)
처리: 몰수

발견 시간 및 지점: 4월 17일 하얼빈
발신자: 상해 타임스(Times)
수신자: 하얼빈 黑山가23 타타리노브(タタリノフ, 인명 음역)
통신개요: 요지
汪精衛정부는 결국 멸망할 것이다. 그 원인은 다음과 같다. 하나는 지나인의 지식계급이 뿌리 깊은 도덕적 단결성을 갖고 있기에 결코 혼란해지지 않을 것이기 때문이다. 汪의 수하에 정치적 역할을 하고 있는 소수의 불순

분자가 잠재해 있지만 큰 영향력을 행사하지는 못하고 있다. 일본 국내에도 많은 불순분자가 있다. 그 증거로 일본 국내에 汪精衛정부를 싫어하며 중앙정부의 수립을 반대하는 두 개 파가 있다는 점이다. 다른 하나는 汪수하의 불순분자들이 정치를 하는 것은 돈과 지위를 위한 것이지 국가를 위하는 생각은 꼬물만큼도 없기 때문이다. 따라서 汪精衛 정부는 두려워할 상대가 아니다. 최후의 승리는 반드시 우리의 것이다. 운운. (영문)

처리: 몰수

발견 시간 및 지점: 4월 17일 하얼빈

발신자: 시카고시 주간지 Time

수신자: 하얼빈 치타이스카야(キタイスカヤ, 지명 음역)42 치크맨(チクマン, 인명 음역)

통신개요: 요지

지나 애국자들의 저격을 경계하고자 일본군대의 호위를 받으면서 천신만고 끝에 남경에 도착한 반역자 汪精衛는 일본군대의 협박 하에 괴뢰정부의 수반이 되었다. 남경은 현재 도처에 일본폭도와 범죄자들이다. 일본의 검열관은 汪精衛에 대해 문서 점검을 하거나 지나신문을 검열하면서 지나민중이 저들의 진실한 목적을 알 것을 미리 막고자 세심히 주의하고 있다. 중경정부는 남경괴뢰수반이 반포한 각종 법령이 전부 무효임을 성명하였다. 汪精衛정부는 반드시 천벌을 받게 될 것이다. (영문)

처리: 몰수

발견 시간 및 지점: 4월 18일 하얼빈

발신자: 상해일간신문 북부중국(North China) 매일신문(Dairy News)

수신자: 하얼빈사서함133 와숀(ワッソン, 인명 음역) 및 기타 7인

통신개요: 요지

필리핀에 있는 화교연합회는 蔣介石에게 독려전보를 보냈다. 내용은 다음과 같다. 우리들은 일치단결하여 汪精衛를 배격하며 중경정부가 합법적 정부임을 강력하게 지지한다. 반역자 汪精衛는 개돼지보다 못한 놈이다. 우리는 응당 분연히 일떠나 최후의 승리를 이룰 때까지 견결히 싸워야 한다. 운운. (영문)

처리: 몰수

발견 시간 및 지점: 4월 18일 하얼빈
발신자: 상해주간잡지 중국주평(China Weekly Review)
수신자: 하얼빈사서함132 만주경제평론(Review)
통신개요: 요지
汪精衛에 대한 비난과 공격의 목소리를 지나 전역의 상류계층도 내고 있다. 그래서 우리는 일치단결하여 汪精衛정부를 반대해야 한다. 일본은 반역자이자 소인배인 왕정위를 악용하고 있다. 우리는 국제법에 따라 왕정위를 사형에 처해야 한다. 중경정부는 왕정위를 위수로 하는 105명의 명부를 작성하여 그들에 대한 수배령을 발부하였다. 목하 그들을 체포하는데 필요한 자금을 모금 중이며 양호한 성과를 보이고 있다. 운운. (영문)
처리: 몰수

발견 시간 및 지점: 4월 23일 하얼빈
발신자: 리가市 일간신문 세그지냐(セゴヅニア, 신문명 음역)
수신자: 하얼빈 沙曼가13 의사 에브스크레(エフスケイレ, 인명 음역) 및 기타 36인
통신개요: 요지
일본은 戰端을 시작한 이래 국내의 모든 자원을 낭비했다. 그리고 200억원의 방대한 수량의 금전을 소비하였고 장교를 포함한 150만 명 이상의 병사가 전사하였다. 그래서 부득불 왕정위를 이용하여 지나의 공작을 추진 중이다. 합중국이 왕정위정부를 승인하지 않으면 일미 사이에는 반드시 분쟁이 벌어질 것이며 지나의 애국지사들도 더욱 항전에 분발할 것이다. 지나가 일떠나 반항하면 일본침략자는 이 항전을 막아낼 수 없을 것이다. (러문)
처리: 몰수

발견 시간 및 지점: 4월 2일 하얼빈
발신자: 천진 프랑스조계지 崇德堂
수신자: 치치할 천주교
통신개요: 서적 避精神工(상기 서적 중)의 야만적이며 가장 죄악적인 징벌방법이 떠

올랐다. 그것은 그중 유일한 것 즉 일본악인이다. 죄악의 일본인과 일본인의 형벌은 사람들의 입에 물을 부어넣는다. 그 고통은 지옥에서 쇠몽둥이에 맞는 것보다 만 배는 더 클 것이다. (만문)

처리: 몰수

발견 시간 및 지점: 4월 15일 신경

발신자: 上海工部局 星加坡路소학교 張匪鞠躬

수신자: 신경 大同大街 남만광업개발주식회사 兪著誠

통신개요: ——당신들은 쪽발이들에게 속았어요. 廣西, 浙江, 湖南, 廣東 각 지역의 전투에서 일본은 이미 완패했습니다. 죽은 자가 10만이 넘고 아직도 격전 중입니다. 이런 일들을 당신들은 멀리 만주에서 어찌 알겠습니까. 그곳에서는 아직도 일본인들이 중국인을 괴롭히고 있겠지요. 제가 집으로 돌아가는 날짜는 사변이 끝난 뒤로 미루어야 하겠어요——

처리: 몰수

발견 시간 및 지점: 4월 8일 신경

발신자: 湖南省 辰縣 辰場 雲然

수신자: 길림성 蛟河현 梨樹진 盛韃爐 趙秀智

통신개요: ——汪정부의 출범은 (일본의) 어떠한 활극인가. 그 내막을 진정 알게 되면 모두들 씁쓸한 웃음을 웃을 것이다——

처리: 몰수

발견 시간 및 지점: 4월 18일 신경

발신자: 河南성 封邱현공서 총무부장 朱小川

수신자: 길림성 京白線 前郭旗 電氣區 王子良

통신개요: ——현재 착오적인 생각을 고집하고 있는 그대는 참 바보이다. 그대는 일본군의 威武가 신성불가침한 것이라 생각하면서 일본군의 원조만 있으면 못해낼 일이 없다고 생각하겠지. 그러한 생각은 틀린 것이다——

처리: 몰수

발견 시간 및 지점: 4월 12일 고북구

발신자: 하남성 秘陽현 劉塞西魏家壓門牌5號 萬生
수신자: 열하성 圍場현 小孟奎玉德豊雙拐柠溝 葛才
통신개요: 집 떠나 이미 수년 세월이 흘렀습니다. 한번 가보고 싶지만 산이 높고 길이 멉니다. 게다가 모든 교통이 두절되어 실로 돌아가기 어렵습니다. 당신들도 아시겠지만 지금은 항전시기입니다. 바로 항전 때문에 저는 집으로 돌아갈 수 없습니다.
처리: 삭제

발견 시간 및 지점: 4월 9일 봉천
발신자: 봉천 遼中현 小新民屯 春育堂 傅秉衡
수신자: 雲南성 城內門牌75號 于尙賢
통신개요:

一. 최근 일본 商民의 말에 따르면 "일본 국내의 금고는 이미 텅텅 비어있는 상태이며 병기와 탄약도 현재 상태를 겨우 유지하는 정도라고 한다. 국내 인민들은 모두 평화를 열망하고 있다. 하지만 천황이 결코 그것을 받아들이지 않을 것이다." 운운.

二. 우리 北省의 "轟日軍"은 연전연승하였다. 우리의 武運은 날로 좋아지고 있다.

일본군 및 경찰대는 방어만 하고 공격할 힘이 전혀 없다. 당신이 걱정하는 楊司侖은 옥체가 강녕하다. 만사가 좋은 쪽으로 발전하고 있다.

처리: 몰수 내사 중

발견 시간 및 지점: 4월 16일 봉천
발신자: 북경서성 妹
수신자: 봉천시 大西關 一經路 신학원 崔小鹽
통신개요: ──오랫동안 보지 못했던 국기-靑天白日紅滿地여. 이제 다시 눈뜨고 그를 보니 마음속은 활짝 갠 하늘같고 밝은 햇빛 아래 서있는 것처럼 상쾌하구나. 이것은 우리 조국의 위대함을 대표하는 것이리라. 하지만──저 수치를 모르는 괴뢰들아──환도? 환도
처리: 발송 내사 중

2. 방첩 상 요주의 통신

유 형	건 수	
	지난 기간	이번 기간
군사시설 및 장비편성 등 정보를 적은 통신	48	44
군사작전과 주둔지교체 등 정보를 적은 통신	28	24
고유부대명칭을 언급한 통신	15	19
만주군(경) 관계에서 요주의 통신	7	4
기타	62	45
합 계	160	136

발견 시간 및 지점: 4월 9일 동안
발신자: 동안 田中和부대 본부 北川幸生
수신자: 大阪시 住吉구 駒川정 八丁目15 石川千津子
통신개요: 우리 전차부대도 면밀히 전투준비를 하고 있는 중입니다. 우리는 意氣로 충만되어 있습니다. 소련이 다 뭡니까. 우리 눈에 차지도 않습니다. 관동군 유일의 기갑부대도 4월 말에 동부국경에 집결하게 됩니다. 이번에 우리는 반드시 분발하여 "노몬한"의 복수를 할 것입니다.
처리: 몰수

발견 시간 및 지점: 4월 7일 동안
발신자: 寶淸 本田부대 井口대 寺崎久四郎
수신자: 山形현 北村山군 大石田정 戶田竹子
통신개요: 우리 기병여단은 작년의 "노몬한"사건의 영향으로 올 2월에 반수 이상이 기계화부대로 전환하였습니다. 신병이 입대하기 전 곧 전차부대로 전환하게 됩니다. 점차 ○○地로 정진하여 6월까지 전부 진출을 완성할 것입니다.
처리: 몰수

발견 시간 및 지점: 4월 16일 만주리
발신자: 만주리 南部가 軍官舍 輝子
수신자: 名古屋 田代정 堀割701 濱田道子
통신개요: 멀리 소련의 군산이 보입니다. 천 이삼백 명 장병이 이곳에 와서 국경을 수

비합니다. 시국이 아주 준엄한 것 같습니다.
처리: 삭제

발견 시간 및 지점: 4월 16일 신경
발신자: 東京시 中野구 桃園정24 萩原秀子
수신자: 신경시 東三馬路 平井織之助
통신개요: 宇都宮14사단이 7월 중으로 전부 치치할에 이주합니다. 사단 소속 3개 연대가 각지를 할당하였습니다. 보병59부대는 어느 곳으로 가는지는 모르겠습니다. 아마 유수부대로 남을 것입니다.
처리: 몰수

발견 시간 및 지점: 4월 30일 신경
발신자: 훈춘 佗美부대 舞대 染谷忠夫
수신자: 길림시 길림구락부 清水 轉 大垣惠亮
통신개요: 이번에 또 경원에 부대가 신설되엇습니다. 이름하여 제9국경수비대(No.9)입니다. 고향에서 생각지 못한 사람이 왔습니다——
처리: 삭제

발견 시간 및 지점: 4월 26일 봉천
발신자: 상해 특무기관 崇明班 赤藤多喜夫
수신자: 북만 흑하 阪田부대 山內대 赤藤松郎
통신개요: 특무기관이라고 하면 옛날에는 적의 정보를 수집하는 기관(스파이)입니다. 그런데 지금은 전혀 그러한 업무를 보지 않고 지나 측의 정치기관 위에 군림하여 그들을 지도하면서 동시에 반 내 정치공작과 모략공작 및 무력공작 등을 진행하는 기관으로 되어 있습니다. 중앙정부가 수립된 후 특무기관은 점차 그와 합병할 것입니다. 운운.
처리: 삭제

발견 시간 및 지점: 4월 30일 봉천
발신자: 봉천 南部부대 堀田대 落合尙平
수신자: 栃木현 下都賀군 桑村 大字羽川 落平敬作

통신개요: 노몬한사건을 거울로 삼아 흡입 후 질식하는 독가스를 대량 사용합니다. 교육대 전원에 한해서 연합연습을 진행합니다. 금후 성과를 보기 위해 만주 전역의 각 부대 대대장들이 봉천에 와서 참모본부 青木고급참모의 교육지도를 받습니다.

처리: 삭제

발견 시간 및 지점: 4월 4일 훈춘

발신자: 훈춘 佗美부대 舞대 岩崎常次

수신자: 東京시 大森구 馬入정1-364 브헬트(ブヘルト, 지명 음역) 내 岩崎靜江

통신개요: 훈춘 佗美부대는 보병 제77연대입니다. 土門子는 보병 제78연대입니다. 국경선은 우리가 교체하는데 2,3개월에 한 번씩 교대합니다. 한 개 중대 약 300명이 토치카에 들어가 경비를 섭니다. 아주 재미있는 생활입니다.

처리: 삭제

발견 시간 및 지점: 4월 9일 훈춘

발신자: 훈춘에서 畠山藤太郎

수신자: 宮城현 仙臺시내 畠山喜一

통신개요: 대체로 훈춘주둔부대는 하루종일 방첩을 입에 달고 있습니다만 구체적인 상황은 저도 잘 모릅니다. 제가 듣고 본데 의하면 여단사령부 외부인 토문자에 약 2개 연대의 병력이 있고 기타 포병대대와 자동차 한 개 대대 그리고 육군창고 및 육군병원 등이 있습니다. 육군병원은 이등병원인 듯합니다. 앞으로 훈춘에는 많은 군대가 오게 될 것이고 상당한 발전을 가져올 것입니다. 이번에 국경수비대도 설립한 것 같더군요.

처리: 몰수

발견 시간 및 지점: 4월 16일 도문

발신자: 도문 滿鐵春風寮7-9 三宅一雄

수신자: 신경시 北大街 電電社員養成所 三宅良夫

통신개요: 국경 방면의 신설철도를 측량하고자 한 달 가량 비행기를 조종하였습니다. 지금쯤은 동부국경에 진입하였을 것입니다. 특히는 훈춘과 동녕 방면입니다. 대소전쟁을 대비하고자 군사공사를 다그치는 중입니다. 특히는 자동차

도로와 철도 그리고 비행장과 토치카 등 건설에 속력을 넣고 있습니다. 이들 대부분은 지하 혹은 산속에 건설하기에 밖에서는 전혀 보아낼 수 없습니다. 이런 일은 절대 다른 사람과 말하지 마세요.

처리: 삭제

발견 시간 및 지점: 4월 11일 길림

발신자: 길림시 제2군관구 顧門部 小西延雄

수신자: 간도성 연길시 除海부대 무선전臺長 駒高時雄

통신개요: 목단강에 이주하는 일은 아직 정식 발령을 받지 못하였습니다. 하지만 野副부대 토벌대 사령부의 토벌계획이 이미 4월에 제2기에 들어섰고 9월에 끝날 것이기 때문에 이주도 그 후일 것으로 사료됩니다.

처리: 삭제

발견 시간 및 지점: 4월 23일 가목사

발신자: 가목사 南崗대가 坂本政子

수신자: 중지나 村上부대 大澤부대 谷村부대 본부 森光一明

통신개요: 가목사의 군대는 大阪의 제4사단과 和歌山의 六一사단 및 항공대를 포함합니다. 아마 대부분이 大阪 부근의 출신들일 것입니다.

처리: 삭제

3. 일소개전을 억측한 통신

발견 시간 및 지점: 4월 9일 수분하

발신자: 수분하 秀拜

수신자: 青森현 中津輕군 千年촌 松水平 永井多作

통신개요: 최근 줄곧 평정을 유지하던 국경이 해빙기와 함께 점차 긴박해지면서 상황이 변했습니다.

빈번하게 발생하는 월경사건이 모두를 긴장시키고 있어요. 각종 상황을 종합해보면 정면의 동부국경에 풍운이 감돌고 있는 상태입니다. 하지만 군부는 계획대로 긴밀한 준비에 임하고 있습니다. 신병들은 검열 전의 상태에 있으므로 전혀 기대할 수 없습니다. 그래서 검열도 대폭 감축했어요. 정찰 반의 보고에 따르면 우리 경비대의 정면에서도 상당한 규모의 공사를 벌이고 있습니다. 이로 미루어보아 삼년병도 만기제대가 어려울 듯합니다. 물론 우리의 귀환은 꿈도 꾸지 말아야겠지요. 후략.——방첩에 유관된 내용이 있을지도 모르니 특별히 4전을 붙여 넣었습니다.

처리: 몰수

발견 시간 및 지점: 4월 6일 만주리

발신자: 만주리分關 玉川淸

수신자: 宮城현 志田군 古川정 西館52 玉川人工

통신개요: 일단 소련과 교전하게 되면 우리 만주리는 주요한 도시로 됩니다. 교전하는 즉시 상당한 희생이 나올 것이며 도시도 잿더미가 될 것입니다. 가끔 우리도 아군과 소련의 入境兵사이에 교전하는 총성을 들을 수 있습니다.

처리: 삭제

발견 시간 및 지점: 4월 17일 동안

발신자: 동안 隆

수신자: 熊本현 八代군 交敬林原 植原末野

통신개요: 숙부께서는 "만약 괜찮다면 갈 것이다. 나에게 회신해다오."라고 하셨습니다. 하지만 국경이 요즘 시끄러워졌어요. 만약 전쟁이 시작되면 동안은 첫 싸움터로 될 것입니다. 제가 보기엔 아직 이곳에 오지 않는 것이 좋아요. 비록 비적의 출몰을 걱정하지 않아도 되지만 이곳에 ○개 사단의 병력이 주둔하고 있어요. 오히려 그래서 더 걱정스럽습니다.

처리: 몰수

발견 시간 및 지점: 4월 15일 동안

발신자: 동안 田中부대 金子久保

수신자: 東京시 板橋구 下赤坂정1532 金子二三

통신개요: 작년의 노몬한사건이 분명 다시 일어날 것입니다. 군대는 준비 중에 있습니다. 우리는 각자의 물품을 정리하여 커다란 짐을 쌌습니다. 명령 대기 중입니다. 수시로 떠날 준비가 되어 있어요. 만약 전쟁이 시작되면 정세가 몹시 심각하게 발전할 것입니다. 우리는 지금 매일 실전 같은 연습을 진행 중입니다.

처리: 몰수

발견 시간 및 지점: 4월 4일 목단강
발신자: 만주리 목단강 中根久太郎
수신자: 東京시 淺草구 左衛門정1 中根芳之助
통신개요: 예전부터 해빙기만 되면 응급파병을 진행하였습니다. 그것은 이미 만주부대의 관례로 되었어요. 모두들 요즘이라고 쉬쉬하고 있습니다. 오늘 이 소문이 점점 더 신빙성이 있게 되었어요. 우리 부대는 수분하 및 동녕 방향의 제일선경비를 책임지고 있습니다. 아마 신병교육이 끝날 때까지 지속돼야 할 것입니다.
우리도 제일선전투에 참가 할 때가 있습니다. 지난 노몬한사건을 겪고 우리도 적군의 장비가 우수하다는 것을 알게 되었습니다. 아마 상당한 고전을 면치 못하겠지요.
처리: 삭제

발견 시간 및 지점: 4월 22일 만주리
발신자: 만주리역 井上
수신자: 東京시 荒川구 江戶川정300 井上德治
통신개요: 이번 전쟁에 참가하러 온 장교들의 말로는 만주리 국경의 지형이 우리에게 불리하다고 합니다. 적 소련의 진지는 우리보다 지세가 높거든요. 사건이 시작되면 만주리는 제일 먼저 희생해야할 곳이 될 것입니다. 제일선은 참 위험합니다.
처리: 삭제

발견 시간 및 지점: 4월 16일 목단강
발신자: 목단강 철도건설사무소 設計係 武藤寅善
수신자: 福島현 사범학교기숙사43호 高橋俊夫
통신개요: 濱綏線이 곧 複線이 됩니다. 매일 시공을 다그치고 있어요. 소련과 동만의 국경에 미개발지역 한 곳이 있습니다. 예전에는 모두들 별로 주의를 돌리지 않았지만 지금은 그곳에 견고한 토치카를 지었습니다. 옹근 산이 하나의 요새로 되었어요. 철도도 부설하였습니다. 무언가 그럴듯해 보이지요. 소련도 비슷한 상황입니다. 노몬한사건 때문에 일본은 엄청난 손실을 입었어요. 비록 공군이 우세였지만 육군은 소련을 당하지 못하고 끝났어요.

천황을 상징하는 군기 세 폭도 적에게 빼앗겼어요. 소련은 그 강 위에 다리를 놓았습니다. 공중에서는 보이지 않습니다. 어둠을 타서 군대와 탱크가 그 다리를 건너와서 아군을 압제하려는 것입니다.

처리: 몰수

발견 시간 및 지점: 4월 19일 흑하

발신자: 교통부 黑河土木工程處人事股 福良一男

수신자: 熊本현 熊本시 黑發정 五高北西詰 北林一光

통신개요: 흑하에서 전쟁이 벌어진다면 우리는 직접 목숨을 잃을 운명입니다. 이곳에 있는 일본인 3000여명을 어떻게 하면 안전하게 구출할 수 있을까요? 이것은 아주 중요한 문제입니다. 하지만 군부는 이곳을 포기할 심리준비를 하고 있는 듯합니다. 군부가 비교적 중시를 돌리는 곳은 흑하 전방의 神武屯입니다. 孫吳 부근에 위치해 있습니다. 그곳에서 적들을 견제하여 작전을 펼칠 책략인 것 같습니다.

처리: 몰수

4. 군기 및 사상 상 요주의 통신

유 형	건 수	
	지난 기간	이번 기간
군기해이를 엿볼 수 있는 통신	22	25
반군반전 혐의가 있는 통신	9	3
일선근무 혹은 군 생활을 혐오하는 내용의 통신	14	6
현역군인의 불평불만	0	6
병역기피의 혐의가 있는 통신	3	1
사상 상 요주의 통신	9	2
군대 비방	1	2
만기제대(소집해제)를 언급한 내용	3	3
기타	8	1
합 계	69	49

발견 시간 및 지점: 4월 20일　안동
발신자:　흑하육군병원　片山正次
수신자:　안동시 만철병원　高沼道博 및 기타 2인
통신개요: 술은 술대로 마십니다. 흑하에 온 이래 취하지 않은 날이 없어요. 지금은 매일 밤 시가지에 나갑니다.——야간 당직을 자주 섭니다. 지난 주부터 이번 주까지 이미 여섯 번 섰어요. 이런 법이 어디에 있습니까. 저도 좀 적당히 놀러 나가야겠어요.
처리:　삭제

발견 시간 및 지점: 4월 11일　대련
발신자:　軍艦磐手제7분대　喜枝末好
수신자:　상해 東有恒로503-41 江南아르미(アルミ, 지명 음역)사택　春藤一二美
통신개요: 저는 5월에 佐世保에 歸港할 계획입니다. 하루빨리 만기제대가 오기를 기다리는 중입니다. 전 사회의 공기를 마시고 싶고 인간세상의 풍정을 느끼고 싶습니다. 입단한지 이미 6년이 되었습니다. 이젠 너무 신물이 납니다. 저와 宮本군 3명이 함께 입단했지만 지금은 저 홀로 남았습니다. 참으로 유감입니다.
처리:　삭제

발견 시간 및 지점: 4월 6일　동녕
발신자:　井原부대 横山대　稲塚元春
수신자:　山梨현 北都留군 上野原정 新井　清水親男
통신개요: ——부대는 참 못됐습니다. 인정미를 꼬물만치도 느낄 수 없어요. 마치 속박당한 것 같습니다. 매일 흙먼지 속에서 말을 타고 다니는 것이 참 싫증납니다. 조국을 위한 것이라고 생각하니 그나마 참을 수밖에 없죠.
처리:　몰수

발견 시간 및 지점: 4월 27일　가목사
발신자:　가목사육군병원　出原二男
수신자:　大阪府 泉南군 目塚정 橋本　出原富久
통신개요: 병원에 있으면 아무런 일을 하지 않아도 되겠지요. 제가 너무 한가한 것만

생각하기 때문이 아닌가싶어요. 만약 부대에서 귀국준비를 마친 참에 돌아갈 수 있다면 다들 함께 갈 수 있어서 참 좋겠는데 말이죠. 군대에 있을 때 되도록 편안하게 보내지 않으면 너무 손해를 보는 것입니다.

처리: 삭제

발견 시간 및 지점: 4월 1일 동안

발신자: 동안 黑岩부대 본부 朝助

수신자: 沖繩縣郡八市外壺川二區380 島袋ウシ

통신개요: 어머니, 부탁 하나 드릴것이 있는데요. 제가 아무리 방법을 생각해봐도 돌아갈 수 있을 것 같지 못하군요. 만약 개인 사정이 있으면 돌아 갈 수 있어요. 그래서 제 편지를 받은 뒤 다음과 같은 형식으로 저한테 전보를 보내주세요.

"母病重速歸"

처리: 몰수 (주의 중)

발견 시간 및 지점: 4월 11일 목단강

발신자: 關東州 柳樹屯 육군병원 松本精一

수신자: 삼강성 가목사 岩部부대 大石대 岡部敬三

통신개요: 저는 지금 대련 근처에 와서 잠시 휴식을 취하고 있습니다. 內環이라고 하는 곳인데 중도에 멈춘 것은 참 큰 유감입니다. 형님, 만주에서 병으로 죽는 것은 진짜 개죽음입니다. 가볍게 ○○로 되어 일본으로 돌아가야지요. 옛말처럼 죽은 뒤에 무슨 즐거움과 행복이 있겠습니까.

처리: 삭제

발견 시간 및 지점: 4월 7일 고북구

발신자: 豊田부대 井手대 河野常三

수신자: 茨城현 那河군 小隆鄕촌 河野淳一郎

통신개요: 사람 얼굴 본지도 꽤 오래됐네요. 편지를 받고 몹시 기뻤습니다.

전 이곳에서 2년 일했습니다. 잠잘 때나 기상할 때나 나팔을 붑니다. 우린 밉살스런 선임병들에게 괴롭힘을 당합니다. 지난 한 해 동안 전 눈물을 자주 흘렸어요. 아침 그리고 날이 저물어 달이 떴어요. 달빛이 우리의 몸을 비춰주고 있어요. 우리는 달빛을 빌어 선임들의 진흙감탕이 발린 군화를 닦아야 합니다. 이것이 우리의 불쌍한 모습입니다.

처리: 삭제

발견 시간 및 지점: 4월 3일 하이라얼

발신자: 하이라얼 檮原부대 田代대 水野才一

수신자: 名古屋시 昭和구 川名정 水野賢助

통신개요: 입대한지 이미 3년 3개월이 흘렀습니다. 이대로라면 전 적어도 4년은 다 채워야 할 것 같아요. 인생의 좋은 시절을 다 빼앗겼어요. 저는 지금 다른 영역의 직업군인이 되기는 글렀어요. 그냥 하루빨리 귀국했으면 하는 마음뿐입니다.

처리: 삭제

5. 기타

발견 시간 및 지점: 4월 6일 용정

발신자: 연길현 용정 水坪부락 警防隊 李兼鉉

수신자: 용정가 朝日구 李仕鉉

통신개요: 보세요. 지금 경찰관들은 참으로 바보입니다, 그 위험한 토벌을 계속하고 있어요. 그래서 전 사직하렵니다.

처리: 삭제

발견 시간 및 지점: 4월 6일 용정

발신자: 오도양차삼림경찰대제2소대 李永哲

수신자: 함북 山郡 農事동 경찰관주재소 崔萬哲

통신개요: 제가 소속된 소대의 주둔지는 본부에서 40滿里(1滿里=0.5km, 역자 주) 떨어져 있어요. 1소대에는 병사 13명 뿐이기에 아주 위험합니다. 아무튼 우리는 사직신청을 냈어요. 전 퇴직하고 농업에 종사하렵니다.

처리: 삭제

발견 시간 및 지점: 4월 4일 수분하

발신자: 太嶺청년의용대훈련소? K.H

수신자: 長野현 南佐久군 川上촌 梓山 川上三四郎

통신개요: 최근에 들어와 중대에서 적극적인 운동이 시작되었어요. 1월 하순에 제가 분리문제를 제창하였고 두 달 후 점차 구체적인 운동이 시작되었어요. 참 기쁜 일입니다. 폭력의 압제 하에 계속 현 상태에만 만족하며 운명의 배치에 따라 절대적 순종의 생활을 합니다. 이대로라면 우리의 출로를 개척할 수 없고 자신 개인의 財運도 추구할 수 없게 됩니다. 우리는 지금 양떼 같다고 해야겠어요.——중략——이런 압제는 보통 시위적인 폭압이지 이론적인 것은 절대 아닙니다.——중략——매 대원마다 모두 나쁜 면이 있어요. 그것은 현재의 의용군이 채용방법이 틀렸기 때문입니다. 전 그러한 채용방법을 쓰지 않으면 안 되는 대량의 이민정책이 무리라고 생각합니다. 그러니까 국책으로서 질보다는 양을 추구한 大이민정책은 중대한 실책이었다는 말씀입니다. 아무리 악질적인인 의용군이라 해도 이민하면 절반은 성공한 셈입니다. 이민계의 어르신들(主腦部) 중에 일부는 그렇게 생각합니다. 그런데 사실은 또 어떤가요?

현지에서 의용군은 요즈음 몹시 시끄럽습니다. 우리와 가장 가까운 紫陽훈련소에 이틀 사흘 전에 소장을 배격하는 사건이 벌어졌습니다. 소장을 비롯한 모든 간부들이 전부 배격 당했어요. 헌병대까지 출동하였고 큰 소란이 일었습니다. 또 듣자니 소장의 목이 일본도에 절단되어 즉사하였다고 합니다. 그리고 간부들의 다리가 베이는 등 이러루한 사건이 빈번하게 일어납니다. 이는 훈련소의 경영에 무리가 있었다는 말이 됩니다. 간부의 품질이 나쁜 것은 물론이겠지만 의용군의 품질이 나쁜 것이야말로 가장 큰 원인이라고 봅니다.——중략——목전 이번 중대간부의 분리를 부탁한다면 자신의 직위를 교환조건으로 국에 분리문제를 제기하였어요. 다시 말해서 만약 분리가 안 된다면 우리 중대는 시작하지 않겠습니다. 그래서 우리가 분리할 수 없다면 사직서를 제출할 것입니다. 우리는 이러한 이유서를 제출했습니다. ——중략——만약 제안이 받아들여지지 않으면 우리는 최후의 수단을 사용할 것입니다. 우리의 퇴소방법은 분리 혹은 100명 정도의 사람을 퇴소시키는 것입니다. 혹은 우리가 스스로 퇴소하는 것입니다. 이런 내용은 누구에게도 말하면 안 되며 누구도 모르고 있습니다. 하지만 현재 사태가 이토록 긴박합니다.——중략——지금 사회는 썩을 대로 썩었어요. 그러니까 도처에 노동기피의 정신이 넘치고 있다는 말씀입니다.——중략——국내의 상층이 이미 썩었고 농촌도 썩고 있지만 그나마 괜찮은 편입니다. 그 망할 놈들이 아무 짓이나 하니까 우리도 더 일하기 싫어지는 것입니다. 농촌이 썩으면 일본은 즉시 무너질 것입니다. 그 나쁜 놈들이 마구 설치니까 우리가 일하기 싫어지는 것이고 우리가 의용군이 되기 싫은 원인이 되는 것이지요.——중략——이번 수술을 통해 저는 왼쪽 고환을 완전히 떼어버렸어요. 의용군에 온 이래 영양실조로 결핵균에 감염되었고 고환을 제거해야만 했어요. 이 말을 들으면 모두들 의용군의 생활에 짐작이 갈 것입니다. 의용군(중대)의 절반 이상이 결핵균에 감염되었다고 진단을 받았어요. 혹자는 아주 엄중한 호흡기질병에 걸렸습니다. 이러한 상태에서 생활하는 것은 아주 큰 사회적 문제입니다. 국가대사를 떠벌이는 놈들은 모두 뻔뻔스런 거짓말을 하면서 자신들이 이미 이 나라를 망치고 있다는 사실을 모르는 척하고 있습니다. 厚生省에서 우리들을 위해서 무언가를 해줬으면 좋겠어요. 위대한 사업을 위해서는 수많은 희생자가 나오게 된다는 점도 저는 인정합니다. 하지만 5,6할의 사람들이 정신적으로나 육체적으로나 희생자가 된다면 그 이유가 어찌됐든 우리는 저지할 수 있기를 바랍니다. 혹은 시기를 기다렸다가 방법을 바꾸거나 아니면 경영방침을 개변시킬 것입니다. 다시 말해서 만주에 온 이후 발병하여 여기서 치유가 불가능하다면 귀국하여 요양하는 것도 그중의 한 방법이겠지요. 지금처럼 분명 죽을 것을 알면서도 다들 이곳에서 죽음을 기다리게 하거나 점점 심각해지지만 고향으로 가지 못하게 하는 등등은 참 너무합니다. 각혈환자와 함께 있으면 아무것도 할 수 없어요. 환자는 점점 쇠약해지고 있어요. 그중에는 관계가 친밀한 동향 친구도 있어요. 조금이나마 인정미가 있는 사람이라면 이성 따위는 다 사라지고 말겠지요.

전 바로 이렇게 생각합니다. 작년 6월 목단강에 갔다가 별다른 일이 없기에 저더러 돌아오라고 하였어요. 그래서 고환 하나를 떼어 버리고 끝났죠. 이것이 큰일을 이루고자 감수한 희생이란 말입니까?

처리: 몰수

발견 시간 및 지점: 4월 18일 동안

발신자: 東京중앙우정국 庶務科 鬼澤豪步

수신자: 북만 밀산현 東安省長 官房서무과 榊原康一

통신개요: 지나의 모든 해안선과 옹근 해남도가 함락되었으니 蔣介石도 화가 날 법하다. 노구교의 스타 "宗哲元(宋哲元의 오식인 것으로 추정됨. 역자 주)이 이삼일 전 죽었다.

사변의 發端者가 죽었으니 이 사변도 이대로 죽었으면 좋겠다. (중략) 인간은 전쟁을 발동하는데 열을 올리고 있다. "여기까지는 내 땅이야." "무슨 소리야? 여긴 내 땅이야." "미친 놈, 내 땅이라니까. 등신같은 놈?" 피와 흙이 뒤섞이면서 땅빼앗기를 하고 있다. 몇 백 만 명이 "후룬베르"에서 싸우고 "노몬한"에서도 싸운다. 인간은 같은 땅에도 서로 다른 이름을 지어준다. 그건 그렇다 치고 살아있는 자들은 무지막지한 행동을 서슴지 않는다. "자연은 어떠한가?" 아무런 상관이 없는 듯하다. 봄이면 벚꽃, 여름에는 바다, 가을에는 오동잎이 떨어지고 겨울에는 새하얀 눈이 뒤덮이면서 인간을 위해 "서비스"한다. "자연은 우리를 비웃을 거야." 인간들이 "왜 전쟁을 일으키는 걸까?"

처리: 발송 (주의 중)

발견 시간 및 지점: 4월 22일 가목사

발신자: 勃利청년의용대 勃利청년훈련소 제1대대 제2중대 三浦生

수신자: 勃利현 성내 門田直衛

통신개요: 오늘 40여 명 되는 의용대 훈련생들이 조직적으로 우리 간부관사를 습격하고 목적성이 있는 행동을 취하였습니다. 지금은 의용대 간부를 맡지 말아야 합니다. 나는 지금의 일에서 하루빨리 손을 떼고 싶습니다. 저를 도와 다른 일자리가 없는지 알아봐 주세요. 만약 이대로 나가면 전 일찍 죽을 것 같아요. 의용대의 학생은 한 놈도 좋은 놈이 없어요. 다들 앞으로 무지막지하게 나갈 놈들입니다.

처리: 몰수 (내사 중)

발견 시간 및 지점: 4월 16일 봉천

발신자: 상해 禮査飯店 방송국 伊藤整三

수신자: 만주국 봉천성 本溪湖 本溪湖煤鐵公司 문서과 篠原賢藏

통신개요: 당지의 汪정권 수립은 국내외에서 큰 반향을 불러일으켰습니다. 하지만 그

들이 일본 측 정치가들에게 지나 측의 재산을 돌려줄 것을 요구하는 성명을 발표하였다는 것은 무엇인가 위구심이 들었기 때문이 아닌가 싶습니다. 또한 국민당의 청천백일기가 일본 점령구역에서 버젓이 내걸리는 것도 우리가 이해하기 힘든 일입니다.

처리: 삭제

발견 시간 및 지점: 4월 19일 안동

발신자: 안동현 前陽촌 公立厤子溝국민우급학교 谷川熊瀧(조선인)

수신자: 상해 連爾西愛로 文宗浩

통신개요: 옷을 기워 입을 여유도 없습니다. 흰 옷에 푸른색 헌 헝겊을 감싸고 학교에 왔어요. 글자 하나라도 더 깨치면 좋은 것이지요. 우리 동포 어린이들이 언문(한글)을 해독할 수 있고 적어도 고려의 고토가 옛날 상태로 회복되었으면 좋겠습니다.

처리: 발송 (정찰 중)

발견 시간 및 지점: 4월 12일 南綏中

발신자: 包頭 육군특무기관 菅沼正芳

수신자: 승덕 南營子興亞塾 渥美後之

통신개요: 須田利男군이 桑原기관장과 함께 五原에서 화려한 활약을 펼쳤습니다. 20일 오전 열시에 만 여명 적군의 습격을 받은 기관장 이하 16 기관원, 安東중위 이하 12명 공병, 20여명 囑託(만철, 교통, 電設 각사) 등이 22일 오후 7시 20분에 전원 전사하였습니다.

처리: 삭제

발견 시간 및 지점: 4월 22일 하얼빈

발신자: 산동 趙家村 아들

수신자: 하얼빈 중앙대가 모테룬(モデルン, 지명 음역) 내 趙德善

통신개요: 앞으로 만주지폐가 더 이상 유통하지 않을 것입니다. 중국 군대가 남에서 북으로 점점 정진해오고 있습니다. 운운.

처리: 발송

발견 시간 및 지점: 4월 27일　하얼빈
발신자:　천진 延元빌딩5호　아 · 갈카위(ア、ガルカーウィ, 인명 음역)
수신자:　하얼빈 馬家溝 로트나야(ロートナヤ, 지명 음역)가 3호　클레오브스키(クリオーワスキ, 인명 음역)
통신개요: 작년 천진 모 영사관에서 일하며 돈 좀 벌었습니다. 지금은 그 영사관을 폐관하고 관원들이 전부 철수했습니다. 전 저의 두 번째 고향 하얼빈에 참으로 돌아가고 싶어요. 비록 첫 고향은 러시아지만 전 조국으로 돌아갈 수 없어요. (모 영사관은 소련영사관인 것으로 사료됨)
처리:　발송 (동정을 관찰 중)

발견 시간 및 지점: 4월 18일　목단강
발신자:　新潟현 水原정 下原　加藤又衛
수신자:　목단강시 小島부대 田中대　阿部益雄
통신개요: 백성들이 자기가 지은 쌀도 팔 수 없으니 참 한심한 세상입니다. 정월에 찹쌀 한 섬(一俵)을 판 것이 들켜 경찰서에 2주 갇혔었어요.
——이대로 나간다면 상인이든 백성이든 살 길이 없습니다.
처리:　몰수

발견 시간 및 지점: 4월 7일　연길
발신자:　간도성 연길가 大和구　吉原泰助
수신자:　佐賀현 서송포군 二里촌　吉永哲
통신개요: 사직서를 제출했습니다. 비록 경찰관이라지만 제가 하는 일은 특수임무입니다. 전혀 가족을 돌볼 시간이 없어요. 늘 인적 없는 산 속에서 헤매며 저는 생명의 위험을 느낍니다. 이 일에 요즘은 신물이 납니다. 게다가 토벌대가 전멸 당한 일도 벌어졌습니다.
처리:　발송

발견 시간 및 지점: 4월 6일　흑하
발신자:　흑하우정국사서함11-3　永山悟
수신자:　大阪府 豊中시 新免정36-13 山口　轉　永山三代子
통신개요: 사실 의용군이라는 것은 명색뿐입니다. 처음에는 다들 열심히 일했지만 지

금은 중대에 동란이 일어 간부를 구타하고 있습니다. 사태가 심각합니다. 의용군이니 뭐니 하는 것은 참 바보스러운 훈련입니다. 잡지니 영화니 다들 좋은 면만 보여주면서 부모형제들을 안심시킵니다.

의용군의 장래는 어떤 모습일까요? 개척단이기 때문에 토지분배 시 단장이고 간부들이고 전부 살해될 것입니다. 의용군이고 뭐고 참 불공평합니다. 의용군의 장래는 어둡다는 것이 제 생각입니다. 기껏해야 3년간 만주에 와서 놀아준 한 무리 젊은이들이지요. 그래도 국책의용군이지만 관건적인 시각에는 그들이 아무런 역할도 하지 못합니다. 그들은 부모들이 송금을 보내주기를 바라고 온 의용군들입니다.

처리: 몰수

발견 시간 및 지점: 4월 1일 연길

발신자: 간도성 省公署 伊佐和雄

수신자: 福岡현 飯場시 德前貴船정 大貝八重松

통신개요: 네댓새 전 茂山의 상류 만주국 측이 김일성비적단의 습격을 받아 前田 이하 일본군 11명 鮮滿軍 53명이 전사하였습니다. 부상자까지 합치면 도합 90명입니다. 아무래도 비적을 근절할 방법이 없군요. 위험한 기운이 이미 편벽한 곳까지 스며들고 있습니다.

처리: 삭제

5

1940년

1940년 6월 15일
中檢第四六號

관동헌병대사령부
중앙검열부

통 신 검 열 월 보
(오월)

발송: 軍司(三)
복사송달: 憲司, 朝憲司, 支憲司, 中支憲司
각 지방 검열부, 상관부대, 教習隊
牡, 延, 北, 海, 東寧, 山村 각 부대 본부

26

寫

秘

昭和一五、六、一三
中検第四六號

通信検閲月報（五月）

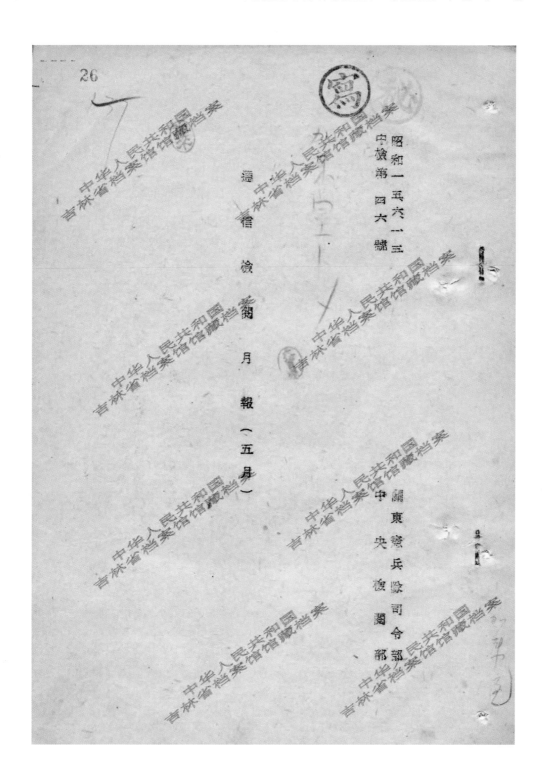

關東憲兵隊司令部
中央検閲部

發送先　軍司（三）

寫　憲司、朝憲司、支憲司、中支憲司

各地方檢閱部、關係隊所、教習隊

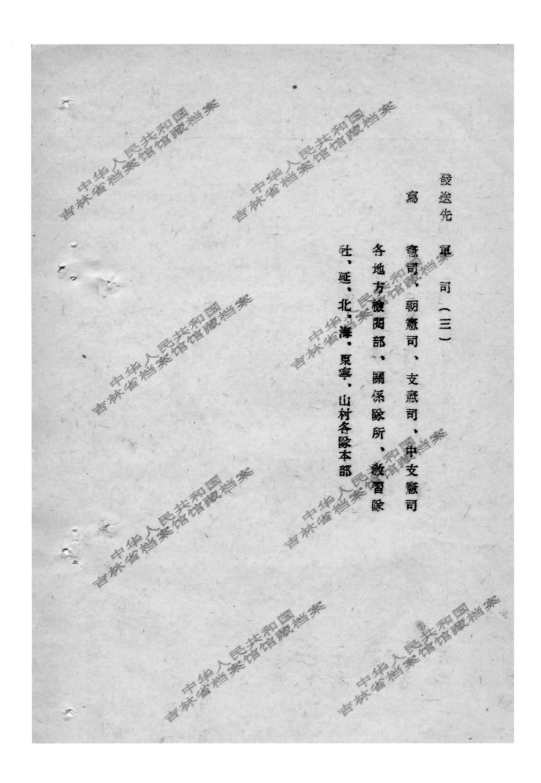

牡、延、北、海、東寧、山村各隊本部

27

目次

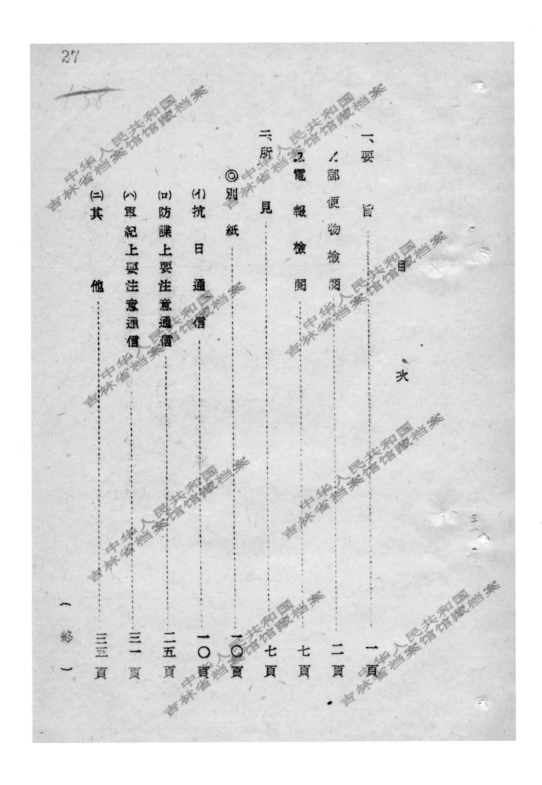

（終）

28

一、要旨

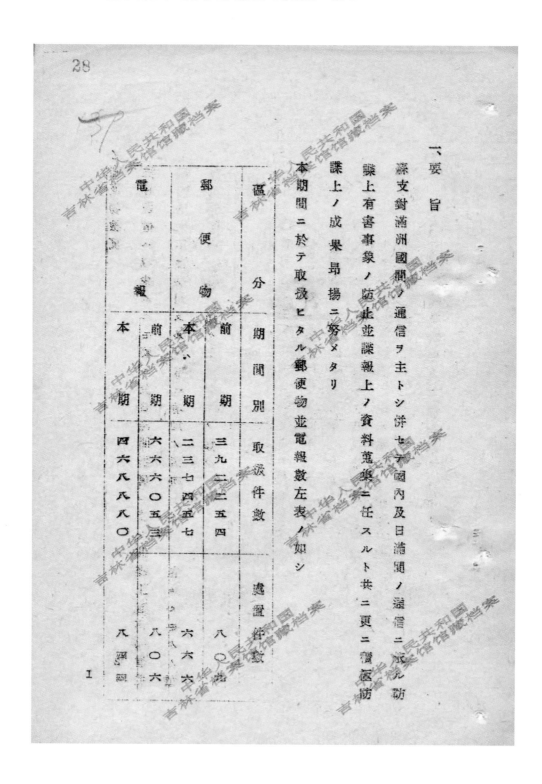

蘇支對滿洲國間ノ通信ヲ主トシ併セテ國內及日滿間ノ通信ニ依ル防諜上有害事象ノ防止並諜報上ノ資料蒐集ニ任スルト共ニ更ニ積極防諜上ノ成果昂揚ニ努メタリ

本期間ニ於テ取扱ヒタル郵便物並電報數左表ノ如シ

區分	期間別	取扱件數	處置件數
郵便物	前期	三九二二五四	八〇九
	本期	二三七四五七	六六六
電報	前期	六六六〇五三	八〇六
	本期	四六八八八〇	八四四

I

1、郵便物檢閱　本　六八八八〇

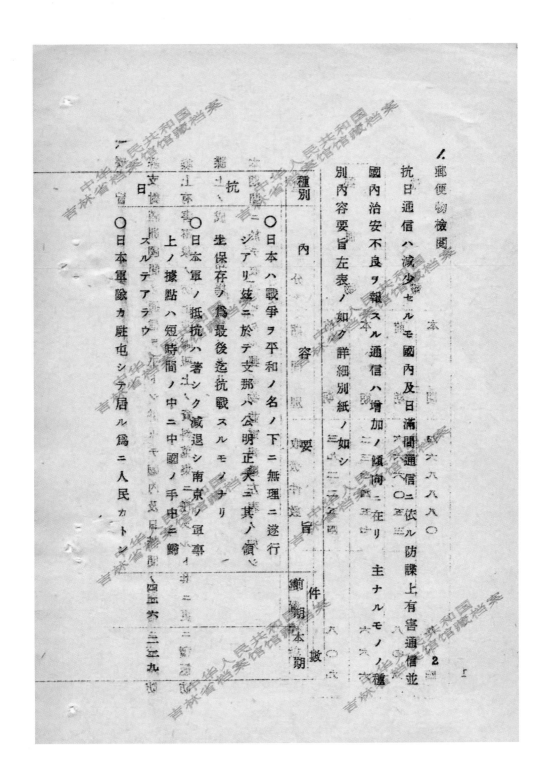

抗日通信ハ減少セルモ國内及日滿間通信ニ依ル防諜上有害通信並國内治安不良ヲ報スル通信ハ増加ノ傾向ニ在リ　主ナルモノノ種別内容要旨左表ノ如ク詳細別紙ノ如シ

種別	内容要旨	件數	
		前期	本期
抗日	○日本ハ戰爭ヲ平和ノ名ノ下ニ無理ニ遂行シアリ茲ニ於テ支那ハ公明正大ニ其ノ領土保存ノ為最後迄抗戰スルモノナリ		
	○日本軍ノ抵抗ハ著シク減退シ南京ノ軍事上ノ據點ハ短時間ノ中ニ中國ノ手中ニ歸スルテアラウ		
	○日本軍隊カ駐屯シテ居ル為ニ人民カトン		

29

通　　信　　防

ナ悲慘ナ思ヲスルカ知レマセン

○極東ニ於ケル白系露人ノ壓迫ハブリユフエル殿下ノ赤軍カヤルノテハナイ、日本帝國主義カ壓迫スルノタ

○戰爭ニ疲勞シタ日本國民ハ種々新タナル困難ニ直面ス最早東洋永遠ノ平和建設及蔣介石政權及共產黨膺懲等ノ如キ大使命ニ就キ考ヘルモノナシ

○講堂ハ格納庫テ其處ニハ重爆機カ三台入ツテ居リマス九七式テアリマス

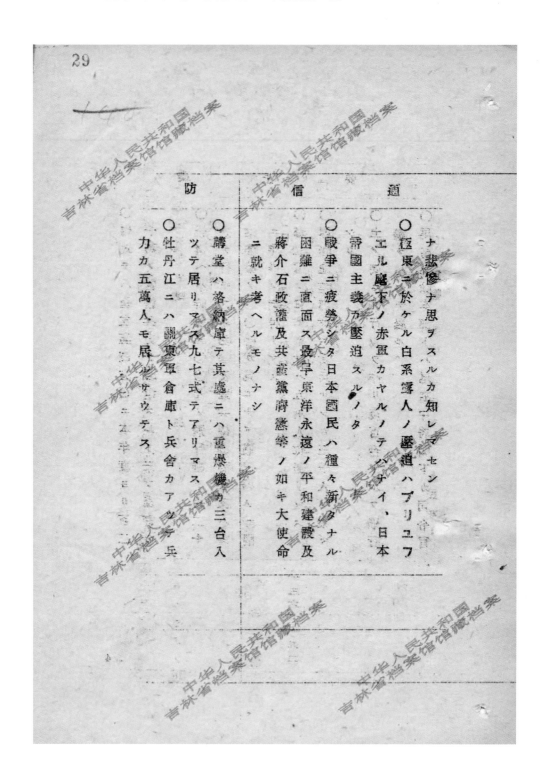

○牡丹江ニハ關東軍倉庫ト兵舍カアツテ兵力カ五萬人モ居ルサウテス

諜上要

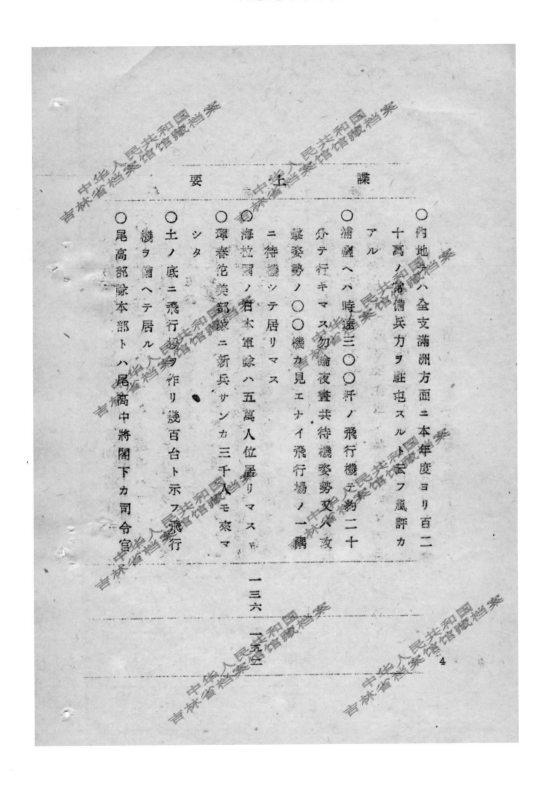

○内地デハ全支満洲方面ニ本年度ヨリ百二十萬ノ常備兵力ヲ駐屯スルト云フ風評カアル

○浦鹽ヘハ時速三〇〇粁ノ飛行機デ約二十分デ行キマス勿論夜晝共待機姿勢又ハ攻撃姿勢ノ〇〇機カ見エナイ飛行場ノ一隅ニ待機シテ居リマス

○海拉爾ノ日本軍隊ハ五萬人位居リマス

○琿春花美部隊ニ新兵サンカ三千人モ來マシタ

○土ノ底ニ飛行場ヲ作リ幾百台ト云フ飛行機ヲ備ヘテ居ル

○尾高部隊本部トハ尾高中將閣下カ司令官

一三六

一九四〇

4

注意通信	軍紀上
テ第三軍司令部テス東滿地區管轄ニテ之ノ下ニ約四ヶ師團アリマス ○本日參謀ヨリ極秘裡ニ歸還ニ關スル話ヲ聞イタ部隊ノ歸還ハ來月下旬ヨリ七月上旬ニ行ハレル ○僕等ノ師團ハ第二十四師團テ其上ニ秘密編成テスカ第五司令部カアリ	○滿期ノ事ハカリ考ヘテ居ル三年兵ニナツタラ軍人精神ナンテ遠イ處ヘ飛ンテ行ツテ了ツタ ○特別志願マテシテ軍人テ暮ソウト云思ハナイ地下千尺ノ捨石ニモナリ度(ク無)イカラ ○仕事等止メテシマヘトハカリ他ノ人ノ害額モ金庫ニ投入レテ十三時交代ト云フノ
	四九
	三五

5 ら

要注意通信	旅館ニ數人ニテ十二時迄外ニ居テ、 〇二十一時ニハ醉ガ廻ツテシマツタ、人、 〇兎角軍隊ニ長ク居ルト人間ガ馬鹿ニナル 〇殊ニ初年兵ナド馬鹿ニナラナクテハ決シテアンナ馬鹿ケタ事ハ出來ナイ 〇僕ハモウ軍隊ガ厭ニナツテシマツタ早ク家ニ歸リタイ一体ドウスレバ之ガ實現スルダラウ		6
	流言蜚語ノ虞レアルモノ	三四	三一
	國內ノ治安不良ヲ報スルモノ	一一	五八
	容疑通信ニ依リ偵諜中ノモノ	四〇	五四
其	國策阻害ノ虞レアルモノ	一六	一五
	政府ノ施策ヲ非難スルモノ	四	二

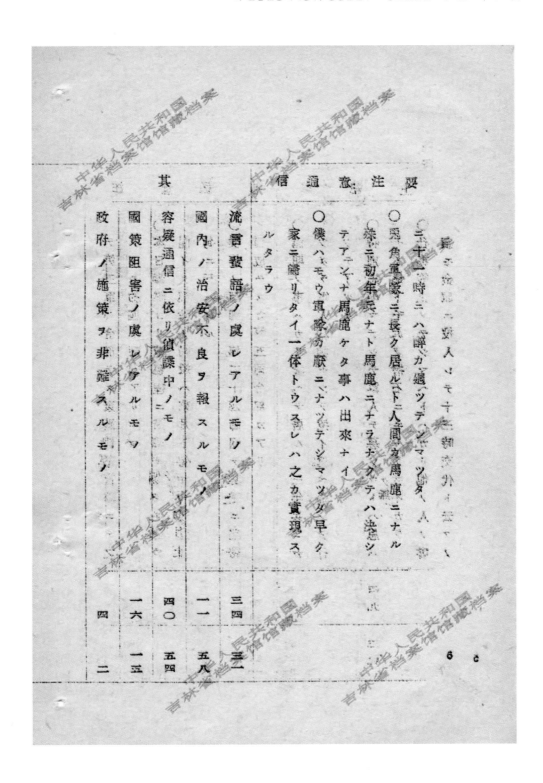

31

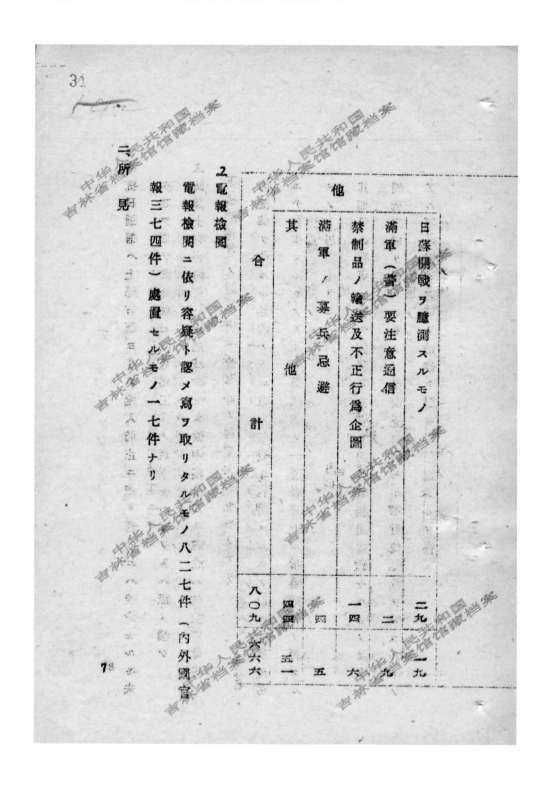

日蘇開戰ヲ臆測スルモノ	二九	一九
滿軍（警）要注意通信	二	九
他　禁制品ノ輸送及不正行爲企圖	一四	六
滿軍ノ募兵忌避	四	五
其他	四四	五一
合計	八〇九	六六六

2 電報檢閲

電報檢閲ニ依リ容疑ト認メ寫ヲ取リタルモノ八二七件（内外國電報三七四件）處置セルモノ一七件ナリ

三、所見

78

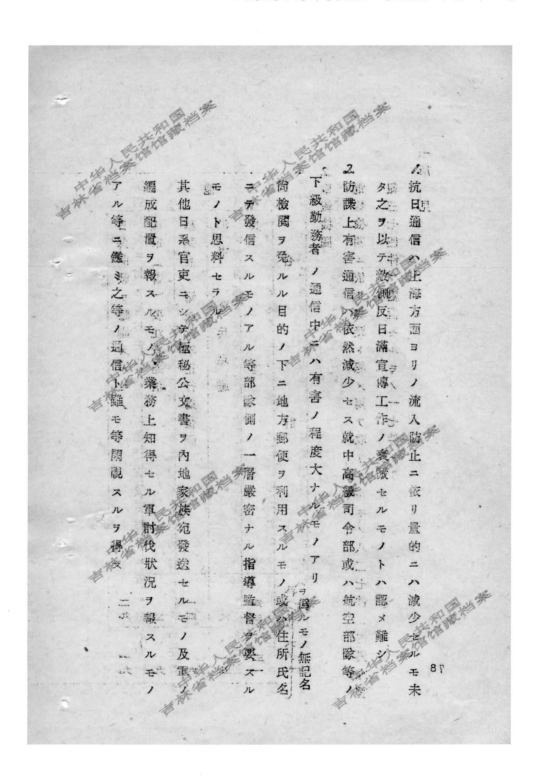

1. 抗日通信ハ上海方面ヨリノ流入防止ニ依リ量的ニハ減少セルモ未タ之ヲ以テ敵側反日滿宣傳工作ノ衰徴セルモノトハ認メ難シ

2. 防諜上有害通信ハ依然減少セス就中高級司令部或ハ航空部隊等ノ下級勤務者ノ通信中ニハ有害ノ程度大ナルモノアリ尚檢閲ヲ免ルル目的ノ下ニ地方郵便ヲ利用スルモノ或ハ住所氏名ヲ偽ルモノ無記名ニテ發信スルモノアル等部隊側ノ一層嚴密ナル指導監督ヲ要スルモノト思料セラル

其他日系官吏ニシテ極秘公文書ヲ內地家族宛發送セルモノ及軍ノ編成配置ヲ報スルモノ、業務上知得セル軍討伐狀況ヲ報スルモノアル等ニ鑑ミ之等ノ通信ト雖モ等閑視スルヲ得ス

32

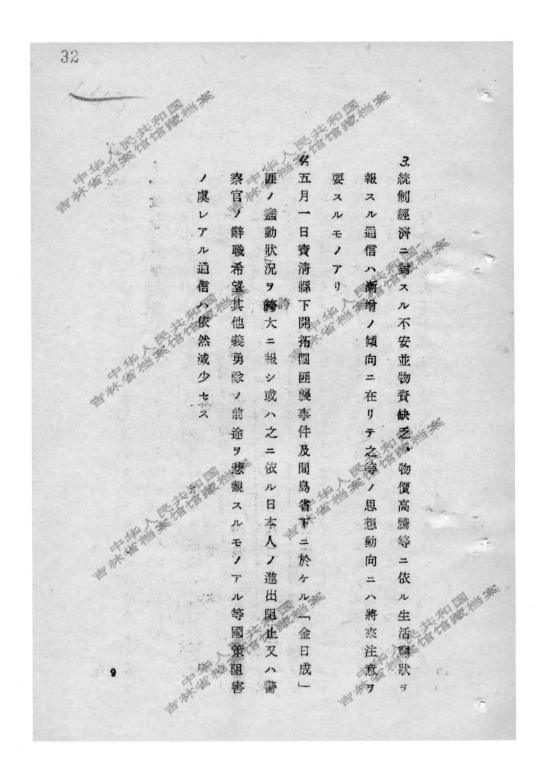

3. 統制經濟ニ對スル不安並物資缺乏、物價高騰等ニ依ル生活窮狀ヲ報スル通信ハ漸増ノ傾向ニ在リテ之等ノ思想動向ニハ將來注意ヲ要スルモノアリ

4. 五月一日寶清縣下開拓團匪襲事件及間島省下ニ於ケル「金日成」匪ノ蠢動狀況ヲ誇大ニ報シ或ハ之ニ依ル日本人ノ進出阻止又ハ警察官ノ辭職希望其他義勇隊ノ前途ヲ悲觀スルモノアル等國策阻害ノ虞レアル通信ハ依然減少セス

9

別紙

イ、抗日通信

区分	件数 前期	件数 本期
抗日通信文	四四	一七
抗日刊行物	三八二	二一二
計	四二六	二二九

10　　2

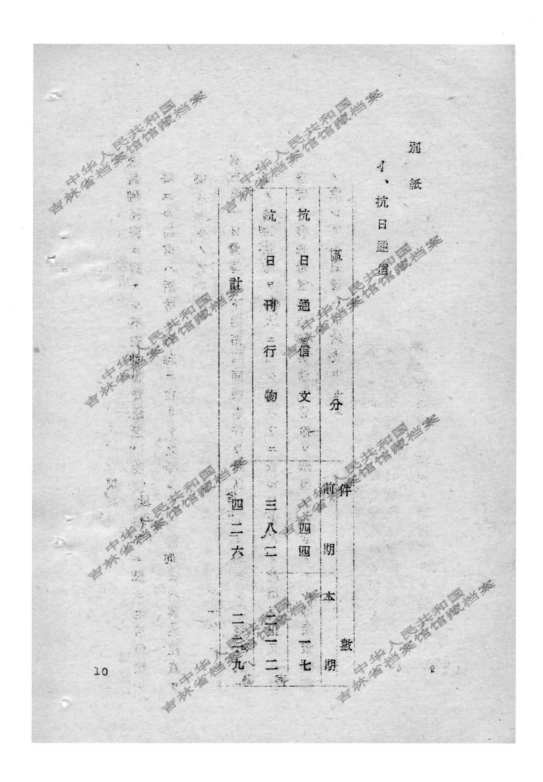

33

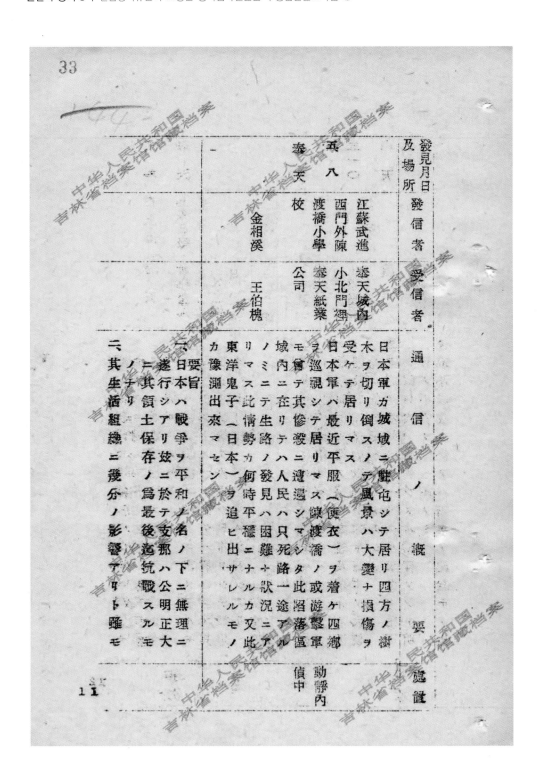

發見月日及場所	發信者	受信者	通信ノ概要	處置
五、八 奉天	江蘇武進西門外陳渡橋小學校 金相溪	奉天城内小北門裡奉天紙業公司 王伯槐	日本軍ガ城域ニ駐屯シテ居リ四方ノ樹木ヲ切リ倒スノデ風景ハ大變ナ損傷ヲ受ケテ居リマス日本軍ハ最近平服（便衣）ヲ着ケ四郷ヲ巡視シテ居リマス陳渡橋ノ或遊撃軍モ曾テ其慘殺ニ遭遇シマシタ此陷落區域内ニ在リテハ人民ハ只死路一途アルノミニテ生路ノ發見ハ困難ナ狀況ニアリマス此情勢ガ何時平穩ニナルカ又此東洋鬼子（日本）ヲ追ヒ出サレルモノカ豫測出來マセン	動靜内偵中
一			要旨 一、日本ハ戰爭ヲ平和ノ名ノ下ニ無理ニ遂行シアリ茲ニ於テ支那ハ公明正大ニ其領土保存ノ爲最後迄抗戰スルモノナリ 二、其生活組織ニ幾分ノ影響アリト雖モ	

11

五、九 奉天	在上海 上海日報	奉天 大和ホテル 外二件	二、國際的見地ヨリ觀ル時大ナル關係ナク支那ニ對スル各國ノ同情ト又支那自身ノ犠牲的行動ニ依ツテ戰爭ヲ遂行シ得ルモノナリ 三、日本ハ戰爭物價ヲ米國ニ求メアルモ「ワシントン」ニ於テハ遠カラス其物資ノ供給ヲ停止シ日本ヲシテ戰爭遂行不可能ニ陷ラシメントシアリ、 —佛文—	押收
五、一〇 奉天	不明	安東元寶山頭高麗樓 徐廷德	要旨 ◎戰爭ニ疲勞シタ日本國民ハ種々新タナル困難ニ直面ス 1. 最早東洋永遠ノ平和建設及蔣介石政權及共產黨膺懲等ノ如キ日本ノ大使命ニ就テ考ヘルモノナシ 2. 家庭・米穫・燃ヘ盡シタ木炭・靴下ノ破レ穴・騰貴シタル物價ソシテ明日ノ不安ヲ考ヘルノミ 3. 或小學校ニ於テハ石炭ノ配給ナク生	押收

12

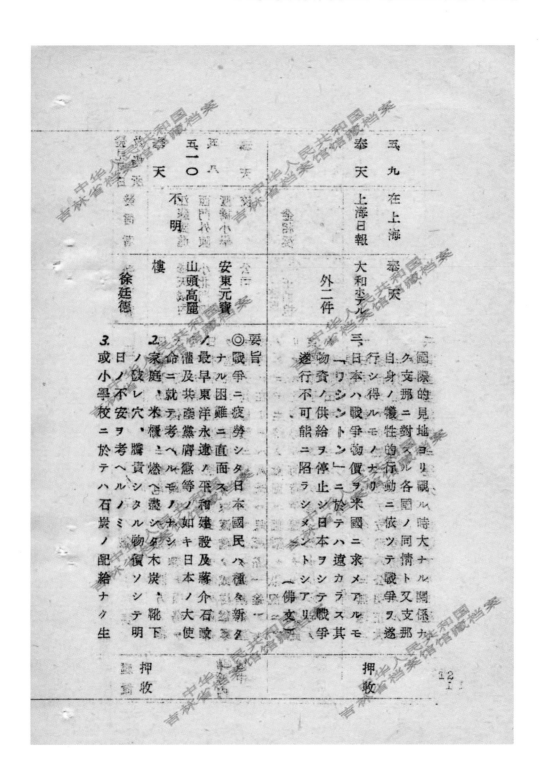

34

徒等ハ室ノ暖温ヲ保ツ為各自薪三束ヲ持參スル如ク命セラレタリ

政府カ四月ヨリ茶、石鹸、歯磨、菓子及犬、猫、鳥或ハ子供ノ遊ヒ相手タル金魚ニ至ル迄課税スルコトニ多大ノ不滿ヲ有シアリ（英文）

五一〇
奉天

アルゼンテン、ブエースアイレス
一九四
エンリタ
バルトス

營口啓東
公司
エムゼイ
トリニ

◎要旨

ルスネ。ウ。アルヂンチネ紙

支那軍ノ進撃

前線ヨリノ報道ニ依レハ日本軍ノ抵抗ハ著クノ減退シ南京ノ軍事上ノ據點ハ短時間ノ中ニ中國軍ノ手中ニ歸スルテアロウ　蔣介石軍ノ急進部隊ハ既ニ南京ノ郊外ニ到達シ退却ノ日本軍トノ間ニ戰鬪ヲ開始シテ居ル、而シテ最後ノ退却部隊ハ市街ヲ放棄シ建築物ニ火ヲ放ツテ居ル（露文）

押收

-13

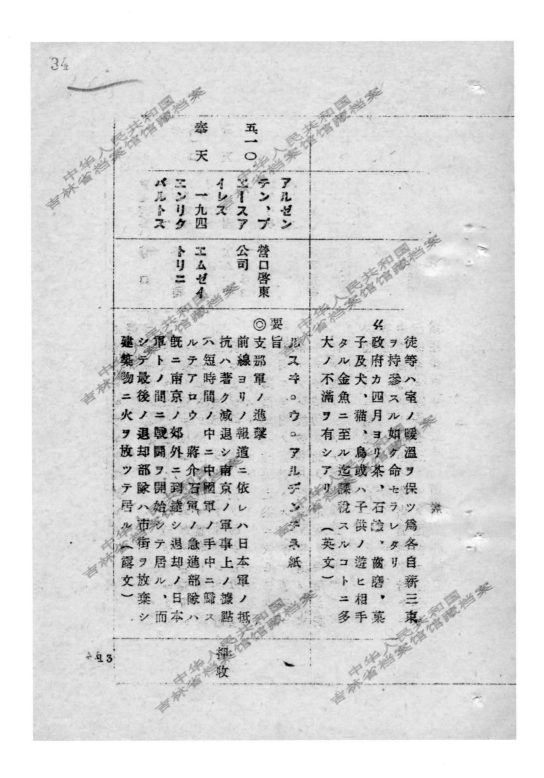

五一〇	奉天	アルゼンチン、ブエトスデイレス 一九四 エンリタ パルトス	營口 啓東公司 エム、ゼイトリコ

ムスキー」ニ。ウ。アルゼンチン紙

要旨

◎汪精衛ノ裏切中國々民代表トノ間ニ締結サレタル秘密協定ニ依レハ日本軍ニ占領サレタル地方ヲ統治者汪ヲ首班トスル獨立中央支那トスルニアリ然レ共事實ニ於テ滿洲國ノ例ノ如ク日本ノ殖民地トナステアロウ高・陶兩氏ハ該協定案ニ依リ日本ハ中國ヲ自國ノ屬國トスル事ヲ了解シ得タソレ故彼等ハ調印ヲ拒絶シタ然ルニ汪精衛ハ此ノ協定案ヲ採用シ調印ヲ成シタノテアル（露文）

押收

映畫雜誌「電聲」

要旨

中國宣傳部下ノ中央映畫撮影場所テハ戰後特ニ戰時ニユースノ撮影ニ全力ヲ傾注シアリ

14

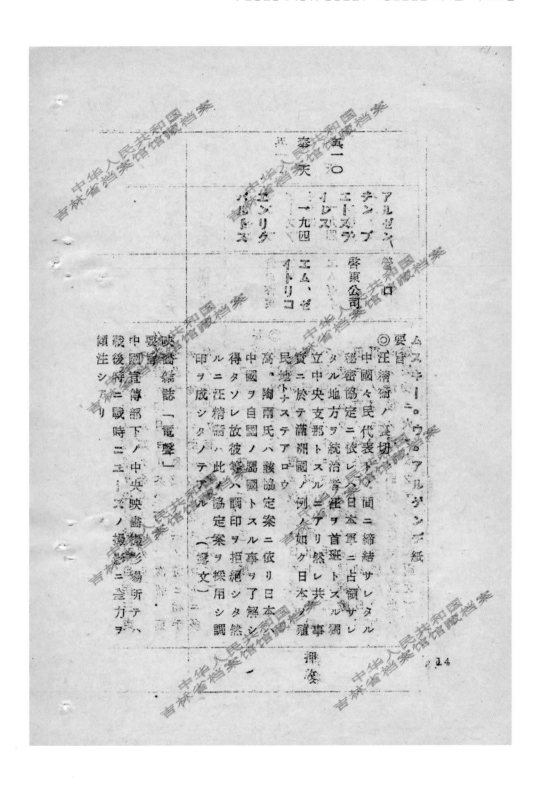

35

五一〇 奉天	在上海 三和出版社	營口東大街廣生行 林安行 外四件	各友邦ノ民衆ハ此種中國作戰精神ヲ發揚セル戰場ニユースハ熱烈ナ歓迎ヲ受ケ愛好サレアリ、最近中國宣傳部ニ於テハ戰事ニユース片ノ販路擴大ニ鑑ミ「トーキーニユース」一片ヲ撮影スルニ決定シ各外國語ニテ説明サルルコトトナレリ 斯ノ如クナレハ中國作戰情況及意向ハ各國人士前ニ更ニ明白ニ表示サルルモノナリ 之即チ戰時中國宣傳武器進歩ノ現象ナリ
五一〇 奉天	在上海	平陽鎮 永隆村	宗教雜誌「眞光」 要旨 ◎香港浸會少年團聯合ハ各地難民兒童負傷兵等救濟ノ見地ヨリ國難服務團ヲ受ケ救濟金ヲ募集シ前線負傷兵ノ慰問難民兒童ノ救濟ヲナシ國難ニ當リアリ ◎

押收

15

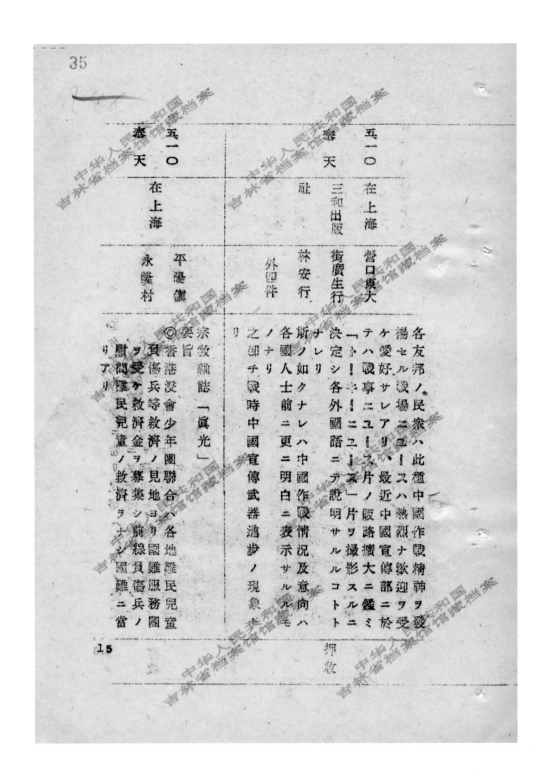

五、二〇	五、一九 奉天 二〇
宸光雜誌社	[illegible]アルゼンブ ニースア [illegible] 一九四 ニンリフ バルトス
濱[illegible]信會 呂志陽 外七件	營口營東 煙草公司 [illegible]

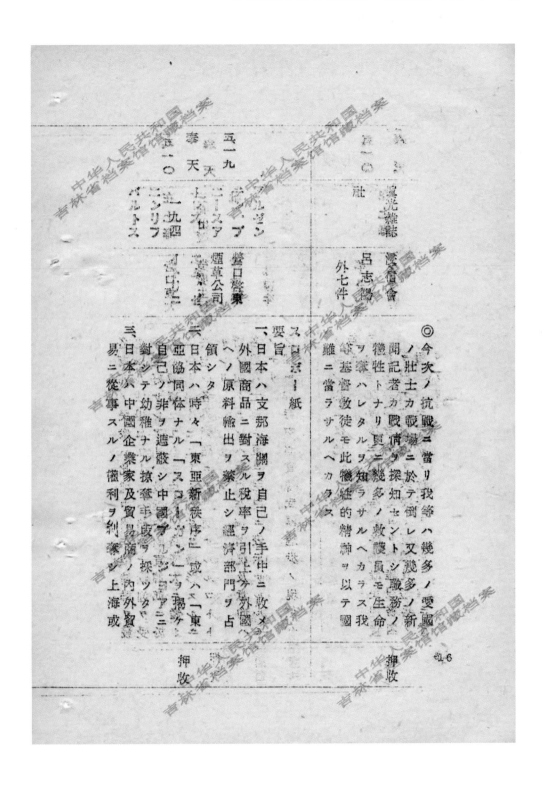

◎今次ノ抗戰ニ當リ我等ハ幾多ノ愛國ノ壯士カ戰場ニ於テ倒レ又幾多ノ新聞記者カ戰情ヲ探知セントシ職務ノ犧牲トナリ更ニ幾多ノ救護員モ生命ヲ奪ハレタルヲ知ラサルヘカラス我等基督教徒モ此犧牲的精神ヲ以テ國難ニ當ラサルヘカラス

押收

スロー紙 [illegible]

要旨

一、日本ハ支那海關ヲ自己ノ手中ニ收メ外國商品ニ對スル税率ヲ引上ゲ外國ヘノ原料輸出ヲ禁止シ經濟部門ヲ占領シタ

二、日本ハ時々「東亞新秩序」或ハ「東亞協同体ナル」「スローガン」ヲ掲ゲ自己ノ非ヲ遮蔽シ中國「ブルジョア」ニ對シテ幼稚ナル掠奪手段ヲ採ツタ

三、日本ハ中國企業家及貿易商ノ内外貿易ニ從事スルノ權利ヲ剝奪シ上海或

押收

36

五、五
大連

大連市沙
河口
李某

河北省保
定府高陽
縣南華橋
鎭永立成
板店
李長順

一、日本ハ近來早ク結束スルコトヲ欲シ
テイルカ處理方法カ出來ナイ平和ヲ
提議スルコトハ負ケルコトニナル居
伏スルコトハ出來ナイ戰爭テ負ケテ
モモ講和テ負ケナイ下手ニ講和スレ
ハ國民カ詳知シナイシ支ヘラレナイ
中國ノ將領ハ確ニ人材テナケレハ國
民ハ既ニ散亂シテ居ル何レモ前線ニ
奮鬪シテ居ル
二、南方ノ事態ハ切迫シナ居ル樣タ日軍
カ二十九日ノ天長節ヲ祝賀シナカツ
タノヲ見ルモ容易ナラサルモノカア
ル餅シ日本ノ見方ハ實ニ近クテ淺イ
今ヤウヤク中國カ弱イト云ハナクナ

ハ他都市ノ大デパートハ統制株ヲ獨
占シタ
四、日本ハ完全ニ自己ノ手ニアル複合税
制ヲ採用シ中國各階級ノ財產ヲ合法
的ニ掠奪シタ（還文）

發信爾
後通信
注意所
在內查
中

17

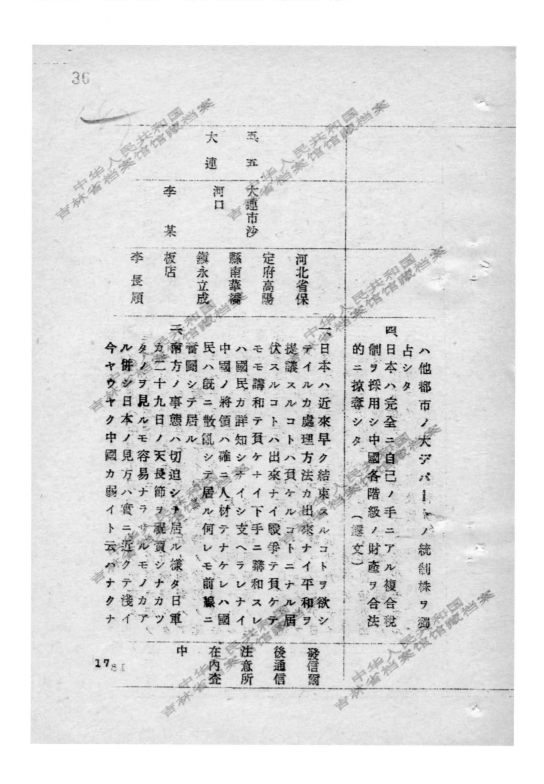

ツタ彼ハ中國ヲ認識シ出シテ來タ

三、最近大連彼處ニ大キナ火災カ起ツテ居ル此處タケテモ三ケ所燃燒シタ何レモ重要ナ地點タ最近ノ商賣ハアマリ儲カラナイ開業當時ノ狀況ノ比ニハナラナイ今度ノ新ラシイ營業モ賢明トハ云ヘナイ大體問題ニハナルマイ彼ニ使ハレル者ハ結局恐慌ノ生活テアル

四、汪精衛ハ商賣ハ出來ナイ、日本ノ傀儡トナツテ仕舞ツタ彼ハ人ニサセラレタノテアルソコテ家號ヲ付ケテ日本ハ瞎ニ支ヘテ居ルカ依然力カナイコウヤツテモ默目努力ハ徒勞タ

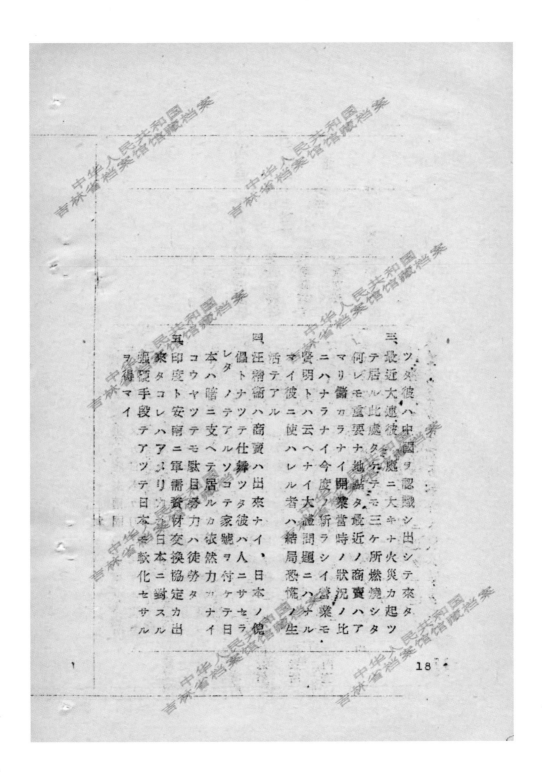

五、印度ト安南ニ軍需資材交換協定カ出來タコレハアメリカカ日本ニ對スル强硬手段テアツテ日本ヲ軟化セサルヲ得マイ

37

五二三
大連

大連沙河口
李某

河北省保定府高陽縣南華橋鎭永立板店
李長順

一、戰爭ノ結果ハ將來兩國共滅ヒル、何故講和セヌカ日本カ刀ヲ我々ノ腹深ク突込ンテ居ル講和ハ出來ナイ日本カ刀ヲ拔ケハ自然ニ平和カ來ル統制モ強化シテ居ルカ國民ノ間ニ恐慌ヲ來シアリ何レニシテモ兩國ノ末路ハ單純ニ共倒レテアロウ戰爭モ自然結末ヲ告ケル

二、此ノ問題ハアメリカカ手ヲ出サント終ラナイソ聯ニヤラスレハ赤色化スルシ日本ハ問題ニナラナイ今ハ戰果ヲ少シ收メツツアルモ末路ハ間近ニアリ彼ノ戰爭遂行カ自然消滅スル日モ遠クハナイ

三、日本ノ男女ハ神社ニ詣テテ平和トナリ我カ夫ヤ肉親カ早ク歸國シテ來ル樣祈ツテ居ル又今日ノニユ｜ステハ日本ノ中國生ハ完全ニ軍隊化シタ

四、赤イ蟻ノ如キモ人ノ地ヲ取ラナイ

發信局
後通信
注意所
在內容
中

19

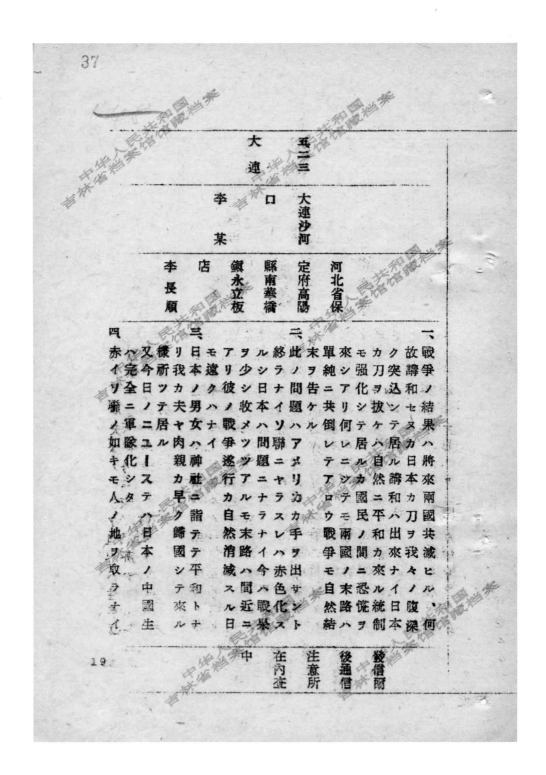

國デアル天津ハ[illegible]多ア租界ハ往年返還シテ呉レタ今ハ天津某所デ（以下意味不明ナ）

五・一 一地
天三 連

大連市
辛[illegible]齒

芝罘西珠璣村
信成寶號
交
李文樸

本當ニ遣リ切レヌ又ゴンノ生活自己ノ存
在ニナイ毎日見ラレルノハ灰色ノ空ト
衰弱シタ大ノ樣ニ壓縮サレテシテ生活ス
ルモノハカリ幾時モ思フガ斯樣ナ低級ナ
奴隷生活ハ永久ニ人間ヲ喰フ者ヲ敵視
スル今ノ世界ハヤハリ彼等ノモノデアル
ツタ然而暗夜ノ盡クル處ニハ必ズ黎明ガ
アル私ハ能力ハナイカ場合ニ依ッテハ
コノ身體ヲ獻ゲ得ル
血ノ樣ニ眞赤ニ染メタ世界ハ吾等ノモ
ノダッタガ作リ上ゲラレル鐵證カアル
目覺メヨ早ヤク起チテ戰ヒヨ勝テバシ
テ歷過者ノ暴力ヲ突キ落ス
日本軍隊ガ駐屯シテ來ル爲ニ人民ガ
トンナ悲慘ナ思ヒヲスルカ知レマセン

發信爾後通信注意斷
海[illegible]
中[illegible]

20

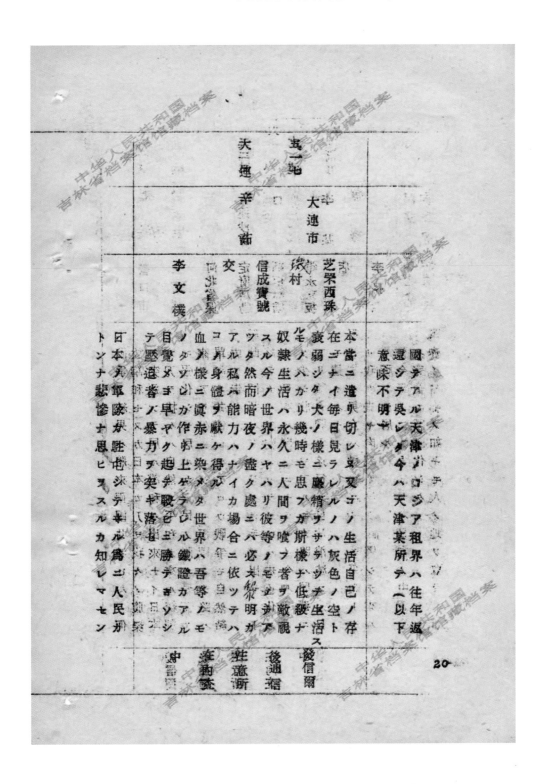

38

五二七 營口	武安 同會村 胡斉	營口市 公裕號 呂秋圃	食糧カ缺乏シテキル時ニ高粱ヤ包米迄徵發サレテハ全ク首ヲ締メラレル思ヒカスル、勢力ノアル村ノ連中ハ東洋鬼子ヲ利用シ彼レヤ此レヤト税金ヲ取立テ少シ位ノ土地等ハ一年分ノ税金ニモ及ヒマセン何時ニナッタラ戰爭カ濟ンテ日本軍隊カ引揚ケルテセウ	押收
五一二 古北口	西安 尚仁路北 平大旅社 叔 錫	河北省密雲縣古北口河西東轉角對西門 馬成發	此方ハ敵ノ飛行機カ常ニ來テ爆撃ヲシテ行クノテ皆家財道具ヲ持ッテ農村ヘト避難シテシマヒマシタ、現在モ此ノ地方ハ毎日ノ樣ニ敵飛行機ニ依リ爆撃サレテ居リマス、貴方ノ方ハ如何ナノテショウカ、妹モ此ノ爲學校ヘ上ル事カ出來ス此地ノ人民又困難ヲ極メテ居リマス	削除
	西安 大差市	河北省 密雲縣	私ハ臨縣青塘天主堂ニ在ッテ日々皆サンノコトヲ思ハヌ日ハ有リマセン、胡	

五、二四 古北口	東四道巷一四號 楊青山	古北口河西東井沿胡同 楊蔭川	老父ハ晋西北擾亂時敵軍ニ拉致サレ未タニ消息モ判リマセン、前線ヨリ凱旋シテ來タ人々ニ聞イテモ全ク悲歎ニ暮レテ居リマス（消息判明セス）	削除
五、四 哈爾賓	米國ボストン市日刊英字新聞 クリスチャンサンエンスモントル	哈爾賓私書函二六九 外二名	要旨 東京帝大卒業生社會主義者鍛治渡氏ハ從來幾度カ檢擧投獄セラレタカ最近彼ハ日本ヨリ亡命支那ニ渡リ同シク社會主義者池田ゆきナル者ト結婚シテ現在重慶政府テ「ラヂオ」ヲ通シテ支那各地ニ出勤中ノ日本兵士ニ反戰宣傳ニ專念シテヰルノタ（鍛治渡ノ寫眞ヲ掲載）（英文） 要旨 一、極東ニ於ケル白系露人ノ壓迫ハブリユツヘル麾下ノ赤軍カヤルノテハナイ日本帝國主義カ壓迫スルノタ	沒收

22

39

五六 哈爾賓	米國 ブートナンシ (以下不詳)	哈爾賓 私書函 二九號 イカエフレモフ	二、白系關係ノ刊行物ハ殆ト發刊停止サレ剩ヘ兒童教育ノ施設テサヘ日本カラ壓迫ヲ受ケテ居ルノタ 三、三河事件ハコザツクノ襲擊テイ日本ノ白系ニ對スル排擊ノ一策動テアル 四、日本カ共産政府ト戰爭セナイノハ正シク白系露人ヲ蹂躙シテ居ル證據テアル 五、滿洲ニ居ル白系露人ハ日本ノ強制示威運動ニ參加シテ日本ノ國旗ヲ振廻シテ居ルマタ日本帝國萬歲ヲ唱ヘテ居ル誠ニ馬鹿ケタ事チヤナイカ（露文）	沒收
五七	ロンドン日刊英字新聞	哈爾賓滿鐵圖書館	要旨 ◎日軍ハ支那ニ於ケル戰鬪ヲ何時モ有利ナルカ如ク宣傳シテ居ルカ全ク嘘テ	沒收

23

哈爾賓	[illegible]日刊英字タイムス	外三名 哈爾賓	アル支那游撃隊ノ為何時モ敗ケテ居ルノタ ◎日軍ハ山西省南部ニ催涙瓦斯[illegible]ミ瓦斯ヲ使用シテ非人道的ナコト[illegible]ヲシテ居ルノタ云々（英文）	發送
五二三 哈爾賓	米國 ニューヨーク（ツルセイ）	哈爾賓 私書函 レオナルド	小生ハ滿洲國民ニ非常ナル同情ヲ寄セテ居ル殊ニ日本軍ニ侵害サレタ後ノ滿洲國民特ニ兒童ハ氣毒ナアル貴教會ハ兒童ニハ慰問ノ意味テ何カ贈物スル故住所氏名ヲ知ラセテ貰ヒタイ	發送
五二八 哈爾賓	上海發行 日刊露字新聞 スローウオ	哈爾賓「ザリヤ」新聞社 外二四名	獨逸外交官「シヤンテ」氏ハ左ノ如キ意見ヲ發表シタ獨逸ハ汪精衛政府ノ問題ニ關シテハ新聞記事掲載ヲ禁シテ居ルカ獨逸ハ事實新政府ニ對シテハ承認スルモノテハナイ云々（露文）	沒收

224

40

ロ、防諜上要注意通信

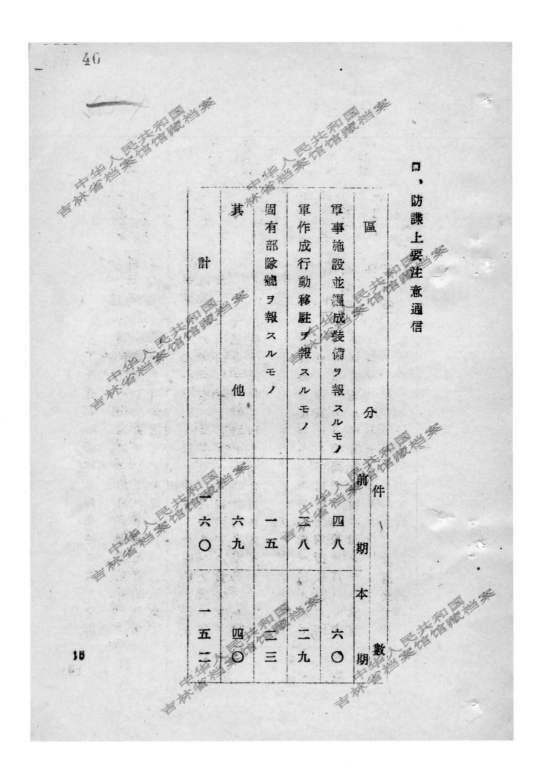

區分	件數 前期	件數 本期
軍事施設並編成裝備ヲ報スルモノ	四八	六〇
軍作戰行動移駐ヲ報スルモノ	二八	二九
固有部隊號ヲ報スルモノ	一五	二三
其他	六九	四〇
計	一六〇	一五二

15

41

發見月日場所	發信者	受信者	通信ノ概要	處置
五、一四 延吉	間島省延吉街進學路公園通 日系宿舍 中島	大阪市港區七條通 中島瀧男 中島衣子	此所ニ匪賊情報ノ小サイ分一ツ御見セ致シマス公文書テスカラ見タラ燒イテ下サイ 極秘 一、東布討宣情第二七號 一、宣化班匪情及編成替報告白色地帶調 一、査隊編成並ニ行動報告公文書ヲ同封シアリ	押收
五、六 東安	東安中山部隊城隊 濱中賢望	青森縣下北郡關根村 丸谷マツ	愈々待望ノ凱旋カ判ツタ召集兵ノ三年間勤メタモノハ全部來ル八月ニ除隊スルコトニナツタ由テ皆喜ンテ居ル	削除
五、二〇	東安省寶清陸軍	宮崎縣西諸方郡	町テハ日本人ハ三、四百名テスカ軍隊ハ騎兵一ケ聯隊ト旅團司令部其外ニ野	

26

五二〇 圖們	病院 上野源七	小林町東方上原 上野[illegible]	戰重砲カ一ケ聯隊テ此レハ要塞砲ト同シ[illegible]モテ[illegible]	削除
五二〇 東安	東安街 竹内義明	德島縣三好郡三名村川杉 武内常光	伊豫ノ松山聯隊我カ八十九聯隊カ新設サレタノテ昨年末虎林ニ移駐シマシタ我カ部隊ノ一ケ中隊ハ國境監視ニ任シテ居リマス 次ニ僕等ノ師團ハ第二十四師團テ其上ニ秘密編成テスカ第五軍司令部カアリ（軍司令官ハ土肥原中將）又守備隊カアリマス守備隊ハ五大隊カ通化、六大隊ハ撫順、十大隊ハ新京テス	没收
五二二 東安	東安生活必需品會社 櫻井久一	宮城縣桃生郡廣淵村 櫻井瀧三郎	東安ハ地方人カ三千人位テ軍人カ約三萬人位テス	削除

27

42

五七 東安	東安省東安大倉土木作業所 鈴木貞吉	東京市世田ケ谷區北澤二ノ二二八 西野實	今年度東安方面軍工事ハ東安驛ヲ基點トシテ鐵道南十五、六粁ノ地點及舊密山方面ノ前年度「アサ」工事カ一ケ所、其レニ舊密山西方約十五、六粁ノ廟嶺方面ニ兵舍一ケ所カ新築サレルコトニナツテ居リマス又東安ノ鐵道沿線西方一昨年ノ方面ニ病院、官舍、兵舍、軍需品倉庫等カ增築サレ尚昨年來ノ洞窟工事カアツテ都合四ケ所ニナリマス	沒收
五一〇 東安	東安生活必需品會社 大田孝太郎	東京市蒲田區道塚町一四二 鄕右近末子	當地ニハ日本軍カ二、三ケ師團駐屯シテ居リマス	削除
五一八 東安	東安街協和會東安省本部 菊池山就之助	秋田縣南秋田郡土崎港町古川町 館山伊三郎	東安省ハ饒河、虎林、密山、寶淸、林口ノ五縣ニシテ軍事國防上重要ナ地帶テ軍隊ノ駐屯ヤ軍事施設多ク東安街ニハ約二ケ師團密山ニハ一ケ師團其他秘密ナモノカ相當アル樣テス現在「スパ	沒收

	五一〇	五一六 牡丹江	
	黒河 營林署 松本靜夫	牡丹江驛前電信隊 堀田政幸	
	宮崎縣東臼杵郡北川村下赤 パルプ工場 松本チラ子	愛知縣丹羽郡岩倉町下市場 鈴木松次郎	
イ」戰カ實施セラレ當地ニモ「スパイ」カ相當侵入シテ居ル様テス	黒河ノ先ソ神武屯ニハ日本軍カ一ケ師團モ來テ居リマスソレニ高射砲隊モアリマスノテ部隊ヲ設置スル時面白ク恐シイ事カアルノテス	内地テハ全支滿洲方面ニ本年度ヨリ百貳拾萬ノ常備兵カ駐屯スルト言フ風評カアルカラ本年度ノ壯丁者モ全部合格出來ルト思フ内地ハ海軍タケテ守リ陸軍ハ支滿ヲ守ルコトニナルノテス何レ「ソ」聯ト一大戰爭ノアル事ト思フカラ覺悟カ必要テアル・コンナ事ハ書ケナイノタカ街ニ出タカラ知ラセル	横山部隊タツタカ今年ハ鷹森部隊ト名前カ變ツタノテス、ソシテ佗美部隊ニ
	削除	削除	

29

43

五一〇 琿春	琿炭 廟岑礦業所 桑野藤吉	福岡縣田川郡伊田山下町 桑野年夫	ハ新兵サンカ三千人モ來マシタ毎日ノ演習ナソハ迚モ猛烈ニヤッテ居リマス恰度去年ノ今頃カラ「ラタダ」山事件カアリマシタ今年モ今ニ又何カアルカモ判リマセンソシテ土門子ノ安部部隊ニモ新兵サンカ二千人モ來マシタ	削除
五一六 牡丹江	牡丹江市圓明街二五生活必需品會社 浪岡ユキ	青森縣上北郡古二木下田 浪岡貞次郎	牡丹江ニハ關東軍ノ倉庫ト兵舎カアッテ兵力カ五萬人モ居ルサウテスカ必需品會社テモ在庫品カ兵ノ三ケ月分ノ食料品ハ何時モ保持シテ置ク樣ニト內々秘密ニ軍ヨリ達シカ來テ居リマス	削除
五三〇 奉天	奉天北陵鈴木部隊 奥井俊平	東寧井原部隊長谷川隊 星野哲之助	全獨立守備隊、第一－第十國境守備隊軍直轄砲兵團及戰車團（第三－第十一）鐵道及獨工ノ修業下士官一千六百名ノ隊ヲ六月十日ニ控ヘ繁忙ヲ極メテキマス	削除

50

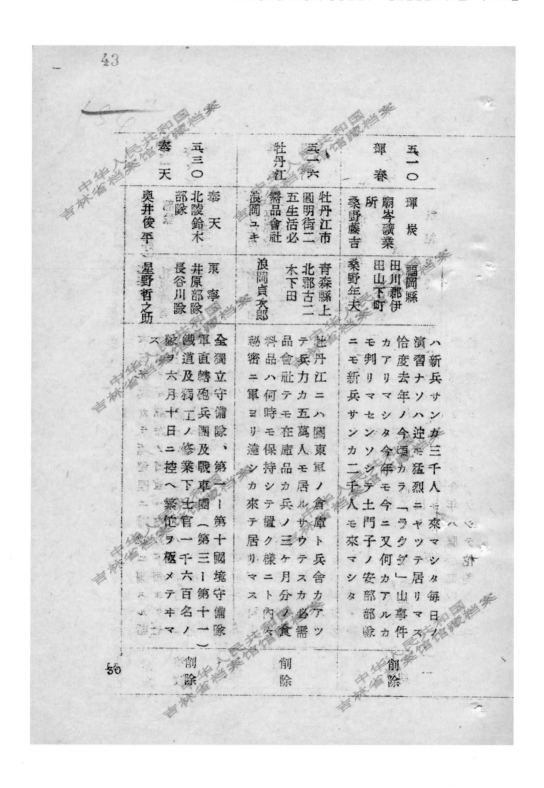

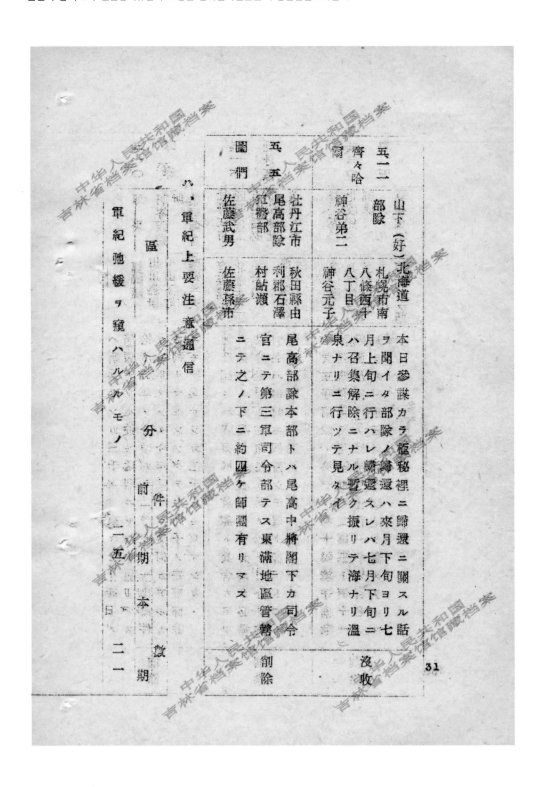

五、一一 齊々哈爾	山下(好)部隊 神谷弟二	北海道札幌市南八條西十八丁目 神谷元子	本日參謀カラ極秘裡ニ歸還ニ關スル話ヲ聞イタ部隊ハ來月下旬ヨリ七月上旬ニ行ハレ歸還スレハ七月下旬ニハ召集解除ニナル暫ク振リテ海ナリ温泉ナリニ行ッテ見タイ	沒收
五、五 圖們	牡丹江市尾高部隊軍醫部 佐藤武男	秋田縣由利郡石澤村鮎瀨 佐藤孫市	尾高部隊本部トハ尾高中將閣下カ司令官ニテ第三軍司令部テス東滿地區管轄ニテ之ノ下ニ約四ケ師團有リマス	削除

31

八、軍紀上要注意通信

區分	件數 前期	件數 本期
軍紀弛緩ヲ窺ハルルモノ	一五	二一

反軍反戰ノ虞レアルモノ	三	五
第一線勤務又ハ軍隊生活忌避	六	八
其他	一五	一
計	四九	三五

發見月日場所	發信者	受信者	通信ノ要旨	處置
五、一一 東安	西東安 西澤部隊 定春	神奈川縣横須賀市若松町一二 荻野茂雄	君モ海軍ニ志願シタトノ事タカ軍隊ト言フ處ハ志願迄シテ來ル處テハナイヨ俺モツク〴〵思フ實際馬鹿ラシイカラナ君カ入隊スル頃ハ俺ハ滿期ンハタイカ未タ三年兵カ居ル様ナ現況テハ駄目ダ一日モ早ク除隊スル様毎日神ニ祈ツテ居ル	沒收

32

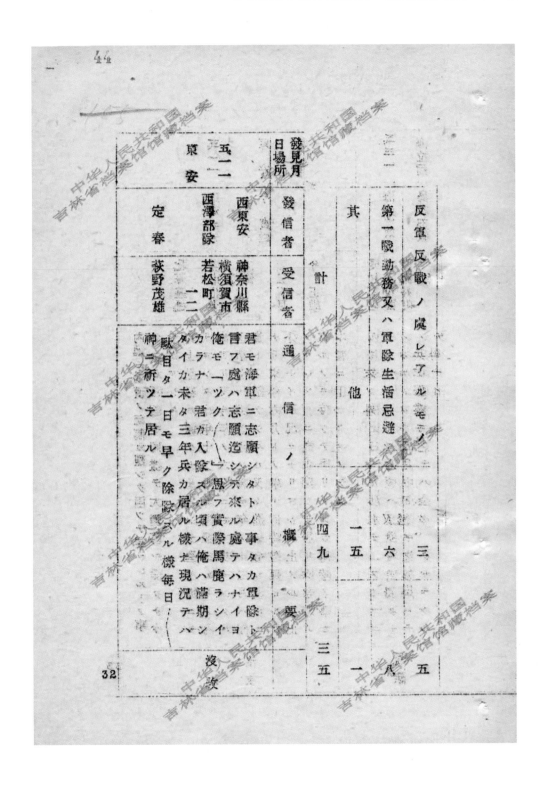

五一一 東安	東安ニテ 東安 今 貞雄	北海道札幌市北十二條西二丁目 今 正雄	内地モ物價ノ統制カ烈シク困ツテ居ラレルトノ事テスカ滿洲モ同樣テ大變暮シ難クナツテ來マシタ其上進級カ遲クナリマシテ全ク嫌ニナリマシタ昨年十二月ニ進級スルトノ内命アリ又今年ノ六月ニモアリマシタカ進級令一部改正ノ爲今年ノ十二月ハ確實トノ話テシタカ又々進級令カ改正ニナリ來年六月トノ事テ何時迄延ヒルカ分ラナイ狀況ニナリマシタ止メルキ止メラレス實ニ進退窮ツテ居リ除隊期ノ來ルノモ待ツテ居リマスカ何時ノ事カ本當ニ困ツタモノテス	沒收
五三一 海拉爾	海拉爾 島本部隊	愛知縣名古屋市西區深井町	四月末ノ外出日ハ大洪水テ「フイ」ニナツテシマウシ近頃ハ又隨時檢閱タナンタカンタト五月中旬過キ迄外出ハナシ兵隊稼業モ之テハ全ク、クサラサルヲ得ナイ	削除

33

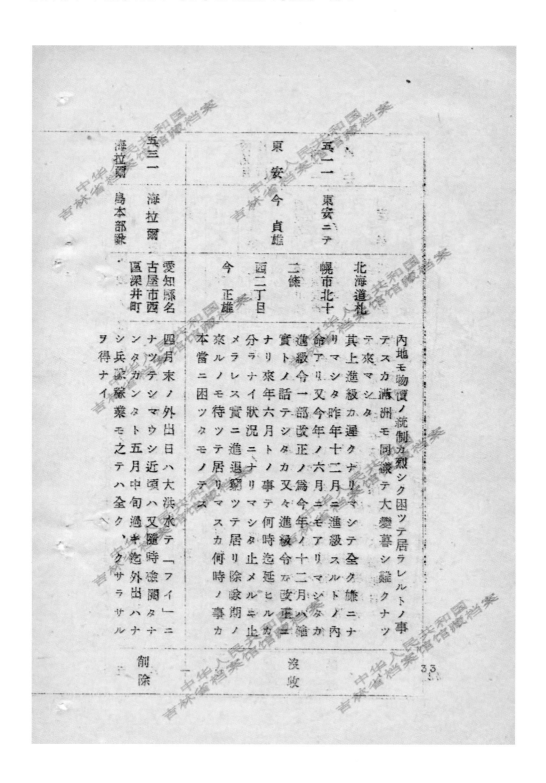

45

	上山隊 伊藤正吉	湯淺貞夫	凡ソ補充兵ヤ三年兵ナンテモノハ全ク意味カナイ況ヤ俺ノ様ナ老ホレノ身テハ毎日ノ激シイ勤務ハ身ニコタヘル今ノ所○○モイツノコトヤラ判ツタモノテナイ	
六三 奉天	奉天工藤部隊片岡隊 延里笹夫	東京市麹町區永田町一陸軍測量部地形科 白井三郎	落付カナイ日々ヲ不平不満ノ裡ニ生活シテ居ル有様テス仕事等スル元氣ハアリマセン彼方ニ當リ此方ニ當リ衝突ハカリシテ居リマス働ケハ働キ甲斐アリ非常ニ多忙ト存シマスカ「遣ラナイ」ト覺悟ヲ定メタ今日班員被教育者ニハ氣ノ毒テスカ落付テ居リマス	削除
五一六 佳木斯	佳木斯小川部隊高木隊 小中利雄	中華航空株式會社 桐山義雄	兎角軍隊ニ長ク居ルト人間カ馬鹿ニナル。。。殊ニ初年兵ナト馬鹿ニナラナクテハ決シテアンナ馬鹿ケタコトハ出來ナイ、軍隊ノ神様ハ頂好タネ。。。。ツマラヌ事テイシメテハ蔭テ笑ツテヰ、	沒收

54

			ルンタカラネ軍隊生活ナンテ適當ナモ ンタヨ	
五、五 哈爾濱 地方檢閲所	寧安 杉野部隊 菊池薫	哈爾濱 紋街 千本二八 菊池ナキ	僕ハモウ軍隊カ嫌ニナッテシマッタ早ク家ニ歸リ度イ一体トウスレハ此レカ實現スルノタロウ自動車ニテモ乗ッテ行ッテ其儘橋ノ上カラ河ノ中ニ落チテシマイ度イ様ナ氣カスル	削除

二、其ノ他

發見月日場所	發信者	受信者	通信ノ概要	處置
五、二	安圖縣	茨城縣 結城郡	匪首ハ金日成崔賢ト云ヒ各々二百名許リテアリマス大キナ襲撃事件タケテモ昨秋日本軍ノ一ケ中隊八十何名ヲ全滅サセ輕機小銃	

135

46

延吉	警務科 西野龍雄	名倫村 麻生熊吉	共ニ掠奪自動車ハ焼却シ本年三月森林警察隊百二十名ヤ和龍ノ前田討伐隊六十何名ヲ全滅サセテ居リマス武器弾藥ニハ少シモ事缺カヌ裝備ヲ以テ居リマス	押收
五二八 山海關	奉天省開原豆稈パルプ社宅七十三號 憲夫	天津灰堆鐘東洋製紙會社 工藤憲三	此處ニマゴ／＼シテ居ルトチヨイ／＼教育召集カアッテウルサクテカナワン今度此ノ二十四日カラ四日間朝八時カラ夜十一時十二時マテ捕ラレル事ニナッテヰルカ俺ハ診斷書ヲ出シテ出ナイコトニシタトテモカナワンカラネ又六月カ七月ニアルラシイカラ出來レハソレマテニ逃ケテ行クヨ	發送
五二九 吉林	北安省鐵驪縣鐵山包驛小學	吉林市外哈達灣人造石油株	コレテ義勇軍ト言フ泥田カラモサッパリ足カ抜ケタメテスアノ野ラ犬ノ様ナ生活ヲオッサツパリト捨テ新シキ人生ヲ歩ムノテス	削除

36

吉林	被救員養成所 出川久二	株式會社鑛工訓練所 小池徹郎	考ヘテ見ルトカウシテ泥田ヨリ足ヲ抜カウトシテイル人間ハトコカヘ抜イテヤリタイ氣カシマス云々……	
五一九 古北口	河北省灤縣乃四福寺 于森承讓	熱河省承德草市街天益隆壽處 何徹	徹兄樣 永年御無沙汰致シマシタ、御健康ノ事ト存シマス、兄樣私ハ明日唐山ヲ出發熱河ニ向ヒマス熱河ヨリ黑龍江省ニ行ク豫定テス、近イ内ニ面談カ出來マス彼カ黑龍江省ヨリ唐山ヘ來ル時ニハ私ニ手紙ヲ吳レルコトニナツテ居リマス彼ト同伴ツイテニ前進シテモ宜シイテス	其儘發送偵諜中
五一四 吉林	吉林省京圖線小姑家溝 大友豐榮	鹿兒島縣大島郡字松村 大友貞良	近クノ滿蘇國境テ目下日蘇兩軍ハ大激戰ヲヤツテイマス、コレハ新聞紙上等ニハ一切秘密ニサレテヰマス私等モ何時出動シテ警備ノ任ニ當ルカ知レマセン	削除

37

48

五一九 満洲里	満洲里驛 石精治	磯子區六浦町三五ノ一七 安田マサ子	ドン／＼人口カ減少シテイル「ノモンハン」事件停戰後モ相變ラス外蒙「ソ」聯軍ノ不法越境カアル裏面ニ戰々兢々タルモノヲ感シラレル	削除
五一九 新京	奉天省牛莊關普濟當 陳俊鄕	新京 國務總理大臣 張景惠	…人民ノ生活ハ極度ニ困苦ニ到達シテヰマス、戰ハ益々進展シ蔣介石ハ其主要地ヲ失ツタカ二八事件ニ關シテハ日本ハ自責ノ念ニ堪エナイ事タロウ、露國ヲシテ一度肅正セシムヘキテ有リマス……	沒收
五一七 東安	勃利 大訓練所 新井高治	東安省楊木崗楊模訓練所所長 岩淵正男	義勇隊名物ノ幹部襲擊モチヨイ／＼アリマス此ノ間（一週間位前）富樫中隊ノ木俣先生カ殴打セラレマシタ何カ齊藤先生モ居レハヤラレタ由テスカ不幸中ノ幸テ不在ノ爲助リマシタ樣ス三澤中隊テモ三日許リ前アノ連中カ騷イタ樣テス原因ハ那邊ニアルカ分リマセンカ中隊本部ノ窓硝子ハ目茶苦茶	沒收

40

テアツタ由テス、佐野、荒川、窪田先生等ハ殴ラレハシナカツタ由テスカ相當激論ヲ戰ハシタ様ニ聞イテ居リマス早速先生方ハ「三下リ半」ヲ所長ニ投付ケタソウテス近頃「三下リ半」カ流行シテ居ルソウテス訓練生ノ幹部襲撃ト併行シテ無理カラヌ事タト同情シテ居リマスカ考ヘレハ馬鹿臭イ仕事テスカラネ、マア慢々的ヤツテ行クヨリ仕方カナイテセウ

五一七

吉林

鏡泊湖義勇隊訓練所

石塚秀松

吉林市外人石青年義勇實務鑛工訓練所

橋本光義

部落ニ於テ小サナ事カラ滿警討伐隊三十名位ト義勇隊四十名位トカ大喧嘩ヲヤリ面白カツタ最初義勇隊ハ二十名許リタツタカ遊ヒニ行ツタ者モ加ハリ僕モ初メテ白刃ノ下テ喧嘩ヲシタ義勇隊ハ素手ヤ棒テ滿警ハ皆拔刀シタ實ニ愉快タツタ云々

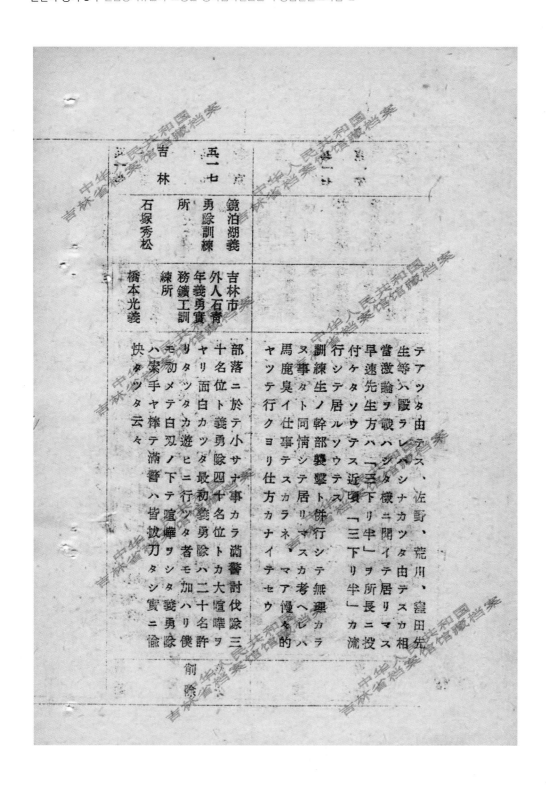

削除

49

五、三 海拉爾	哈爾賓 ゼリヨニーバザール 十道街五〇ノ二 ODバブリユチイク	西白ロシヤ ビンスカヤ縣 ブラシエビイチ郡ロムンツイ村ステパーン ダンロウイツチ パブリユチイク	現在當地ニ於ケル總テノ物價ハ驚クヘキ高價ヲ示シ婦人用編上靴モ以前ハ五、六圓程度ダツタモノカ現在テハ四十五、六圓ニ高騰シ其外ベツト一ポンド二圓五十錢パン一斤十五錢牛乳一瓶二十錢等總テノ物カ等シク騰貴シテ居リマス	沒收
五、二五 龍井	和龍縣三道溝土門子 金方益	延吉縣朝陽川村公所 金學烈	第一線勤務テ毎日討伐ハカリ續テ居リマスカラ何時何處テ死ンテ仕舞フカ知リマセン本當ニ無意味ナ生活ヲシテ居リマス、考ヘテ見ルト馬鹿ラシクテス來ル六月初旬頃ハ此度辭職シテ歸リマスカラ就職口ヲオ願シマス	沒收
五、八 綏芬河	綏芬河電業區 寺門源一郎	秋田縣河辺郡上北平村荒巻 寺門銀之助	十六日午前六時頃ヨリ身体檢査ヲヤル様ニナリマシタ、今ハモウ諦メテ居リマス、全クイヤタネ本當ニ兵隊ナンテ泣キ度クナルヨ	削除

43

五三 古北口	東京市城東區名濱町二ノ二二 横野兵助	河北省密雲縣古北口電氣局内 横野與太郎	私モ來年ハ兵隊檢査テスカ身長モ五尺三寸餘アリマス故ドウシテモ兵隊ニトラレルモノト覺悟シテ居リマス嫌テスコレモ致方ノナイコトテ諦メテ居リマス	削除
五二六 古北口	熱河省承徳街石家胡同七六號 秀雲	察南延慶縣永寧鎭長谷川部隊 黄恩義	其上討伐期間ハ非常ニ危險ナル匪區ニ在ル身テスカラ更ニ十二分ニ氣ヲ付ケテ匪賊ノ出入スル場所ニハ近寄ラナイ樣ニ討伐中ニハ特ニ此ノ點ニ注意シテ下サイ功績等ハ有ツテモ無クテモ其ノ樣ナコトハトウテモ良イノテス此ノコトハ私ノ最モ氣ヽ懸リナコトテス	沒收
[illegible]	[illegible]	[illegible]	「交付サレタ小麥粉配給票ヲ見ヨ」「施政者タル日本人ハ何ヲシテ居ルカ」「事實上指導者タル日本人ハ滿人ノ善シヲ唯漫然ト傍觀スル事タケシカ出來ナイノカ」。。大多數ノ滿人ノ心ノ底ニハ斯ル觀念カ充滿シ一貫シテ流レ	[illegible]

438

50

五三〇
營口

營口市
協和街
一五番地
陳方
赤尾徹生

天津日界
松島街
一二
青木一夫

テヰルノテスシカナイソノ日暮シノ無智ナ洋車夫ノ如キ苦力階級ニモ漠然ナカラ不合理的觀念ラシイモノヲ持チ合セテヰルノヲ見ル時一苦力曰ク「日本カ誹謗スル張政權。。。沒落シタ當テノ軍閥ハ成程ヒトカツタカ我々ヲ食糧タケハ與ヘテクレタ軍閥ハ失張リ同シ國民テアツタ」ト又一プチブル曰ク「私ハ北京人ハ高粱ヲ常食トシナイ我々ノ現在ハ日本人ニ高粱ヲ食ヘト言ハレルノト同シ立場テアルメリケン粉カナクナツタラ米ヲ配給シテクレ」ト又曰ク「滿洲國ハトコノ國ト戰爭シテヰルノカ？日本カ戰爭ヲシテヰルノニ滿洲國ノ傍杖ヲ食ツテヰル其ノ結果食物カ與ヘラレナイソシテ日本人ハ充分食物ヲ與ヘラレテヰル何故[illegible]滿人ラ[illegible]故苦シマネハナラヌノカ」ト

沒收

44 64

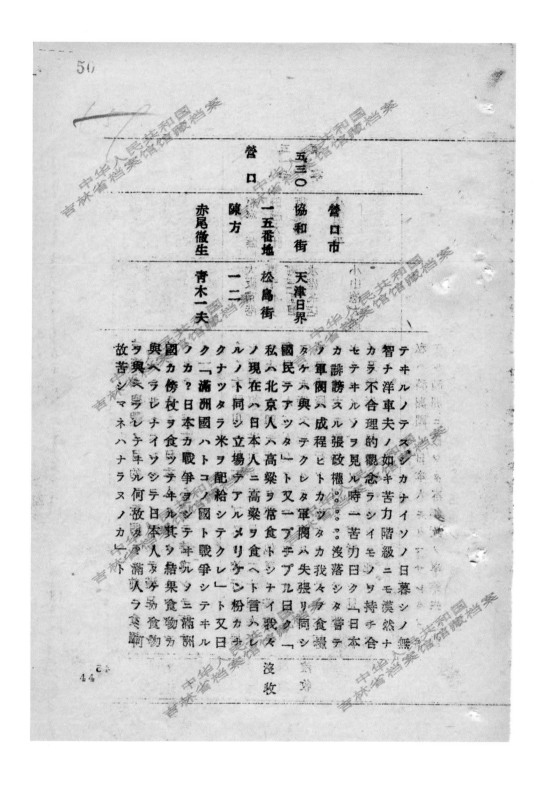

五一七
東寧

東寧 藤田組大肚川現場 小山水平

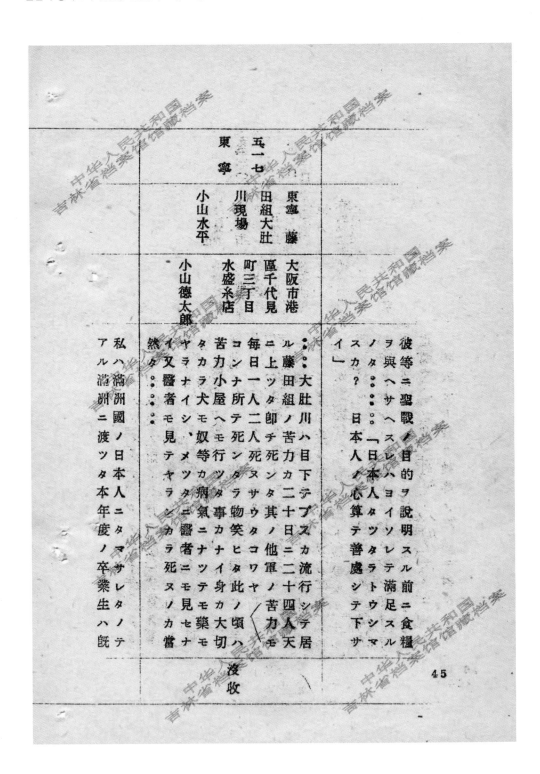

大阪市港區千代見町三丁目 水盛糸店 小山德太郎

彼等ニ聖戰ノ目的ヲ説明スル前ニ食糧ヲ與ヘサヘスレハヨイソレテ滿足スルノタ：：：「日本人タツタラトウシマスカ？ 日本人ノ心算テ善處シテ下サイ」

：：大肚川ハ目下チブスカ流行シテ居ル藤田組ノ苦力カ二十日ニ二十四人天ニ上ツタ郎チ死ンタ其ノ他軍ノ苦力モ毎日一人二人死ヌサウタコワヤコンナ所テ死ンタラ物笑ヒタ此ノ頃ハ苦力小屋ヘモ行ツタ事カナイ身カ大切タカラ犬モ奴等カ病氣ニナツテモ藥モヤラナイシ、メツタニ醫者ニモ見セナイ又醫者モ見テヤランカラ死ヌノカ當然タ：：：：：

私ハ滿洲國ノ日本人ニタマサレタノテアル滿洲ニ渡ツタ本年度ノ卒業生ハ既

沒收

51

一一〇		
五、二六	牡丹江省公署	朝鮮咸北會寧炭礦
牡丹江	殖產科	線遊仙驛
	弟ヨリ	前
		鄭根卓

涙ヲ流シテ朝鮮ニ歸ツタ人カ半數以上ニナルト謂フ話デス特ニ赴任手當ヲ貰ツテ夏服テモ一着ツクル豫定テアツタカ朝鮮人ナルカ故ニヤラナイト言フ悲慘ナ恥辱ヲ受ケタノデアル
彼等ハソレヲ總務廳カラノ間違ヒデアルトノ事テ萬事ヲ解決セントシアル場
私ハ最後迄頑張ツテ見ル豫定タカ。。。
私ハ固ク心ヲ決シテコンナ野蠻ナ所ニ居ルコトハ生活カ出來ルニシテモ去ルニシカ方法カナイ
若シ居ルナラソレハ私等鮮人カ彼等ノ恥辱ヲ甘シスルコトヲ實ニ忍ヒ難イコトテアル[illegible]亡國民ノ悲激ヲ叫ヒタイノテスコレテ協和云々ト言フ彼等ノ欺瞞ニ對シテ痛

沒收

切ナル反駁ヲ加ヘタイカ私ハ無名ノモノハ致シ方カナク退却シタ方カ良イカト思ヒマス

五一〇 承德

遼陽旗倉街天成號王子軒

熱河省承平縣公署王文牧

先年募兵セラルルヲ虞レ戸口居出ニ年令ヲ少ナク報告シタル爲本年二十一才トナリ本年ヨリ徵兵制度カ施行セラレ適令ニ相當スルコトニナリ實際二十六才ナルモ戸口調査簿ハ簡單ニ訂正スルコト出來ス止ムナク住所ヲ轉々シ他地方ニ行キ實際ノ年齡ニ改メ徵兵ヲ免レタイト思フ

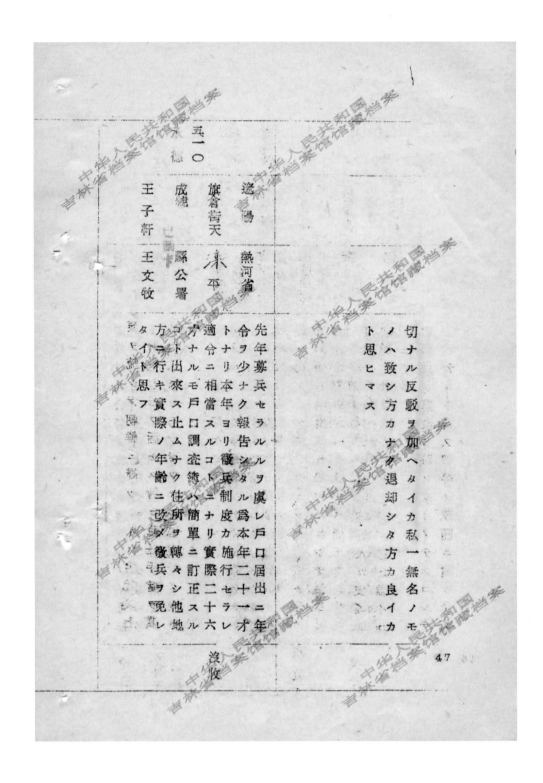

沒收

52

五六 哈爾賓	呼瑪 憲兵隊長 渡邊英治	哈爾賓 松浦鎭 憲兵隊 碇隊長	警察隊縣公署ノ執ツタ態度全ク不可解タ同シ滿洲國官吏兄弟テアルカ故ニ益々不可解トナリ眞ノ國軍愛護ノ精神ナク寧ロ我々ヲ敵視シテ居ル事ハ明白テアル	發送（動向視察中）
五二五 哈爾賓	北京 孔承慈	哈爾賓 南崗山街 孔慶[illegible]	本年六月頃カラ滿洲ノ紙幣ハ價値カナクナツテ使用不可能トナルノタ、御地アタリテハ斯フ言フ時局ヲ認識シテ居ルカ	削除
五八 承德	承德 南營子代用官舍 双川年子	東京市中野區本鄕通二ノ三四 双川喜一	本事項ハ秘密テハアリマスカ日本人然モ警察官カ暗號ヲ蘇聯ニ賣ラウトシテ一歩手前テ取押ヘ目下新京ノ本部テ取調中、本人ハ死刑ハ勿論縣長副縣長迄影響カアルソウテス	沒收

48

참고역문

목차

(完)

一. 개요

소련과 지나에서 만주국으로 보낸 통신을 위주로 방지하되 동시에 국내 및 일만 사이의 통신내용 중 방첩에 불리한 내용을 방지함. 첩보자료를 수집하여 보다 적극적으로 방첩성과를 제고.

본 기간에 처리한 우편물 및 전보의 수량은 다음 표에 표시한 바와 같음.

유 형	시 간	취급건수	처리건수
우편물	지난 기간	392 254	809
	본 기간	237 457	666
전보	지난 기간	666 053	806
	본 기간	468 880	844

1. 우편물 검열

비록 항일통신의 수량이 감소되었지만 국내 및 일만 사이의 통신에서 방첩에 불리한 통신 및 국내치안불량상황을 언급하는 등 내용의 통신 수량이 증가하는 추세가 있음. 그 주요내용의 요지는 다음 표와 같음. 상세한 내용은 첨부된 별지 참조 바람.

유 형	내 용 요 지	건 수	
		지난 달	이번 달
항일통신	○ 일본은 평화를 구실로 전쟁을 강행하고 있다. 때문에 지나는 자신의 영토를 수호하고자 당당하게 항전을 끝까지 진행할 것이다.	426	229
	○ 일본군의 저항이 현저히 감퇴하고 있다. 남경의 군사거점은 빠른 시간 내에 중국의 수중에 돌아올 것이다.		
	○ 일본군대의 주둔 때문에 인민들은 어떤 비참한 생활을 하고 있을까 걱정된다.		
	○ 극동지역의 백계러시아인들은 블류페르(ブリュフェル, 인명 음역)부대의 압박을 받는 것이 아니라 일본제국주의의 압박을 받고 있다.		
	○ 전쟁 때문에 피곤한 일본국민들은 여러 가지 새로운 곤란에 직면해 있다. 그들은 종래로 동양의 영원한 평화거나 장제스정권과 공산당에 대한 토벌 같은 중대한 사명은 생각지 않았다.		
방첩 상 요주의 통신	○ 강당은 격납고인데 그 안에 중형폭격기 3대를 세워두고 있다. 모두 97식이다.	136	152
	○ 목단강에 관동군창고와 병영이 있다. 병력은 약 50000명 정도 된다고 한다.		
	○ 내지에서는 올해부터 지나와 만주 전역에 120만의 상비병력을 주둔시킬 계획이라는 소문이다.		
	○ 비행기는 浦鹽방향을 향해 시속 300킬로미터의 속도로 약 20분간 비행하였다. 물론 비행장 어느 구석에는 주야로 대기상태 혹은 공격상태 중인 ○○기가 있다.		
	○ 하이라얼의 일본군은 약 50000명 정도이다.		
	○ 훈춘의 佗美부대에 3000명의 신병이 왔다.		
	○ 지하에 비행장을 건설하고 약 몇 백 대의 비행기를 비축해두고 있다.		
	○ 尾高부대 본부는 제3군사령부이고 尾高중장각하께서 사령을 맡고 있다. 동만지구의 관할구역 내에 약 4개 사단을 거느리고 있다.		

	○ 오늘 참모로부터 극비리에 귀환한다는 말을 듣게 되었다. 부대의 귀환시간은 다음 달 하순부터 7월 상순까지이다.		
	○ 우리 사단은 제24사단으로 그 위에 비밀리에 편성된 제5사령부가 있다.		
군기 상 요주의 통신	○ 전 줄곧 만기제대를 생각하고 있어요. 삼년병이 되고나니 군인정신이고 뭐고 다 잊은 지 오래 됩니다.	49	35
	○ 지어 특별지원한 사람들까지도 군대생활을 싫어합니다. 천길 지하에 버려진 돌덩이가 되고 싶지 않기 때문이죠.		
	○ 지금 모든 일을 멈추었습니다. 다른 사람들의 책은 전부 금고에 넣었습니다. 분명 13시에 교대임에도 11시에 이미 취해 쓰러졌어요.		
	○ 아무튼 군대에서 오래 생활하면 사람이 바보로 변하게 돼요. 특히 신병들은 바보가 아닌 이상 절대 그런 아둔한 일을 저지르지 않을 것입니다.		
	○ 전 이미 군대가 신물이 났어요. 하루 빨리 집에 가고 싶어요. 어떻게 하면 갈 수 있을까요.		
기타	유언비어의 원류로 의심되는 통신	34	31
	국내 치안불량상황을 묘사한 통신	11	58
	용의통신으로 정찰 중에 있는 것	40	54
	국책방해의 우려가 있는 통신	16	15
	정부시책을 비난한 통신	4	2
	일소개전을 억측한 통신	29	19
	만주군(경) 관계에서 요주의 통신	2	9
	금지품을 운송하거나 부정행위의 기도가 있는 통신	14	6
	만주군의 징병기피	4	5
	기타	44	51
합 계		809	666

2. 전보검열

전보검열을 통해 혐의가 있는 내용을 절록한 편지가 827통(그중 외국관보 374건) 있고 처리한 편지가 17건임.

二. 소견

1. 항일통신에서는 상해 방면에서 유입되는 내용을 방지하였기에 양적으로 다소 감소하였음. 하지만 이로부터 적들의 반일반만 선전공작이 쇠미해졌다고 판단하기는 어려움.

2. 방첩에 불리한 통신은 의연히 감소되지 않고 있음. 특히 고급사령부 혹은 항공부대 등의 하급근무자의 통신의 위해정도가 비교적 큼. 또한 검열을 회피하여 보통우편을 사용하거나 혹은 주소와 성명을 위조하여 익명으로 발신하는 상황이 존재함. 이에 관해서는 부대에서 좀 더 지도와 감독을 강화할 필요가 있음.

그밖에 일본계 관원 중 극비공문을 내지의 가족에게 부치거나 부대의 편성과 배치 및 근무 중 알게 된 토벌내용 등을 묘사하는 경우가 존재함. 이러한 통신현상에 대해서는 절대 등한시해서는 아니 됨.

3. 통제경제에 대한 불안 및 물자결핍과 물가폭등 등에 의한 생활궁핍을 언급한 편지들이 점차 증가하는 추세임. 이러한 사상동향에 대해 앞으로 주의가 요망됨.

4. 5월 1일 보청현 경내 개척단이 토비의 습격을 받은 사건 및 간도성 "김일성"비적단의 준동을 과대묘사하거나 혹은 이로 하여 일본인의 행위가 제한을 받고 경찰이 사직하려는 등 상황 그리고 의용대의 장래를 비관적으로 생각하는 등등 국책저애의 우려가 있는 통신이 아직 감소하지 않고 있음.

별지

1. 항일통신

유 형	건 수	
	지난 기간	이번 기간
항일통신	44	17
항일간행물	382	212
합 계	426	229

발견 시간 및 지점: 5월 8일 봉천

발신자: 강소 武進西門 외 陳渡橋소학 金相溪

수신자: 봉천성 내 小北門裡 봉천紙業공사 王伯槐

통신개요: 일본군이 성내에 주둔하면서 사방의 나무를 전부 베어버려 주변의 풍경을 심하게 파괴하였다.
최근 일본군이 평복을 입고 사처로 순시를 돌고 있다. 진도교의 모 유격대원도 참혹하게 살해당하였다. 함락구역내의 인민들은 죽음밖에 없고 살길을 찾기 힘들다. 이러한 시국이 언제면 평온을 되찾을까! 언제면 이 쪽발이들을 다 몰아낼 수 있을까.
처리: 동향을 비밀정찰 중

발견 시간 및 지점: 5월 9일 봉천
발신자: 상해에서 상해일보
수신자: 봉천 大和호텔 외 2건
통신개요: 요지
一. 일본은 평화를 구실로 전쟁을 강행하고 있다. 때문에 지나는 자신의 영토를 수호하고자 당당하게 항전을 끝까지 진행할 것이다.
二. 비록 생활조직에 어느 정도 영향이 있겠지만 국제적인 견지에서 보면 큰 관계는 없다. 각국이 지나에 대한 동정과 지나 자신의 희생적 행동을 통해 항전을 완성할 수 있다.
三. 일본의 전쟁물가수준은 이미 미국을 거의 따라잡고 있으며 워싱턴과 거의 같은 수준이다. 만약 물자공급이 중단되면 일본의 전쟁도 수행불가능의 지경에 이를 것이다. (불문)
처리: 압류

발견 시간 및 지점: 5월 10일 봉천
발신자: 불명
수신자: 안동 元寶山頭 高麗樓 徐廷德
통신개요: 요지
◎ 전쟁 때문에 피곤한 일본국민들은 여러 가지 새로운 곤란에 직면해 있다.
1. 동양의 영원한 평화거나 장제스정권과 공산당에 대한 토벌 같은 중대한 사명 같은 것을 생각하는 사람이 없다.
2. 가정, 쌀뒤주, 다 타버린 숯, 구멍 난 양말, 폭등한 물가 그리고 내일의

불안만 생각한다.
3. 일부 소학교에서는 땔감을 배급받지 못하고 있다. 그래서 실내온도를 유지하고자 학생들더러 일인당 땔감 세 묶음씩 준비하게 한다.
4. 4월 이래 정부는 茶, 비누, 칫솔, 과자는 물론 개, 고양이, 새 지어 아이들이 갖고 노는 금붕어까지 과세를 매기고 있다. 이에 불만이 아주 크다. (영문)

처리: 압류

발견 시간 및 지점: 5월 10일 봉천
발신자: 아르헨티나 부에노스아이레스194 엘리타발토스(エンリタバルトス, 인명 음역)
수신자: 영구 계동공사 엠 제이토리니(エムゼイトリニ, 인명 음역)
통신개요: 루스키 · 우 · 아르친치네(ルスキ・ウ・アルヂンチネ, 신문명 음역)報 요지
◎ 지나군의 진격
전선의 보도에 따르면 일본군의 저항은 뚜렷이 감퇴하였다. 남경의 군사거점들은 단시기 내에 중국군의 수중으로 돌아올 것이다. 쟝제스부대의 선두부대는 이미 남경의 교외에 도달하여 패퇴하는 일본군과 전투를 벌이고 있다. 마지막으로 패퇴한 부대는 시가지를 포기하고 건축물에 불을 질렀다. (러문)

처리: 압류

발견 시간 및 지점: 5월 10일 봉천
발신자: 아르헨티나 부에노스아이레스194 엘리타발토스(エンリタバルトス, 인명 음역)
수신자: 영구 계동공사 엠 · 제이토리니(エム・ゼイトリニ, 인명 음역)
통신개요: 무스키 · 우 · 아르겐치(ムスキー・ウ・アルゲンヂ, 신문명 음역)報 요지
◎ 왕정위의 배반
중국국민대표와의 비밀협정에 따라 일본군 점령지역에 왕정위를 수반으로 하는 독립중앙지나를 성립하였다. 하지만 이는 실질적으로는 만주국처럼

일본의 식민지로 전락하였다.

高와 陶 두 사람은 일본이 해당 협정에 근거하여 중국을 자국의 속국으로 만들려는 의도를 알아채고 협정에 조인하는 것을 거부하였다. 하지만 왕정위는 해당 협정을 수용하였고 조인하였다. (러문)

처리: 압류

발견 시간 및 지점: 5월 10일 봉천

발신자: 상해에서 三和출판사

수신자: 영구 東大가 廣生行 林安行 외 4건

통신개요: 영화잡지『電聲』

요지

중국 선전부 소속의 중앙영화촬영소는 전후 특히는 전시의 뉴스촬영에 전력을 기울이고 있다. 각 우방국의 민중들은 중국의 전투정신을 발양하는 전장뉴스를 열렬히 환영하고 있으며 깊이 사랑하고 있다. 최근 중국 선전부는 戰事뉴스의 판로를 확대하고자 "유성영화뉴스"를 찍기로 결정하고 여러 외국어로 설명을 진행할 예정이다.

이렇듯 중국의 작전상황과 의향을 보다 똑똑히 여러 나라 인사들의 앞에 펼쳐 보일 것이다.

이 또한 전시의 중국선전무기가 진보한 표징이 된다.

처리: 압류

발견 시간 및 지점: 5월 10일 봉천

발신자: 상해에서 眞光잡지사

수신자: 平陽진 永隆춘 浸信會 呂志陽 외 7건

통신개요: 종교잡지『진광』

요지

◎ 홍콩 浸會少年團연합회는 각지 난민아동과 부상병 등을 구제하는 견지에서 국난복무단의 이름을 빌어 구제금을 모집하여 전선의 부상병을 위문하고 난민아동을 구제한다. 이로써 국난에 대응코자 한다.

◎ 이번 항전에서 우리는 얼마나 많은 애국지사들이 전장에서 쓰러졌으며 또 얼마나 많은 신문기자들이 전황보도를 위해 직무희생을 했는지 그리고

또 얼마나 많은 구조원들이 생명을 빼앗겼는지 알아야 한다. 우리 기독교인은 응당 이러한 희생적 정신을 가지고 국난에 맞서야 한다.

처리: 압류

발견 시간 및 지점: 5월 19일 봉천

발신자: 아르헨티나 부에노스아이레스 194 엘리타발토스(エンリタバルトス, 인명 음역)

수신자: 영구 계동연초공사 엠·제이토리니(エム·ゼイトリニ, 인명 음역)

통신개요: 슬로브紙(スロボー, 러문 신문명)

수신자:

요지

一. 일본은 지나의 세관을 자신의 손안에 넣고 외국상품의 세율을 인상함과 아울러 외국에 대한 원자재수출을 금지시킴으로써 경제부문을 점령하였다.

二. 일본은 "동아신질서" 혹은 "동아협동체"라는 슬로건을 내걸고 그로써 자신들의 착오를 덮어 감추려 하고 있다. 또 중국의 부르주아에 대해 유치한 약탈수단을 채취하고 있다.

三. 일본은 중국기업가 및 무역상인들의 대내외무역권을 박탈하고 상해 및 기타 도시 대형백화점을 통제하여 주식을 독점하였다.

四. 일본은 저들 수중에 있는 복합세금제를 채용하여 중국 각 계급의 재산을 합법적으로 약탈하고 있다. (러문)

처리: 압류

발견 시간 및 지점: 5월 5일 대련

발신자: 대련시 沙河區 李某

수신자: 하북성 保定府 高陽현 南華橋鎮 永立成板店 李長順

통신개요:

一. 일본은 비록 최근에 들어와서 하루빨리 전쟁을 결속 지으려 하지만 그 해법을 찾지 못하고 있다. 평화를 제의하면 곧 패배를 선언하는 것과 다를 바 없기 때문에 절대 복종할 수 없다. 설사 전쟁에서 전패하더라도 강화에서 패배해서는 안 되기 때문이다. 만약 강화를 잘 하지 못하면 국민이 잘 알지도 못하거니와 지지하지도 않을 것이다. 만약 중국 장령들이 진정한 인재가 아니면 국민은 진작 모래알처럼 흩어졌을 것이며 누가 전선에 나가 싸울 것인가.

二. 남방의 사태는 점점 긴박해지는 것 같다. 일본군이 29일에 天長節 경축활동을 진행하지 않은 것을 봐서 필시 무엇인가 쉽지 않은 것 같다. 일본의 시야는 참으로 짧다. 이제 와서야 중국의 실력이 약하다는 말을 하지 않으며 점차 중국에 새로운 인식을 가지고 있다.

三. 최근 대련 □□지구에 대형화재가 발생하였다. 세 곳에 화재가 났었는데 모두 아주 중요한 곳이다. 최근의 경영상황도 별로 좋지 않다. 금방 개업했을 때와 비교할 수가 없다. 이번에 새로 벌인 경영도 상황으로 미루어 보아 그다지 현명한 선택 같지 않다. 하지만 대체적으로 큰 문제는 날 것 같지 않다. 그에게 부림을 당하는 사람들은 궁극적으로 모두 불안한 생활을 하고 있다.

四. 왕정위는 흥정을 벌일 수 없어 그냥 일본의 꼭두각시로 되고 말았다. 그도 타인의 지배를 받는 것인지라 설마 家戶를 가졌다 해도 일본인이 암암리에 그를 지배하고 있기에 의연히 아무런 실권이 없다. 그가 하는 모든 노력은 헛된 것이다.

五. 인도와 안남은 군수자재교환협정을 체결하였다. 이는 미국이 일본에 대한 강경책으로서 일본도 태도에서 어느 정도 누그러들 수밖에 없다.

처리: 발송 이후 통신을 주의하며 그 소재를 내사

발견 시간 및 지점: 5월 23일 대련

발신자: 대련시 沙河區 李某

수신자: 하북성 保定府 高陽현 南華橋鎮 永立成板店 李長順

통신개요:

一. 전쟁의 결과는 앞으로 두 나라가 모두 멸망하는 것뿐인데 왜 강화하지 않는 것인가? 일본은 비수를 우리의 배에 깊숙이 꽂았다. 이런 상황에서 강화는 당연히 할 수 없는 것이다. 만약 일본이 비수를 빼낸다면 자연스레 평화가 찾아올 것이다. 비록 통제가 강화되고 있지만 국민들 사이에서 공황이 발생하였고 두 나라의 말로는 단지 함께 멸망하는 것뿐이다. 그러면 전쟁은 자연스럽게 종결될 것이다.

二. 이 문제에 관해 미국이 해결에 나서지 않는다면 끝을 볼 수 없다. 만약 소련이 나선다면 당연히 적화가 될 것이고 일본도 문제가 되지 않는다. 지금 비록 일정한 효과를 거두었지만 거의 말로에 가까워 오고 있다. 비록 전쟁이 계속되고 있지만 전쟁이 끝날 날도 멀지 않았다.

三. 일본의 남녀들은 모두 神社에 가서 참배하면서 평화를 기원하고 자신들의 남편과 혈육들이 하루빨리 귀국하기를 바라고 있다.

또한 오늘의 뉴스에 의하면 중국에 있는 일본인들의 생활은 완전히 군사화되었다고 한다.

四. 설사 적색소련과 같은 나라도 인민의 토지를 빼앗지는 않을 것이다. 천진의 러시아조계지도 일찍 귀환한 바 있다. 현재 천진 모처에(이하 의미불명)

처리: 발신 후 통신 주의 및 소재 내사 중

발견 시간 및 지점: 5월 17일 대련

발신자: 대련시 辛茹

수신자: 芝罘西珠玑砋 信成寶號 轉 李文樸

통신개요: 더 이상 참을 수가 없어요. 이러한 생활에서는 자신의 존재감을 느낄 수가 없군요. 매일 바라보는 것은 희뿌연 하늘뿐이고 병든 개처럼 쓰레기통이나 뒤지는 생활을 하고 있어요. 전 늘 이렇게 저급적인 노예생활은 영원히 인류를 침식하는 인간들을 적대시하게 만들 것이라고 생각했어요. 하지만 현재의 세계는 의연히 그들의 천하이지요. 다만 어둠의 끝에는 새벽이 오기 마련이겠지요. 전 비록 아무런 힘이 없지만 필요하다면 저의 생명을 바칠 수는 있어요.

피처럼 빨갛게 물든 세상은 우리의 세계입니다. 철석같은 증거들이 그러한 세상이 바야흐로 건립될 것이라고 증명하고 있어요. 각성하세요! 하루빨리 일떠나 싸우세요! 승리하세요! 동시에 그 압제자들의 폭력을 타승하세요!

처리: 발신 후 통신 주의 및 소재 내사 중

발견 시간 및 지점: 5월 27일 영구

발신자: 武安同會村 胡山奇

수신자: 영구시 公裕號 呂秋圃

통신개요: 일본군이 주둔하고 있기에 인민들이 얼마나 비참한 생활을 하고 있는지 몰라요. 식량이 부족할 때면 高粱과 강냉이도 징발해 갑니다. 마치 목을 졸라매는 것 같아요. 마을의 세도깨나 있는 놈들은 쪽발이들의 이름을 빌어 도처에서 세금을 징수하고 있어요. 일 년 동안의 소출이 일 년치의 세금보다 가련하게 적어요. 언제면 전쟁이 끝나고 언제면 일본군이 철수 할까요!

처리: 압류

발견 시간 및 지점: 5월 12일 고북구

발신자: 西安 尙仁路 北平大旅社 叔錫

수신자: 하북성 密雲縣 고북구 河西東轉角對西門 馬成發

통신개요: 이곳에 늘 적들의 비행기가 날아와 폭격하기에 모두들 가재도구들을 챙겨 갖고 농촌으로 피란을 떠났습니다. 지금 이곳은 매일 적들의 비행기폭격을 받고 있어요. 그곳은 어떠한지요? 동생도 폭격 때문에 학교를 다닐 수가 없게 되었어요. 우리 이곳 인민들은 극도로 되는 곤란에 봉착했어요.

처리: 삭제

발견 시간 및 지점: 5월 24일 고북구

발신자: 서안 大差시 東四道巷14호 楊靑山

수신자: 하북성 密雲縣 고북구 河西東井沿胡同 楊蔭川

통신개요: 전 臨縣 靑塘天主敎堂에 있으면서 여러분들을 생각하지 않은 날이 없습니다. 胡老父는 晉西北에서 변란이 일어났을 때 적에 의해 납치되었고 아직도 소식이 없습니다. 전선에서 개선한 사람들을 찾아 물어보아도 다들 소식을 모르고 있어요. 그래서 매일 비탄 속에서 생활하고 있습니다.

처리: 삭제

발견 시간 및 지점: 5월 4일 하얼빈

발신자: 미국 보스턴시 일간 영자신문 크리스틴 · 산에스 · 몽테르(クリスチャン · サンエス · モトル, 인명 음역)

수신자: 하얼빈사서함269호 외 2인

통신개요: 요지

東京帝大 졸업생이자 사회주의자인 鍛治渡는 과거에 수차 체포되어 수감

된 적이 있습니다. 하지만 최근 그는 일본에서 지나에 망명해 와서 역시 사회주의자인 池田雪이란 여자와 결혼했어요. 현재 그는 중경정부에서 라디오로 지나 각지에서 일하고 있는 일본군 장병들을 대상으로 반전선전을 하고 있습니다. (鍛治渡의 사진을 게재)

(영문)

처리: 몰수

발견 시간 및 지점: 5월 6일

발신자: 미국 푸트난시(プートナンシ, 인명 음역) (이하 미상)

수신자: 하얼빈사서함29호 이카에브・레모브(イカエフ・レモフ, 인명 음역)

통신개요: 요지

一. 극동지역의 백계러시이인들은 블류페르(ブリュフェル, 인명 음역) 휘하 赤軍부대의 압박을 받는 것이 아니라 일본제국주의의 압박을 받고 있다.

二. 백계와 상관된 간행물은 거의 정간되었다. 나머지 아동교육독본조차 일본의 압박을 받고 있다.

三. 三河사건은 카자크의 습격□□□일본이 백계러시아인을 배척하기 위한 책동의 하나이다.

四. 일본이 공산정부와 전쟁을 벌이지 않는 것은 바로 백계러시아인을 유린하는 증거이다.

五. 만주에 거주하고 있는 백계러시아인은 일본의 강제시위운동에 참가하였다. 그들은 일본의 국기를 흔들며 일본제국만세를 외쳤다. 참으로 멍청한 짓이다!

(러문)

처리: 몰수

발견 시간 및 지점: 5월 7일 하얼빈

발신자: 런던 일간 영자신문 런던타임스(ロンドンタイムス, 간행물명)

수신자: 하얼빈 만철도서관 외 3인

통신개요: 요지

◎ 비록 일본군은 줄곧 지나와의 전투에서 우세에 처해있다고 선전하지만

그것은 철두철미한 거짓이다. 지나유격대 때문에 일본은 늘 실패하고 있다.
◎ 일본군은 산서성 남부에서 최루가스 및 구시야미가스 등을 사용하였다. 이는 비인도적인 행위이다. 운운.
(영문)

처리: 몰수

발견 시간 및 지점: 5월 23일 하얼빈
발신자: 미국 뉴욕 츠루세이(ツルセイ, 인명 음역)
수신자: 하얼빈사서함32 레오나도(レオメルド, 인명 음역)
통신개요: 저는 만주국민을 몹시 동정합니다. 특히는 일본군의 침략을 받은 이후의 만주국민을 동정하며 그중에서도 어린아이들이 참 불쌍합니다. 귀 교회의 아동들에게 위문의 뜻을 전달하고자 물품을 부쳐 보내려고 하오니 주소와 성명을 알려주세요.
처리: 발송

발견 시간 및 지점: 5월 28일 하얼빈
발신자: 상해발행 일간 러문신문 슬로브오(スロ―ウォ, 음역)
수신자: 하얼빈『자리야(ザリヤ, 음역)』신문사 외 24인
통신개요: 독일 외교관 샨치(シヤンチ, 인명 음역)가 다음과 같은 견해를 발표하였다. 독일은 신문지상에 왕정위정부와 유관된 모든 언급을 금지하고 있다. 사실 독일은 애당초 새 정부를 승인하지 않고 있다. 운운.
(러문)
처리: 몰수

2. 방첩 상 요주의 통신

유 형	건 수	
	지난 기간	이번 기간
군사시설 및 장비편성 등 정보를 적은 통신	48	60
군사작전과 주둔지교체 등 정보를 적은 통신	28	29
고유부대명칭을 언급한 통신	15	23
기타	69	40
합 계	160	152

발견 시간 및 지점: 5월 14일 연길
발신자: 간도성 연길가 進學로 公園通 日系숙사 中島
수신자: 大阪시 港區 七來通 中島瀧男 中島衣子
통신개요: 다음의 것은 비적정보에 관한 부분적 내용입니다. 읽어보십시오. 공문서이기 때문에 읽은 후 소각하십시오.
극비
一. 東布討宣情第二七號
一. 宣化班 비적상황 및 개편보고 그리고 백색지대 조사대편성 및 행동보고 공문서를 동봉함.
처리: 압류

발견 시간 및 지점: 5월 6일 동안
발신자: 동안 中山부대 城대 濱中賢望
수신자: 靑森현 下北군 關根촌 丸谷松
통신개요: 기대했던 개선이 드디어 확실해졌습니다. 소집병사는 병역기한이 3년 되면 이제 오는 8월에 제대하게 됩니다. 때문에 다들 기뻐하고 있습니다.
처리: 삭제

발견 시간 및 지점: 5월 20일 도문
발신자: 동안성 보청육군병원 上野源七
수신자: 宮崎현 西 諸方군 小林정 東轉上原 上野民
통신개요: 시가지에 약 3~4백 명 일본인이 있고 군대는 한 개 기병연대와 여단사령부

가 있으며 한 개 야전중형포연대도 있습니다. 이는 要塞砲와 같습니다.
처리: 삭제

발견 시간 및 지점: 5월 20일 동안
발신자: 동안가 竹內義明
수신자: 德島현 三好군 三名촌 川杉 武內常光
통신개요: 伊豫의 松山연대 즉 우리 89연대는 새로 편성된 부대입니다. 작년 연말에 虎林지구에 이주해 갔습니다. 우리 부대 중의 한 개 중대는 지금 국경지역에 대한 감시를 책임지고 있습니다.
그리고 우리 사단은 제24사단의 기초 위에서 비밀리에 편성된 부대입니다. 제5군사령부(군사령관은 土肥原중장입니다.)가 있고 수비대도 있습니다. 수비대의 5대대는 通化에 있고 6대대는 撫順에 있으며 10대대는 신경에 있습니다.
처리: 몰수

발견 시간 및 지점: 5월 2일 동안
발신자: 동안생활필수품회사 櫻井久一
수신자: 宮城현 桃生군 廣淵촌 櫻井瀧三郞
통신개요: 동안에 3000명 주민과 30000명 군인이 있습니다.
처리: 삭제

발견 시간 및 지점: 5월 7일 동안
발신자: 동안성 동안大倉토목작업소 鈴木貞吉
수신자: 東京시 世田谷구 北宅2-228 西野實
통신개요: 올해 동안방면의 군사시공은 동안역전을 基点으로 하고 있습니다. 철도 남측 15,6킬로미터 되는 곳 및 舊밀산지구의 작년에 "朝"가 시공한 지점 그리고 구밀산 서쪽 약 15,6킬로미터의 廟嶺지구의 병영은 새로 지은 것입니다. 그리고 동안의 철도연선 서쪽에 재작년부터 병원, 관사, 병영, 군수품 창고 등 시설을 짓기 시작했고 작년 이래의 동굴 시설까지 도합 4곳 있습니다.
처리: 몰수

발견 시간 및 지점: 5월 10일 동안
발신자: 동안생활품필수회사 大田孝太郎
수신자: 東京시 蒲田구 道塚정142 鄉右近末子
통신개요: 해당 지역에 두 세 개 사단의 일본군이 주둔하고 있습니다.
처리: 삭제

발견 시간 및 지점: 5월 18일 동안
발신자: 동안가 협화회 동안성 본부 菊池山就之助
수신자: 秋田현 南秋田군 土崎港정 古川정 館山伊三郎
통신개요: 동안성에 饒河, 호림, 밀산, 보청 林口 다섯 개 현이 있는데 군사국방의 주요한 지대입니다. 주둔군과 군사시설이 아주 많습니다. 동안가에 약 2개 사단이 있고 밀산현에 한 개 사단이 있습니다. 그리고 기타 비밀적인 시설이 많습니다. 지금 스파이전을 벌이고 있는데 이곳 지역에도 많은 스파이들이 잠복해 있는 것 같습니다.
처리: 몰수

발견 시간 및 지점: 5월 10일
발신자: 흑하 營林署 松本靜夫
수신자: 宮崎현 東血杵군 北川村 下赤팔프공장 松本智羅子
통신개요: 흑하 앞의 신무둔에 일본군 한 개 사단이 왔습니다. 그리고 고사포부대도 있기에 부대를 설치할 때 여러모로 재미있고 무서운 일들이 많습니다.
처리: 삭제

발견 시간 및 지점: 5월 6일 목단강
발신자: 목단강역전 電信隊 堀田政幸
수신자: 愛知현 丹羽군 岩倉정 下 市場 鈴木松次郎
통신개요: 내지에는 일본이 올해부터 지나 전역과 만주에 120만의 상비군을 주둔시키고 있다는 소문이 돌고 있습니다. 그래서 올해 장정들은 전부 합격될 것으로 보입니다. 내지는 해군만 지키고 있고 육군은 지나와 만주를 수비하고 있습니다. 하지만 소련과 큰 전쟁이 있게 될 것 같기에 반드시 각오하고 있어야 합니다. 이러한 상황은 편지에 쓸 수 없지만 저는 지금 시가지에 나와 있기에

당신께 알려드리는 것입니다.

처리: 삭제

발견 시간 및 지점: 5월 10일 훈춘

발신자: 琿炭廟岑광업소 上野藤吉

수신자: 福岡현 田川군 伊田山下정 上野年夫

통신개요: 예전의 横山부대는 올해에 鷹森부대로 명칭을 바꾸었습니다. 그리고 佗美부대에 3000명의 신병이 왔습니다. 매일 연습에 열을 올리고 있습니다. 마침 작년 이맘때에 駱駝山사건이 발발했기에 올해는 무슨 사건이 일어날지 아직 모릅니다. 토문자지구의 安部부대에도 2000명의 신병이 왔습니다.

처리: 삭제

발견 시간 및 지점: 5월 16일 목단강

발신자: 목단강시 園明가25호 생활필수품회사 浪岡雪

수신자: 青森현 上北군 古二木下田 浪岡貞次郎

통신개요: 목단강에 관동군의 창고와 병영이 있습니다. 병력은 약 50000명 정도 됩니다. 필수품회사도 재고품이 병사들에게 3개월 분량의 식료품을 언제든지 공급할 수 있도록 유지하고 있습니다.

처리: 삭제

발견 시간 및 지점: 5월 30 봉천

발신자: 봉천 北陵 鈴木부대 奥井俊平

수신자: 동녕 井原부대 長谷川대 星野哲之助

통신개요: 전체 독립수비대, 제1부터 제10까지 국경수비대, 군 직할포병단 및 전차단(제3부터 제11까지), 철도와 獨工의 修業하사관 도합 1600명의 대오가 6월 10일 전까지 몹시 바삐 돌아칩니다.

처리: 삭제

발견 시간 및 지점: 5월 11일 치치할

발신자: 山下(好)부대 神谷弟二

수신자: 北海道 札幌시 南 八條西十八丁目 神谷元子

통신개요: 오늘 참모로부터 극비리에 귀환한다는 말을 듣게 되었다. 부대의 귀환시간은 다음 달 하순부터 7월 상순까지이다. 귀국 이후 7월 하순에 징병을 해제하게 된다. 시간을 내어 해변 혹은 온천에 놀러 갈 생각이다.
처리: 몰수

발견 시간 및 지점: 5월 5일 도문
발신자: 목단강시 尾高부대 軍醫部 佐藤武男
수신자: 秋田현 由利군 石澤촌 鮎瀨 佐藤孫市
통신개요: 이른바 尾高부대 본부는 尾高중장각하께서 사령관을 담당하고 있는 제3군 사령부입니다. 동만지구 관할범위 내에 약 4개 사단을 거느리고 있습니다.
처리: 삭제

3. 군기 상 요주의 통신

유 형	건 수	
	지난 기간	이번 기간
군기해이를 엿볼 수 있는 통신	25	21
반군반전 혐의가 있는 통신	3	5
일선근무 혹은 군 생활을 기피하는 내용의 통신	6	8
기타	15	1
합 계	49	35

발견 시간 및 지점: 5월 11일 동안
발신자: 西동안 西澤부대 定春
수신자: 神奈川현 横須賀시 若松町12 萩野茂雄
통신개요: 너도 해군에 지원했다고는 하지만 군대는 결코 네가 지원할 곳이 아니란다. 왜냐면 나도 깊이 느끼다시피 사실은 아주 바보 같은 짓이기 때문이다. 네가 입대할 때면 내가 병역만기 되었으면 좋으련만 아직도 나는 삼년병이라 제대할 수가 없는 것이 현실이구나. 나는 매일 신령님께 하루 빨리 퇴역하기를 기원하고 있단다.
처리: 몰수

발견 시간 및 지점 : 5월 11일　동안
발신자 :　동안　今貞雄
수신자 :　北海道 札幌시 北 十二條西二丁目　今正雄
통신개요 : 내지는 물가통제가 너무 심하여 참 힘듭니다. 만주도 마찬가지로 생활이 아주 어렵습니다.
게다가 진급도 너무 늦어 이곳이 참 싫어집니다. 밀령에 따르면 작년 12월에 진급한다고 하였고 올 6월에도 같은 명령을 받았습니다. 진급령의 일부 내용을 개정하였기에 올 12월에는 확실해진다고 하였지만 또 한 번 진급령의 개정을 만나 명년 6월이 되었어요. 현재 상황으로는 언제까지 연기될지 저도 모르겠어요. 비록 멈추고 싶지만 멈출 수가 없어요. 이제는 진퇴양난이 되었습니다. 저도 만기제대를 기다리지만 그게 언제 될지 저도 곤혹스럽습니다.
처리 :　몰수

발견 시간 및 지점 : 5월 31일　하이라얼
발신자 :　하이라얼　島本부대 上山대　伊藤正吉
수신자 :　愛知현 名古屋시 서구 深井정　湯淺貞夫
통신개요 : 4월 말의 외출은 대홍수 때문에 물 건너 갔습니다. 최근에는 수시로 되는 검열 때문에 5월 중순 전에는 외출을 할 수 없게 되었어요. 병사라는 직업이 재미없다는 생각이 들어요.
후보로 올라온 삼년병은 아무런 의미가 없어요.
하물며 나와 같은 노병은 매일 번거로운 일들이 어깨에 떨어지고 있어요.
지금 상황으로 미루어 보아 어느 날 갑자기 ○○.
처리 :　삭제

발견 시간 및 지점 : 6월 3일　봉천
발신자 :　봉천 藤工부대 片岡대　延里笹夫
수신자 :　東京시 麴町구 永田정1 육군측량부 지형과　白井三郎
통신개요 : 마음이 안정을 찾지 못하고 불평불만 속에서 하루하루를 살아가고 있는 것 같습니다. 일을 할 기력조차 없습니다. 이곳저곳 가는 곳마다 충돌이 발생하고 있습니다. 저도 일할 수 있으면 일할 가치가 있으며 몹시 바삐 돌아치

게 된다는 것을 알고 있어요. 하지만 전 절대 일하지 않기로 작심했습니다. 오늘은 반원 중 교육받은 사람들에게 미안한 일이지만 전 아주 침착했습니다.

처리: 삭제

발견 시간 및 지점: 5월 16일 가목사

발신자: 가목사 小川부대 高木대 小中利雄

수신자: 중화항공주식회사 桐山義雄

통신개요: 아무튼 부대에서 장기간 생활한 사람은 바보가 되기 마련입니다......특히 초년병이 바보가 아닌 이상 절대 그런 바보짓을 하지 않을 것입니다. 부대의 신은 제일 좋아요......무의미한 일들이 우리를 괴롭히기고 있고 게다가 암암리에 비웃기도 하지요. 부대의 생활도 그저 그래요.

처리: 몰수

발견 시간 및 지점: 5월 5일 하얼빈지방검열소

발신자: 寧安杉野隊 菊池薰

수신자: 하얼빈斜紋가2-18호 菊池名木

통신개요: 전 이미 군대생활에 신물이 났어요. 하루빨리 집에 가고 싶어요. 어떻게 하면 이 생각을 실현에 옮길까요? 전 지어 차에 앉아 다리 위에서 그냥 강물에 뛰어드는 생각까지 하게 돼요.

처리: 삭제

4. 기타

발견 시간 및 지점: 5월 2일 연길

발신자: 안도현경무과 西野龍雄

수신자: 茨城현 結城군 名崎촌 麻生熊吉

통신개요: 비적의 괴수는 김일성과 최현입니다. 그들은 각각 약 200여명의 병력을 갖고 있어요.

대규모 습격사건에 의해 작년 가을 일본군의 한 개 중대 약 80여명이 전멸되었어요. 경기관총과 소총도 빼앗기고 자동차가 소각되었어요. 올 3월 삼림경찰대의 120명 및 和龍의 前田토벌대 60여명도 전멸되었어요.
무기와 탄약도 모자람이 없고 아주 충족하게 장비를 갖추고 있어요.

처리: 압류

발견 시간 및 지점: 5월 28일 산해관
발신자: 봉천성 開原 豆稈팔프사택73호 憲夫
수신자: 천진 灰堆진 동양제지회사 工藤憲三
통신개요: 이곳에서는 늘 무질서하게 교육소집을 합니다. 그래서 너무 시끄러워 참을 수가 없어요. 이번 달 24일부터 나흘 동안 아침 8시부터 저녁 11시 지어 12시까지 줄곧 교육을 진행합니다. 전 진단서를 제출했기에 가지 않았어요. 이건 참 감당할 수 없는 일입니다. 아마 6월 혹은 7월이면 이런 활동을 다시 할걸요. 그래서 그전에 도망칠 계획입니다.
처리: 발송

발견 시간 및 지점: 5월 29일 길림
발신자: 北安성 鐵驪현 鐵山包역 소학교교원양성소
수신자: 길림시외 哈達灣인조석유주식회사 鑛工훈련소 小池敏郎
통신개요: 드디어 의용군이라 불리는 이 수렁에서 철저히 발을 빼냈어요. 들개 같은 생활에서 완전히 벗어나 새로운 인생을 향해 나갈 것입니다.
곰곰이 생각하니 저는 그 수렁 속에서 발을 빼내려는 사람들을 도와주고 싶어요……
처리: 삭제

발견 시간 및 지점: 5월 9일 고북구
발신자: 하북성 薊현 乃四福寺 于森承讓
수신자: 열하성 승덕 草市가 天益隆壽處 何敏
통신개요: 阿敏형님: 오랫동안 문안을 드리지 못했습니다. 옥체건강하시기를 기원합니다. 형님, 전 내일 唐山에서 출발하여 열하로 갑니다. 일단 열하에서 다시 흑룡강성으로 갈 계획입니다. 요즘 만나서 얘기를 나눌 수 있을 것 같군요. 그가 흑룡강성에서 당산에 올 때면 저에게 편지를 하군 하였어요. 그와 제가 동무하여 출발해도 좋을 것 같아요.

처리: 전부 발송 정찰 중

발견 시간 및 지점: 5월 14일 길림
발신자: 길림성 京圖線 小姑家溝 大友豊榮
수신자: 鹿兒島현 大島군 자송촌 大友貞良
통신개요: 최근 만소 국경지대에서 일소 양측 군대는 대규모적인 격전을 벌이고 있습니다. 이 일은 신문에서는 일절 비밀에 붙이고 있어요. 우리도 언제 출동해서 경비를 설지 몰라요.
처리: 삭제

발견 시간 및 지점: 5월 19일 만주리역
발신자: 만주리 精治
수신자: □□□矶子區 六浦35-17 安田眞子
통신개요: □□□□□인구가 점차 감소하고 있습니다. 노몬한사건이 끝난 후에도 외몽골과 소련군이 비법 월경하는 사건이 자주 발생합니다. 그중에서 전전긍긍하는 느낌을 체험하였습니다.
처리: 삭제

발견 시간 및 지점: 5월 9일 신경
발신자: 봉천성 牛庄關 普濟當 陳俊鄉
수신자: 신경 국무총리대신 張景惠
통신개요: ......인민들의 생활이 이미 극도로 고달픈 지경에 이르렀습니다. 전쟁이 점차 추진되고 있고 쟝제스는 비록 주요한 진지를 잃었지만 二八사건에 관해서는 일본 측에서도 자책을 하고 있습니다. 러시아에서도 한차례의 肅正을 준비 중입니다......
처리: 몰수

발견 시간 및 지점: 5월 17일 동안
발신자: 勃利大訓練所 新井高治
수신자: 동안성 楊木崗 楊模훈련소 소장 岩淵正男
통신개요: 의용대의 명물인 간부습격사건이 가끔 발생합니다. 지난(일주일 전) 富樫

중대의 木俣선생께서 구타당하였습니다. 아무리 생각해도 만약 齊藤선생도 현장에 계셨으면 같이 매를 맞았을 것 같아요. 불행 중 다행으로 齊藤선생은 당시 현장에 있지 않았죠. 약 사흘 전 三澤중대의 그 자식들이 소란을 피우기 시작했어요. 무슨 원인 때문인지는 아직 모릅니다만 중대 본부의 유리창이 박살이 났어요. 비록 佐野, 荒川, 窪田 등 선생님들도 아직 맞지는 않았지만 이미 상당한 격론이 벌어졌대요. 듣자하니 선생님들께서는 즉시 소장 앞으로 "사직서"를 제출하였다고 합니다. 요즘 이런 "사직서"가 아주 유행입니다.
이번 사건과 훈련생이 간부를 습격한 사건을 동일시하는 것은 무리가 아닙니다. 비록 동정이 가기는 하지만 곰곰이 생각해 보면 그들의 작법도 참 바보짓입니다. 천천히 행해야 할 뿐 다른 더 좋은 방법은 없습니다.

처리: 몰수

발견 시간 및 지점: 5월 17일 길림

발신자: 鏡泊湖의용대훈련소 石塚秀松

수신자: 길림시외 人石靑年義勇實務鑛工훈련소 橋本光義

통신개요: 마을에서 사소한 일 때문에 만경토벌대 30명과 의용대의 40명이 큰 분쟁이 일었습니다. 재미있더군요. 처음에는 의용대에 20명 뿐 이였지만 나중에 놀러간 사람까지 합세했어요. 저도 처음으로 칼끝 앞에서 말다툼을 해보았습니다. 의용대는 빈주먹으로 혹은 몽둥이를 들고 있었고 만경은 칼까지 빼들었습니다. 참 재미있었어요.

처리: 삭제

발견 시간 및 지점: 5월 3일 하이라얼

발신자: 하얼빈 제리유니바자르(ゼリヨニ―バザ―ル, 지명 음역)十道가50-2 OD 바블류치크(バブリュチイク, 인명 음역)

수신자: 西白러시아 빈스카야(ビンスカヤ, 지명 음역)현 블라세비치(ブラシェビィチ)군 로므츠(ロムンツイ, 지명 음역)촌 스테반・단브로이치(ステバ―ン・ダンロヴイッチ, 지명 음역) 바블류치쿠(バブリュチイケ, 인명 음역)

통신개요: 지금 당지에서는 모든 물가가 놀라울 지경으로 폭등하고 있습니다. 지어

부인용 긴 장화도 예전에는 5,6원 하던 것이 지금은 45,46원 정도로 올랐습니다. 그밖에 버터 1파운드에 2원 50전, 빵 한 근에 15전, 우유 한 병에 20전 하는 등 모든 물가가 아주 비쌉니다.

처리: 몰수

발견 시간 및 지점: 5월 15일 용정

발신자: 화룡현 삼도구 토문자 金方益

수신자: 연길현 조양천 촌공소 金學烈

통신개요: 일선에서 근무하기 때문에 매일 쉴 새 없이 토벌에 나서고 있습니다. 언제 어디서 죽을지 모릅니다. 참 멋없는 생활입니다. 생각해보면 제가 바보 같습니다. 다음 달 초순 즈음에 전 사직하고 돌아가렵니다. 그러니까 저를 도와 직업을 좀 알선해주세요.

처리: 몰수

발견 시간 및 지점: 5월 8일 수분하

발신자: 수분하 電業區 寺門源一郎

수신자: 秋田현 河迫군 上北平촌 荒卷 寺門銀之助

통신개요: 16일 오전 여섯시부터 신체검사를 하지만 이미 완전히 포기했습니다. 참 귀찮군요! 군대니 뭐니 하면 울음부터 나옵니다.

처리: 삭제

발견 시간 및 지점: 5월 3일 고북구

발신자: 東京시 城東구 名濱정2-22 横野兵助

수신자: 하북성 密雲현 고북구 전력국 內 横野興太郎

통신개요: 전 내년이면 입대신체검사를 하게 됩니다. 저의 키가 오척 삼촌을 넘었기 때문에 이미 각오하고 있습니다. 아무튼 징병되어 입대해야겠지요.
비록 몹시 싫지만 방법이 없군요. 그래서 이미 포기했습니다.

처리: 삭제

발견 시간 및 지점: 5월 26일 고북구

발신자: 열하성 승덕가 石家胡同76호 秀雲

수신자: 察南 延慶현 永寧진 長谷川부대 黃恩義

통신개요: 토벌기간에는 아주 위험한 비적출몰구역에 있기에 정신을 바짝 차리지 않으면 안 됩니다. 비적이 출몰하는 구역에 가지 마세요. 토벌 할 때는 이에 특히 주의해야 합니다. 이 또한 제가 가장 걱정하는 일입니다. 군공을 세우든 말든 상관은 없어요.

처리: 몰수

발견 시간 및 지점: 5월 30일 영구

발신자: 영구시 협화가 15번지 轉 赤尾徹生

수신자: 천진 일본조계지 松島가12 靑木一夫

통신개요: "분배받은 밀가루배급표를 좀 보세요!"

"위정자 일본인들은 대체 뭘 하자는 거야?"

"사실 지도자로서 일본인은 만주인의 고난에 대해 무관심하게 방관만 하겠다는 건가?"

……대다수의 만주인들은 마음속에 늘 이런 생각을 품고 있습니다. 무지몽매한 인력거부와 같은 쿨리계급도 무관심해보이지만 불만정서로 가득 차 있습니다. 한 쿨리가 이렇게 말했습니다. "일본이 비방하는 張정권……그 몰락한 옛 군벌은 물론 혹독하다. 하지만 그들은 우리의 먹는 식량은 보장하였다. 군벌도 우리와 같은 국민이잖은가." 또 다른 한 소상공인은 이렇게 말했다. "우리 북경사람들도 高粱米를 자주 먹지 않는다. 우리의 현재 입장은 마치 일본사람들더러 高粱米를 먹으라는 것과 같다. 밀가루가 없으면 우리에게 입쌀을 배급하라!" 그리고는 또 이렇게 말했다. "만주국은 대체 어느 나라와 전쟁을 하고 있는가? 분명 일본이 전쟁을 하고 있는데 만주국이 그 부담을 감당하라고 하다니. 결과적으로는 우리에게 식량을 배급하지 않고 일본인에게만 배급한다. 이는 대체 무엇 때문인가? 왜 만주인만 고생을 감수해야 하는가?" 그들에게 성전의 목적을 설명해주기 앞서 식량을 배급하면 그들은 만족할 것이다……"만약 일본인이라면 어떻게 할 것인가? 일본인의 생각대로 적당히 처리하라."

처리: 몰수

발견 시간 및 지점: 5월 17일 동녕

발신자: 동녕 藤田組 大肚川현장 小山水平
수신자: 大阪시 港區 千代見정 三丁目 水盛線店 小山德太郎
통신개요: ......지금 대두천지구에 상한이 돌고 있다. 藤田組의 쿨리들은 20일에 이미 24명이 죽었다. 기타 부대의 쿨리들 중 매일 한둘씩 죽어나간다. 만약 이대로라면 비웃음을 살 것이다. 요즘 쿨리의 小屋에 가지 않았다. 몸이 첫째니까. 개나 쿨리는 병에 걸리면 약도 주지 않고 병원에는 아예 데려가지도 않는다. 의사도 절대 치료를 하지 않으니까 그냥 죽어나갈 수밖에 없다......
처리: 몰수

발견 시간 및 지점: 5월 26일 목단강
발신자: 목단강성 공서 殖産科 동생
수신자: 조선 함북 회령炭鑛線 遊仙역전 鄭根卓
통신개요: 전 만주국에서 일본인들에게 속았어요. 만주에 온 올해 졸업생 한명이 이미 눈물을 흘리며 조선으로 돌아갔어요. 그와 같은 사람이 반수 이상입니다. 특히 임명장을 받고 여름옷을 지으려는데 조선인이라는 이유로 누구도 그에게 지어주지 않았어요. 너무 큰 치욕을 겪었어요.
그들은 이것이 총무청의 잘못이라고 합니다. 이 일을 무난히 해결하고자 전 끝까지 견지할 것입니다.
전 이미 마음을 단단히 굳혔어요. 이렇게 야만적인 곳에 남아있는 것도 결국 다 먹고 살기 위해서입니다.
이곳에 있으면 우리 같은 조선인들은 그들의 모욕을 감내해야 합니다. 참 힘든 일입니다.
망국노의 설음을 한번 크게 외치고 싶어요! 그리고 이른바 협화니 뭐니 하는 기만술에 반격을 가하고 싶어요. 하지만 전 그냥 일개 무명소졸이니 좋은 대책이 없군요. 그냥 물러나 있는 것이 좋지 않을까 생각해봅니다.
처리: 몰수

발견 시간 및 지점: 5월 10일 승덕
발신자: 遼陽 旗倉가 天成號 王子軒
수신자: 열하성 滦平현 공서 王文牧

통신개요: 예전에 징병을 걱정하여 호구를 신고할 때 나이를 몇 살 줄여서 신고했어요. 그래서 전 지금 21살입니다. 올해부터는 저도 징병제도가 규정한 연한이 되었어요. 사실 전 이미 26살입니다. 호구조사부를 고치는 것도 쉬운 일이 아닙니다. 그래서 부득불 주소지를 변경하여 다른 곳으로 옮기려고 합니다. 실제 나이로 되돌려 놓아 병역을 피해야겠어요.

처리: 몰수

발견 시간 및 지점: 5월 6일 하얼빈

발신자: 呼嗎헌병대장 渡邊英治

수신자: 하얼빈 松浦진 헌병대 碇대장

통신개요: 경찰대현공서가 보여준 태도에 대해 참 이해가 되지 않습니다. 같은 만주국관원형제로서 더욱 이해가 안 됩니다. 사실은 분명합니다. 그들은 비단 진정한 국군애호의 정신이 없을뿐더러 우리를 원수 대하듯이 합니다.

처리: 발송(동향 조사 중)

발견 시간 및 지점: 5월 25일 하얼빈

발신자: 북경 孔承慈

수신자: 하얼빈 南崗山가 孔慶雯

통신개요: 올 6월부터 만주지폐는 폐지됩니다. 더 이상 쓸 수 없게 되지요. 당신들 쪽에서는 이러한 시국에 대해 요해가 있는지요?

처리: 삭제

발견 시간 및 지점: 5월 8일 승덕

발신자: 승덕 南營子 代用관사 双川年子

수신자: 東京시 중야구 본향통 234 双川喜一

통신개요: 이 일은 비밀입니다. 비록 일본인과 경찰관들이 모두 암호를 소련 방면에 팔아넘기려고 하지만 제가 앞질러 압류했어요. 지금 신경본부는 취조 중에 있습니다. 이 자는 필연코 사형에 처해질 것입니다. 듣자니 현장과 부현장까지 연루됐다고 하더군요.

처리: 몰수

6

1940년

1940년 7월 17일
中檢第五五號

관동헌병대사령부
중앙검열부

통 신 검 열 월 보

(유월)

발송: 軍司(三)
복사송달: 憲司, 朝憲司, 支憲司, 中支憲司
각 지방 검열부, 상관부대, 教習隊
延, 北海, 東寧, 山村 각 부대 본부

53

寫 秘

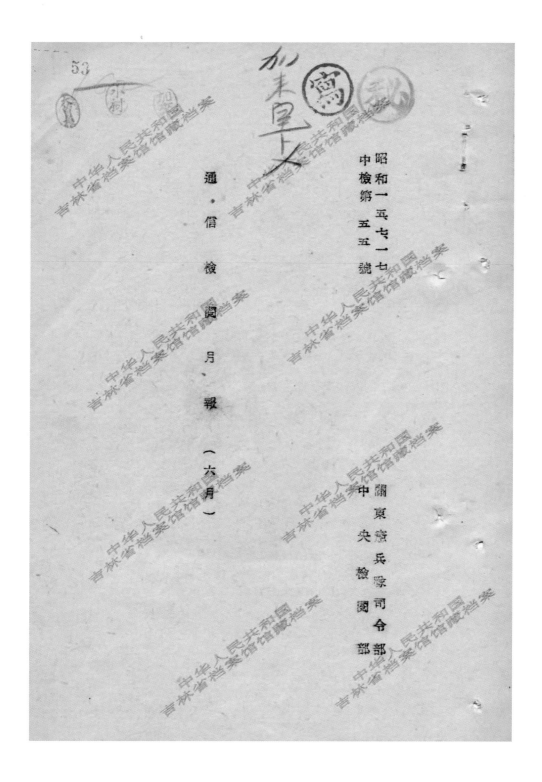

昭和一五、七、一七
中檢第五五號

通信檢閲月報（六月）

關東憲兵隊司令部
中央檢閲部

發送先　軍　司（三）

寫　憲司、朝憲司、支憲司、中支憲司

各地方檢閱部、關係隊所、敎習隊

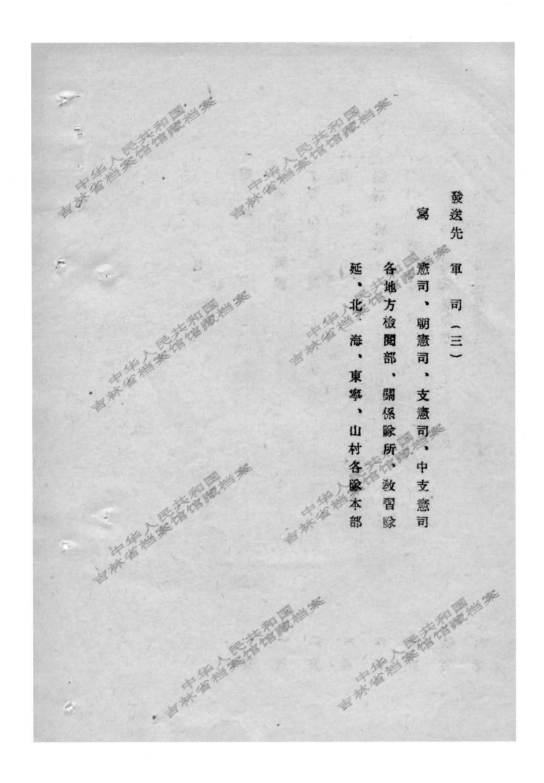

延、北、海、東寧、山村各隊本部

54

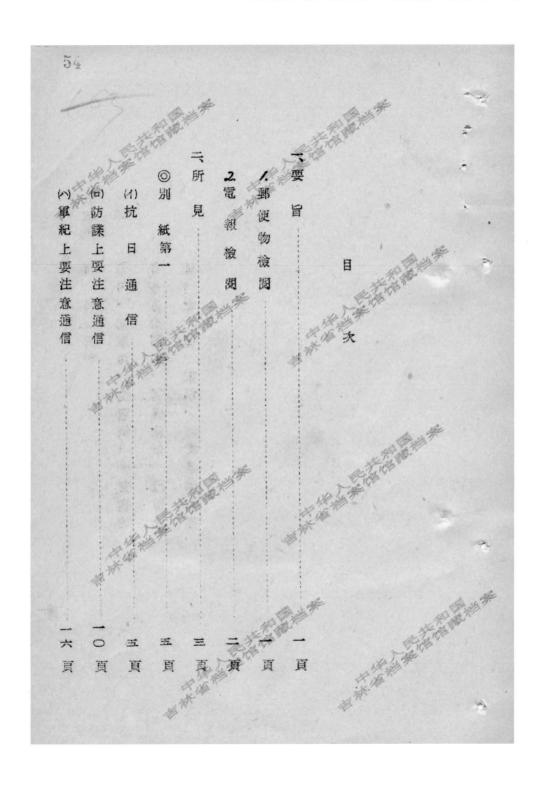

目次

（終）

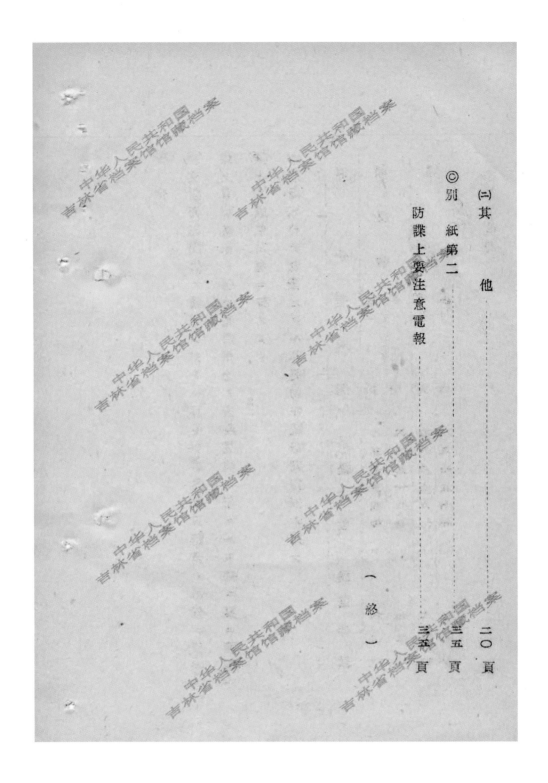

55

一、要旨

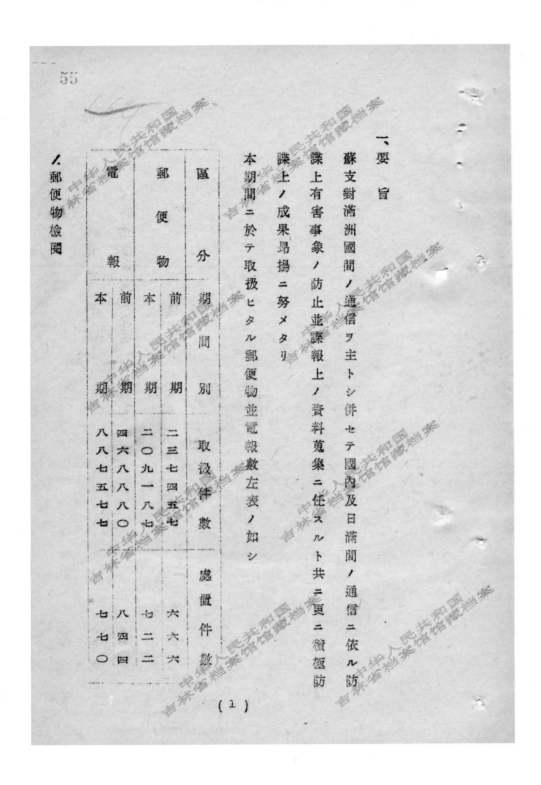

蘇支對滿洲國間ノ通信ヲ主トシ併セテ國內及日滿間ノ通信ニ依ル防諜上有害事象ノ防止並諜報上ノ資料蒐集ニ任スルト共ニ更ニ積極防諜上ノ成果昂揚ニ努メタリ

本期間ニ於テ取扱ヒタル郵便物並電報數左表ノ如シ

區分	期間別	取扱件數	處置件數
郵便物	前期	二三七四五七	六六六
	本期	二〇九一八七	七二二
電報	前期	四六八八八〇	八四四
	本期	八八七五七七	七七〇

1、郵便物檢閲

(1)

抗日通信ハ減少セルモ國內及日滿間通信ニ依ル防諜並軍紀上有害通信ハ增加ノ傾向ニ在リ主ナルモノノ種別件數左表ノ通ニシテ詳細別紙第一ノ如シ

種別	件數 前期	件數 本期
抗日通信	二二九	一六〇
防諜上要注意通信	一五二	一八一
軍紀上要注意通信	三五	五一
其他	二五〇	三三〇
計	六六六	七二二

2 電報檢閲

(2)

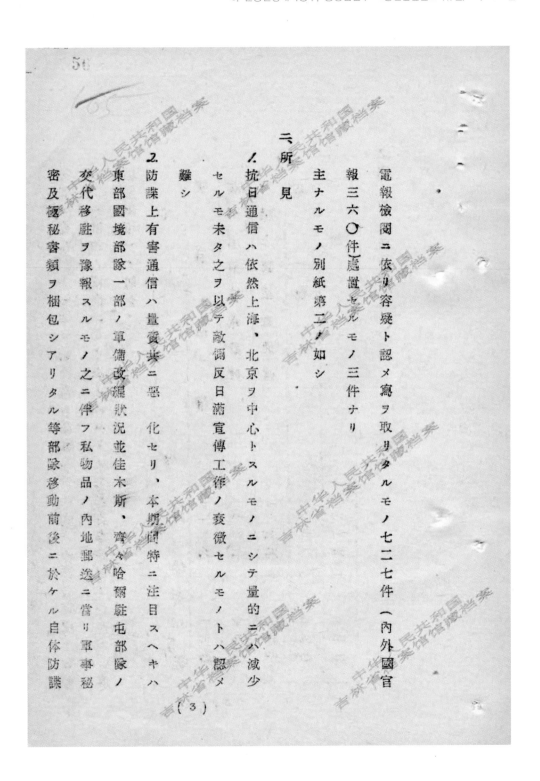

電報檢閲ニ依リ容疑ト認メ寫ヲ取リタルモノ七二七件（內外國官報三六〇件）處置セルモノ三件ナリ

主ナルモノ別紙第二ノ如シ

二、所見

1、抗日通信ハ依然上海、北京ヲ中心トスルモノニシテ量的ニハ減少セルモ未タ之ヲ以テ敵側反日滿宣傳工作ノ衰微セルモノトハ認メ難シ

2、防諜上有害通信ハ量質共ニ惡化セリ、本期間特ニ注目スヘキハ東部國境部隊一部ノ軍備改編狀況並佳木斯、齊々哈爾駐屯部隊ノ交代移駐ヲ豫報スルモノ之ニ伴フ私物品ノ內地郵送ニ當リ軍事秘密及極秘書類ヲ梱包シアリタル等部隊移動前後ニ於ケル自体防諜

ノ缺陷ヲ如實ニ暴露シアリ

3. 軍紀上要注意通信ハ依然召集解除並滿期除隊ヲ渴望シ暗ニ反軍的思想ノ胚胎ヲ窺知セシムルモノアリ注意ヲ要ス

4. 統制經濟ノ強化ヽ諸物價ノ昂騰並配給不足ニ基因スル國民不滿ノ聲ハ漸次喧傳セラレ在リ殊ニ白系露人ニシテ國外移住或ハ「ソ」聯復籍ヲ希望スル者等アルハ注意ノ要アリ

5. 東部「ソ」滿國境並西部滿支國境ニ於ケル共產匪ノ蠢動狀況ヲ誇大ニ報シ或ハ之ニ依ル鮮系警察官並滿系軍人ノ辭職希望及日本人ノ進出ヲ阻止スルカ如キ國策阻害ノ虞レアル通信ハ依然跡ヲ絕タスアリ

6. 英佛系宣教師間ノ布教關係通信ハ頻繁ナルモ近時歐洲戰ニ於ケル自國ノ敗北ハ遂ニ教徒ノ信仰心ニ動搖ヲ生シタリト嘆シアルモノ

(4)

57

566

別紙第一

(イ) 抗日通信

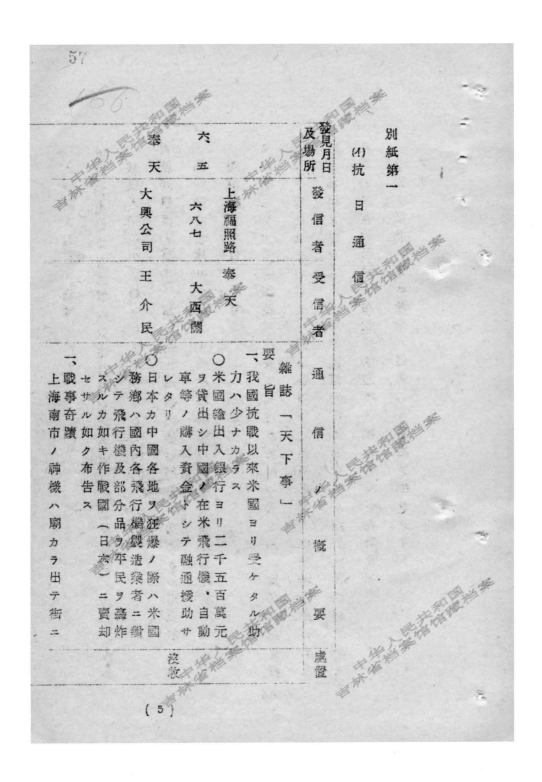

發見月日及場所	發信者受信者	通信ノ概要	處置
六、五 奉天	上海福照路六八七 大興公司 奉天大西關 王介民	雜誌「天下事」 要旨 一、我國抗戰以來米國ヨリ受ケタル助力ハ少ナカラス ○米國輸出入銀行ヨリ二千五百萬元ヲ貸出シ中國ノ在米飛行機、自動車等ノ購入資金トシテ融通援助サレタリ ○日本カ中國各地ヲ狂爆ノ際ハ米國務卿ハ國內各飛行機製造業者ニ對シテ飛行機及部分品ヲ平民ヲ轟炸スルカ如キ作戰國（日本）ニ賣却セサルカ如ク布告ス 一、戰事奇蹟 上海南市ノ神機ハ廟カラ出テ街ニ	沒收

			赴キ丁度閘北ニテ戰鬪中ノ兵士ヲ慰問サレタトノ事ナリ之卽チ中國勝利ノ吉兆ナリ	
六一一 奉天	中華民國紹興觀音街七三號 王劉民	奉天小北門裡路西文藝書局 王之香	中日戰爭ハ民國二十六年開戰以來既ニ三年ニナラントシテヰマス昨年十二月ニハ敵（日本軍）ノ大軍カ錢塘江ヲ渡河シテ進軍シ來リタル爲紹興ノ全人民ハ避難スルノ止ムナキニ至リマシタ其ノ上各戸ニ侵入金品ハ總テ此ノ賊ノ野郎共ニ掠奪サレマシタ私ノ家モ尠カラヌ被害ヲ蒙リマシタ	沒收
六二四 奉天	上海中央陸軍々官訓練團一隊	奉天東山嘴子陸軍々官學校第一連二區隊	普通々信文中ニ左ノ如キ新聞記事切拔ヲ封入シアリ 要旨 ◎當陽遠綏ノ一線ニ逃亡セル日軍千餘名ハ横店ニ於テ支那軍ノ爲戰滅セラレタリ ◎襄河西方ニ逃到セル日軍ハ支那軍ノ奇襲作戰ニ依殲滅セラレタリ ◎日軍歩騎三千豫捕虜トセラレソノ	沒收 內査中

58

	蕭應春	闞忠智	馬輜重ハ盡ク捕獲サレタリ ◎中國游擊隊ノ英雄 中國游擊隊ハ日軍ノ占領セル市町村落及鐵路ヲ常ニ襲擊シ屢々大都市ノ進攻ヲ爲セリ北京、天津、廣州、上海等皆然リトス之等青年男女ハ均シク祖國ノ爲ニ國家獨立ノ爲ニ勇マシキ戰鬪ヲ爲シアリ	沒收
六二九 奉天	在上海 廣學會	山城鎭 基督敎會 外十八件	雜誌「明燈」 親愛ナル青年諸君今ヤ我國ハ正ニ彼ノ昔日ノ「イソリ」民族ノ如ク亡國滅種ノ危機ニ臨ミアリ國難タルヤ實ニ大ニシテ國土ハ侵略セラレ同胞ハ慘殺サレ我國有史以來ノ未曾有ノ一大災難ニ遭遇シアリ今ヤ國家危急存亡ノ關頭ニ當リ當面ノ國難ニ對シ何人モ救國ノ正道ヲ求メサルヘカラス即チ「キリスト」ニ手ヲ差シ延ヘ其ノ杖ニ頼ラサルヘカラス	沒收

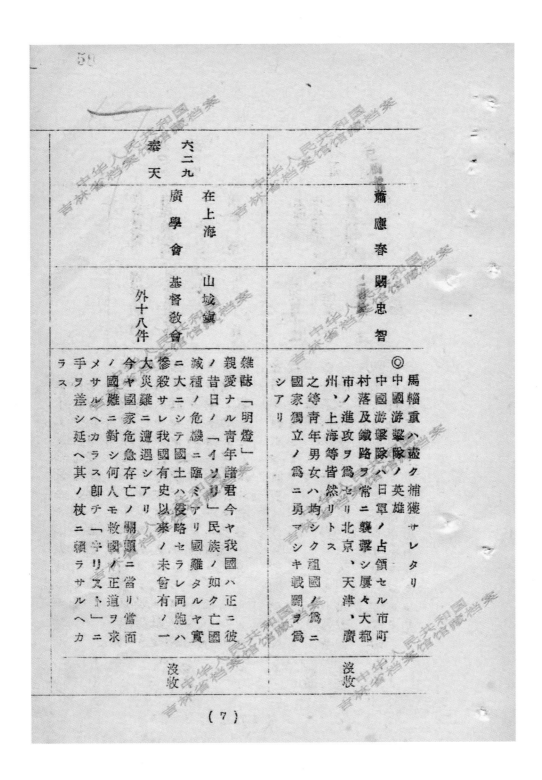

六二 營口	廣東 潘漢三	奉天省營口 市二道街 東永茂内 潘傑臣	廣州事變ニ於テ「シンドラン」一帶ハ日本軍ノ爲ニ殆ント燒失サレ所クモ旺盛ヲ極メタ裕和ノ地位モ當事者ノ腐敗シキツタ政策ニ依ツテ再ヒ立ツ能ハサル迄ニ敗北シテ仕舞ツタ日軍ハ恐シイ呪ハシイ日軍ノ廣州襲撃カナケレハ「シンドラン」一帶ノ人々モアレ迄不幸ヲ見ル事ナク又家カラ母子續イテ二人ノ死人モ出ス事ハナカツタロウ	沒收
六二二 哈爾賓	上海 博文書房發行 雜誌 成功ノ近徑 北京 船板胡同	哈爾賓 工業大學 劉森叢	要旨 吾々民族ハ中國ノ危亡ヲ挽回シ中國人ノ幸福ヲ計ラネハナラヌ、之カ爲ニハ吾々ハ誠意ヲ以テ國共ニ合併セネハナラヌノタ、吾々ノ最高領袖テアル蔣委員長ヲ信頼シ現在ノ突發事故ヲ處置スルコトテアル我々ハ一切ノ希望、生命、財産ヲ蔣委員長ニ委シテアルノタ吾々ハ蔣介石ヲヒトラー、ムツソリーニヨリモ	沒收

59

	滙文中學 何家識		偉大ナル人物ト信シテ居ルノテアル蔣介石ハ正義ヲヒトラー、ムッソリーニハ侵略ヲモットーニシテ居ルノタ。。。。。	
六、二二 哈爾濱	上海 日刊英字新聞ノースチャイナデーリーニュース	在哈外人七名	要旨 重慶政府内ニ新ニ滿洲部ヲ設置シ滿洲内ニ於ケル政治的且軍事的工作ヲ開始シタ近ク失地滿洲國ハ奪還サレルタロウ（英文）	沒收
六、一三 哈爾濱	山東省鄒城縣城西五里 卜照敎	哈爾濱新安埠六道街六二 卜憲亮	（便箋周圍ノ餘白部ニ抗日思想宣傳文ヲ印刷シアリ）余ハ國民革命ニ力ヲ沒スコト凡ソ四十年、其目的ハ中國ノ自由平等ヲ求ムルニ在リ四十年ノ經驗ヲ積ミ其目的ヲ達成セントスルノテアル須ク民衆ヲ喚起シ聯合世界ニ我民族ヲ平等ニ認メサセンカ為ニ一致協力闘爭スヘキテアル現在革命ハ尙成功ノ域ニ達シアラス	沒收

凡ソ我同志ハ須ク余ノ著ハセル建國方略、建國大綱三民主義及第一次全國代表大會宣言ニ照シテ努力ヲ續行シ以テ最近ノ主張ヲ貫徹センカ爲國民大會ヲ開キ不平等條約ヲ廢棄以テ短期間ニ目的ヲ貫徹スルノ必要カアル

(ロ) 防諜上要注意通信

發見月日場所	發信者	受信者	通信ノ概要	處置
六、三 東安	東安街 慈光路 一三〇一 市川信太	訥河 滿洲興業銀行支店 大鄕良策	當地ハ國境地帶ノ爲總テ秘密主義テ軍中心主義タケニ萬事仕事カヤリ難ク且土地ノ所有權ヲ認メラレナイノテ家ハ皆「バラック」建ハカリテス 東部滿「ソ」國境迄ノ距離ハ約十里 要塞、鐵條網ニ固メラレ約三ケ師團位駐屯守備シテ居リマス	沒收

60

六、四 東安	東安街 協和會 東安省本部 菊池獄之助	秋田縣 南秋田郡 金足村 上杉久造	東安ヨリ虎頭ニ至ル沿線ハ國防上重要ナル地點ニテ軍モ〇ケ師團駐屯シテ居リマス敵機襲撃シ來ラハ國境ヨリ僅カ三分ニシテ東安ノ爆撃ヲ敢行サルルトノ事今後ノ戰爭ハ東安カ其中心ニナルト豫定トノ事テス、ソレテ國境線ニハ飛行機カ千五百台モ待機セシメテアルトノ事テス	沒收
六、六 東安	東安街 交通部 土木工程處 原高雄	朝鮮京城 府義州通 一ノ二九 村上健助	當地ノ驛ハ皆「トーチカ」ニナツテ居リマス 鐵道ハ單線故鐵橋ヤ「トンネル」ハ皆復線ニナツテ萬一ノ場合例ヘ一ツカ爆破サレテモ支障ナイ樣ニシテアリマス、私ノ役所モ名目ハ交通部大臣宛テ政府ノ事業テスカ軍部ノ要求ニ基ク仕事ノ秘密裡ニヤル事カ多イノテス兵隊モ約五萬位居ルコトト思ヒマス	沒收
六、五 樺林		栃木縣那須	長イ間生死ヲ共ニシタ馬トモ別レ當部隊モ機械化部隊ニナルラシク今着々	

(11)

牡丹江	鹽川部隊 ようや	郡荒川村 藤川柳子	ト其準備ニ急イテ居リマス東滿テハ關東軍第一ノ機械化部隊ニナル譯テハ哈爾賓ノ近クノ阿城ニ砲兵學校カアッテ我等ハ七月五日當地出發入校ノ豫定テス	削除
六三 佳木斯	佳木斯 坂井生	熊本縣下益城郡平補村 本田久治	僕ノ居ル所ハ山崎部隊ト言ッテ騎兵隊テ馬ノ數ハ七、八百頭カラ千頭位居リマス佳木斯ハ大阪ノ第四師團テ部隊ハ十五、六以上ハアリマス第一線テアルタケニ飛行隊ナトモ明日ニモ開戰ヲ見ル様ナ裝備テス云々	沒收
六三〇 佳木斯	佳木斯 森本嘉力	兵庫縣多紀郡南河内郡 森本茂三郎	近日中第四師團ハ第十師團ト交代シテ當部隊ハ中南支ヘ行キ多分九月頃行ハレル重慶作戰ニ參加スルモノト思ヒマス從ッテ我々下士官敎育モ中止トナリ部隊ニ追及ヲ命セラレマシタ	沒收

61

六、二〇 佳木斯	佳木斯山下部隊本部 中田昌彥	大阪市淀川區浦江北二丁目 中田君子	◎私物ト同裝小包ニテ内地宛郵送セントセシモノ 1.臨時建築班編成要員着裝品目員數表 2.分派遣携行兵器員數表 3.個人裝備被服支給員數表	沒收
六、二八 佳木斯	佳木斯岩佐部隊瀨尾隊 高木正次郎	和歌山市匠町 高木榮次郎	◎右同 1.軍事秘密ノ表示アル對戰車戰闘步戰協同教育實施上ノ參考	沒收
六、二九 佳木斯	佳木斯岩佐部隊山田隊 石川喜兵衛	大阪市住吉區田邊西町 石川熙	◎右同 1.極秘ノ表示アル發煙班教育ノ參考 一	沒收

5

六、二七 綏芬河	綏芬河 中村部隊本部 相原曹長	牡丹江 山縣部隊本部 藤原准尉	・・・早速隊長中村中佐殿ヲ始メ本部ノ幹部方ニ申告致シマシタ、現在部隊ハ歩兵二ケ中隊、工兵一ケ中隊ノ編成テアリマス（健康人員六〇〇名）	削除
六、一五 吉林	哈爾賓第四三軍事郵便所氣付今利部隊椎名隊 松本千尋	吉林省京圖線敦化驛前京都旅館內 松本幸雄	今利部隊モ十中隊迄アル小生ハ九中隊テス在滿部隊テモ今利部隊ハ大キサニ於テハ一、二番目ニナルテセウ私ハ砲ノ事ハ一ツモ知ラナイカ軍用車〇〇ノコトナラ二、三年兵ニ二、三番目テス此ノ手紙ハ中隊幹部ノ目ヲ盜ンテ出シタノテス此ノ手紙ノ事ハ書カナイテ下サイ	削除
六、一五 佳木斯	佳木斯 播摩貞三郎	大阪府河內郡三郷字高瀬 志永喜治	七月上旬ハ確實ニ佳木斯ヲ離レル（ソ」滿國境進出ノ說又南滿鐵道ノ〇〇ニ新ラシク部隊カ編成サレ支那大陸ヘ行クトカ情報カトン〳〵入ツテ來ル今ノ處南中支行キカ七割迄確實ノヤウテアル手紙ノ點檢カトテモ煩ク仲々部隊カラ出セナイ故ポストヨリ	沒收

62

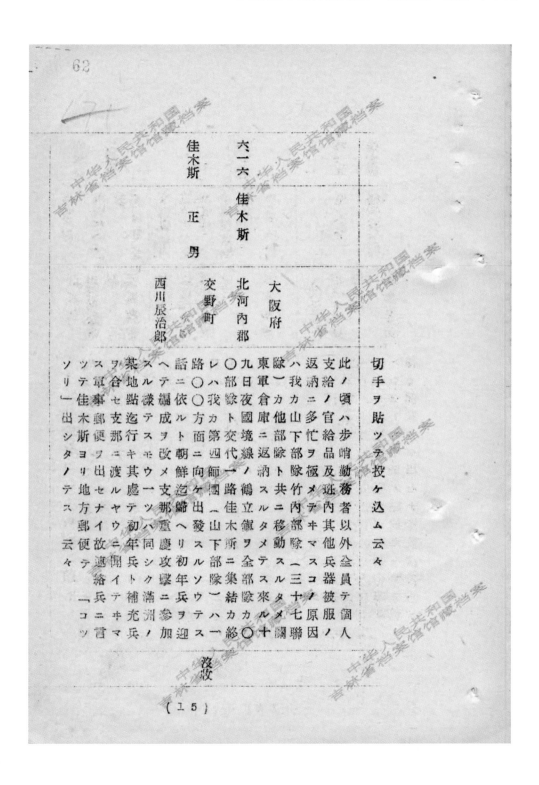

六一六 佳木斯 佳木斯 正男	大阪府 北河内郡 交野町 西川辰治郎	此ノ頃ハ歩哨勤務者以外全員テ個人支給ノ官給品及班内其他兵器被服ノ返納ニ多忙ヲ極メテ居マスコノ原因ハ我カ山下部隊竹内部隊（三十七聯隊）カ他部隊ト共ニ移動スルタメ關東軍倉庫ニ返納スルタメテス來ル十九日夜國境線ノ鶴立鎮ヲ全部隊カ○○部隊ト交代一路佳木斯ニ集結カ綜レハ我カ第四師團（山下部隊）ハ一路○○方面ニ向ケ出發スルソウテス話ニ依ルト朝鮮迄歸ヘリ初年兵ヲ迎ヘテ編成ヲ改メ支那重慶攻擊ニ參加スル樣テスモウ一ツハ同シク滿洲ノ某地點迄行キ其處テ初年兵ト補充兵ヲ合セ支那ニ渡ルヤウニ聞イテキマス軍事郵便ヲ出セナイ故連絡兵ニ言ツテ佳木斯ヨリ地方郵便テ「コツソリ」出シタノテス 云々	切手ヲ貼ツテ投ケ込ム云々
		沒收	

(15)

(ハ)軍紀上要注意通信

發見月日場所	發信者	受信者	通信ノ概要	處置
六、二 圖們	圖們街仲秋區四ノ一 香川スミ子	廣島縣佐伯郡五日市町 松村ミヤ子	此ノ頃山ニハ共産匪カ盛ンニ出沒シテ襲撃スルノテ各地ノ軍隊カ汪清縣下ニ入リコミマシタ主人ノ話ニハ二ケ聯隊位居ルトノ事テス圖們ノ守備隊モ大隊長ト中隊長ハ出動シ二、三十名ノ殘留兵カ居ルハカリテス	削除
六、一 東安	東安 土肥原部隊 小原生	名古屋市東區下飯田町四ノ四二 鈴木捷三	今般軍ヲ退職シ野ノ人ニナルヘク再三退職願ヒヲ提出致シ候ヘトモ却下サレ困リ居リ候 此上ハ町總代ノ證明之有候ハハ退職出來得ルトノ由妻宛樣式ヲ送付致シ置候ヘハ貴兄御手數乍ラ妻ト同道町總代ニ御願シ至急證明書送付致ス樣御取計ヒ被下度候	發送 注意中

(16)

63

六、一七 奉天	天津市日界須磨街二五ノ一 吉田	奉天市瀋陽區北興街三段二ノ一二 鐵道技術員養成所 別科生 一井千秋	毎日　退屈ナ軍務ニ服シテキマス軍隊ナンカ入ツタテツマラナイヨ教育中ハ編上靴テ「ビンタ」ヲ取ラレルシ今ハ當番ヲヤツテ全クツマラナイ、軍隊ハ自由カキカヌカラ駄目タ何ウシテモ軍隊生活ハ嫌タ‥‥	削除
六、二〇 東安	チチハル 尾崎正一	東安省密山縣城内 東和記 尾崎秀夫	仕事スルノカ嫌ニナリマシタ中隊ノ「兵」ハ毎日「パウチ」ハカリヤツテ居リマス、ソレテヤレ時計ヲ賣ルトカ萬年筆ヲ賣ルトカ言ツテ何テモ金ニナルモノハ賣ルコトハカリ考ヘテ居リマス、ソレテ此際良イ時計ヲ安ク買フコトニ決メマシタノテ四十圓程送ツテ下サイ尙送ル時ニハ二重封筒ノ外側ニ入レテ分ラナイ様ニシテ送ルカ出入商人ノ所ヘ送ツテ貰ツテモ良イテス	沒收

（17）

六二〇 東安	東安 西澤部隊 得津武史	別府市 濱脇東濱 永井房子	歸還ノ命令カ出マシタ家ニ事情ノアル者オ嫁サンノアル者呵々此様ニナルノテアツタラト思フト本當ニ後悔シテ居リマス本當ニ馬鹿ケタ話テハアリマセンカ馬ト共ニ暮シテ一年餘リ平々凡々化スルコトヲ如何トモスルコトノ出來ナイノヲ情ナク思フ○○○テハ自分等ノ無能力ヲ嫌ト言フ程自覺サセラレタシ討伐テハ軍隊ノ無力ヲ徹底的ニ知ラサレ平凡カ軍隊テハ一番ノ武器テアルコトヲ明瞭ニ知リ平凡ナ男タケカ戰死スルト萬歲ト呼フノヲ眼ノ當リ見テ偉イ賢イ人ハ案外ナ死方ヲスルコノ平凡ナ軍隊トナルコトヲ泣笑ヒ乍ラ眺メルノタ	沒收 注意中
六一九	海拉爾 服部々隊	牡丹江東寧 軍事郵便所	君モ相變ラス隊長室ノ前テ「メイフアーズ」トノ事君ノ心中察スルヨ、俺モ何ノ樂モナク毎日フラ〱暮シテ[illegible]ル、[illegible]二[illegible]居ルノテ[illegible]	削除

64

海拉爾	橋本部隊 島田寛治	氣付中尾部隊尾澤隊 橋本弘一	呼引ノ出ルノモ無理ハナイ矢張リ○○ノ來ル迄ハ酒カ一番タ飲ンテ暮ソウヨ君カ飲ンシンタ處テ滿洲ノ酒カ無クナル譯テ無シ幾等飲ンテモ知レタ事一、二回飲ンタラ俸給ハ「フンラ」タ矢張リ兵隊ハ「メイフアズ」ヨ一日モ早ク歸ラウ我カ里ヘ：：	
六、九 承徳	牡丹江省 中北部隊 鈴木士郎	承徳 木原部隊 下道隊 秋上美爲一	外出スレハ色々ト慰メテクレル者ハアルカ隊内ニ居ツテハ伍長、軍曹、曹長、將校連中ニ張リ切ラレ兵ハ立ツ瀬カナイカラ演藝テモ來テ氣テモ靖サント精神ニ異狀ヲ來スカラネ、實際嫌ニナツタ召集四年兵タヨ	沒收
六、一二	吉林小林部隊本部	東安 藤原部隊	：：：吉林アタリ守備隊ハ一年中討伐タヨ、俺ハ討伐出動ト言フト何時モ「タメイキ」ツクヨ、愛知縣ヨリ一	沒收

新京	尾岡光男	尾岡保五郎	緒ニ來タ人ハ大部分戰死シタヨ貴君等ノ方ハ討伐カナク「テンホー」ニテスネ	
六一三 大連	柳樹屯陸軍病院 原子猛	青森縣東津輕郡大野村 原子久次郎	毎日野菜ハカリ魚モ大分減ツタ風呂モ二日ニ一回シカナイソレニ忙シクテ大變タ今日モ内地ニ送ツタラスク奥地カラ百五十名モ遣入ツテ來タ腹ハ減ルシ金ハナシ軍隊生活モヤリ切レン	削除

(二) 其他

發見月日場所	發信者	受信者	通信ノ概要	處置
六一二 奉天	吉林野副部隊本部 江口英敏	朝鮮京城府元町二ノ八 江口蔦子	自分ノ現在抱懷シテヰル信念カ世人カラ從來右翼ト云ハレテヰタモノト同視サレナイカト秘カニ懼レテヰル之ハ軍人ニナツテ始メテ得タ信念テハナイ中學時代カラサウ考ヘヲ持ツテヰタノカ其レニ磨キヲ掛ケタニ過キナイ……	削除

— 65

六、一	熱河省 喀喇沁右旗 高粮杆子甸 山子村	古北口 憲兵隊 王上士氣付	
古北口	袁宗永	劉志武	

志武義子、先日ノ詳細ナル二通ノ手紙讀了シタコトト思フ我等ノ大事ハ成功シナカツタカソノ理由ハ君ノ弟董信カ昨年十二月奉天ニ赴キ元料（原料）ヲ需メテ家ヘノ歸途汽車ヨリ飛降リ重傷ヲ受ケ今年ノ正月遂ニ死去シタコトニ因ル喋々惜ミテモ償ヘヌ結果トナリ此ノ事ニ依リ大事モ徒勞ニ歸シ成功ヲ期シ得ナカツタカ之ハ天命トシ諦メルヨリ已ムナキ次第テアルタカ自分ノ甥ノ袁世信カ火藥店ヲ經營シ生計ヲ立テ而シテ密ニ此ノ事ニ努力シテ居ル君ノ大自力（妻ノ兄弟モ又大イニ賛成シテ相互ニ資金ヲ醵出セリ此ノ事カ成功セハ勿論其ノ醵出額ハソノ所得ニ歸スル尚君ノ弟董信在世ノ時ハ同志已ニ百七十六名ヲ得テ居リ現在適判狀モ有リ又大小器具モ九十餘挺備ヘカアル只彈藥不足ノ爲火藥店テ密ニ彈藥ヲ製造ス

偵諜中

21

ルノニ毎日七八名カ起居ヲ共ニシテ一日ニ彈藥十八個ハ製造出來ルカ藥莢ノ入手カ困難ナル故ニ義子（受信者）ノ方面ニテ何ハトモアレ是非共藥莢ノ購買ヲ願フ藥莢ハ多ケレハ多イ程良イ君カ此ノ事ニ參劃干與スルカ否カ必ス拙者宅迄一度來テ相談シテ慾シイ甥袁世信ノ處理振リ（策謀）又ハ大變巧妙ニ具合良ク運ンテ居ル伊聚羣モ大体事ヲ一擧ニ起スコトニナル、カクテ必スヤ良イ結果ヲ得ルコトカ出來ルト思フ、次ニ來ルカ來ヌカハ手紙テ連絡ヲシテハ不可テアル事ノ漏洩ヲ免レヌト共ニ危害カ一身ニ及フコトカ有ルカラ返信箇所ハ藥峰線乃林驛山咀子、德興家氣付炮舖（火藥店）袁宗永 (印)

六、二九

青年日本運動本部
東京市

察哈爾盟張北

政治的ニ組織ヲ失ヒ思想的ニ指導精神ヲ失ツタ現代日本ニ唯經濟面ニ於テノミ強力ナ資本主義組織カ存在スルトセハ其ノ巨頭タル財閥カ非常ナ

22

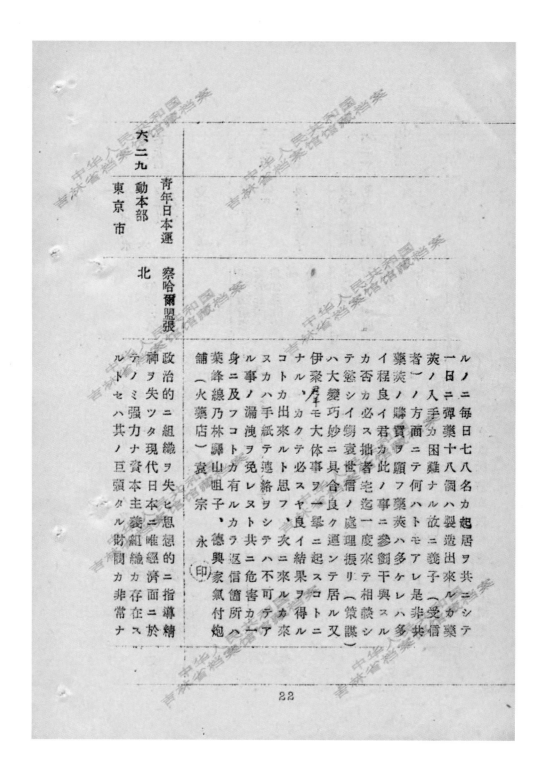

66

古北口	小石川區水道端二ノ六四番地代表者 兒玉譽志夫	簡牛耕三郎	ル勢威ヲ張リ現代ノ幕府的存在ト化シ去ルハ怪シムニ足ラヌ唯我等ノ憂ヘテ止マサルハ資本主義機構ノ全面的支配ノ結果戰爭遂行ノ鍵タル軍事迄支障ヲ來スコトナキヤ否ヤノ問題テアル	沒收
六二七 營口	營口市大和區六 松本美佐子	中支派遣軍天谷部隊角知部隊本部 松本知章	中支ノ空ヲ見ツメテハ何日モ泣イテヰマス翼アレハ飛ンテ行キタイ‥‥私ヨリ知章様ヲ奪ツタ戰爭本當ニ呪ハシクナリマス	削除
六二一 山海關	山海關東羅城東 棧兒 繼瀛	北票街西門分所處所長轉 家信	今吳先生カ來テ北京ノ街ニハ盛ンニ流言カ飛ンテヰル山海關ヘ來ル迄ハソレヲ信シテイタカト話シテヰマス山海關及山海關一帶カ大刀匪ノタメ占領サレ軍隊モ住民モ全滅シタナンテ全クノデマテスヨ御安心ナサイ‥	發送
東安	北海道		内地ニ於テハ出征兵ナンテ言ヘハ大シタモノタカ此方ニ來テ見ルト出征	

23

六一 東安	滿洲電業東安支店 西 鶴雄	北見國網走郡東二橋正一〇 戸島正雄	兵ナンテ僕等ト變リナイヨ唯軍ト云フ威力ヲ持ツテ市街ヘ出テ飲ンテ暴レテ地方人カラ嫌カラレテ居ル位ノモノタ敵フヘキ何者モナイヨ第一線兵トシテ送ラレルノナラ免ニ角警備ニ就ク位ナラ早ク結婚テモシテ幸福ニ暮ス方カ得策タヨ	沒收 注意中
六一 東安	東滿 滿鐵建設工事區東安事務所 中村良男	東京市高橋區明石町二八 中村一規知	獨乙モ愈々復仇ニ出テ居リ痛快至極新聞ニテ漸ク我陸軍カ兵器研究ニ乘リ出シタ樣テスカ今更一驚シタ如ク思ハレマス二十世紀ノ半ナル今日科學的研究等トハ片腹痛ヒ陸軍ノ頭腦ヲ疑フ位テス如斯テハ科學的見地ニ於テ東洋人果シテ日人ニ敵シ得サルモノト殘念ニ思ヒマス外交ニ道義自主的外交アリト有田高言ス外交ニ果シテ他主アリヤ日本人ニ人物ナシ呵々	沒收

「ドイツ」ハ痛快淋漓
日本軍モ獨乙陸軍ニ遭ツテハ叶ハン

24

67

六八 東安	東安 滿鐵建設工區 中村良男	東京市京橋區明石町二八 中村一規知	ソ軍人精神ハ負ケス劣ラスタカ科學的才能軍ノ機動力ニ至ッテハ月ト「スッポン」ノ様タカネ 悲シイ哉獨乙軍ニハ敵對シ得スタ 今頃カラ軍ノ化學的研究ヲヤルノタカラ噴出シモノタ 俺ハモウ以前カラ充分準備カシテアッタト思ウタノニ案外日本ニハ新兵器ハナイソ一時大ケサニ騷イテ居タカ	沒收 注意 中
六一一 海拉爾	王爺廟 陸軍興安學校第五期軍官候補生 余振昌	海拉爾第十軍管區司令部氣付郭美部隊本部 金振吉少校	想起セヨ康德六年ヲ。。。彼ノ時軍管區司令部方面ノ日系ハ參謀長以下悉ク君ヲ喜ハナカッタノタ、君モ恐ラク忘レ得ス未タニ記憶ニ新ナルコトト思フ若シ彼等ノ反對ニ遭ハツンハ君ハトックニ團長ノ椅子ニ着イテ居ラレタノタ 彼等コソ君ノ前途ニ横ハル障碍物ナノタ 當地ニ來ル時ニ月百十圓ノ約束テシ	發送 偵課 中

六二〇 牡丹江	美術房內	朝鮮慶尙南道晋州府榮町婦人病院 吳貴先	タノニナント月給六十七圓タヨ食代カ四十七圓外ニ圖書一枚書クト一割三分貰フ約束テシタノニソレモ給レス滿洲ノ日本人ニ馬鹿ニサレテ來タノタソレニ頭カラ鮮人ノクセニ等ト全ク奴隷扱ニサレタ僕ハ滿洲ニ金儲ニ來タノテナイ、將來ノ基礎ヲ目茶目茶ニサレタ必ス復讐シテヤル	發送 內查中
六一九 哈爾賓	佳木斯 任慶昇	哈爾賓道外太古六道街一號 張文華	先日ノ「洋一斤」購入ノ件ハ恐レル必要ナシ、ソノ件ニ付長官モ關係アルヲ以テ調査スルタロウカ其時ハ都度ニ通信シテ貰ヒタイ但シ暗號及記號ヲ使用スルコト變ツタコトナケレハ「平安一」發見囘敎サレタ	發送 視察中
六二九 龍井	東京市四谷區南伊賀町一八五輪莊	龍井街北新區驛通路第八ノ二二號	世間ノ事ハ全部矛盾テス朝鮮テハ內鮮一体內鮮融和言ハレ居ルモ一端內地ニ到ルト其ノ點ハ全然見ヘテ居リマセン其レハ全ク政治家等カ閑談ニスキナイモノテス朝鮮人ハ決シテ朝鮮	發送 偵諜中

68

		金慶昌	太鋊滿方 金慶得	人ト云フ民族的精神ヲ忘レテ仕舞ツテイケマセン。兄上樣歸還後頭ノ中ニ一層覺悟致シマシタ歐洲大戰モ結局民族的ノ闘爭テハアリマセンカ朝鮮民族ト日本內地民族トハ決シテ融和カ出來テイトノ事ヲ私ハ自覺シテ居リマス
六、二	滿洲里	興安北省西部新巴爾旗國境警察隊本部 今野榮男	新京市長通路警察官養成所 淺野虎一郎	五月一日入電（極秘）今日午前八時十五分頃「ソ」軍機械化部隊二ケ兵團ハ「ボイル」湖西北ノ「ツアボ」山（三三一高地）附近ニ進出シ附近ニ警備電話並警備通路幅（四米）「コンタリート」ニテ造リタルモノ開通シテ滿洲領約八粁ノ地點〇〇廟附近ニ到着シテ警戒中ナリ 軍備 裝甲自動車　五〇 中戰車　二〇　第三目監視 野砲類　三ケ兵團　哨ニアリ
				押收

			我カ軍滿系警察一名實彈銃創生命異状ナシ右入電アリ見タラ燒イテ下サイ	
六一五 延吉	間島省延吉 陸軍病院 福永スミ子	富山縣 西礪波郡植生村 福永晴作	ヤカテ軍隊ニ入隊シタラスク胸膜炎ニナルノカ心配テスオソラク一ケ年間ノ滿洲テ胸膜炎ノ患者七千名以上ニ達シテ居ル樣テス現ニ此ノ小サイ病院テモ一ケ年間三千數百名ヲ送ツテ居リマス軍隊テハ地方樣ニ一寸惡クテスク受診出來ナイコトハ父サンモヨク御存シノ事ト思ヒマス内科ノ患者ヲ見マシテモ全部ト云ツテイイ程胸膜炎テス	削除
六一 東安	寶淸縣 頭道訓練所 今井勝三	新潟縣 中浦原郡村松町上町	將來性ノ無イ義勇隊ニ三ケ年間勤メマシタカ全ク遊ンテ居タト同樣テス最初カラ義勇隊ナンカニ入ラス他方面テ働イタ方カ如何程良カツタカ知レマセン況シテ北滿ノ警察力ノ少イ訓練所ニ於テハ警察力ノ少イ訓練所ニ於テハ	沒收

28

69

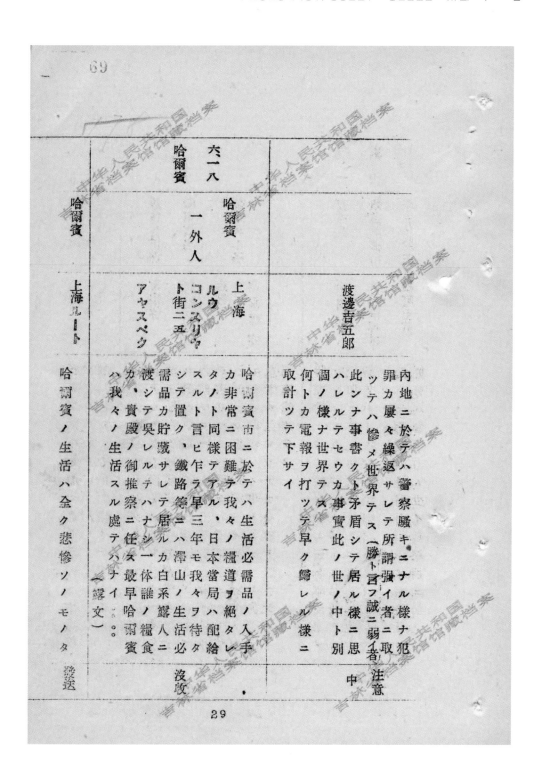

		渡邊吉五郎	内地ニ於テハ警察厳キニナル様ナ犯罪カ屢々繰返サレテ所謂強イ者ニ取ッテハ惨メ世界テス（勝ト言フ誠ニ弱イ者）此ンナ事書クト矛盾シテ居ル様ニ思ハレルテセウカ事實此ノ世ノ中ト別個ノ様ナ世界テス何トカ電報ヲ打ッテ早ク歸レル様ニ取計ツテ下サイ	中 注意
六、一八 哈爾賓	哈爾賓 一外人	上海 ルウコンスリャト街二五 アヤスペク	哈爾賓市ニ於テハ生活必需品ノ入手カ非常ニ困難テ我々ノ糧道ヲ絶タレタノト同様テアル、日本當局ハ配給スルト言ヒ乍ラ早三年モ我々ヲ待タシテ置ク、鐵路等ニハ澤山ノ生活必需品カ貯藏サレテ居ルカ白系露人ニ渡シテ呉レルテハナシ一体誰ノ糧食カ、貴殿ノ御推察ニ任ス最早哈爾賓ハ我々ノ生活スル處テハナイ。。（露文）	沒收
	哈爾賓	上海ルート	哈爾賓ノ生活ハ全ク悲惨ソノモノタ	發送

29

六一九 哈爾賓	菪舗街九三 デ、エス コノノフ	ワルカン街八九 エ、ベ、オルロワ	物價ハ高ク食糧ハ配給ニナラス精神的ニモ物質的ニモ氣ヲ腐ラシテ居ル蘇聯引揚ノ許可ヲ得ラルレハ在哈白系露人ノ七%ハ狂喜シテ蘇聯ニ歸還スルモノト信ス	後動靜觀察中
六一七 哈爾賓	上海 私書函一四二五 猶太人民會長	哈爾賓 私書函四五〇 カフマン	伊太利カ參戰シタタメ今回ノ猶太人避難民ノ極東向伊太利經由ノ渡航不可能トナツタ現在ノ處米國ヘ向ケ引揚ケシムヘキ猶太人避難民ノ航路ハ次ノ如キ經路カ最モ便利テ當會モ斯ク實現スル事ヲ希望シテ居ル蘇聯經由・浦鹽斯德・敦賀・横濱	發送
六二二 哈爾賓	哈爾賓 菪舗街二 スペンス	上海 カロメン カンパニ ゴードレ	時局切迫シタ爲當哈爾賓地方モ全ク行詰リ我々ノ立場モ追々詰メラレテ居ル我々ノ爲ニハ哈爾賓ハ將來性ハ無イト思フ上海方面モ英人ノ立場ハ種々難局ニ直面シテ居ルコトト思フ	發送
			私共ハ此頃ノ時局ニ對シ新聞ヲ見ル	

30

76

178

六、二一 哈爾賓	哈爾賓外國七道街四 ゴルツ フェリド	上海 プロツウイ街六四 ブルロフニカヤ	毎ニ心ノ動搖ト興奮ヲ禁シ得ナイ上海ニ於ケル租界問題ハ我々ノ運命ニカカルコトテアル	發送
六、二〇 哈爾賓	哈爾賓道外保障街南易巷同 王瑋富	浙江紹興編外郵政局 任博炳	目下當地ハ時局ノ影響ニヨリ青年ハ全テ軍役ニ服スルノ難ヲ免レ得サル狀態ニアル	動靜視察中
六、一五 牡丹江	牡丹江市西新安街四二 伊藤禎祐	大阪市北區中之島五丁目四五 牧野勝子	金ノ無イ阿片中毒者ハ慘ナモノテタラ水ノ樣ニ涎ヲ流シ乍ラ其處ヘ倒レテ死ンテ仕舞ヒマスフウト犬ノ出來損ナイノ樣ナ聲ヲ出シ手ヲ上ケタリモソシナカラ死ンテ仕舞フ貧民街ノ滿人ハ家人カ死ンテモ「ポーン」ト犬猫ノ樣其ノ邊ヘ放ツテ置ク、スルト直ク「ルンペン」カ來テ死人ノ服ヲ全部盜ンテ盜棒市場テ賣ルカラ死体ハ皆素裸テス又ヒトイ奴カアルモノテ其ノ死骸ノ肉ヲ切ツテ豚肉タト言ツテ賣ツタ奴カア	沒收

31

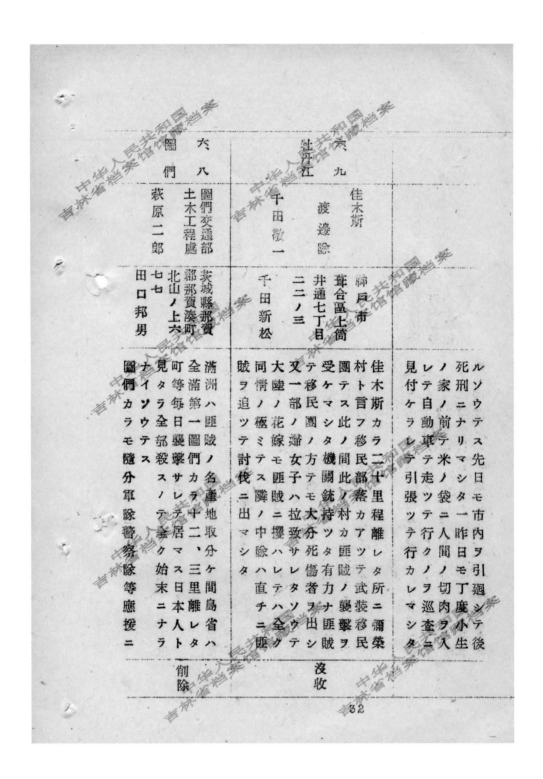

			ルソウテス先日モ市内ヲ引廻シテ後死刑ニナリマシタ一昨日モ丁度小生ノ家ノ前テ米ノ袋ニ人間ノ切肉ヲ入レテ自動車テ走ツテ行クノヲ巡査ニ見付ケラレテ引張ツテ行カレマシタ	
六、九 牡丹江	佳木斯 渡邊除 千田徹一	神戶市葺合區上筒井通七丁目二二ノ三 千田新松	佳木斯カラ二十里程離レタ所ニ彌榮村ト言フ移民部落カアツテ武裝移民團テス此ノ間此ノ村カ匪賊ノ襲擊ヲ受ケマシタ機關銃持ツタ有力ナ匪賊テ移民團ノ方テモ大分死傷者ヲ出シ又一部ノ婦女子ハ拉致サレタソウテ大陸ノ花嫁モ匪賊ニ攫ハレテハ全ク同情ノ極ミテス隣ノ中隊ハ直チニ匪賊ヲ追ツテ討伐ニ出マシタ	沒收
六、八 圖們	圖們交通部土木工程處 荻原二郎	茨城縣那賀郡那賀湊町北山ノ上六七七 田口邦男	滿洲ハ匪賊ノ名產地取分ケ間島省ハ全滿第一圖們カラ十二、三里離レタ町等每日襲擊サレテ居マス日本人ト見タラ全部殺スノテ全ク始末ニナラナイソウテス圖們カラモ隨分軍隊警察隊等應援ニ	削除

32

71

			行キ守備隊等ニ、三十名シカ殘ッテ居マセンソレデモ仲々駄目ラシク却ッテ十數名ノ戰死者ヲ出シテ居リマス	
六、六 古北口	古北口亜細亜鑛業株式會社 緒方武人	熊本縣鹿本郡吉杉村大字今藤 緒方慰子	此方テハ只今匪賊カ澤山居マス故目下軍ノ方テ討伐中テスカ其ノ爲メニ此ノ古北口ニ匪賊カ出ルラシク領事館及警備隊テハ目下歩哨線ヲ布シテ非常ナ緊張テス二、三日前ノ晩ナンカ夜襲ヲ受ケタラ何時テモ警備隊内ニ避難スル樣準備シテ床ニ就イタ樣ナ始末テス榮子、千鶴子皆内地ニ歸ルト言ッテ泣イテ居リマシタヨ此ンナ風テ何時匪賊ノ襲撃ヲ受ケルカ判リマセン	沒收
六、一九	東寧滿鐵自動車區	愛知縣東春日井郡原野町字下半田 外	昨日裏ノ廣場ヘ出テ歩イタラ滿人苦力ノ死骸カ幾ツモアチラコチラニコロカッテ中ニハ白骨トナッテ居ルモノ頭骸骨ハカリノモ体全部ノ骨カ其ノ儘少シツツ離レテ殘ッテ居ルモノ	沒收

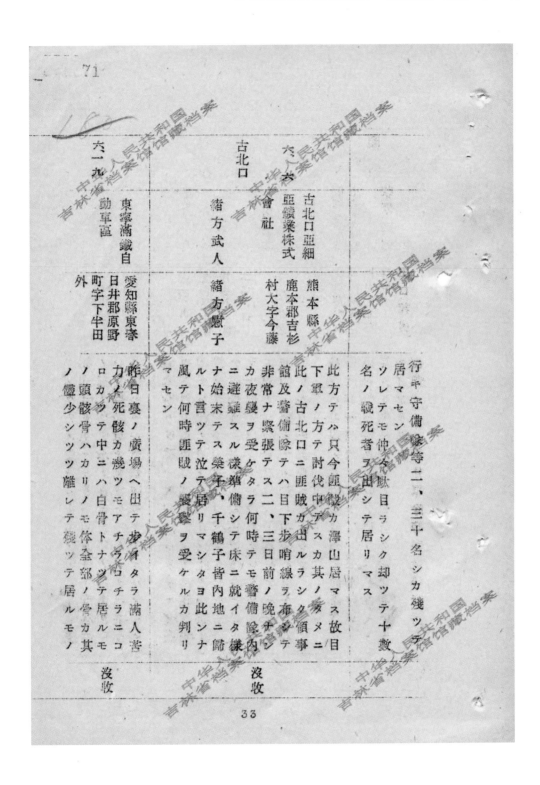

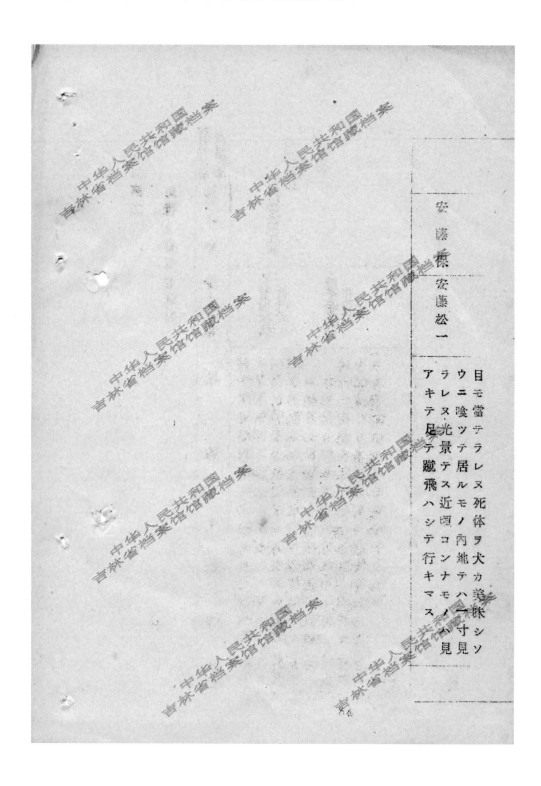

安藤様	安藤松一	目モ當テラレヌ死体ヲ犬カ美味シソウニ喰ッテ居ルモノ内地テハ一寸見ラレヌ光景テス近頃コンナモノハ見アキテ足テ蹴飛ハシテ行キマス

72

144

別紙第二

防諜上要注意電報

發見月日及場所	發信者	受信者	電報ノ概要	處置
六、二四 山海關	山海關稅關	1 青龍稅關分關長 2 興隆稅關分關長	貴分關管轄地域ニ近接セル北支地域ニ日本軍隊ノ駐屯セルモノアラハ(一)箇所部隊名及關東軍北支軍ノ區別(二)客年及本年五月末迄ニ軍需品トシテ輸出セル物品ノ品目數量、價格ヲ部隊名別ニ調査報告セラレ度尙(一)ハ電報ヲ以テ報告シ(二)ハ判明セル範圍ノミ電報ニヨリ調査日時ヲ要スル場合ハ其ノ旨電報アリタシ	稅關長ニ注意ヲ喚起シ任意該調査ヲ中止セシム

35

참고역문

목차

(完)

一. 개요

소련과 지나에서 만주국으로 보낸 통신을 위주로 하되 겸하여 국내 및 일만 사이의 통신내용 중 유해사항의 발생 방지 및 첩보자료를 수집함. 동시에 보다 적극적으로 방첩성과를 취득.

이번 단계에 처리한 우편물과 전보의 수량은 다음 표와 같음.

유 형	시 간	취급건수	처리건수
우편물	지난 기간	237 457	666
	본 기간	209 187	722
전보	지난 기간	468 880	844
	본 기간	887 577	770

1. 우편물 검열

비록 항일통신이 감소하고 있으나 내지와 일만 사이의 편지 중 방첩과 군기 상 유해한 통신이 증가세를 보이고 있음. 주요한 종류와 건수는 다음 표와 같음. 상세한 내용은 별지1을 참조바람.

유 형	건 수	
	지난 기간	이번 기간
항일통신	229	160
방첩 상 요주의 통신	152	181
군기 상 요주의 통신	35	51
기타	250	330
합 계	666	722

2. 전보검열

전보검열을 통해 혐의가 있는 내용을 절록한 편지가 727통(그중 외국관보 360건) 있고 처리한 편지가 3건임.

二. 소견

1. 항일통신은 의연히 상해와 북경을 중심으로 하고 있음. 수량적으로 조금 감소하였지만 그로 하여 적의 반일 반만 선전공작이 감퇴하였다고 보기는 어려움.

2. 방첩 방면의 유해통신은 양적으로나 질적으로 점차 악화되고 있음. 이번 기간에 특히 주의해야 할 것은 일부 동부국경부대의 개편 및 가목사, 치치할 주둔부대의 변경 및 이전 상황에 따라 어떤 자들이 일본에 개인물품을 부칠 때 군사기밀과 극비문서를 함께 부치고 있다는 점임. 이러한 것은 부대 이주 전후에 우리의 방첩에서 존재하는 결함을 노출하고 있음.

3. 군기 상 요주의 통신에서는 의연히 소집해제와 만기제대를 갈망하는 등 은근히 반군사상이 싹트고 있는 내용이 보임. 이에 특히 주의 요망.

4. 경제통제의 강화와 함께 각종 물가가 폭등하고 배급이 부족한 등 원인으로 국민들

의 불만이 높아가고 있음. 특히는 백계러시아인들 속에서 일부는 외국으로 이주하거나 소련국적을 회복하기를 바라는 상황이 포착됨. 역시 면밀한 주의 요망.

5. 동부의 소만국경 및 서부의 만지국경에서 벌어진 공산비적의 준동에 대해 과대보도를 하거나 혹은 조선경찰관과 만주군인이 사직을 희망하거나 혹은 일본인의 확장을 저지하는 등 국책저애의 경향이 있는 통신은 의연히 근절되지 않았음.

6. 영국과 프랑스 선교사 사이에 오가는 선교에 관한 편지가 빈번함. 그중 어떤 자들은 유럽전장에서 자신의 나라가 전패함으로 하여 신자들의 신앙심이 흔들리고 있다면서 탄식하고 있음.

별지제1

1. 항일통신

발견 시간 및 지점: 6월 5일　봉천

발신자:　상해 복조로687 대흥공사

수신자:　봉천 大西關　王介民

통신개요: 잡지『天下事』

요지

一. 우리나라는 항전 이래 미국에서 적잖은 도움을 받았다.

○ 미국수출입은행에서 25000만원을 대출받았는데 이는 중국이 미국에서 비행기, 기차 등을 구매하기 위해 얻은 대출 원조이다.

○ 일본이 중국 각지에서 무차별폭격을 가할 때 미국 국무장관은 자국 내의 각 비행기제조업자들에게 평민을 폭격하는 작전국(일본)에 비행기 및 부품을 팔지 못하도록 선포하였다.

一. 戰事奇蹟

상해 南市의 신선이 절을 떠나 시가지에 와서 閘北에서 작전 중인 병사들을 위문하였다고 한다.

이는 중국이 승리하게 될 길조이다.

처리:　몰수

발견 시간 및 지점: 6월 11일　봉천

발신자: 중화민국 소흥 觀音가73호 王劉民
수신자: 봉천 小北門里로 西 문예서국 王之香
통신개요: 중일전쟁이 민국 26년(1937년)에 개전한 이래 이미 3년이 거의 되었다. 작년 12월에 적(일본군)의 대군이 錢塘江을 건너 계속 진군하였다. 그래서 소흥의 전체 민중은 부득불 피란을 떠날 수밖에 없었다. 그 날강도들은 가가호호에 뛰어들어 모든 재물을 빼앗아갔다. 우리 집도 적잖은 손실을 입었다.
처리: 몰수

발견 시간 및 지점: 6월 24일 봉천
발신자: 상해 중앙육군군관훈련단1대 蕭應春
수신자: 봉천 東山咀子 육군군관학교 第1連 2區隊 闞忠智
통신개요: 보통 편지에 다음과 같은 신문기사 절록이 동봉되어있었다.
요지
◎ 當陽 遠綏일선의 천 여 명 일본군은 横店에서 지나군에 의해 전멸되었다.
◎ 襄河 이서로 도망친 일본군은 지나군대의 기습작전에 의해 전멸되었다.
◎ 3000여 명 일본군 보병과 기병이 포로로 되었고 군마와 치중도 전부 포획 당하였다.
◎ 중국유격대의 영웅.
중국 유격대는 늘 일본군이 점령한 도시와 촌락 및 철도를 기습하고 여러 번 대도시를 진공하였다. 그중에는 북경, 천진, 광주, 상해 등이 포함된다. 그들 청춘남녀들은 조국의 독립을 위하여 용감하게 싸우는 것이다.
처리: 몰수 내사 중

발견 시간 및 지점: 6월 29일 봉천
발신자: 상해廣學會
수신자: 山城鎭 기독교회 외 18건
통신개요: 잡지『明燈』
친애하는 청년제군들, 지금 우리나라는 그 옛날 이스라엘(イソリ, 이스라엘로 판단됨. 역자 주)민족처럼 망국멸족의 위기에 봉착하였다. 국난은 실

로 큰바 국토가 침략 받고 동포가 학살당하고 있다. 우리는 미증유의 대재난을 마주하고 있다.
지금 우리나라는 국가존망의 관두에 와 있다. 이러한 눈앞의 국난을 마주하고 우리는 반드시 구국의 정도를 모색해야 한다. 그리스도에 손을 내밀어 그의 구원을 받아야 한다.

처리: 몰수

발견 시간 및 지점: 6월 2일 영구
발신자: 광동 潘漢三
수신자: 봉천성 영구시 二道가 東永茂 내 潘傑臣
통신개요: 광주사변에서 신도란(シンドラン, 지명 음역)일대는 일본군에 의해 거의 소각되었습니다. 그토록 번창하고 풍족하던 곳이 당사자의 부패한 정책 때문에 철저하게 패배하고 재건이 불가능하게 되었습니다.
일본군은 공포와 증오를 불러옵니다. 만약 일본군이 광주를 습격하지 않았더라면 신도란일대의 사람들은 그러한 불행을 겪지 않을 수도 있었고 한 가족 내에서 모자가 함께 죽어가는 일이 발생하지 않았을 것입니다.
처리: 몰수

발견 시간 및 지점: 6월 22일 하얼빈
발신자: 上海博文書房 발행 잡지『성공의 지름길』북경 船板胡同 匯文중학 何家驥
수신자: 하얼빈공업대학 劉森叢
통신개요: 요지
우리 민족은 반드시 중국의 위기를 극복하고 중국인의 행복을 도모해야 합니다. 따라서 우리는 반드시 성의를 다하여 國共합병을 추진하여야 합니다. 우리는 최고 領袖 쟝제스위원장께서 현재의 돌발사고를 잘 처리할 것이라고 믿어야 합니다.
우리는 모든 희망과 생명과 재산을 쟝위원장에게 맡겨야 합니다. 우리는 쟝제스는 히틀러나 무솔리니보다 더 위대한 인물임을 믿습니다. 쟝제스가 정의를 실행한다면 히틀러와 무솔리니는 침략을 견지하고......
처리: 몰수

발견 시간 및 지점 : 6월 22일 하얼빈
발신자 : 상해 일간 영문지 字林西報
수신자 : 하얼빈 체류 외국인 7명
통신개요 : 요지
중경정부 내에 만주부를 신설하여 만주 내부의 정치와 군사 공작을 전개하고 있다. 만주국의 잃어버린 땅을 머지않아 수복할 수 있겠지요.
처리 : 몰수

발견 시간 및 지점 : 6월 13일 하얼빈
발신자 : 산동성 鄭城현 城西5里 卜照敎
수신자 : 하얼빈 新安埠 六道가62 卜憲亮
통신개요 : (쪽지 주변의 여백에 항일사상을 선전하는 문자가 인쇄되어 있음)
나는 국민혁명에 투신한지 40여년이 된다. 그 목적은 중국의 자유와 평등을 도모하기 위함이다. 40여년 쌓은 경험으로 미루어 보아 이러한 목적에 도달하려면 민중을 일깨우고 우리 민족을 평등하게 인정하는 세계 각 민족과 연합하여 함께 분투하여야 한다.
혁명은 아직 성공하지 못하였고 우리의 동지들은 반드시 내가 저술한 『건국방략』, 『건국대강』, 『삼민주의』 및 『제1차전국대표대회선언』을 준수하며 계속 노력하여 관철하여야 한다. 국민대회를 소집하고 불평등조약을 폐지하고 단기 내에 그것을 실현하여야 한다.
처리 : 몰수

2. 방첩 상 요주의 통신

발견 시간 및 지점 : 6월 3일 동안
발신자 : 동안가 慈光로1301 市川信太
수신자 : 訥河 만주흥업은행지점 大鄕良策
통신개요 : 이곳은 국경지대이기 때문에 전부 비밀주의를 실행합니다. 군대중심주의에 기초하기에 모든 일은 진행하기 어렵습니다. 뿐더러 토지의 소유권이 승인을 받지 못하기에 모든 가옥은 (주둔군)병영의 모양을 본 떠 지었어요. 동부 만소국경지대와 약 10리(1리≈3.927km) 떨어져 있습니다.

요새는 철조망으로 둘러싸여 있고 약 3개 사단의 병력이 수비하고 있습니다.
처 리: 몰수

발견 시간 및 지점: 6월 4일 동안
발신자: 동안가 협화회 동안성 본부 菊池岳之助
수신자: 秋田현 南秋田군 金足촌 上杉久造
통신개요: 동안부터 호두까지의 연선은 국방의 중요한 지대입니다. 부대도 ○개 사단이 주둔하고 있습니다. 만약 적기가 습격해 오면 국경선에서 3분 안에 동안을 폭격할 수가 있습니다. 동안은 앞으로 전쟁의 중심지대가 될 것으로 추측됩니다. 그래서 비행기 1500대를 국경선에 명령대기 시키고 있습니다.
처리: 몰수

발견 시간 및 지점: 6월 6일 동안
발신자: 동안가 교통부 土木工程處 原高雄
수신자: 조선 경성부 義州通1-29 村上健助
통신개요: 당지의 역까지 전부 토치카로 되었습니다.
철도가 단선이기 때문에 철교와 터널은 복선으로 되어 만일을 대비하고 있습니다. 만약 그중의 한 갈래가 파괴되더라도 막힘없이 운행이 가능합니다. 우리가 근무하는 곳은 명의상 교통부 대신 앞에 책임지고 있어 정부가 벌인 사업이라고 하지만 군부의 요구에 의해 비밀적인 작업을 하는 경우도 많습니다. 약 5만명 병사가 있습니다.
처리: 몰수

발견 시간 및 지점: 6월 5일 목단강
발신자: 樺林 監川부대 甬屋
수신자: 枥木현 那須군 荒川촌 藤川柳子
통신개요: 오랫동안 생사를 같이 했던 말과 이별하고 우리 부대도 기계화부대로 될 것 같습니다. 지금 준비를 다그치고 있습니다. 이는 동만 관동군의 첫 기계화부대로 될 것입니다. 하얼빈 부근의 阿城에 포병학교가 있는데 우리는 7월 5일에 여기서 출발하여 그 학교에 입학할 것입니다.

처리: 삭제

발견 시간 및 지점: 6월 3일 가목사
발신자: 가목사 坂井生
수신자: 熊本현 下益城군 平補촌 本田久治
통신개요: 제가 있는 곳은 山崎부대입니다. 이는 기병부대로 군마 7,8백 필 내지는 천 필 정도 있습니다.
가목사에 주둔한 부대는 大阪의 제4사단으로 15,6갈래 부대가 있습니다. 전투가 벌어지는 제일선에 있기에 비행기가 질서정연하게 장비를 갖추고 있는 것으로 보아 내일이라도 당장 전쟁이 벌어질 것 같습니다.
처리: 몰수

발견 시간 및 지점: 6월 30일 가목사
발신자: 가목사 森本嘉力
수신자: 兵庫현 多紀군 南 河內군 森本茂三郞
통신개요: 요즘 제4사단과 제10사단이 교대에 들어갔습니다. 해당부대는 중지나 지구에 들어가 9월에 중경작전에 투입될 것입니다. 그래서 우리 하급사관들의 교육도 중지하고 명령에 의해 부대를 뒤쫓고 있습니다.
처리: 삭제

발견 시간 및 지점: 6월 20일 가목사
발신자: 가목사 山下부대 본부 中田昌彦
수신자: 大阪시 淀川구 浦江北 二丁目 中田君子
통신개요: ◎ 개인물품을 소포에 함께 넣어 일본에 부치려고 합니다.
1. 임시건축반 편성요원의 복장품목과 인원수
2. 분파된 휴대무기 인원수
3. 개인장비와 피복 지급인원수
처리: 몰수

발견 시간 및 지점: 6월 28일 가목사
발신자: 가목사 岩佐부대 瀨尾대 高木正次郞

수신자: 和歌山시 匠정 高木榮次郎

통신개요: ◎ 위와 같음

1. "군사기밀"이라고 표시되어 있는 對전차전투보전협동교육실시의 참고.

처리: 몰수

발견 시간 및 지점: 6월 29일 가목사

발신자: 가목사 岩佐부대 山田대 石川喜兵衛

수신자: 大阪시 住吉구 田邊西정 石川熙

통신개요: ◎ 위와 같음

1. "극비"라고 표시되어 있는 發煙班 교육의 참고1.

처리: 몰수

발견 시간 및 지점: 6월 27일 수분하

발신자: 수분하 中村부대 본부 相原조장

수신자: 목단강 山縣부대 본부 藤原준위

통신개요: ......조속히 대장 中村중좌각하를 비롯한 본부 간부들에게 신고하였습니다. 지금 부대는 2개 보병중대와 1개 공병중대로 편성되었습니다. (건강인원 600명 있음)

처리: 삭제

발견 시간 및 지점: 6월 15일 길림

발신자: 하얼빈 제43군사우정소 轉 今利부대 椎名대 松本千尋

수신자: 길림성 京圖線 敦化역전 京都여관 내 松本幸雄

통신개요: 今利부대에는 10개 중대가 있는데 저는 9중대에 소속되었습니다. 만주의 부대 중 今利부대의 규모가 일이등을 다툽니다. 전 대포에 관하여 아무것도 모릅니다. 하지만 군용차○○에 관해서는 2년병과 3년병 가운데서 두세 번째라고 자부합니다. 이 편지는 중대간부 몰래 보내는 것이오니 편지에 관한 일을 쓰지 말아주세요.

처리: 삭제

발견 시간 및 지점: 6월 15일 가목사

발신자: 가목사 播摩貞三郎
수신자: 大阪府 河内군 三鄕字高瀨 志永喜治
통신개요: 각종 정보가 들어오고 있는데 그중 7월 상순에 분명 가목사를 떠나 소만국경에 진군한다고 합니다. 혹자는 남만철도의 ○○에 새 부대를 편성하였는데 지나대륙을 향해 진군한다고 합니다. 운운. 지금 상황으로 미루어 보아 남중지나로 갈 확률이 7할 이상입니다. 편지검열이 아주 엄격하여 거의 부대에서 부쳐 보낼 수가 없습니다. 그래서 우편국에서 우표를 부쳐 보냅니다. 운운.
처리: 몰수

발견 시간 및 지점: 6월 16일 가목사
발신자: 가목사 正男
수신자: 大阪府 北 河内군 交野정 西川辰治郎
통신개요: 지금 보초병을 제외한 모든 사람들이 부대에서 개인에게 지급한 반 내 병기와 피복 등을 반납하고 있습니다. 우리 山下부대와 竹內부대(37연대)가 기타 부대와 함께 이전하기 때문에 물품들을 관동군창고에 반납하는 것입니다. 19일 저녁무렵 국경선의 학립진에 있는 전부 부대가 ○○부대와 교대하고 그중 일부는 가목사에서 집결하며 우리 제4사단(山下부대)은 ○○지구로 갑니다. 듣자하니 조선으로 돌아가 신병을 받아들인 후 개편하여 지나 중경을 공격하는 전투에 참가한다고 합니다. 혹은 지나의 모처로 가서 그곳에서 신병과 보충병들과 함께 만주에 들어간다고 합니다. 군사통신을 사용하지 못하므로 이 편지는 저와 연락병이 몰래 가목사 지방우편을 이용하여 부친 것입니다. 운운.
처리: 몰수

발견 시간 및 지점: 6월 2일 도문
발신자: 도문가 仲秋구4-1 香川澄子
수신자: 廣島현 佐伯군 五日市정 松村美彌子
통신개요: 요즘 산속의 공비가 빈번하게 출몰하여 습격하기에 각지의 군대는 왕청현내에 진입하였어요. 저의 남편의 말에 따르면 2개 연대 정도 된다고 하네요. 도문수비대의 대대장과 중대장도 출동하는데 2,30명 병사만 남아 수비

한다는군요.
처리: 삭제

3. 군기 상 요주의 통신

발견 시간 및 지점: 6월 1일 동안
발신자: 동안 土肥原부대 小原生
수신자: 名古屋시 東구 下飯田정4-42 鈴木捷三
통신개요: 이번에는 군직을 사직하고 평민이 되기 위해 여러 번 퇴직원서를 냈습니다. 하지만 전부 기각되었습니다. 참 곤혹스럽습니다.
듣자니 모든 町總代의 증명이 있어야만 퇴직이 가능하다고 합니다. 그래서 아내에게 증명양식을 부쳐 보냈습니다. 수고스럽지만 형님께서 제 아내와 함께 町總代에게 부탁하여 하루빨리 증명서를 부쳐주세요
처리: 발송 주의 중

발견 시간 및 지점: 6월 17일 봉천
발신자: 천진시 일본조계지 須磨가25-1 吉田
수신자: 봉천시 심양구 北興가3斷2-12號 철도기술원배양소 別科生 一井千秋
통신개요: 매일 고리타분한 군무에 종사하고 있습니다. 군입대는 참 재미없는 일입니다. 교육을 받을 때 긴목군화에 귀뺨을 맞기도 합니다. 전 지금 당직근무중인데 참 심심합니다. 군대에는 자유가 없어요. 그래서 아무런 희망이 보이지 않아요. 전 군대 생활을 몹시 싫어합니다.
처리: 삭제

발견 시간 및 지점: 6월 20일 동안
발신자: 치치할 尾崎正一
수신자: 동안성 밀산현 城內 東和記 尾崎秀夫
통신개요: 전 지금 일하기 싫습니다. 중대의 병사들은 매일 도박을 합니다. 시계며 만년필 따위를 팔아서 도박을 합니다. 매일 또 어떤 값나가는 물건을 팔아먹을까 궁리하고 있어요. 그래서 전 지금 싼 값에 시계 하나 사려고 하니 40원을 부쳐주세요. 부칠 때 돈을 二重봉투의 외측에 넣어 보내 주세요. 다

른 사람이 알면 안 되므로 드나드는 장사꾼에게 부쳐 보내세요.

처리: 몰수

발견 시간 및 지점: 6월 20일 동안

발신자: 동안 西澤부대 得津武史

수신자: 別府시 濱脇東濱 永井房子

통신개요: 지금 귀환명령이 떨어졌습니다.

집에 사정이 있거나 장가를 간 사람들은 너무 좋아서 하하하 웃고 있어요. 이때면 전 몹시 후회가 됩니다. 이럴 줄 알았더라면......

참 아둔하기 짝이 없지요. 군마와 함께 그럭저럭 일 년 넘게 생활 하였지만 이때 아무도 할 수 없으니 참 못난 놈이지요.

○○○에서는 못난 자신을 얄밉게 생각할 때가 있습니다. 토벌 할 때 특히 군대의 무능함을 느끼게 됩니다. 평범함이야말로 군대의 제일 강한 무기임을 똑똑히 알게 되었어요. 전 평범한 남자들이 전사할 때 만세를 부르는 것을 제 눈으로 목격하였습니다. 위대하고 총명한 자들은 죽을 때 사람들의 상상을 초월합니다.

전 이 평범한 부대를 보면서 울지도 웃지도 못하고 있습니다.

처리: 몰수 주의 중

발견 시간 및 지점: 6월 19일 하이라얼

발신자: 하이라얼 服部부대 橋本부대 島田寬治

수신자: 목단강 동녕군사우편소 轉 中尾부대 尾澤대 橋本弘一

통신개요: 넌 아직도 대장실 문 앞에서 "무가내"한 일을 하고 있겠지. 너의 마음을 잘 알것 같다. 나도 지금 아무런 낙이 없이 빈둥빈둥 살아가고 있다. 나도 여기서 2년 반 보냈어. 그래서 점호며 조련 따위는 아무것도 아니란다.

○○가 오기 전 음주는 제일 좋은 일이지. 매일 술을 마시며 보내고 싶다. 설사 네가 마셔도 만주의 술을 다 마시지는 못하겠지. 얼마를 마셔도 마찬가지야. 그건 당연한 일이지. 한 두 번 마시면 봉급은 바닥이 나겠지. 군대에서는 "무가내"하게 아무런 일을 할 수 없단다. 하루 빨리 돌아가고 싶구나. 나의 고향으로......

처리: 삭제

발견 시간 및 지점: 6월 9일 승덕
발신자: 목단강성 中北부대 鈴木士郎
수신자: 승덕 木原부대 下道대 秋上美爲一
통신개요: 문을 나서니 많은 사람들이 저를 위안하더군요. 군대에서는 오장, 군조, 조장 및 장교 등이 몹시 감때사납게 굽니다. 병사들은 아무런 지위가 없어요. 위문공연 같은 것이 없으면 정신착란이 올 것 같아요. 사실 전 군대생활에 싫증이 났어요. 전 이미 4년 군대생활을 했거든요.
처리: 몰수

발견 시간 및 지점: 6월 12일 신경
발신자: 길림 小林부대 본부 尾岡光男
수신자: 동안 藤原부대 尾岡保五郎
통신개요: ......길림부근의 경비대가 일 년 동안 토벌을 진행했습니다. 전 매번 토벌 출동을 말할 때면 한숨이 나갑니다. 저와 함께 愛知현에서 온 사람들은 대부분 전사하였습니다. 당신들 그곳에는 토벌이 없으니 "참 좋겠네요."
처리: 몰수

발견 시간 및 지점: 6월 13일 대련
발신자: 柳樹屯육군병원 原子猛
수신자: 靑森현 東津輕군 大野촌 原子久次郎
통신개요: 매일 야채뿐입니다. 물고기류도 많이 줄었습니다. 이틀에 한번 꼴로 목욕을 할 수 있습니다.
우리는 정신없이 바삐 돌아칩니다. 오늘도 일부를 내지로 보내고 또 내지에서 150명 정도 보내왔습니다. 매일 굶고 돈도 없습니다. 참 군대생활을 해나가기 힘듭니다.
처리: 삭제

4. 삭제

발견 시간 및 지점: 6월 12일 봉천
발신자: 길림 野副부대 본부 江口英敏

수신자: 조선 경성부 元町2-8 江口蔦子

통신개요: 저는 사람들이 제가 현재 안고 있는 신념과 과거 우익이라고 했던 것들을 동일시할까 은근히 걱정 됩니다. 이것은 결코 군인이 되어서부터 새긴 신념이 아니라 중학교시절부터 있은 생각입니다. 지금은 그냥 그 신념을 단련하는 중일뿐입니다……

처리: 삭제

발견 시간 및 지점: 6월 1일 고북구

발신자: 열하성 喀喇沁右旗 高粮杆子 甸山子촌 袁宗永

수신자: 고북구헌병대 王上壬 轉 劉志武

통신개요: 志武義子야, 며칠 전 내가 상세하게 써 보낸 편지 두통을 이미 읽었으리라 생각한다. 우리의 대사는 성공하지 못하였다. 왜냐면 너의 동생 董信이 작년 12월에 봉천으로 갔기 때문이란다. 집에 원료가 급히 필요했기 때문이지. 그런데 너의 동생이 귀가도중의 기차에서 뛰어내려 중상을 입고 끝내 올 정월에 죽었다. 탄식해도 별 수 없는 결과를 낳았구나. 그 일 때문에 우리의 대사는 그냥 헛수고로 되었고 성공 할 수 없게 되었다. 이것은 천명이니 우리는 그냥 부득불 포기할 수밖에 없었다. 하지만 나의 조카 袁世信이 화약점을 경영하면서 비밀리에 이 일을 위해 노력하고 있단다. 또한 너의 처남(아내의 오빠)도 이에 대찬성이고 서로 자금을 모으고 있다. 이 일이 성공하면 물론 그들의 자금도 소득을 얻게 되겠지. 그리고 너의 동생이 살아 있을 때 이미 176명의 동지를 모았고 지금도 연명으로 서명을 했고 크고 작은 무기 90여 자루를 준비했다. 하지만 탄약이 부족하여 화약점에서 비밀리에 탄약을 제조하고 있단다. 매일 일여덟이 함께 생활하면서 하루에 18개 탄약을 만들 수 있다. 하지만 탄피를 얻기 힘들구나. 그래서 네(義子)가 그쪽에서 탄피를 좀 사놓았으면 한다. 수량은 많을수록 좋다. 네가 꼭 한번 우리 집에 왔으면 좋겠구나. 너도 이 일에 참여할지를 토론하자꾸나. 나의 조카 원세신의 책략이 아주 묘한데 일이 잘 전개되고 있다. 伊聚群도 이 일에 참여할 것 같다. 그래서 좋은 결과가 생길 것 같구나. 편지로 네가 올지 말지를 알리지 말거라. 이 일이 새어나갈지도 모르고 생명도 위협받을 수 있으니까. 회신주소는 葉峰線 乃林역 山咀子 德興家 轉 炮鋪(화약점)으로 하길 바란다. 袁宗永 印

처리: 정찰 중

발견 시간 및 지점: 6월 29일 고북구

발신자: 청년일본운동본부 東京시 小石川구 水道端2-64번지 대표자 兒玉譽志夫

수신자: 察哈爾盟 張北 簡牛耕三郎

통신개요: 정치적 조직을 잃고 사상적 지도정신을 잃은 현대 일본은 오직 경제방면에서만 강대한 자본주의 조직이 존재하며 거대자산을 가진 재벌들이 강세를 자랑하고 있다. 그래서 현대 幕府조직이 되는 것은 이상할 것 없다. 우리는 지금 만약 자본주의 기구가 모든 것을 지배하면 전쟁을 완성하는 관건인 군사에 저애가 되지 않을까 걱정하게 된다.

처리: 몰수

발견 시간 및 지점: 6월 27일 영구

발신자: 영구시 大和구6호 松本美佐子

수신자: 중지나파견군 天谷부대 角知부대 본부 松本知章

통신개요: 저는 중지나의 하늘을 보며 며칠동안 울었습니다. 만약 날개라도 있다면 전 날아가고 싶어요……전 知章 당신을 억지로 끌고 간 전쟁을 몹시 증오합니다.

처리: 삭제

발견 시간 및 지점: 6월 21일 산해관

발신자: 산해관 東羅城東 棧兒 繼瀛

수신자: 北票가 西門분소 盧소장 轉 家信

통신개요: 吳선생이 왔습니다. 북경에 무수한 소문이 떠돌고 있다고 합니다. 그도 산해관에 오기 전까지는 그러한 소문을 믿었다고 합니다. 산해관과 산해관 일대는 大刀비적에 의해 점령되고 군대와 민중은 섬멸되었다는 말들은 다 헛소문일 뿐입니다. 안심하십시오.

처리: 발송

발견 시간 및 지점: 6월 1일 동안

발신자: 동안 만주電業 동안지점 西篤雄

수신자: 北海道 北見國網走郡 東二橋正10 戸島正雄
통신개요: 내지에서 징병된 병사라고 하면 대단한 줄 알겠지만 이곳에 온 후 보니까 출정한 병사와 우리는 별 다른 차이가 없습니다.
단지 군대라고 하면 모종의 위압감을 주는 것뿐이죠. 그들은 시가지에서 술 먹고 행패 부려 현지인의 혐오를 자아내고 있습니다. 조금도 존중을 받지 못하고 있어요. 파견되어 제일선의 병사로 있으면 괜찮지만 그냥 경비나 설 것이면 일찌감치 결혼해서 행복한 생활을 하는 편이 상책이겠죠.
처리: 몰수 주의 중

발견 시간 및 지점: 6월 1일 동안
발신자: 동만 만철건설공사구 동안사무소 中村良男
수신자: 東京시 高橋구 明石정28 中村一規知
통신개요: 독일은 지금 복수를 시작했습니다. 참 흥분되는 일입니다. 신문에서 보니 우리 육군도 병기연구에 착수했더군요. 하지만 이제 와서 그런 보도가 나오는 것은 깜짝 놀랄 일입니다.
20세기 중엽인 오늘 날 과학연구를 한다는 것은 가소롭기 짝이 없는 육군의 능력에 의문을 품게 됩니다. 유감스럽지만 과학의 입장에서 보면 동양인은 백인과 필적할 수 없습니다. 비록 有田이 외교에서 道義자주적인 외교를 견지할 것이라고 하지만 외교에서 타주적인 것도 있나요? 일본에는 인물이 없습니다. 하하.
처리: 몰수

발견 시간 및 지점: 6월 8일 동안
발신자: 동안 만철건설공구 中村良男
수신자: 東京시 高橋구 明石정28 中村一規知
통신개요: 독일은 참 멋들어집니다.
일본군은 독일육군에 비하지 못합니다. 비록 정신적으로는 독일에 지지 않겠지만 과학적 재능과 군사기동력에서는 독일과 하늘 땅 차입니다.
슬픈 것은 독일군과 대적할 수 없다는 것입니다.
이제야 군사과학연구를 시작하였다니 참 가소롭군요.
전 아주 예전부터 충분한 준비를 한 줄로 알고 있었어요. 그런데 생각 밖으로 일본에 새로운 무기가 없다니요. 한때 시끌벅적하게 선전하더니 말이죠.

처리: 몰수 주의 중

발견 시간 및 지점: 6월 11일 하이라얼

발신자: 王爺廟 육군興安학교 제5기군관후보생 余振昌

수신자: 하이라얼 제10군관구사령부 전 郭美부대 본부 金振吉少校

통신개요: 회억해보세요. 康德6년(1939년)......

그때 군관구사령부 방면의 일계장교 중 참모장 이하 모두 당신을 좋아하지 않았지요. 당신도 잊지 못할 것입니다. 아직도 기억에 새롭지요. 만약 그들의 반대가 아니었더라면 당신은 진작 단장의 자리에 앉았을 겁니다.

그들이야말로 당신의 전도를 막은 장애물입니다.

처리: 발송 정찰 중

발견 시간 및 지점: 6월 20일 목단강

발신자: 美術房

수신자: 조선 경상남도 普洲府 榮정 부인병원 내 吳貴先

통신개요: 이곳에 오기로 했을 당시 매달 110원을 주기로 약속했지만 정작 매달 67원만 줍니다. 식사비 47원 외에 책 한권을 쓰면 1.3할씩 주기로 승낙했거든요. 하지만 안주고 있어요. 저는 만주의 일본인들에게 바보취급을 당했어요. 또 처음부터 조선인이기 때문에 노비취급을 하고 있어요. 저는 만주에 돈 벌러 온 것이 아닙니다. 저의 미래의 기초는 엉망진창이 되었어요. 전 꼭 복수를 할 것입니다.

처리: 발송 내사 중

발견 시간 및 지점: 6월 19일 하얼빈

발신자: 가목사 任慶昇

수신자: 하얼빈 道外 太古六道가1號 張文華

통신개요: 며칠 전「洋罐」을 구입한 것 때문에 걱정하지는 마십시오. 그 일에 관해서는 장관도 책임이 있기에 조사를 진행 할 것입니다. 그때면 저에게 수시로 편지 주세요. 하지만 암호거나 기호를 사용해주세요.

만약 변고가 없어 "平安"이라고 쓰면 발견되어 몰수 될 것입니다.
처리: 발송 조사 중

발견 시간 및 지점: 6월 29일 용정
발신자: 東京시 사곡구 남이하정 185윤장 金慶昌
수신자: 용정가 北新구 驛通路제8-22호 太鎔滿 轉 金慶得
통신개요: 세상의 일은 다 모순됩니다. 조선에서 내선일체니 내선융화니 하지만 일본에 와보니 전혀 그런 모습이 안보입니다. 그것은 모두 정치가들의 한담에 지나지 않습니다. 조선인은 절대 조선민족의 정신을 망각해서는 안됩니다.
형님께서 돌아 온 후 전 깨닫게 되었어요. 비록 유럽대전이 결국 민족 사이의 싸움이 아니지만 저는 조선민족과 일본내지민족은 절대 융화되지 못할 것이라고 생각합니다.
처리: 발송 정찰 중

발견 시간 및 지점: 6월 2일 만주리
발신자: 興安北省 西 新巴爾旗 국경경찰대 본부 今野榮男
수신자: 신경시 長通路 경찰관배양소 淺野虎一郞
통신개요: 5월 1일 전보를 받았습니다. (극비)
오늘 오전 8시 15분, 소련군 기계화부대의 2개 병단이 보이루(ボイル, 지명 음역)湖 서북의 차포(ツアボ, 산 이름)山 (三、三一고지)부근의 지역에 진입했습니다. 부근에서 콘크리트로 너비 4미터 되는 경비도로를 닦고 경비전화를 가설하였으며 만주영토에서 약 8000미터 되는 곳인 ○○廟부근에 도달했습니다. 목전 경계를 펼치고 있습니다.
軍備
장갑자동차 50
중형탱크 20 제3감시초소에 있음
야포류 3개 병단
아군의 만주경찰 한명이 관통상을 입었지만 생명에는 지장이 없습니다.
이상 전보문을 보고나서 소각해 버리세요.
처리: 압류

발견 시간 및 지점: 6월 15일 연길

발신자: 간도성 연길육군병원 福永澄子

수신자: 富山현 西礪波군 植生촌 福永晴作

통신개요: 전 입대한 후 얼마 안지나 늑막염에 걸릴까 걱정스럽습니다. 올 일 년 동안 만주에서 늑막염에 걸린 환자가 7000명 이상 됩니다. 이 자그마한 병원에서 일 년에 3000여 명 환자를 받았습니다. 군대에서는 지방의 환자를 잘 돌보지 않아 제때에 진찰을 할 수 없습니다. 아버님도 이 일을 알고 계실 것입니다. 내과환자이기만 하면 거의 전부가 늑막염환자입니다.

처리: 삭제

발견 시간 및 지점: 6월 1일 동안

발신자: 보청현 두도훈련소 今井勝三

수신자: 新潟현 中浦原군 村松정 上정 渡邊吉五郎

통신개요: 저는 장래가 없는 의용대에서 일한지 3년이 되었습니다. 그냥 노는 것 같습니다. 만약 처음부터 의용대에 오지 않고 다른 곳에서 일했으면 얼마나 좋았을까요.

하물며 북만의 경찰력이 적은 훈련소에서는 내지 같으면 경찰국에 가야할 범죄현상이 비일비재로 일어납니다. 이른바 강자에게 있어 비참한 세계(승리를 취득한 자는 오히려 약자입니다)입니다. 이렇게 말하면 좀 모순되는 것 같지요. 하지만 사실 그곳은 세상사와 정반대되는 세계입니다.

어떻게 전보 한통 쳐서 저를 빨리 돌아가도록 해주십시오.

처리: 몰수 주의 중

발견 시간 및 지점: 6월 18일 하얼빈

발신자: 하얼빈 한 외국인

수신자: 상해 루콘스리야트街(ルウコンスリヤト, 지명 음역)25 아야스베크(アヤスベク, 인명 음역)

통신개요: 하얼빈에서 생필품을 얻기란 아주 힘든 일입니다. 마치 우리의 식량이 떨어진 것처럼 말입니다. 일본당국은 배급을 실시한다고는 하지만 우리는 이미 3년이나 기다렸어요. 철도 등 곳에는 수많은 생필품이 저장되어 있지만 누가 백계러시아인에게 나누어 주지는 않아요. 이건 대체 누구의 양식인지

당신은 생각해보면 아실 것입니다. 하얼빈은 더 이상 우리가 생활할 곳이 못됩니다......(러문)

처리: 몰수

발견 시간 및 지점: 6월 19일 하얼빈

발신자: 하얼빈 藥鋪가93 데・에스코노노브(ヂ・エスコノノフ, 인명 음역)

수신자: 상해 로드・화르건街(ルートワルカン, 지명 음역)89 에・베・올르로브(エ・ベ・オルロフ)

통신개요: 하얼빈에서 생활은 아주 비참합니다. 물가가 너무 비싸고 식량배급이 없습니다. 정신적으로나 육체적으로나 몹시 힘듭니다. 만약 소련으로 돌아갈 수 있는 허가가 내려진다면 제 생각에는 하얼빈의 7%의 백계러시아인들이 미친 듯이 기뻐하며 소련으로 돌아갈 것입니다.

처리: 발송 후 동향을 정찰 중

발견 시간 및 지점: 6월 17일 하얼빈

발신자: 상해사서함1425 유대인민회장

수신자: 하얼빈사서함450 카프맨(カフマン, 인명 음역)

통신개요: 이태리의 참전으로 말미암아 유대인의 피란민중은 이태리를 경과하여 극동지역에 도항할 수 없게 되었습니다. 지금 상황으로 미루어 보아 미국으로 피란 간 유대난민의 항로는 다음과 같습니다. 이 항선은 가장 편리한 항선으로 본 회도 이 일이 실현되기를 바랍니다.

소련、浦鹽斯德、敦賀、横濱을 경유.

처리: 발송

발견 시간 및 지점: 6월 22일 하얼빈

발신자: 하얼빈 藥鋪가2 스펜스(スペンス, 인명 음역)

수신자: 상해 카로멘칸바니(カロメンカンバニ, 지명 음역) 괴테레(ゴードレ, 인명 음역)

통신개요: 시국이 절박하므로 하얼빈 지구도 교착상태에 들어갔습니다. 우리의 입장도 곤궁하게 되었습니다. 우리에게 있어 하얼빈은 미래가 없습니다. 상해 방면에서는 영국인의 입장도 곤경에 빠진 것 같습니다.

처리: 발송

발견 시간 및 지점: 6월 21일 하얼빈

발신자: 하얼빈 七道가4호 게르츠프에리드(ゴルヅコエリド, 인명 음역)

수신자: 상해 브로츠위街(ブロツウイ, 지명 음역)64 블루로브니카야(ブルロフニカヤ, 인명 음역)

통신개요: 우리는 현재의 시국을 마주하고 신문을 볼 때마다 마음속으로 격동과 흥분에 벅차 있습니다.
상해의 조계지문제는 우리의 운명과 직결됩니다.

처리: 발송

발견 시간 및 지점: 6월 20일 하얼빈

발신자: 하얼빈 道外 保障가 南陽巷同 王璋富

수신자: 浙江 紹興 編外우정국 任博炳

통신개요: 목전 이 지역이 시국의 영향으로 말미암아 모든 청년들이 병역을 치를 수밖에 없는 힘든 처지에 놓여있습니다.

처리: 동향 조사 중

발견 시간 및 지점: 6월 15일 목단강

발신자: 목단강시 서 신안가42 伊藤禎祐

수신자: 大阪시 북구 中之島 五丁目45 牧野勝子

통신개요: 돈이 없는 아편중독자들은 몹시 비참합니다. 끊임없이 침을 질질 흘리면서 쓰러져 죽어갑니다. 그들은 병든 개처럼 애처로운 울음소리를 내면서 손을 내밀면서 입으로 알아듣지 못할 소리를 중얼거립니다. 결국 그렇게 죽어갑니다. 빈민가의 만주인들은 강아지나 고양이를 대하듯이 죽은 가족을 털썩 밖에 내버립니다. 그러면 즉시 유랑자들이 죽은 사람의 옷을 벗겨 훔쳐갑니다. 그리고는 암시장에 내다 팔지요. 그래서 시체들은 모두 벌거벗고 있습니다. 지어 시체의 살을 베어내어 돼지고기로 속여 파는 사람도 있습니다. 며칠 전 한 사람이 그래서 조리돌림을 당하고 사형판결을 받았습니다. 그저께 우리 집 문 앞에서 누군가 시체의 몸에서 베어낸 살을 쌀 주머니에 담아 차에 실어가려다가 결국 순사에게 잡혀 끌려갔어요.

처리: 몰수

발견 시간 및 지점: 6월 9일 목단강
발신자: 가목사 渡邊대 千田敬一
수신자: 神戶시 葺合구 上筒井通 七丁目22-3 千田新松
통신개요: 가목사에서 20리(1리≈3.927km) 즘 되는 곳에 彌榮촌이라는 이민부락이 있습니다. 그들은 무장이민단입니다. 최근 이 마을이 비적의 습격을 받았습니다. 손에 기관총을 든 강력한 비적이기에 이민단에 많은 사상자가 났어요. 그리고 일부 부녀자들이 납치당했고 대륙의 신부들도 비적에게 끌려갔어요. 몹시 동정이 갑니다. 부근의 중대는 즉시 추격에 나섰고 비적 토벌을 진행했습니다.
처리: 몰수

발견 시간 및 지점: 6월 8일 도문
발신자: 도문교통부 토목공정처 萩原二郞
수신자: 茨城현 那賀군 那賀湊정 北山之上677 田口邦男
통신개요: 만주는 비적의 명산지입니다. 특히 간도성은 그 방면에서 만주 제일입니다. 도문에서 12.3리(1리≈3.927km) 떨어진 시가지는 매일 습격을 받습니다. 일본인을 보기만 하면 전부 죽입니다. 전혀 어찌할 방법이 없습니다. 도문에서 수많은 군대와 경찰대가 지원을 왔습니다. 수비대에는 2,30명 밖에 남지 않았어요.
그래도 효과가 없어요. 결국 십 여 명이 또 전사했습니다.
처리: 삭제

발견 시간 및 지점: 6월 6일 고북구
발신자: 고북구 아시아광업주식회사 緖方武人
수신자: 熊本현 鹿本군 吉杉촌 大字今藤 緖方慰子
통신개요: 지금 이곳에 수많은 비적이 있기에 군대가 토벌을 진행 중입니다. 고북구에 비적이 출몰하기에 영사관과 경비대는 지금 보초선을 그어놓고 있습니다. 분위기가 아주 살벌합니다. 이틀 사흘 전 밤에 습격을 받을 시 수시로 경비대에 피란을 가기 위해 우리는 준비를 다 하고 옷을 입은 채로 잠자리

에 들었습니다. 榮子와 千鶴子는 울면서 내지로 돌아가자고 했어요. 상황은 이러합니다. 수시로 비적의 습격을 받을 수 있어요.

처리: 몰수

발견 시간 및 지점: 6월 19일

발신자: 동녕 만철자동차구 安藤保

수신자: 愛知현 東春日井군 原野정 字下半田 외 安藤松一

통신개요: 어제 뒤편의 광장에서 산책 할 때 수많은 만주인부의 시체가 사처에 쌓여 있는 것을 보았습니다. 그중 일부는 이미 백골화가 되어 두개골만 남았고 옹근 골격이 분리가 되더군요. 잔존한 부위도 눈뜨고 볼 수 없이 처참했습니다. 개들이 그 시체들을 먹잇감으로 삼아 물어뜯고 있었어요. 이러한 장면은 국내에서 볼 수 없습니다. 전 요즘 너무 보아 시들해졌고 가끔 발로 차버리기도 합니다.

처리: 몰수

별지제2

방첩 상 요주의 전보

발견 시간 및 지점: 6월 24일 산해관

발신자: 산해관 세관

수신자: 1. 靑龍세관 분관장 2. 興隆세관 분관장

전보개요: 당신의 관할구역 부근인 화북지구에 만약 일본군대가 주둔하고 있다면

(一) 각 부대명칭과 관동군, 북지나군의 구별.

(二) 각 부대명칭에 따라 작년과 올해 5월 이전 군수품 수출의 품종, 수량, 가격을 조사 및 보고.

이밖에 전보를 통해 (一)을 보고하고 (二)는 판명 할 수 있는 범위 내의 것만 전보로 보고하시오. 만약 조사시간이 필요하면 그 주요내용을 보고해도 됩니다.

처리: 세관장에게 주의를 환기시키고 임의로 조사를 중지시킴

7

1940년

1940년 8월 18일
中檢第六二號

관동헌병대사령부
중앙검열부

통 신 검 열 월 보

(칠월)

발송: 軍司(三)
복사송달: 憲司, 朝憲司, 支憲司, 中支憲司, 憲校
각 지방 검열부, 상관부대, 教習隊
延, 北, 東寧, 山村 각 부대 본부

73

秘

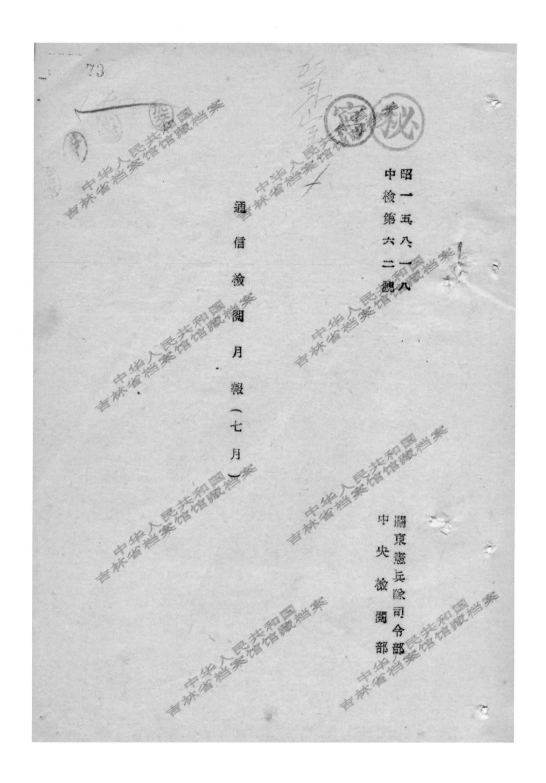

昭一五、八、一八
中檢第六二號

通信檢閲月報（七月）

關東憲兵隊司令部
中央檢閲部

發送先　軍司（三）

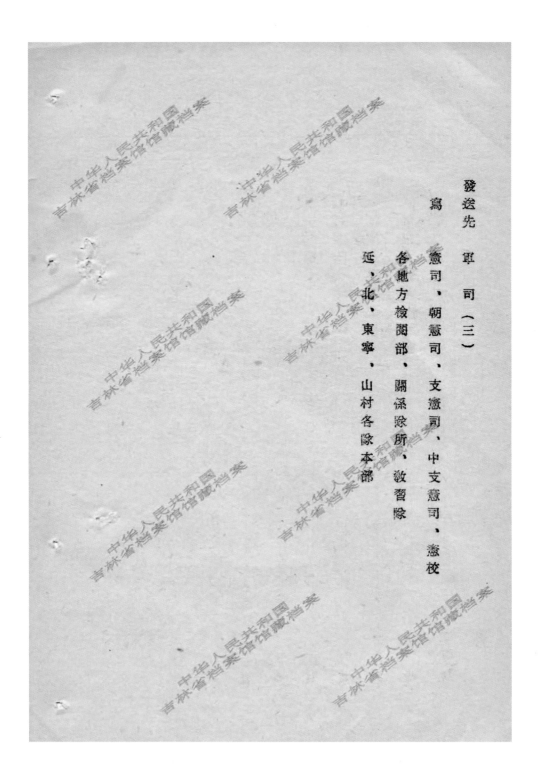

寫　憲司、朝憲司、支憲司、中支憲司、憲校

各地方檢閱部、關係隊所、敎習隊

延、北、東寧、山村各隊本部

目次

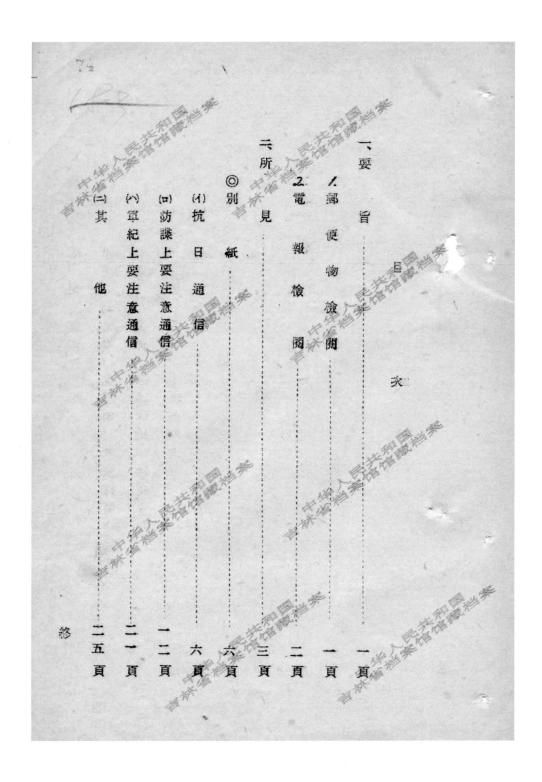

終

75

一、要旨

蘇支對滿洲國間ノ通信ヲ主トシ併セテ國內及日滿間ノ通信ニ依ル防諜上有害事象ノ防止並諜報上ノ資料蒐集ニ任スルト共ニ更ニ積極防諜上ノ成果昂揚ニ努メタリ

本期間ニ於テ取扱ヒタル郵便物並電報數左表ノ如シ

區分	期間別	取扱件數	處置件數
郵便物	前期	二〇九一八七	七二二
	本期	二〇〇六二〇	八七一
電報	前期	八八七五七七	七七〇
	本期	八六五二三八	八八七

1、郵便物檢閲

1

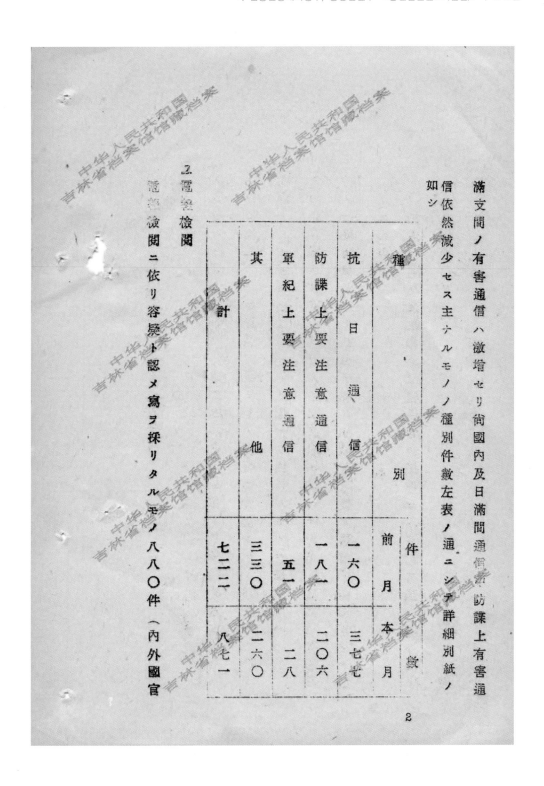

滿支間ノ有害通信ハ激增セリ尙國內及日滿間通信ハ防諜上有害通信依然減少セス主ナルモノノ種別件數左表ノ通ニシテ詳細別紙ノ如シ

種別	件數 前月	件數 本月
抗日通信	一六〇	三七七
防諜上要注意通信	一八一	二〇六
軍紀上要注意通信	五一	二八
其他	三三〇	二六〇
計	七二二	八七一

ニ.電報檢閲

電報檢閲ニ依リ容疑ト認メ寫ヲ採リタルモノ八八〇件（內外國官

2

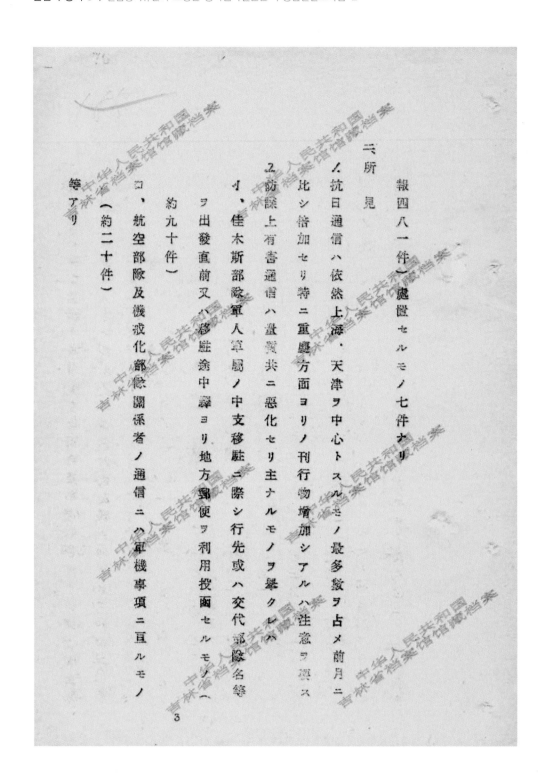

報四八一件）處置セルモノ七件アリ

三、所見

1、抗日通信ハ依然上海・天津ヲ中心トスルモノ最多數ヲ占メ前月ニ比シ倍加セリ特ニ重慶方面ヨリノ刊行物増加シアルハ注意ヲ要ス

2、防諜上有害通信ハ量質共ニ惡化セリ主ナルモノヲ擧クレハ

イ、佳木斯部隊軍人軍屬ノ中支移駐ニ際シ行先或ハ交代部隊名等ヲ出發直前又ハ移駐途中驛ヨリ地方郵便ヲ利用投函セルモノ（約九十件）

ロ、航空部隊及機械化部隊關係者ノ通信ニハ軍機事項ニ亘ルモノ（約二十件）

等アリ

3

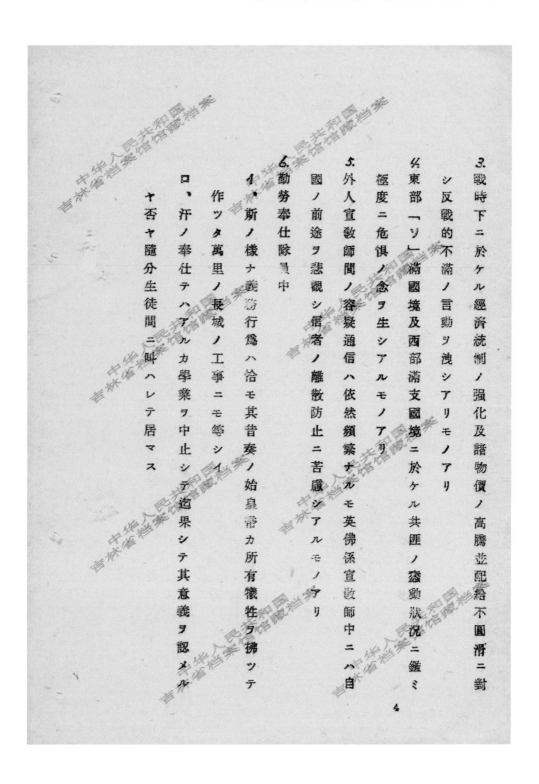

3. 戰時下ニ於ケル經済統制ノ强化及諸物價ノ高騰並配給不圓滑ニ對シ反戰的不滿ノ言動ヲ洩シアリモノアリ

4. 東部「ソ」滿國境及西部滿支國境ニ於ケル共匪ノ蠢動狀況ニ鑑ミ極度ニ危惧ノ念ヲ生シアルモノアリ

5. 外人宣敎師間ノ容疑通信ハ依然頻繁ナルモ英佛係宣敎師中ニハ自國ノ前途ヲ悲觀シ信者ノ離散防止ニ苦慮シアルモノアリ

6. 勤勞奉仕隊員中

イ、斯ノ樣ナ義務行爲ハ恰モ其昔秦ノ始皇帝カ所有犧牲ヲ拂ツテ作ツタ萬里ノ長城ノ工事ニモ等シイ

ロ、汗ノ奉仕テハアルカ學業ヲ中止シテ迄果シテ其意義ヲ認メルヤ否ヤ隨分生徒間ニ叫ハレテ居マス

4

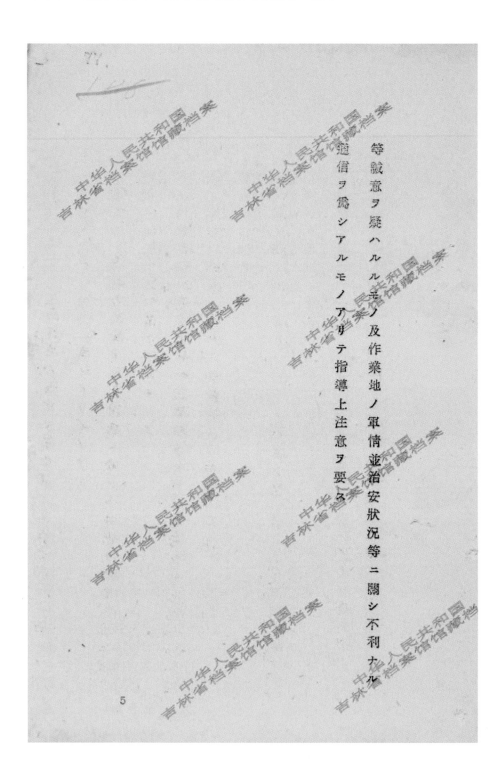

等誠意ヲ疑ハルルモノ及作業地ノ軍情並治安狀況等ニ關シ不利ナル通信ヲ爲シアルモノアリテ指導上注意ヲ要ス

5

別紙

イ、抗日通信

區分	件數 前月	件數 本月
通信文	一〇	一八
刊行物	一五〇	三五九
計	一六〇	三七七

發見月日場所	發信者	受信者	通信ノ概要	處置
七・三〇 營口	廣東 陳熾佳	營口太平康里太白酒樓 氣付	他ノ家等ハ一家テ半數以上モ死人ヲ出シテ居リマス、皆青白イ顔ヲシテ骸骨ノ樣ニ痩セテ見ル影モアリマセン 近郷ノ百姓等ノ困苦ハ言フ迄モアリマセン涙無クシテハ此ノ慘狀ハ見ラ	押收

		陳朝佳	レナイテセウ廣東軍ノミナラス日軍ノ暴戻ハ想像ニモ及ハナイテセウ	
七二一 奉天	上海四川路三十三號八樓 費功甫	奉天大西關鍋然里一七 蓬帆	世界ノ大局ヲ察スルニ列強ノ我カ東亞ニ於ケル勢力ハ今次大戰後ニハ一大變更ヲ來タステアラウ之卽チ我カ中國ノ失地ヲ回復シ又外交ヲ改革スルノ一大好機ナリ 新聞ノ報スル處ニ依レハ上海ノ敵情ハ恐慌ヲ呈シ英佛ノ株券ハ大暴落シ香港ノ外人ハ相次イテ亂ヲ避ケ紙幣ハ暴落シ人心極メテ不安ヲ呈シアリ	發送 偵諜中
七二〇 奉天	閩沙縣府東路 成發	奉天法庫縣西圍山子 [illegible]翁子	故鄕ノ生活狀態ハ非常ニ困難テス我國ノミナラス全世界亦皆非常時テス凡有節約勤儉及困苦ヲ忍ヒ抗戰セサルヘカラサル時テス云々	押收

7

七二〇 奉天	浙江省湖州青田縣 徐錫俊	奉天市彌生町八萬國旅社氣付 興森洋行	昨年虎州府ニ理髮店ヲ開業シタルモ日本軍飛行機ノ爆擊ヲ蒙リ損害八百餘圓ニ達シマシタソレ故家ニ歸リ再ヒ青田ニ小店ヲ開業シマシタカ再ヒ日飛ノ爆擊ニ遭ヒ損害三百元ニ達シマシタ現在敵國ノ盲爆ニ依リ我々良民ハ安住スル事カ出來マセン
七二〇 奉天	重慶基督青年會 井某	奉天昌圖縣西天街 井滿相文	此處重慶ハ常ニ敵機ノ空襲アリ敵機ノ爆擊每ニ多數ノ死傷者ヲ出シ民衆ハ戰々兢々トシテ居リマス何時迄此ノ抗戰カ續クカ解リマセンカ我國最後ノ勝利ハ目前ニ迫リツツアルモノト思ヒマス
七二五 奉天	四川省自流井 田名遠	奉天開原城內南街 田學文	現下ノ我カ國難ニ際シ我々ハ認識ヲ深メ强固ナル意志ヲ以テ奮鬪シ精神ノ動搖ヲ防キ自ラ身ヲ修メ國難ニ當タレハ現下ノ逆境ヲ必ス克服シ將來必ス戰勝ヲ得ルモノナリ我々ハ凡ユル迫害ニ耐ヘ憎ムヘキ敵日本ヲ驅逐セサルヘカラス此偉大ナル前途ニ邁

進スヘキナリ

七二三 奉天	重慶上海醬油 張章號	奉天大北關 門裏新鼎豐 發 張敏秀	當地ハ此二三日ヲ除ク外敵機ノ爆撃ヲ受ケサルハナク既ニ市内家屋ノ十中ノ七、八ハ爆撃セラレタリ小生弟二分店モ亦先日一彈ノ爆撃ヲ蒙リ損害六千圓以上ニ達セリ幸ヒ家内、店員等ハ防空濠ニ避難シ安全ヲ得タルモ最近ニ於テハ防空濠モ時々爆撃ヲ受ケ人民ノ苦シミ筆舌ニ盡セマセン 重慶ノ情勢益々險悪ヲ加ヘツツアリ 一刻モ早ク日本ヲ倒シ平和ノ至ランコトヲ望ム
七二九 奉天	上海徐家滙 土山灣 聖心報館	四平街 天主堂 外四件	聖心報 (要旨) 現下帝國主義覇道横行シ道德ヲ辨ヘス正義ヲ顧ミス唯々武力ヲ以テ侵略ノミ事トシアリ茲ニ最モ忌ムヘキ毒素ハ帝國主義ノ侵略ナリ此ノ侵略主義コソ尙武强權ヲ「モツト」トシ戰爭ヲ惹起シ國家人民ヲ蠶食シアリ

9

			現下ノ中日戰爭タルヤ好適例ト云ヒ得ヘシ日本ハ國際法、條約、公義、正理、人道等ヲ盛ンニ唱導シアルニ係ハラス斯ル極端ナル危險思想強暴ナル侵略行爲ニ依リ人心ヲ脅シツツアリ斯ノ如キ危險極マリナキ侵略主義ハ即チ人類文化ノ敵ナリ	
七、二〇 古北口	廣西省全縣 茆塢村 傳某	古北口上營 西門里玉皇 閣前 關福田	目下國ハ蓬ノ如ク亂レ南北ハ隔絶致シ居ル現狀テシテ父母ノ下ヲ遠ク離レ國事ニ心ヲ碎ク身ノ孝養モ盡シ得ス慚愧ニ堪エマセン一旦男トシテ國事ニ盡スト誓ツタ身ノ初志ヲ貫徹スル迄ハ歸國出來マセン	押收
七、八 吉林	山東省平度 劉方庄 吳陳氏	吉林西大街 官馬夫胡同 天和棧 劉錫山	我カ國ノ方テハ作物ハ全然不作其上日滿兩軍ハ到ル處ヲ暴行ヲナシ終日食料品ノ強要ヲ受ケ死ヌ思ヒカシマス	削除 注意中
七、一八	北支蒙陰縣 五里松家召子	敦化縣東關 豐順棧	目下自分等ノ村ニハ多數ノ日軍カ各所ニ入リ一日トシテ安心シテ暮シテ行クコトカ出來ナイ今後モ引續キ此	削除

10

吉林	崔乏明	澹美檢	ノ不安ノ日ヲ送ラネハナラヌ様ナラ御地ニ行ク積リテス	
七二三 吉林	吉林市盆路 鄉客平胡同 二十一號 張善如	新京經濟部 人事科 韓逢時	鄉里ノ方テハ此處數年來日軍ノ横暴振リハ筆舌テハ表ハセナイ程激シク全住民ハ東ニ走リ西ニ逃ケ一日トシテ一ケ所ニ落付ケナイ狀態テシタ其上食糧ハ騰貴シ數日三度位シカ食ニ有リ付ケヌ者カアリ且近來ハ重イ税金ヲ強制セラレ若シ之ニ反抗セハ直ニ燒殺ス等取ル手段カアリマセン小生ノ身内ノ者二人カ彼等ノ牙ニカカツテ死ニマシタ	削除 發信者ノ動靜內偵中
七一四 山海關	冀縣文德堂 傳緘	營口迎春街 四號 傳敦之	日貨ヲ買ハヌ様友達ニススメル手紙 タトイヘ君ニ日貨ヲ買ヘトススメテモ又ススメナク共絶對ニ日貨ヲ買ツテハナラヌ更ニ進ンテ徹底的ニ日貨ヲボイコツトシテ了ハネハナラヌ：	發送

11

ロ、防諜上要注意通信

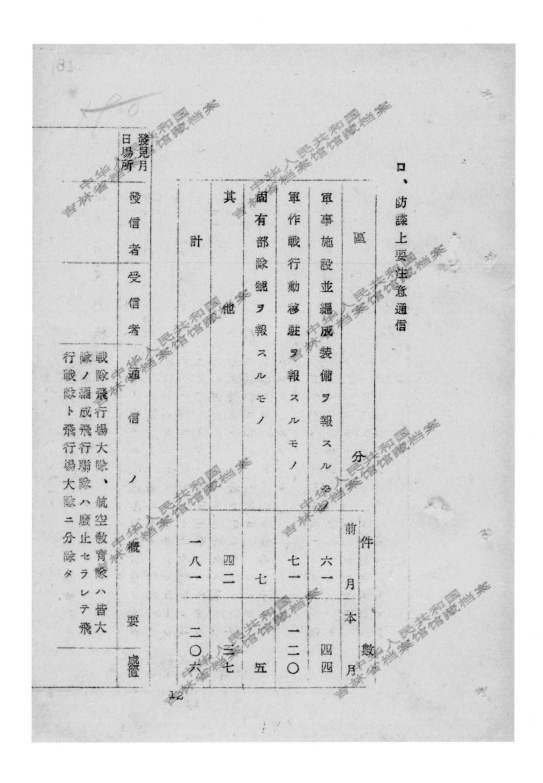

區分	件數 前月	件數 本月
軍事施設並編成裝備ヲ報スルモノ	六一	四四
軍作戰行動移駐ヲ報スルモノ	七一	一二〇
固有部隊號ヲ報スルモノ	七	五
其他	四二	三七
計	一八一	二〇六

發見月日場所	發信者受信者	通信ノ概要	處置
		戰隊飛行場大隊、航空教育隊ハ皆大隊ノ編成飛行聯隊ハ廢止セラレテ飛行戰隊ト飛行場大隊ニ分隊タ	

12

七一 牡丹江	牡丹江市海浪 飛行隊	神奈川横濱市中區大橋町二丁目四 ○ 前田恭子	關東軍司令官 航空兵團 司令官 飛行集團長① 航空通信聯隊② 航空總監 野戰航空廠③ ③支廠ー出張所 ①飛行團 飛行戰隊（空中勤務） 飛行場大隊（地上勤務） ②地區司令部 根據飛行場前進 教育隊（卵ノ養成所） 軍屬部隊（大修理ヲ行フ）	押收
七一 牡丹江	牡丹江市 富田部隊 大塚正信	大阪市西區東入舟町三ノ四 田中増太郎 千惠子	目下戰時編制ノタメ聯隊ノ兵隊カ澤山居リマスカ今度平時編成ニナツタモノテスカラ聯隊ノ兵隊カ約五百名減ル事ニナツテ居マスカ此レヲ其ノ師團ノ管轄ニ依リ内地ノ鐵道ニ聯隊（千葉）ニ轉屬スル手筈ニナツテ	

13

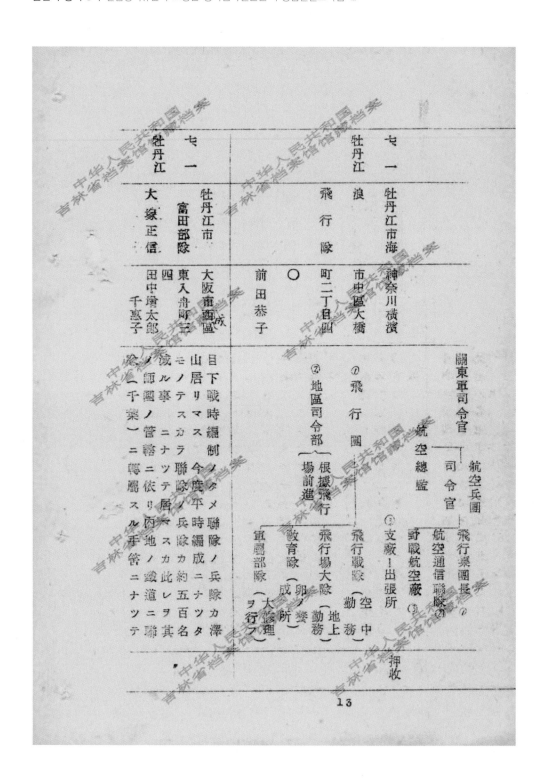

82

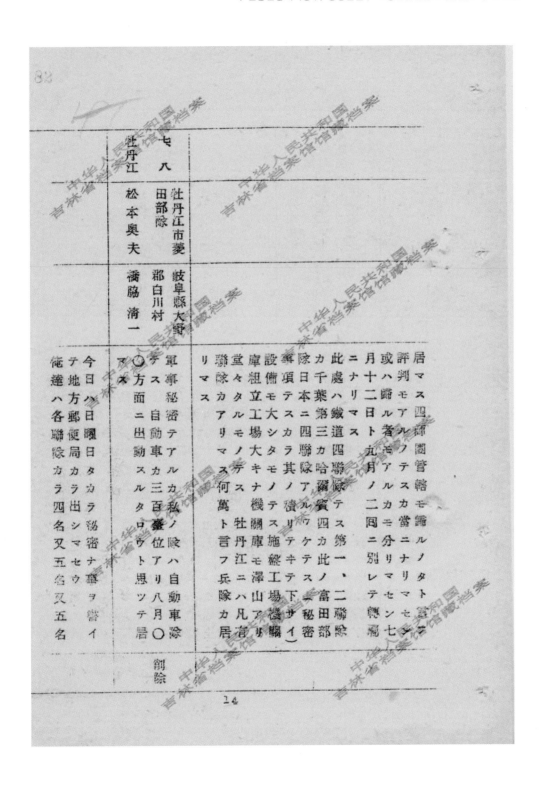

			居マス四師團管轄モ露ルノタト言フ評判モアルノテスカ當ニナリマセヌ或ハ露ルモアルカモ分リマセン七月十二日ト九月ノ二回ニ別レテ轉屬ニナリマス此處ハ鐵道四聯隊テス第一、二聯隊カ千葉ニ第三カ哈爾賓四カ此ノ富田部隊日本ニ四聯隊アルワケテス（秘密事項テスカラ其ノ積リテキテ下サイ）設備モ大シタモノテス施縫工場機關庫組立工場大キナ機關庫モ澤山アリ堂々タルモノテス牡丹江ニハ凡有聯隊カアリマス何萬ト言フ兵隊カ居リマス	
七 八 牡丹江	牡丹江市菱田部隊 松本奥夫	岐阜縣大野郡白川村 濱脇清一	軍事秘密テアルカ私ノ隊ハ自動車隊テス 自動車カ三百臺位アリ八月○○方面ニ出動スルタロウト思ッテ居マス 今日ハ日曜日タカラ秘密ナ事ヲ書イテ地方郵便局カラ出シマセウ俺達ハ各聯隊カラ四名又五名又五名	削除

七八 牡丹江	牡丹江ニテ ?	兵庫縣津名郡鮎原村三野畑 大屋寅平	苑選拔セラレテ六十四名カ敎育ヲ受ケテ居ル全國各師團カラ來テ居ルノテ言葉カ面白イ此處ハ航空廠タ兵隊ハ自分等カ初メテ社員ノ人々カ四百餘名居リマス飛行機ハ三・四百機アリ毎日飛行機ヲ製造シテ居リマス內地テ製シタノヲ組立テルノテス一日ニ三十機平均ニ組立テマス女工サンモ居テ張合カアルヨ次ニ俺等六十四名中十五名ハ發動機ニ就テ敎育ヲ受ケテ居ル	押收
七一三 牡丹江	牡丹江菱田部隊土永隊 伊香盛正	富山縣京阿波郡野西村 伊香正雄	滿洲ニハ自動車隊カ四ケ聯隊有リ當隊ハ第二聯隊テス今年ハ八ケ聯隊ニナルトノ事テス當隊ニモ二ケ聯隊分千二百餘リ居リマス	削除

營牡丹江ニハ凡有聯隊カアル小生等ノ富田部隊ハ鐵道四聯隊テス一〻二

七一五 牡丹江	牡丹江市 富田部隊 大塚正信	大阪市西成區國出本通一ノ三 山本澹	聯隊カ千葉三聯隊カ哈爾賓目下五・六聯隊カ北支方面ニ創立サレツツアリマス戰時編成ヨリ平時編成ニナツタモノテ(ス)カラ内地ノ聯隊ニ轉屬ノ噂カタツテ居リマス近々約五百名ノ轉屬者カ當聯隊ノミテアリマス入員多過キルワケテス聯隊内機械工場ソレニ附隨スル機關車軌道整[illegible]料全クヨク整ツテ居リマス	押收
七二一 牡丹江	牡丹江市 海浪 大熊豊治	埼玉縣南埼玉郡三箇村 大熊々次郎	八月中旬頃轉屬シテ實施部隊飛行大隊戰隊ニ配屬ニナリマス配屬先ハ大体ノ處佳木斯附近ラシイ様子テス小生等ハ九七式戰鬪機テ發動機ハ殆ント中島飛行會社製テス六五〇馬力カ戰鬪機テ八〇〇馬力發動機二機ヲ装着シタノカ重爆テス當隊ニハ八〇〇馬力四機装着（秘密）カアリマスカ見タ事ハアリマセン	削除
七八	黒河興隆街	山形縣南村	黒河ノ街ハ軍隊ノ街テス殆ント軍隊ハカリテス山形聯隊ノ三倍位居リマ	

16

黒河	四二丸榮呉服店内 鈴木正利	山郡金井村 黒澤 渡邊久右ェ門	ス孫呉ノ街ニハ東北全部程ノ軍隊カ居リマスイサ戦争トナルト黒河ノ街ハ二分間テ落チルソウテス第一線ニハ十間置キ位ニ軍隊ノ監視哨カアッテ國境ヲ見張ッテ居リマス	削除
七、二 東安	東安ニテ 高岡久夫	北海道芽部郡尾札部村 西谷義治	私ハ機械ノ自動車聯隊テス毎日無燈操縦對機甲肉迫攻撃對戦車戦等ノ演習ヲ實施シ戦車ヲ倒スノハ何ノ苦モアリマセン先般ノ演習ハ軍司令官ノ許可カ無ケレハ師團長閣下モ通レナイ處テ眞黒ナ地下ノ底アンペラノ上ニシカケテアリ雨ハ漏リマス	押收
七、二五 東安	寶清縣頭道訓練所土木特設隊 赤松茂	新潟縣北昆沙門町 蕗谷武司	東京城中心ニ飛行場カ十里間隔ニアルト言フノニハ驚キマシタ飛行機ハ約百臺アルトノ事テス東安ニ着イテ驚イタコトハ線路北側ノ兵舎ニ約三ケ師團ト其附近ニ一ケ師團トノ事テス	

17

84

七、八 佳木斯	佳木斯 鶏澤部隊 亀井隊 小山久雄	大阪市東成區猪飼野 小山由助	オ父サン愈々本日中支方面ヘ出發スル事ニナリマシタコレカ最後ノ手紙テス 今度部隊名カ變リマシタ 山上部隊（師團長中將） 杏部隊（旅團長少將） 鶏澤部隊（聯隊長大佐） 狩野部隊（大隊長少佐） 亀井隊（中隊長）	押收
七、一 佳木斯	佳木斯 近藤	大阪府池田市石橋春光園 吉岡實	愈々佳木斯トオ別レテス行先ハ中南支ヘ出動テス、七月初メニ先發ハ大運ニ行キマス私達ハ七月中頃テス手紙ハ嚴禁サレテヰルノテ地方テ出シマシタ……	〃
七、一三 佳木斯	佳木斯市順徳大街 黒田長二	兵庫縣明石市大蔵町 黒田考三	佳木斯ニ今度姫路ノ師團カ來テ三十九聯隊野砲十聯隊輜重十聯隊通信隊カ來テ居ル師團司令部ト守備隊司令部カアリマス……	〃

七二二 海拉爾	海拉爾驛前 勤勞奉仕隊 宿舍 岡 正	朝鮮京城府 西四軒町五一 岡 衞治	街ハ小サイ丘ニ圍マレテヰマスカ丘ノ向フ側ハ全部兵營テ行ク事ハ出來マセン當地ノ皇軍ハ戰時編成テ三ケ師團約六萬人居ルソウテス	削除
七一五 圖們	圖們ニテ 河野 實	密山縣東安 日本領事館 內 河野 藤吉	本日命ニ依リ外蒙古ニ特別任務第四分隊長トシテ出發スル事ニナリマシタ同志八十名一分隊八名トシテ潛入一死以テ蒙古ニ埋ントスル時。。若シ關東軍特務機關部ヨリ小生戰死ノ報有リマシタラ不達ナ弟テアツタカ日本人ノ弟ヲ持ツタト喜ンテ下サイ。。或滿後共產〇〇分子ニ化ケテ〇〇ニ潛入其ノ行動モカクシテ討伐ノ作戰ニ參シ或ハ前進シテ一戰ニ加リ又ハ朝鮮〇〇分子ノ教育ニ當リ何レモ名ハ時ト場處ニ依リ變リマシタ今圖們特務機關連絡本部ニ居リマス	押收

19

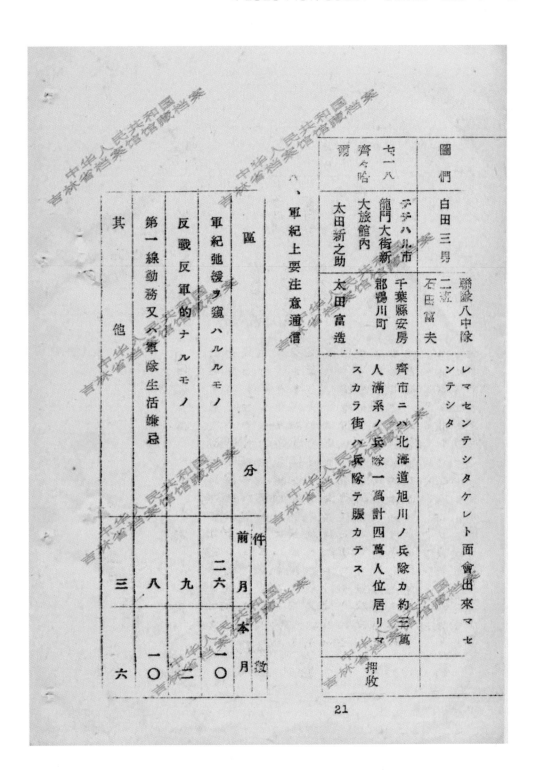

圖們	白田三男	聯隊八中隊二班 石田富夫	レマセンテシタケレト面會出來マセンテシタ	
七一八 齊々哈爾	チチハル市龍門大街新大旅館内 太田新之助	千葉縣安房郡鴨川町 太田富造	齊市ニハ北海道旭川ノ兵隊カ約三萬人滿系ノ兵隊一萬計四萬人位居リマスカラ街ハ兵隊テ賑カテス	押收

八、軍紀上要注意通信

區分	件數 前月	件數 本月
軍紀弛緩ヲ窺ハルルモノ	二六	一〇
反戰反軍的ナルモノ	九	二
第一線勤務又ハ軍隊生活嫌忌	八	一〇
其他	三	六

21

86

發見月日場所	發信者	受信者	通信ノ概要	處置
七一 牡丹江	牡丹江市 富田部隊 池田秀男	安東市六道溝北四條通 益済寮 花吉福二	山口ト言フ初年兵カ昨日隠レテ酒保ニ行ツタトノ話ヲ聞キ「オイ山口貴様昨日モクツテ酒保ニ行ツタタラウトウ乄」「行キマセン」「貴様ナセ嘘ヲ言フカ」トイキナリ拳骨カ飛ンタパーント音カシタト同時ニスートーントヒツクリ返リ起キ上ラナイ目ヲツフツテ。。。・何ンタタツタ一ツテモウ氣絶シテヰル流石今年ノ初年兵ハ代用品タヌフマシリタ胸タラヲクツト睨ミ「ソレステモ貴様軍人カ」亦一ツ[illegible]為リトヤツタラ完全ニ伸ヒタ可愛想タカ教育タ寢台ノ上ニ轉カシテ頭カラ冷水ヲカケテヤツタ	削除

一ツ握リ拳テ打タレルト目玉カラ青イ火カパツト出マスソレヲ四ツ五ツヤラ

計	四六	二八

22

七二四 牡丹江	牡丹江市谷澤部隊 緒方	福岡市平尾本町六五五 堀野久雄	レルノタ彼方ヘヒヨロ此方ヘヒヨロソレカ終ルト上靴テ連續二、三十皆唇ヲ切ツテ終ニ朝飯ヲ食ヘマセン餘リ強クヤラレテ「アゴ」ノ骨ヲ折ツテ入院シタリ鼻ヲ折ツテ入院シタリ目玉カ內出血シテ內地歸還ニナル者相當數テス仲々危ナク毎日氣絶スル者二、三人出マスカ頭カラバケツテ水ヲ二、三杯カケテ置クト獨リテ生キマス	〃
七一六 佳木斯	中山部隊池田隊 阿部司	東安中山部隊山中隊 金森正雄	仰セノ通リ隨檢トカヲトウヤラ無事ニスミマシタ濟ンテ終ヘハソレ迄ヨ後ハ滿期ヲ待ツハカリコリヤ滿期曆カ日ニ／＼ヤセテユクヨ愉快／＼	〃
七二二 東寧	牡丹江省東寧ニテ 糸井一	東京市深川町明崎明石本店內 勝丸	：：現在ノ樣ナ國際情勢ノ折柄此ノ不氣味ナ沈默ヲ破リテ一度戰亂ノ巷ト變レハイノ一番御陀佛サ何カ良クテコンナ所ニキタイノカ？運良ク滿期迄三年日數ニナホシテ約千日ナニカノ文句シヤナイカ一日千秋ノ思ヒテスヨ云々	押收

87

七一九 新京	新京川崎部隊福田隊 高田曹長	東京世田ケ谷區代田二丁目二〇五一 大原みつ子	如何ニセン籠ノ鳥風情ノ我々ハ一定ノ規格内ニ起居セネハナラヌ種々ノ不平、不滿ハ多クアリマスカトウスル事モ出來ス只提ノ上ヲトホ／＼歩クヨリ外ニ術カアリマセン御判リニナルカナラヌカハ別トシテ。。。	削除
七一二 東安	東安百瀬部隊岩切隊 川副班 五十嵐三郎	山形縣東村山郡金井村 內表 五十嵐豐吉	一期ノ檢閲モ終リマシタ自慢テナイカ私ハ五番ノ成績テス而シ大學出モアリ幹候ニ採用ノ見込ナク（八月發表）班長殿モ（乙種ニナル位ナラ一層採用セラレヌ方カ得タ下士官ニナツテモ月給ハ一般兵ト同シテ班長殿ナモ毎月家カラ送金シテ貰ツテ居ル樣ナ事タカラ下士志願等スルナ又幾年居ラネハナラヌカ知レナイ」ト種々敎ヘラレマシタ除隊ノ時ハ上等兵テ歸ルカモ知レマセンカ伍長ニナツタラ又八年カ十年位ハ歸レナイシ上等兵ノ時ハ三年位テ早ク歸レル好機テス	押收

二、其他

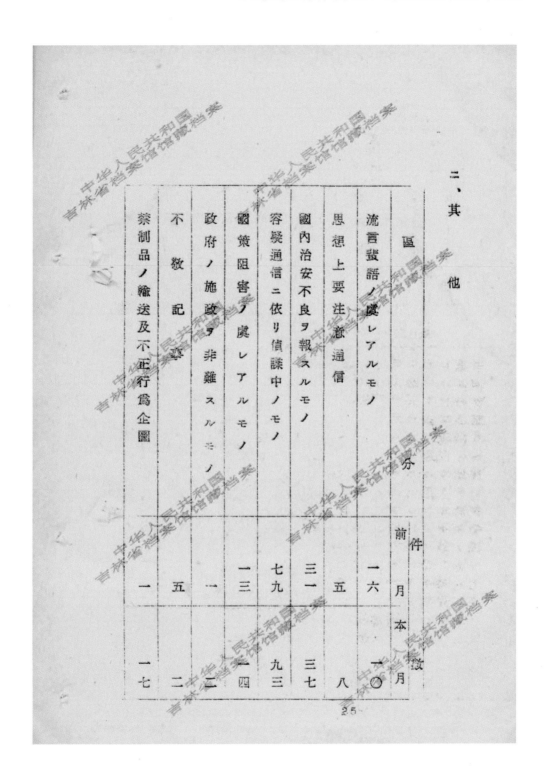

區分	件數 前月	件數 本月
流言蜚語ノ虞レアルモノ	一六	一〇
思想上要注意通信	五	八
國內治安不良ヲ報スルモノ	三一	三七
容疑通信ニ依リ偵諜中ノモノ	七九	九三
國策阻害ノ虞レアルモノ	一三	一四
政府ノ施政ヲ非難スルモノ	一	二
不敬記事	五	二
禁制品ノ輸送及不正行爲企圖	一	一七

88

處置	通信概要	受信者	發信者	發見月日場所
發送	前以テ云ワナイ事ニ關シテハ今更云ウ必要ナシ正ニ反シタ事ハ各個人カ心カラ知テ居ル既往ノ一切ヲ同顧スレハ一ツ感慨カアルト思フ結局曲カ直カハ不開可知テアル貴殿カ五月ニ發シタ手紙ハ七月十九	北京市崇文門外下二條五十一	延吉師導訓練所	七二六

日「ソ」開戰ヲ臆測スルモノ	九	二
滿軍警要注意通信	九	三
滿軍募兵忌避	二	二
統制經濟ニ對スル不滿	一〇	一二
其他	一五四	五八
計	三三五	二六〇

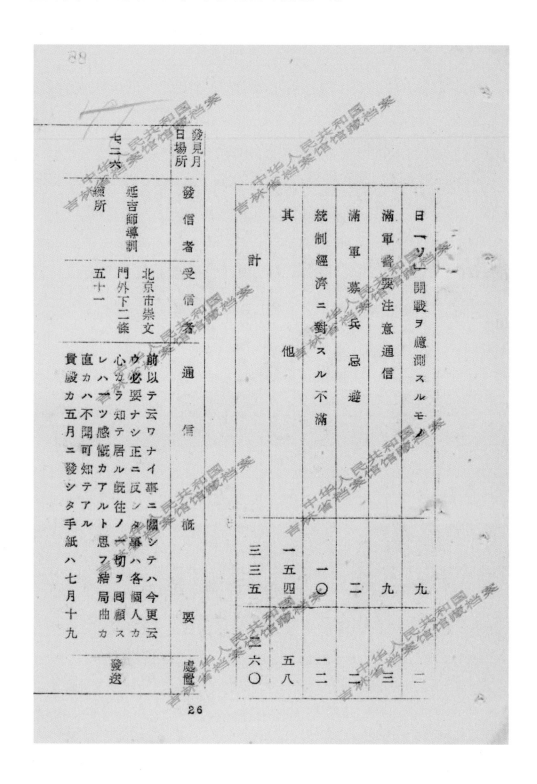

26

延吉兄饒□呂
椁

日受見致シマシタ其レハ家カラ學校ニ送ツテ呉レナカツタ爲テス私カ兩江口學校カラ送ツタ手紙ハ受取リマシタカ望ハ今後更ニ我等ノ精神ヲ新ニ建テマセウ既ニ一回ノ傷ヲ付ケラレマシタカラ

七二三 海拉爾	海拉爾勤勞奉仕隊 弟	哈爾賓道外三道街裕德昌 王佐忱	日下海拉爾市民ハ一家族ヨリ一名宛必ス勤勞奉仕ニ出ネハナリヤセン若シモ人手不足等ニテ出ラレナイ時ニハ人ヲ雇ヒ入レテモ出サネハナリマセン現在ノ此ノ物價騰貴ノ場合ニ人ヲ一日頼メハ四圓乃至六圓テスソレテモ頼ンテ出サネハナリマセン斯ノ樣ナ義務行爲ハ恰モ其昔奏ノ始皇帝カ所有犧牲ヲ拂ツテ作ツタ「萬里ノ長城」ノ工事ニモ等シイモノタト私ハ思ヒマス	押收

朝鮮人ハ何處ニ行ツテ悲哀ト苦痛許リテス目下當會社ニテモ内鮮人ノ差別待遇カ甚シクテ本當ニ勤務カ出來

69

七一〇	琿春	琿春炭礦 任元燮	龍井街天岡區新通路十一牌 李拔憲	ナイ位テアリマス祖先以來ノ血統ヲ切リ換ヘルコトハ子孫ノ將來ノ爲來ル八月二日迄氏設定屆ヲ出サナケレハイケマセン何ノ爲ノ氏設定カ判リマセンカ已ムヲ得ス時代ニ押シ流サレテ行カネハナラナイ今日ヲ本當ニ淋シク感シマス	發送 偵諜中
七一三	牡丹江	三江省千振村建設勤労奉仕隊大阪鎌田隊 栗林克己	兵庫縣加古郡加古新村 栗林欽	昨今ノ作業ハ實ニ辛イテス何ト言ツテモ日中ノ暑イコト想像以上テス何分小サイ時カラ鍬一ツ握ツタコトノナイ連中カ多イノタカラ不平ノ多イ事作業ノ状況大体想像シテ下サイ養成所ハ本年度ヨリ年中行事ノ一ツニナツタノテスカコンナ風テハ多分來年カラハ中止ニナルテセウ三ケ年間尊イ汗ノ奉仕テハアリマスカ反面學業ハ留守ニナツテ居リマス學業ヲ中止シテ迄果シテ其ノ意義ヲ認メルヤ否ヤ隨分生徒間ニ御ハレテ居リマス諸熱ノ作業ニシテ粗食睡眠不足等ノ關係カラ病人ノ續出スルノモ無理アリマセン現在作業ニ勤務シ	押收

28

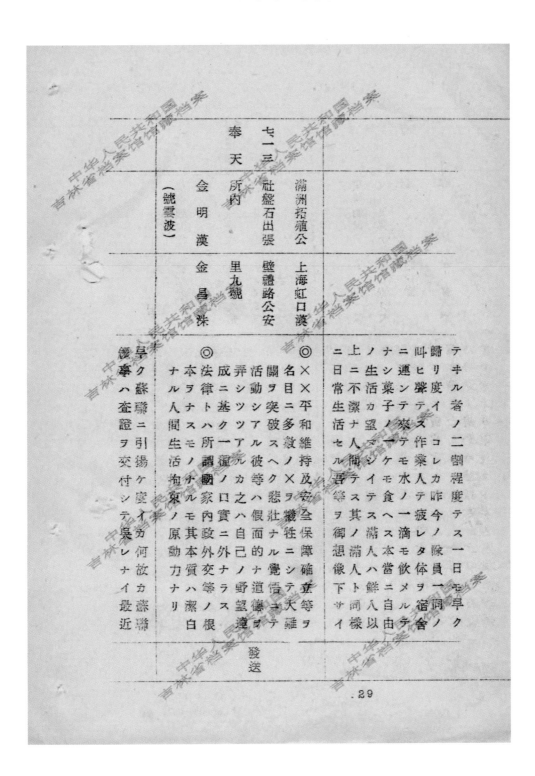

			テキル者ノ二割程度テス一日モ早ク歸リ度イコレカ昨今ノ隊員一同ノ叫ヒ聲テス作業人テ疲レタ体ヲ宿舍ニ運ンテ來テモ水ノ一滴モ飲メルテナシ菓子ノ一ケモ食ヘス本當ニ自由ノ生活カ望マシイテス滿人ハ鮮人以上ニ不潔ナ人間テス其ノ滿人ト同樣ニ日常生活セル吾等ヲ御想像下サイ	
七一三 奉天	滿洲拓殖公社盤石出張所內 金明漢 (號雲波)	上海虹口漢壁禮路公安里九號 金昌洙	◎××平和維持及安全保障確立等ヲ名目ニ多數ノ×ヲ犧牲ニシテ大難關ヲ突破スヘク悲壯ナル覺悟ヲテ活動シシアル彼等ハ假面的ナ道德ヲ弄シツツアルカ之ハ自己ノ野望達成ニ基ク一種ノ口實ニ外ナラス ◎法律トハ所謂國家內政外交等ノ根本ヲナスモノナルモ其本質ハ潔白ナル人間生活拘束ノ原動力ナリ	發送
			早ク蘇聯ニ引揚ケ度イカ何故カ蘇聯僑辜ハ查證ヲ交付シテ呉レナイ最近	

.29

				ニ出動サセラレマス琿春縣一体ハ未タ治安モ悪ク何時何ンナ狀況ニ變化スルヤモ判リマセン機會ヲ見テ警察官ナソハ止メル積リテス中略	
七一二	承德	灤平縣虎什哈 德重部隊 郭志奇	錦州省錦西縣高橋警察署 大臺分駐所	應援隊トシテ熱河ニ來リ目下上記地點ニ勤務シアリ當地ニ於ケル共產軍ハ約二萬討伐隊ハ約三千先般ノ戰鬪ノ結果敵死傷ナシ我死傷六、捕虜トナリタルモノ六十名敗戰ニシテ將來勝味ナシ危險ナルカ故ニ退職セントス	押收
七二五	綏芬河	綏芬河驛氣付青年義勇隊滿鐵綏芬河訓練所 中尾光好	山口縣玖珂郡秋中村字中山 中尾登佐一	僕カ內地ニ居ツタラモウ立派ナ者ニナツテ居ルカ判ラナイ役場ノ小使テモヤレハヨカツタアー！僕ハ馬鹿タ大馬鹿タ義勇軍ミタイナ馬鹿ナ所ニ入ルヨリカ內地テ何カ良イ職テモ就イケハ良カツタ‥‥中略‥‥內地ノ若者ハ義勇軍タ／＼ト言ツテ居ルカ義勇軍ハ實際辛イ	〃

31

91

七一九
龍井

北支津浦線
泊頭驛前
中原運輸公司
徐在順

龍井街
靖安區濟昌
路第一牌二
十三號
卓在義

卓君！北支ニ來タ朝鮮人ハ全部個人
主義テ何等意志カナイ様テアリマス
但シ日本人爾ニ於テ金儲ル外何モ知
リマセン私ハ此處テ涙カ出ル事カ澤
山アリマス此處ハ朝鮮人ヲ人間ト認
メテ吳レマセン日本人ノ權利ノ下ニ
居ル此處ノ朝鮮人實ニ可愛想タ中國
人モ朝鮮人ヲ人間ト認メテ居リマセ
ン　其ノ朝鮮人ト言ヘハ大分部ハ滿
洲ヨリ來タモノテ教育程度カ低イモ
ノタ私ハ鮮人トシテ實際恥シイ事カ
澤山アル日本人カ第一鮮人ヲ人間ト
認メナイニモ不拘ス惡人ト見テ居ル
カラ外國人ハ再ヒ論スル必要モアリ
マセン　朝鮮ニテ高唱シテ居ル內鮮
一体ソレハ何テア[illegible][illegible]タタ政治的法
律的經濟的テアル[illegible]　精神的ニハ內
鮮一体トハ言ヘナイ內地人カ鮮人ヲ
信シナクテモ內鮮一体カ出來ヌ內鮮
一体ト言フ立派ナ目標ノ下テ內鮮人
ハ兄弟テアル兄弟テ信シナイト內鮮
一体カ出來ルカ疑問テアル我々ハ何

發送
偵諜
中

七二四	龍井
龍井街天圖區東山路第八牌五十三號	張永昌
圖們街第一貿易商會	尹甲壽

處ノ民族テアルカ私ハ毎日卓ノ上テ考テ見ルト本當ニ神經ハ衰弱ニナル上、アラユル方面ニ考テ見ルト實際悲慘ナ事タ更ニ春光ヲ建設スル爲時々涙ヲ流ス時モアリマス卓君ヨ！團結シテ仕事ヲシマセウオ互ニ遠方ニ居ツテモ通信タケハ永久忘レナイ様ニ

地球上テ最モ貧民ノ立場テアルノハ朝鮮人テアル海ヲ渡ツテ居ルモノニ比ヘルト涙カ出ナケレハ見ラレナイ我等ノ精神悲慘ナル經濟ノ狀態テアル誰カ之ヲ正當ニ引導スルカ速ニ意志カアル事業家カ出來テ我等貧民ヲ先ツ經濟方面ヨリ引導シ有力ナル指導者カ出テ我等ノ可愛想ナ一般民衆ヲ精神的ニ指導スル事ヲ望ム丈テアリマス

古イ日本ノ憲政政治ノ型カ破レテ新政治体制カ眞面目ニ敢上ラレ然モ近衛公ノ獨斷ニ依ル閣員詮衡カ何等ノ

發送 偵諜 中

七二〇 大連	大連市星ケ浦大和ホテル分館 西島	北京南池子大街二九號大林組支店 海野總務部長	非難モ見ズニ許容サレル時代テス夫第ニ依リテハ私有財産制ヤ家族制ト言ツタ從來ト同シ型テ存結サレ様トハ考ヘラレマセン國家全體主義ヨリ考ヘテ見ルト一ツノ魔物テス吾々ハ一單位トシテノ個性ヤ能力カ計畫サレ限定セラレ或種ノ現格ニ壓縮サレ推進サセラレル個人ノ感情ヤ權利ヤ主張ノ役立ナクナル時代カヤツテ來ルテセウ	其儘發信注意中
七二二 佳木斯	山東省洪洞下峪村 趙命景	勃利縣大四站和發興藥店轉交 王鐸峯	以前察哈爾ヨリ御出ノ手紙ハ拜見シマシタカ返事ハ出來マセンテシタソレハ兄カ一定ノ地點カナイノテ返事スルコトカ出來マセンテシタ今又御手紙一通ヲ拜見致シマシタ兄ハ「東省」ヨリ來テ居ルトノ事等分リマシタ家ハ皆別狀ナク元氣テアリマスカラ御安心下サイ。。。云々	受信ノ動向内査中
七二二	河北省々會	勃利縣大四	書明弟別レテ既ニ半年ニモナリマシタ兄ハ此ノ手紙一通出シタ既ニ半年途リニモナツテ返事ナキ爲受取ツテ	

佳木斯	警察第三分局	站山成玉寶號	居ルカトウカワカリマセン貴地ハ氣候モ非常ニ寒イカラ身体ニ氣ヲツケテ下サイ此ノ手紙ヲ見タラ直ク返事ヲ下サイソレニ滿洲國ノ情況ニツイテ詳細ニ又治安狀況ヲ知ラセテ下サイ家ハ現在城内ニ居住シテ居マス皆元氣テスカラ安心シナサイ	處右同
巳制卡	書元	苑書明		
東安 セ十三	東安ニテ 大石富士子	東京市京橋區新富町一ノ六ノ一 高木松江	前夜十時半頃寶清龍頭間ノ國道建設ノタメ小屋ニ就寝中ノ松田組カ匪賊ニ襲撃サレ日人一名滿人二名殺サレマシタ 此ノ匪賊ハ鮮人ノ女カ居ル共産匪テアリマシタ 生殘リノ滿人談 「オ前ハ日本人カ朝鮮人カ」「我ハ日本人ナリ」「シカラハトカーンピストルテ」疲勞、粗食、嚴格テ皆嫌ニナツテ居ル處ヘ此ノ匪賊ノ話ヲ聞キ隊員動搖シマシタ 至急鹽酸キニーネ五瓶（一瓶ノ量ハ二十五瓦）ヲ買ヒ求メ送ツテ下サイ	處押收

35

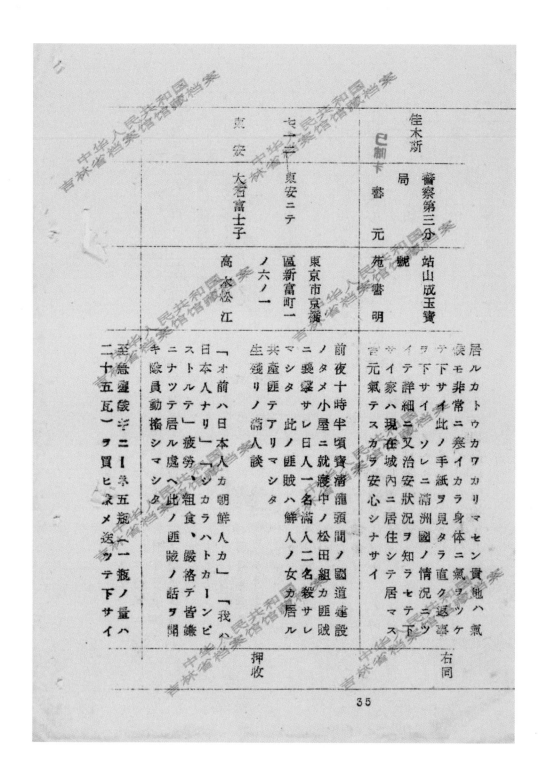

93

七一九 山海關	連京線烟台站秀棟醫盧子鄉	北京東城華北交通株式會社總裁室人事局人事係 賈策安	價格ハ幾ラ高クテモ[illegible]テ送ッテ下サル時ニハ藥ヲ全部小サイ小箱ニアケテソレヲ布テ縫ヒツケソノ上ニ頭痛健胃強身藥價〇〇元ト書イテ下サイ	發送 偵諜中
七一一 哈爾賓	哈爾賓 ワーリヤ	サンフランシスコ マスレニコフ	哈爾賓ハ次々ニ新シイ事件テ書キ盡セナイ例ヘハ生活必需品ヲ求メルニハ順番ニ立タセラレ三時間モ待タサレソノ上空手テ歸ラナケレハナラナイ哈爾賓ノ状態テアル哈爾賓ヲ早ク引揚ケルノカ良策テアル	發送
七二〇 哈爾賓	哈爾賓 (不詳)	上海東京街 佛國 消防署	◎當市ニ於テノ各官廳勤務者ハ馬鹿ナ奴カ得スル智慧アル者ハ待遇カ悪ク却而敵ヲ作ルノミタ ◎哈爾賓ノ消防署ハ白系カ居ラナイト哈モ胴体ヲモキ取ツタ様ナモノタ日満人ハ駄目タ。。。。。。	押收
			近頃方々ニ匪賊カ出沒シ情報カ悪ク	

36

七七	牡丹江	牡丹江市聖林街北清寮 篠中富一	福岡市松太町五五 篠中利一	開拓團カ襲撃サレタリシテキマス國境方面ニ於テモ越境事件カ頻々トシテ繰返サレテキテ物騒ナモノテス當市モ物資不足テ皆打撃ヲ受ケテキル様テスカ満人街テハ一流ノ料理屋テ人間ノ肉ヲ食ヘサシテキタトカテ事トリトリテス實ニ惨酷ナ事ヲスルモノテスト犯人ヲ火責ニシテ一般ニ公開スルトカ言ツテキマスカ凄イ事ヲスルモノテス	押收
七二〇	牡丹江	牡丹江市光化街光化莊階上十七 [illegible]原	鳥取縣日野郡溝口町 清水寛一	土曜日、日曜日ニナルト町ハ兵隊テ一杯ニナリマス夜ニナルト酒ニ酔ツタ兵隊カ日本刀ヲ肩ニ擔イテ歩イテ居リ特ニ尉官ニ多イ様テス娘等一人テ歩イテ居ルト手ヲ握ツタリ抱イタリシテ恐ロシクテナリマセン世界ニ有名ナ日本ノ兵隊カコンナ姿テアルカト思フト心細クナリマス内地テハコンナ姿ノ軍人ハ見ラレマセン十五日ヨリ二十日迄防空演習カアリマスノテ軍隊カ出ルト言フノテ私等ハ夜間一歩モ外ニ出ナイ様ニシテ居リマス	

37

94

七一八 延吉	七二三 承德
延吉市康平區進學路 戸取鄉男	承德 福音堂 デユーシ
大阪市港區東田中町 加津雪枝	北京 哈達通 ツープ
匪賊ノ狀況ハ昨年ヨリ惡クナツテ居リマス中テモ間島省カ一番惡イノテスカ軍隊カ一萬位出テ居ル相テスカナカ／＼討伐出來ス一〇〇〇人位ノ軍隊カ全滅シタ事モ二、三度アリマス今頃ノ匪賊ノ大キイノハ居ルノテス之カ時ニ各所ヲ攻擊シテハ山中ニ込ルノテス	我々ハ何トカシテ英國旗ノ光ヲ增スノ要アリ英本國ニ於テハステニ獨ノ攻擊ヲ受ケ婦女子ハ續々各殖民地ニ避難シテアリト聞ク我英國ニモ近キ將來ニ於テ來ルヘキ時期カ來ルコトハ覺悟セネハナルマイ斯クスルトキ外國ニアル我々ノ地位ニ如何ナル變化カ起ルカ憂慮スヘキ問題ナリ
押收	發送

38

참고역문

목차

(完)

一. 개요

주요임무는 첩보자료를 수집함과 아울러 소련과 지나에서 만주국으로 보낸 통신 및 일만 사이의 통신에서 방첩 상 유해사항의 발생을 방지하는 것임. 동시에 적극적으로 방첩성과를 제고 함.

이번 단계에 처리한 우편물과 전보의 수량은 다음 표와 같음.

유 형	시 간	취급건수	처리건수
우편물	지난 기간	209 187	722
	본 기간	200 620	871
전보	지난 기간	887 577	770
	본 기간	865 258	887

1. 우편물 검열

일만 사이의 유해통신이 급증하고 있음. 국내 및 일만 사이 통신에서 방첩 상 유해한 통신이 의연히 줄어들지 않고 있음. 주요한 종류와 건수는 다음 표와 같음. 상세한 내용은 별지를 참조바람.

유 형	건 수	
	지난 기간	이번 기간
항일통신	160	377
방첩 상 요주의 통신	181	206
군기 상 요주의 통신	51	28
기타	330	260
합 계	722	871

2. 전보검열

전보검열을 통해 혐의가 있는 내용을 절록한 편지가 880통(그중 외국관보 481건) 있고 처리한 편지가 7건임.

二. 소견

1. 항일통신은 의연히 상해와 천진을 중심으로 하는 통신이 많음. 지난 달과 비해 배로 늘어나는 추세임. 특히 중경 방면의 간행물이 증가하므로 주의 요망.

2. 방첩 방면의 유해통신은 양적으로나 질적으로 점차 악화되고 있음. 예를 들면
   ① 중지나로 이주할 즈음 가목사부대의 군인 및 군무원들이 출발 혹은 이주 도중에 기차역에서 지방우편을 이용해 목적지 혹은 교대부대 명칭을 보고한 편지(약 90건).
   ② 항공부대 및 기계화부대 상관인원의 통신에서 군사기밀을 언급한 내용(약 20건) 등등.

3. 전시경제통제의 강화와 함께 물가폭등 및 배급 불균형 등 원인으로 반전불만언행을 보이는 통신.

4. 동부의 소만국경 및 서부의 만지국경에서 벌어진 공산비적의 준동 때문에 일부 통신이 극도로 되는 공황심리를 노출하고 있음.

5. 외국 선교사 사이에 혐의가 있는 편지가 의연히 빈번함. 하지만 영국과 프랑스 선교사들 중 일부는 본국의 장래를 걱정하면서 신자들의 이산을 방지하고자 고심하고 있음.

6. 근로봉사하는 병사들 중

① 이런 의무행위는 마치 옛날 진시황제가 희생을 불사하면서 만리장성을 시공한 것과 같다.

② 땀 흘려 봉사하였지만 "학업을 중지하고 이곳에 와서 봉사하는 것이 과연 어떤 의미가 있느냐?"면서 성의가 의심스러운 일부 학생들의 통신이 있음. 그리고 작업장소의 군사정보 및 치안상황 등을 언급한 통신이 있음. 지도 상 주의 요망.

별지

1. 항일통신

유 형	건 수	
	지난 달	이번 달
통신문	10	18
간행물	150	359
합 계	160	377

발견 시간 및 지점: 7월 30일 영구
발신자: 廣東 陳熾佳
수신자: 영구 太平康里 太白酒樓 轉 陳朝佳
통신개요: 다른 집들에서는 모두 절반 이상이 죽어나갔습니다. 살아 있는 사람들도 모두 안색이 창백하고 피골이 상접해서 말이 아닙니다.
동네 사람들의 고난은 말로 다 표현할 수가 없어요. 이런 참상을 보고 슬프지 않을 수가 없습니다.
광동군 뿐만 아니라 일본군의 폭행도 상상할 수 없습니다.
처리: 압류

발견 시간 및 지점: 7월 21일 봉천
발신자: 상해 四川로 33號 8樓 費功甫
수신자: 봉천 大西關 陶然里17 蓬帆
통신개요: 세계의 大局을 관찰해보면 열강이 우리 동아에서의 세력은 이번 대전 후

큰 변화가 있을 것이다. 다시 말해서 우리 중국이 잃은 땅을 수복하고 외교를 개혁하는 좋은 기회이다.
신문의 보도에 따르면 상해의 敵情은 혼란상태에 빠졌다고 한다. 영국과 프랑스의 주식이 하락하고 홍콩의 외국인들이 분분히 피란을 떠나며 지폐가 폭락하고 민심이 극도로 불안하다.

처리: 발송 정찰 중

발견 시간 및 지점: 7월 20일 봉천

발신자: 閩沙현 府東로 成發

수신자: 봉천 法庫현 西固山子 孫翁子

통신개요: 고향의 생활상은 몹시 곤궁합니다. 우리나라 뿐만 아니라 전 세계가 모두 비상시기입니다. 지금은 바로 근검절약하며 고난을 극복하여 항전을 진행할 때입니다. 운운.

처리: 압류

발견 시간 및 지점: 7월 20일 봉천

발신자: 절강성 湯州 靑田현 徐錫俊

수신자: 봉천시 彌生정 八萬國旅社 轉 興森洋行

통신개요: 작년 虎州府 내에 이발소를 차렸습니다만 일본의 공습 때문에 800여 원 손실 보았습니다. 별 수 없어 靑田에 돌아와 작은 가게 하나를 차렸어요. 하지만 누가 알았겠습니까. 재차 공습을 받아 300원이나 손실 입었어요. 지금 적국의 무차별폭격 때문에 우리 양민들은 안심하고 살 수가 없어요.

처리: 압류

발견 시간 및 지점: 7월 20일 봉천

발신자: 중경기독청년회 井某

수신자: 봉천 昌圖현 西天가 潤相文

통신개요: 중경은 자주 적기의 공습을 받았습니다. 적기가 폭격할 때마다 수많은 사상자가 나와 민중들은 전전긍긍하고 있습니다. 비록 항전이 언제 끝날지 모르지만 저는 우리나라가 최후의 승리를 거두는 날이 점차 눈앞에 다가오고 있다고 생각합니다.

처리: 압류

발견 시간 및 지점: 7월 25일 봉천
발신자: 사천성 自流井 田名遠
수신자: 봉천 開原城內 南街 田學文
통신개요: 국난이 눈앞에 다가온 시점에 우리는 인식을 심화하여 견강한 의지로 분투하여야 하며 정신적 동요가 이는 것을 방지하고 謹身하여 국난에 대응하면 반드시 목전의 곤경을 극복하고 항전의 승리를 취득할 수 있다. 우리는 박해를 감내하면서 가증스러운 일본침략자를 중국에서 몰아내야 한다. 이 위대한 목표를 달성하기 위해 우리는 용감하게 앞으로 나아가야 한다.
처리: 압류

발견 시간 및 지점: 7월 25일 봉천
발신자: 중경 상해醬油 張章毓
수신자: 봉천 大北關門里 新鼎豊寶 張敏秀
통신개요: 이곳은 요 며칠 빼고는 거의 매일 적기의 공습을 받고 있습니다. 시내의 가옥 열채 중 일여덟 채는 폭탄에 맞았습니다. 저의 동생의 제2분점도 며칠 전 폭탄에 맞아 6000원 이상 손실 보았습니다. 다행히 아내와 점원 등은 방공호에 숨어 피란했기에 안전합니다. 최근 방공호도 가끔 폭격을 맞습니다. 목전 인민들의 고난은 말로 다 할 수가 없습니다. 중경의 형세는 날로 준엄해지고 있습니다. 저는 하루빨리 일본을 타도하고 평화를 맞이했으면 좋겠습니다.
처리: 압류

발견 시간 및 지점: 7월 29일 봉천
발신자: 상해 徐家匯 土山灣 聖心報館
수신자: 四平가 천주당 외 4건
통신개요: 성심보(요지)
목전 제국주의가 패도횡행하면서 도덕을 무시하고 정의를 짓밟으며 쩍하면 무력침략을 발동하고 있다. 현재 가장 기피해야 할 독소는 제국주의 침략이다. 이 침략주의는 尙武强權을 "취지"로 삼아 전쟁을 일으키며 국가와

인민을 잠식하고 있다. 목전 벌어지고 있는 중일전쟁이 가장 대표적인 사례이다. 비록 국제법, 조약, 공의, 정의, 인도 따위를 들먹이지만 일본은 그러한 극단적 위험사상과 폭압적인 침략행위로 인심을 위협하고 있다. 이러한 극히 위험한 침략주의는 인류문화의 적이다.

처리: 압류

발견 시간 및 지점: 7월 20일 고북구

발신자: 광서성 全현 茆塢村 傅某

수신자: 고북구 上營西門里 玉皇閣前 關福前

통신개요: 국가가 쑥대밭처럼 어수선하고 남북이 단절상태에 처해 있을 때 국가를 위해 심신을 다 바치고자 부모의 슬하를 떠나 효도를 다 하지 못하니 참으로 부끄럽습니다. 당당한 칠척남아가 국가를 위해 한 몸을 바치려는 소망을 다 이루기전에는 고향으로 돌아갈 수 없습니다.

처리: 압류

발견 시간 및 지점: 7월 8일 길림

발신자: 산동성 平度 劉方庄 吳陳氏

수신자: 길림 西大가 官馬夫胡同 天和棧 劉錫山

통신개요: 고향에 농사가 흉작이 들고 일만군이 가는 곳마다 폭행을 일삼으며 종일 양식을 강제징수하고 있습니다. 참 죽고 싶은 생각이 다 듭니다.

처리: 삭제 주의 중

발견 시간 및 지점: 7월 18일 길림

발신자: 북지나 蒙陰현 五里松家召子 崔乏明

수신자: 돈화현 東關 豊順棧 檀美(楹?)

통신개요: 목전 우리 마을은 가는 곳마다 수많은 일본군이 지키고 있어 매일 불안하게 보내고 있습니다. 만약 앞으로도 이런 불안한 나날이 계속된다면 전 당신이 있는 곳으로 가고 싶습니다.

처리: 삭제

발견 시간 및 지점: 7월 23일 길림

발신자: 길림시 岔路향 甯平胡同21호 張善如

수신자: 신경 경제부 인사과 韓逢時

통신개요: 이 몇 년 동안 고향의 일본군이 부리는 행패는 말로 다 표현할 수가 없습니다. 모든 향민들은 뿔뿔이 도망치고 하루도 편안한 날이 없습니다. 그밖에 양식가격이 폭등하고 어떤 이들은 며칠 동안 겨우 세끼만 먹은 사람도 있습니다. 요즘에는 강제로 고액의 세금을 징수하고 있습니다. 반항만 하면 아예 불태워 죽입니다. 우리도 어쩔 도리가 없습니다.

전 이미 친척 두 명이 그들의 손에 죽었습니다.

처리: 삭제 발신자 동향 내사 중

발견 시간 및 지점: 7월 14일 산해관

발신자: 冀縣 文德堂 傅緘

수신자: 영구 迎春가4호 傅敦之

통신개요: 일본제품을 사지 말도록 친구들에게 촉구하는 편지입니다. 일본제품을 살 것을 제창하는 사람이 있어도 절대 사서는 안 됩니다. 우리는 반드시 주동적으로 철저하게 힘을 합쳐 일본제품을 배격해야 합니다.

처리: 발송

2. 방첩 상 요주의 통신

유 형	건 수	
	지난 달	이번 달
군사시설 및 장비편성 등 정보를 적은 통신	61	44
군사작전과 주둔지교체 등 정보를 적은 통신	71	120
고유부대명칭을 언급한 통신	7	5
기타	42	37
합 계	181	206

발견 시간 및 지점: 7월 1일 목단강

발신자: 목단강시 海浪비행대

수신자: 神奈川 横濱시 中區 大橋정 二丁目40 前田恭子

통신개요: 전투비행장대대와 항공교육대는 모두 대대편성입니다. 비행연대는 폐지되고 비행전투대와 비행장대대로 나뉘었습니다.

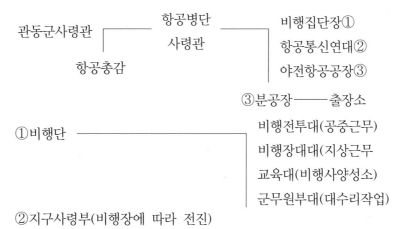

관동군사령관 — 항공병단 사령관 — 비행집단장①
항공통신연대②
야전항공공장③
항공총감

③분공장 —— 출장소

①비행단 — 비행전투대(공중근무)
비행장대대(지상근무
교육대(비행사양성소)
군무원부대(대수리작업)

②지구사령부(비행장에 따라 전진)

처리: 압류

발견 시간 및 지점: 7월 1일 목단강

발신자: 목단강시 富田부대 大塚正信

수신자: 大阪시 서구 東入舟정34 田中增太郎 千惠子

통신개요: 목전 전시편제연대에 많은 병사들이 있기에 앞으로 평시편제로 될 것입니다. 연대의 병사는 약 500명 삭감하게 됩니다. 이 병사들은 소속사단의 관할에 의해 내지로 이주하여 철도연대(千葉)에 편입됩니다. 풍문에는 4사단 관할 하의 연대도 귀국할 것이라고 하지만 아직 믿음직한 정보는 없습니다. 이제 7월 12일과 9월에 두 번에 걸쳐 이주합니다.

이곳은 철도4연대입니다. 제1, 제2연대는 千葉에 있고 제3연대는 하얼빈에 있습니다. 제4연대가 바로 富田부대입니다. 내지에는 4개연대가 있습니다.(이것은 비밀이기에 당신도 비밀로 간주하시길 바랍니다) 설비는 아주 훌륭합니다. 선반공장기관고와 조립공장이 아주 큽니다. 목단강에는 각 연대가 있는데 몇 만 명이 주둔하고 있습니다.

처리: 압류

발견 시간 및 지점: 7월 8일 목단강

발신자: 목단강시 菱田부대 松本奥夫

수신자: 岐阜현 大野군 白川촌 橋脇清一
통신개요: 이것은 군사기밀입니다. 우리 부대는 자동차대로서 자동차 약 300대가 있습니다. 8월 즈음에 ○○방면으로 출동합니다.
처리: 삭제

발견 시간 및 지점: 7월 8일 목단강
발신자: 목단강에서 ?
수신자: 兵庫현 津名군 鮎原촌 三野畑 大屋寅平
통신개요: 오늘은 일요일입니다. 그럼 비밀스런 일을 써서 지방우편으로 보낼게요! 우리는 각 연대에서 4명, 5명, 5명......이렇게 선발해 온 것입니다. 도합 64명이에요. 현재 교육을 받고 있습니다. 전국의 각 사단에서 왔기 때문에 다들 말투가 아주 재미있습니다. 이곳은 비행기공장으로 병사들은 이곳에 처음 왔어요. 비행장에는 직원이 400여 명 있습니다.
비행기는 약 3,400대 됩니다. 매일 비행기를 제조하고 있습니다. 그러니까 내지에서 생산한 부품들을 조립하는 것이지요. 매일 평균 30대를 조립할 수 있습니다. 그밖에 여공들도 있는데 일을 아주 열심히 합니다. 또 우리 64명 중 15명은 지금 발동기에 관한 교육을 받고 있습니다.
처리: 압류

발견 시간 및 지점: 7월 13일 목단강
발신자: 목단강 菱田부대 土永대 伊香盛正
수신자: 富山현 東阿波군 野匹촌 伊香正雄
통신개요: 만주에 4개 자동차연대가 있습니다. 우리는 제2연대 소속입니다. 듣자니 올해 8개 연대로 증가한다고 합니다. 우리 부대에는 2개 연대에 도합 1200여 명이 있습니다.
처리: 삭제

발견 시간 및 지점: 7월 15일 목단강
발신자: 목단강시 富田부대 大塚正信
수신자: 大阪시 西成구 國出本通1-3 山本擔
통신개요: 목단강지구에 각종 연대가 있습니다. 제가 소속된 富田부대는 철도4연대입

니다. 1, 2연대는 千葉에 있고 3연대는 하얼빈에 있습니다. 현재 5, 6연대는 북지나 방면에서 편성 중입니다. 이미 전시편제에서 평시편제로 넘었기에 내지연대로 이전한다는 소문이 있습니다. 최근 차출된 500여 명은 전부 우리 부대 출신입니다. 우리 부대에 인수가 너무 많으니까요. 연대 내에는 기계공장 및 부속 기관차와 궤도차 그리고 각종 자재들이 아주 구전합니다.

처리: 압류

발견 시간 및 지점: 7월 21일 목단강

발신자: 목단강시 海浪 大熊豊治

수신자: 埼玉현 南埼玉군 三箇촌 大熊熊次郎

통신개요: 8월 중순에 저는 실시부대 비행대대 전투대에 분배되었습니다.

주둔지는 대체로 가목사 부근입니다. 제가 조종하는 것은 97식전투기로 발동기는 전부 中島비행회사에서 제조한 것입니다. 650마력짜리는 전투기이고 800마력짜리 두 대를 장착한 것은 중형폭격기입니다. 우리 부대에는 800마력짜리 발동기 4대를 장착한 중형폭격기가 있습니다.(비밀) 하지만 본적은 없습니다.

처리: 삭제

발견 시간 및 지점: 7월 8일 흑하

발신자: 흑하 흥륭가 四二丸榮呉服店 내 鈴木正利

수신자: 山形현 南村山군 金井촌 黑澤 渡邊久右衛門

통신개요: 흑하는 군대의 도시입니다. 가는 곳마다 부대입니다. 전부 병력은 山形부대의 3배입니다. 孫吳의 거리에는 만주 전부의 군대가 주둔하고 있습니다. 일단 전쟁이 발발하면 흑하는 2분 내에 함락된다고 합니다. 전선은 10間을 단위로 감시보초 하나를 세워 국경선을 감시합니다.

처리: 삭제

발견 시간 및 지점: 7월 2일 동안

발신자: 동안 高岡久夫

수신자: 北海道 茅部군 尾札部촌 西谷義治

통신개요: 저는 기계자동차연대에서 매일 無燈조종, 대기갑육박공격, 대전차전 등 연습을 하고 있습니다. 아주 쉽게 탱크를 뒤집을 수 있어요. 예전에 연습했던 곳은 사령관의 윤허가 없으면 사단장각하조차 통과할 수 없어요. 우리는 칠흑같이 어두운 지하의 돗자리에 숨어 있어요. 그곳에는 비도 새들어옵니다.

처리: 압류

발견 시간 및 지점: 7월 25일 동안

발신자: 보청현 두도훈련소 토목특설대 赤松茂

수신자: 新潟현 北昆沙門町 鐐谷武司

통신개요: 듣자니 동경성 중심에는 매 10리(1리≈3.927km)마다 비행장이 하나 있다고 하니 참 놀라울 지경입니다. 비행기가 100여 대 있다고 하더군요. 동안에 온 후 더욱 놀라운 것은 선로 북측의 병영에 약 3개 사단이 있고 그 부근에 또 1개 사단이 있다는 점입니다.

처리: 압류

발견 시간 및 지점: 7월 8일 가목사

발신자: 가목사 鵜澤부대 龜井대 小山久雄

수신자: 大阪시 東成구 猪飼野 小山由助

통신개요: 아버님, 전 곧 중지나 방면으로 출동합니다. 이것은 마지막 편지에요.
이번에 부대명칭이 바뀌었어요.
山上부대(사단장 중장)
杏부대(여단장 소장)
鵜澤부대(연대장 대좌)
狩野부대(대대장 소좌)
龜井대(중대장)

처리: 압류

발견 시간 및 지점: 7월 1일 가목사

발신자: 가목사 近藤

수신자: 大阪府 池田시 石橋春光園 吉岡實

통신개요: 우리는 가목사와 작별하고 중지나 방면으로 갑니다. 선두부대는 7월 초에 대련으로 떠났어요. 우리는 7월 중순께 출발합니다. 부대는 통신을 엄금하고 있어요. 그래서 지방우편으로 이 편지를 부칩니다......
처리: 압류

발견 시간 및 지점: 7월 15일 가목사
발신자: 가목사시 順德大街 黑田長二
수신자: 兵庫현 明石시 大蔣藏정 黑田考三
통신개요: 이번에 姫路의 한 개 사단 병력이 가목사에 왔어요. 그들은 39연대, 야포연대, 경중10연대, 통신대입니다.
사단사령부와 수비대사령부가 있습니다......
처리: 압류

발견 시간 및 지점: 7월 22일 하이라얼
발신자: 하이라얼역전 근무봉사대 숙사 岡正
수신자: 조선 경성부 西四軒정51 岡衛治
통신개요: 시가지는 조그마한 언덕에 둘러싸여 있어요. 언덕 맞은편은 전부 병영이기에 그곳에 갈 수 없어요. 듣자니 그곳 황군은 전시편제로 3개 사단에 약 6만 여명이 있답니다.
처리: 삭제

발견 시간 및 지점: 7월 15일 도문
발신자: 도문 河野實
수신자: 밀산현 동안 일본영사관 내 河野藤吉
통신개요: 명령에 따라 저는 특별임무 제4분대 분대장으로 외몽골에 갑니다. 도합 80명 동지들이 있는데 한 개 분대에 8명 동지가 있습니다. 지금은 죽음을 각오하고 뼈를 몽골에 묻을 때입니다. 만약 관동군 특무기관부에서 저의 전사소식을 듣게 되면 전 비록 재주가 모자라지만 형님께서는 진정한 일본동생이 있었다는 것으로 위안을 느끼세요......만주에 온 후 우리는 공산○○분자로 분장해서 ○○에 잠입하여 작전을 위해 일신의 힘을 바칠 것입니다. 혹은 전투에 참가하거나 조선○○분자를 교육할 수도 있지요. 상술

한 명칭은 시간과 장소에 따라 다릅니다. 전 지금 도문특무기관 연락부에 있습니다.

처리: 압류

발견 시간 및 지점: □□□□ 도문

발신자: 白田三男

수신자: 연대 8중대 2반 石田富夫

통신개요: □□□□만나지 못했습니다.

처리:

발견 시간 및 지점: 7월 18일 치치할

발신자: 치치할시 龍門大街 新大旅館 내 太田新之助

수신자: 千葉현 安房군 鴨川정 太田富造

통신개요: 치치할시에 약 3만명의 北海道 旭川 출신 병사들이 있습니다. 거기에 滿系의 만 여 명 병사까지 도합 4만 여 명이 있습니다. 그래서 지금 시가지는 몹시 떠들썩합니다.

처리: 압류

3. 군기 상 요주의 통신

유 형	건 수	
	지난 달	이번 달
군기해이를 언급한 통신	26	10
반전반군 혐의가 있는 통신	9	2
일선근무 혹은 군 생활을 기피하는 내용의 통신	8	10
기타	3	6
합 계	46	28

발견 시간 및 지점: 7월 1일 목단강

발신자: 목단강시 富田부대 池田秀男

수신자: 안동시 육도구 北四條 益淸寮 花吉福二

통신개요: 듣자니 山口라고 하는 신병이 남몰래 술집에 갔대요. 그래서 물었죠. “이봐 야마구치, 너 어제 슬그머니 술집에 갔었지?” “안 갔어요.” “너 인마 거짓말 할래.” 그리고는 주먹을 날렸어요. 퉁 하는 소리와 함께 그 녀석은 철퍼덕 쓰러져 눈을 감고 일어나질 못하는 거에요...... 고작 주먹 한방에 기절하다니요. 요즘 신병들은 참 대용품들이에요. 전 녀석의 덜미를 잡고 소리쳤죠. “너 이 자식 이러고도 군인이라고 할 수 있어!” 그리고는 또 퍽 하고 주먹을 날렸어요. 이번에는 아예 꼼짝 움직이질 못하데요. 비록 가엾기는 하지만 단단히 교육을 주고는 침대에 눕혀 얼굴에 찬물을 끼얹었어요.

처리: 삭제

발견 시간 및 지점: 7월 24일 목단강

발신자: 목단강시 谷澤부대 緖方

수신자: 福岡시 平尾本町655 堀野久雄

통신개요: 주먹 한방 맞고는 눈이 퍼렇게 부었어요. 눈앞에 별이 날리더군요. 그래도 네댓 주먹 더 맞고 비칠비칠 제대로 서지도 못했죠. 그리고 슬리퍼로 2,30 대 더 맞아서 입술이 갈라 터져 밥도 먹을 수 없게 되었어요. 너무 맞아 턱뼈가 부러져 입원하거나 코뼈가 부러져 입원하는가 하면 안구출혈이 와서 일본으로 귀환한 사람도 있어요. 몹시 무섭죠. 매일 두세 사람이 기절해 쓰러져요. 기절하면 머리에 찬물 두세 통 부으면 스스로 깨어나죠.

처리: 삭제

발견 시간 및 지점: 7월 16일 가목사

발신자: 中山부대 池田대 阿部司

수신자: 동안 中山부대 山中대 金森正雄

통신개요: 당신이 말했다시피 임의검사를 가까스로 완성했어요. 끝나면 됐어요. 기일이 되기만 기다리죠. 만기가 하루 이틀 가까워 오는 것을 보니 참 기쁘네요.

처리: 삭제

발견 시간 및 지점: 7월 22일 동녕

발신자: 목단강성 동녕 系井一

수신자: 東京시 深川정 明崎 明石본점 내 勝丸

통신개요: ……목전 국세 하에서 이 머리털이 곤두서는 고요함이 다시 전란의 항구로 되면 그때는 철저하게 끝 난거죠. 그때는 무슨 생각으로 이곳에 왔을까요? 만약 운이 좋으면 제대기일이 아직 3년이 남았어요. 그러니까 약 1000일이 남았다는 얘기죠. 전 결코 불평을 널어놓는 것이 아니에요. 하지만 참 하루가 삼추 같네요. 운운.

처리: 압류

발견 시간 및 지점: 7월 19일 신경

발신자: 신경 川崎부대 福田대 高田조장

수신자: 東京 世田谷구 代田 二丁目1051 太原水津子

통신개요: 전 어쩌면 좋죠? 조롱 속의 새처럼 제한된 범위 내에서 살아가야 해요. 전 많은 불평불만이 있지만 어쩔 수가 없군요. 그래서 무기력하게 강둑에서 바장이고 있어요. 그밖에는 다른 방법이 없군요. 아무튼 당신이 이해하든 말든……

처리: 삭제

발견 시간 및 지점: 7월 12일 동안

발신자: 동안 百瀬부대 岩切대 川副반 五十嵐三郞

수신자: 山形현 東村山군 金井촌 내 表 五十嵐豊吉

통신개요: 1기검열도 끝났어요.

허풍이 아니라 전 5등을 했어요. 하지만 어떤 사람들은 대학졸업생인지라 전 간부후보로 채용될 가능성이 적어요(8월에 발표). 반장도 우리를 이렇게 교육해요. "만약 乙種兵이면 차라리 채용되지 않는 것이 낫다. 설사 하사관이 되었다 해도 급여는 일반 병사와 다를 바 없다. 나도 달마다 집에서 돈을 부쳐 보내야 하거든. 그래서 하사관이고 뭐고 바라지마. 몇 해 더 썩을지도 모르니까!"

제대 시 혹시 상등병의 신분으로 돌아갈거에요. 만약 伍長이 되면 8년 내지 10년은 더 있어야 하거든요. 상등병은 3년이면 되니까 하루 빨리 집에 가는 좋은 기회죠.

처리: 압류

4. 기타

유 형	건 수	
	지난 달	이번 달
유언비어의 원류로 의심되는 통신	16	10
사상 상 요주의 통신	5	8
국내 치안불량상황을 묘사한 통신	31	37
혐의가 있어 조사 중인 통신	79	93
국책방해의 우려가 있는 통신	13	14
정부의 시책을 비난한 통신	1	2
불경기사	5	2
운수금지품이 있거나 부정행위의 기도	1	17
일소개전을 억측한 통신	9	2
만경 방면의 요주의 통신	9	3
만주군 징병을 기피한 통신	2	2
통제경제에 불만을 품은 통신	10	12
기타	154	58
합 계	335	260

발견 시간 및 지점 : 7월 26일 연길

발신자 : 연길 師導훈련소 형 曉飛

수신자 : 북경시 崇文門 외 下二條51 呂椁

통신개요 : 과거에 말하지 않았던 일들은 지금에 와서 더구나 말할 필요가 없다. 정의에 어긋나는 일은 다들 속으로 뻔히 알고 있단다. 과거의 모든 것을 회억해보면 감개무량하구나. 도대체 옳고 그름이 어느 것인지는 말치 않아도 잘 알겠지. 네가 5월에 보낸 편지를 나는 7월 19일에 받았다. 그것은 집에서 학교에 가져오지 않았기 때문이었다. 난 이미 兩江口학교에서 보내온 편지를 받았다. 우리의 정신을 다시 한 번 가다듬을 필요가 있겠다. 우리는 이미 한번 상처를 받았으니까.

처리 : 발송

발견 시간 및 지점 : 7월 23일 하이라얼

발신자 : 하이라얼 근로봉사대 동생

수신자: 하얼빈 도외 三道가 裕德昌 王佐忱

통신개요: 요즘 하이라얼 시민들은 일가구당 한명씩 근로봉사대에 보내야 합니다. 만약 일손이 부족해서 보내지 못하면 다른 사람을 고용해서라도 보내야 합니다. 물가가 폭등하는 요즘 사람을 하루 고용하는데 4원 내지 6원이 듭니다. 그래도 고용해야죠. 이런 의무행위는 옛날 진시황이 모든 것을 희생해서 만리장성을 쌓은 것과 다름이 없군요.

처리: 압류

발견 시간 및 지점: 7월 10일 훈춘

발신자: 훈춘탄광 조카 元燮

수신자: 용정가 天圖구 역통로11牌 李拔憲

통신개요: 조선인은 가는 곳마다 슬픔과 고통만 받습니다. 요즘 우리 회사도 조선인에 대한 기시가 심합니다. 도저히 일을 할 수가 없어요. 조상으로부터 물려받은 혈통을 고칠 수는 없지만 아이의 장래를 생각해서라도 8월 2일 전으로 반드시 창씨계를 내야 합니다. 무엇 때문에 성씨를 고쳐야 하는지는 모르겠지만 시대의 흐름에 따라 행동해야겠지요. 때문에 저는 몹시 슬픕니다.

처리: 발송 정찰 중

발견 시간 및 지점: 7월 13일 목단강

발신자: 삼강성 千振촌 건설근로봉사대 大阪鎌田대 栗林克己

수신자: 兵庫현 加古군 加古新村 栗林欽

통신개요: 최근 일이 아주 힘듭니다. 가장 힘든 것은 대낮의 무더위에요. 상상을 초월합니다. 대부분 사람들은 필경 어려서부터 삽을 들어 본적이 없어요. 모두의 불만과 작업의 고달픔이 상상이 가겠지요.

양성소에서는 올해부터 이 일을 연중행사의 하나로 규정하였어요. 이대로 나가면 내년에야 일이 끝나겠지요.

비록 삼년동안 고상한 땀으로 봉사했지만 한편으로는 공부도 놓쳤어요. 학생들 대부분이 학업을 망쳤다고 두덜거립니다. 이렇게 와서 봉사하면 무슨 의미가 있냐고들 난리입니다. 고열에 작업을 하지만 변변한 식사도 없고 잠도 푹 자지 못하니 환자가 육속 나타나는 것도 당연지사겠지요. 지금 근무인원의 20%가 병에 걸렸습니다. 하루빨리 돌아가고픈 것이 대원들 모두의 마음입니다. 작업인원들은 지친 몸을 이끌고 숙소에 돌아오면 물 한 방울 과자 한 조각도 없어요. 자유로운 생활이 그립군요. 만주인은 조선인보다 더 더러워요. 그들과 함께 사는 우리의 처지를 상상해보세요.

처리: 압류

발견 시간 및 지점: 7월 13일 봉천

발신자: 만주 척식공사 磐石출장소 내 金明漢(號 雲波)

수신자: 상해 홍구 漢壁禮로 公安리9호 金昌洙

통신개요: ◎ ○○평화와 안전보장을 확립한다는 등의 명목으로 다수의 ○○를 희생하여 대난관을 돌파한다는 비장한 각오로 활동하는 그들은 가면적인 도덕극을 연출하고 있다. 이는 저들의 야망을 달성하고자 하는 구실에 지나지 않는다.

◎ 비록 법률은 형식적으로 국가의 내정과 외교의 근본이라고 하지만 그 본질은 사람들의 결백한 생활을 속박하는 원동력이다.

처리: 발송

발견 시간 및 지점: □□□□

발신자: □□□□

수신자: □□□□

통신개요: 하루 빨리 소련으로 돌아가고 싶지만 무엇 때문인지 소련영사관은 나에게 사증을 발급하지 않는다. 그래서 요즘 부득불 출동할 수밖에 없었다. 훈춘현은 치안이 몹시 혼란스럽다. 언제 어떤 상황이 벌어질지 모른다. 나는 기회를 타서 경찰을 그만 둘 생각이다. 중략.

처리: □□□

발견 시간 및 지점: 7월 12일 승덕

발신자: 灤平현 虎什哈 德重부대 郭志奇

수신자: 錦州省 錦西현 高橋경찰서 大堡분주소

통신개요: 응원대로 열하성에 왔다. 지금 상술한 주소에서 근무한다. 현지에는 공산군이 약 20000명 있다. 토벌대는 3000명 정도인데 지난 전투에서 적들은 사상자가 없었지만 우리는 사상자 6명에 포로가 60명이 나왔다. 패전한 셈

이다. 게다가 앞으로도 승산이 없다. 상황이 위험하니까 그만두고 싶다.
처리: 압류

발견 시간 및 지점: 7월 25일 수분하
발신자: 수분하역 轉 청년의용대 만철수분하훈련소 中尾光好
수신자: 山口현 玖珂군 秋中촌 字中山 中尾登佐一
통신개요: 제가 만약 내지에 있었더면 언녕 훌륭한 인물이 됐을 것입니다. 적어도 정부의 근무원이 되어도 좋지요. 전 정말 바보입니다. 머저리에요. 의용군이라는 이런 한심한 곳에 올 것이면 차라리 내지에서 일자리를 알아볼걸 그랬어요......중략......일본 내지의 젊은이들은 늘 의용군 의용군 하지만 사실 의용군은 고생뿐이에요.
처리: 위와 같음

발견 시간 및 지점: 7월 19일 용정
발신자: 북지나 津浦선 泊頭역전 中原운수공사 徐在順
수신자: 용정가 靖安구 濟昌로 제1패23호 卓在義
통신개요: 탁형, 북지나에 온 조선인은 전부 개인주의자들입니다. 아무런 포부가 없이 그냥 일본인 옆에서 돈벌이밖에 몰라요. 저는 이곳에서 많은 눈물겨운 일들을 겪었어요. 이곳에서는 조선인을 거의 사람으로 보지 않아요. 이곳 조선인은 일본의 통치하에 아주 불쌍하지만 중국인도 조선인을 깔보지요. 이곳 조선인들은 대부분 만주에서 온 사람들로 교육정도가 아주 낮습니다. 같은 조선인으로서 제가 봐도 부끄러운 일들이 많아요. 우선 일본인부터 조선인을 인간취급을 하지 않고 우리를 악인취급을 하는데 외국인이야 더 말할 필요가 없죠. 조선에서 높이 외치던 내선일체는 무엇인가요? 고작 정치적 경제적 법률적으로만 일체이지 정신적 일체는 아니지요. 일본인은 조선인을 믿지 않는다면 내선일체는 실현이 불가능합니다. 내선일체의 웅대한 목표 앞에서 일본인과 조선인은 형제입니다. 형제끼리 불신하면 내선일체를 실현할 수 있을지 의문이군요. 저는 매일 우리는 어느 민족인지 고민하다가 거의 신경쇠약이 왔어요. 여러모로 고려해 봐도 상황은 비관적입니다. 그리고 春光을 건설하고자 저도 가끔 눈물을 흘렸어요. 탁형, 우리 단결해서 함께 일합시다. 비록 멀리 떨어져 있어도 서로 기별을 주고받는 걸

잊지 말아요.

처리: 발송 정찰 중

발견 시간 및 지점: 7월 24일 용정

발신자: 용정가 천도구 東山로 제8패53호 張永昌

수신자: 도문가 제일무역상회 尹甲壽

통신개요: 세상에서 제일 곤궁한 사람들은 바로 조선인들입니다. 멀리 바다 건너 온 사람들에 비하면 우리의 정신과 비참한 경제상황은 눈 뜨고 볼 수 없습니다. 저는 위인이 나타나서 우리를 이끌었으면 해요. 포부로 넘친 실업가가 우선 경제 방면에서 우리 가난한 사람들을 이끌었으면 좋겠어요. 그리고 위망 있는 지도자가 나타나 정신적으로 우리 이 불쌍한 일반대중을 지도했으면 좋겠어요.

처리: 발송 정찰 중

발견 시간 및 지점: 7월 20일 대련

발신자: 대련시 星浦大和호텔 분관 西島

수신자: 북경 南池子大街29호 大林組지점 海野총무부장

통신개요: 그 옛날의 일본헌정정체는 이미 무너지고 새로운 정치체제가 정중하게 들어서고 있습니다. 이미 近衛公이 독단적으로 내각성원을 선택하여도 비난하지 않고 허용하는 시대에 들어섰습니다. 사회는 지어 더 이상 사유재산제와 가족제 등 원유의 형식으로 존속해나가지 않게 되었습니다. 국가전체주의의 견지에서 보면 이러한 형식은 모두 이단이니까요. 개체로서의 개성 혹은 능력은 계획되고 한정되고 엄중하게 축소됩니다. 개인의 감정과 권리와 주장은 더 이상 그 어떠한 역할을 할 수 없는 시대가 올 것입니다.

처리: 직접 발송 주의 중

발견 시간 및 지점: 7월 22일 가목사

발신자: 산동성 洪洞下峪촌 趙命景

수신자: 勃利현 大四站 和發興藥店 轉 王鐸峰

통신개요: 일전에 당신이 察哈爾에서 보내온 편지를 읽었습니다. 하지만 회신을 보낼 수 없었던 것은 형께서 고정된 주소지가 없기 때문이었어요.

이번에 또 형이 보내온 편지를 읽고서야 현재 "東省"에서 왔다는 것을 알았습니다. 가족은 모두 무사합니다. 다들 건강하니까 염려하지 마세요......

처리: 수신자 동향을 내사 중

발견 시간 및 지점: 7월 22일 가목사

발신자: 하북성 省會 경찰제3분국 書元

수신자: 勃利현 大四站 山成 玉寶號 苑書明

통신개요: 서명아우와 작별한지 반년이 넘었구나. 내가 편지 보낸 지 반년이 되어도 회신이 없더구나. 편지는 받았느냐? 그곳은 날씨가 차니 몸조심 하여라. 이 편지를 읽으면 인차 회신해다오. 그리고 만주국의 상황과 치안에 관해 나에게 상세히 말해주었으면 좋겠다. 가족들은 다 성내에서 살고 있으며 모두 잘 있단다. 걱정하지 말라.

처리: 위와 같음

발견 시간 및 지점: 7월 12일 동안

발신자: 동안 大石富士子

수신자: 東京시 京橋구 新富정1-6-1 高木松江

통신개요: 어제 밤 10시 반 경에 보청과 용두 사이 국도를 건설하기 위해 오두막에서 취침하던 松田組가 비적의 습격을 받았다. 일본인 1명 만주인 2명이 피살되었다고 한다. 그 비적들은 공비인데 그중에 조선여인이 있다고 한다.
살아남은 만주인의 말은 다음과 같다.
"너는 일본인이냐 아니면 조선인이냐?" "우리는 일본인이다." 그러자 손을 들어 피스톨을 당겼다. 피곤과 粗食과 엄격한 관리 때문에 신물이 난 대원들은 비적의 말을 듣고는 모두 동요하였다.

처리: 압류

발견 시간 및 지점: 7월 19일 산해관

발신자: 連京線 烟台站 秀棟醫盧子鄉

수신자: 북경 東城 화북교통주식회사 총재실 인사국 인사과 賈策安

통신개요: 빨리 저에게 염산퀴닌 5병(한 병 25그람)을 부쳐 보내주세요. 값이 아무리 비싸도 상관없습니다. 약을 부쳐 보낼 때 전부 작은 박스에 담아 보내세요.

그리고 헝겊으로 싸서 위에 "頭痛健胃强身藥, 값 ○○원"이라고 쓰세요.

처리: 발송 정찰 중

발견 시간 및 지점: 7월 11일 하얼빈

발신자: 하얼빈 와리야(ワーリヤ, 인명 음역)

수신자: 샌프란시스코 마스레니코브(マスレニコフ, 인명 음역)

통신개요: 하얼빈에서는 끊임없이 새로운 상황이 벌어집니다. 실로 일일이 다 쓸 수가 없어요. 예하면 생필품을 사려면 줄을 서야하고 세 시간이나 기다렸다가 빈손으로 돌아옵니다. 이것이 하얼빈의 현황입니다. 빨리 하얼빈을 떠나는 것이 상책입니다.

처리: 발송

발견 시간 및 지점: 7월 20일 하얼빈

발신자: 하얼빈(미상)

수신자: 상해 東京가 프랑스소방서

통신개요: ◎ 본 시 각 관청 근무인원들은 모두 바보들이 득세하고 지혜로운 자는 오히려 푸대접을 받으며 적만 만들어갈 뿐입니다.

◎ 하얼빈의 소방서에 만약 백인이 없다면 마치 사람이 빈껍데기만 남은 것 같습니다. 일본인과 만주인은 곤란합니다.

처리: 압류

발견 시간 및 지점: 7월 7일 목단강

발신자: 목단강시 聖林街 北晴寮 籔中富一

수신자: 福岡시 松本정55 籔中利一

통신개요: 근자에 여러 곳에서 비적이 출몰한다. 정보가 불리하여 개척단이 자주 습격을 받는다. 국경 방면에서도 월경사건이 빈빈하여 아주 불안하다. 참 무섭구나. 이 도시도 물자가 결핍하여 모두 충격을 받았다. 각종 소문이 난무하고 만주인거리의 어느 식당에서 인육을 팔았다는 소문도 있다. 운운. 그들이 하는 짓거리도 몹시 잔혹하다. 듣자니 범인들에게 화형을 공개적으로 가하고 있단다. 그들의 행위는 참 무섭다.

처리: 압류

발견 시간 및 지점 : 7월 20일 목단강
발신자: 목단강시 光化가 光化庄 階上17호 湯原
수신자: 鳥取현 日野군 溝口정 淸水寬一
통신개요: 토요일과 일요일만 되면 거리는 병사들로 넘쳐난다. 밤이면 대취한 병사들이 일본도를 어깨에 메고 거리를 휩쓴다. 특히 尉官들이 자주 보인다. 처녀들이 홀로 길을 가면 손목을 덥석 잡거나 와락 그러안기도 하여 몹시 놀란다. 나는 불안한 심정으로 이렇게 생각한다. 세계적으로도 유명한 일본군인들이 그래 이 모양 이 꼴이란 말인가? 내지에서는 이런 군인의 모습을 전혀 볼 수 없었다. 15일부터 20일까지 방공연습이 있어 군대가 출동한다. 그래서 우리는 밤이면 한 발도 집 문을 나설 수가 없단다.
처리: 위와 같음

발견 시간 및 지점 : 7월 18일 연길
발신자: 연길시 康平구 進學로 戶取鄕藍
수신자: 大阪시 港區 東田中정 加津雪枝
통신개요: 비적의 상황이 작년보다 더 엄중해졌다. 그중 간도성이 가장 엄중하다. 듣자니 만 여 명의 군대를 출동하였지만 토벌이 어렵다고 한다. 100여 명의 부대가 전멸된 사례가 이미 두세 번 발생했다. 지금 일부 비적의 세력이 무척 커져 쩍하면 이곳저곳 습격하다가 산속에 숨어든다.
처리: 압류

발견 시간 및 지점 : 7월 23일 승덕
발신자: 승덕 복음당 듀시(デューシ, 인명 음역)
수신자: 북경 哈達通 츠푸(ツープ, 인명 음역)
통신개요: 우리는 어떻게 하든 영국국기를 더욱 빛내야겠습니다. 듣자하니 영국 본토도 독일의 공격을 받았다고 합니다. 부녀자와 아동들이 각 식민지로 피난을 갔다고 합니다. 우리 영국도 반드시 각오를 단단히 해야겠습니다. 멀지 않은 장래에 올 것은 필연코 옵니다.
그때면 외국에 있는 우리의 위치는 어떤 변화가 생기는 것일까요? 이것은 고민해야 할 문제입니다.
처리: 발송

고문위원

장리펑 蔣立峰	중국사회과학원 일본연구소 원 소장, 연구원
수즈량 蘇智良	상해사범대학교 인문 및 전파학원 원장, 중국 "위안부"문제연구센터 소장, 교수
양둥량 楊棟梁	남개대학교 역사학원 원장, 교수
왕타이핑 王泰平	중일관계사학회 부회장, 외교부 전 대사
왕성진 王勝今	길림대학교 당위상무부서기 겸 부총장, 철학 및 사회과학 교수
이보우중 衣保中	길림대학교 일본중국침략사연구센터 부주임, 길림대학교 동북아연구센터 교수
선하이토우 沈海濤	길림대학교 동북아연구센터 부주임, 교수

불멸의 증거 3 鐵證如山3

초판 인쇄 2017년 3월 24일
초판 발행 2017년 4월 5일

주 필 | 인화이尹懷
번 역 | 이범수李范洙
부 주 필 | 양촨楊川 · 무짠이穆占一 · 장민張敏
집행부주필 | 조우위제趙玉潔 · 선하이토우沈海濤
편집위원 | 왕팡王放 · 왕신훼이王心慧 · 양수성羊書聖 · 류얜劉岩
리슈쥀李秀娟 · 고우워이高偉 · 고우잉高瑛
펴 낸 이 | 하운근河雲根
펴 낸 곳 | 學古房

주 소 | 韩国 京畿道 高阳市 德阳区 統一路 140 Samsong Technovalley A洞 B224号
전 화 | 82-02-353-9908 編輯部 82-02-353-9903
팩 스 | (02)6959-8234
홈페이지 | http://hakgobang.co.kr
전자우편 | hakgobang@naver.com, hakgobang@chol.com
등록번호 | 제311-1994-000001호

ISBN 978-89-6071-651-3 94910
ISBN 978-89-6071-587-5 (세트)

정가 : 70,000원

이 도서의 국립중앙도서관 출판예정도서목록(CIP)은 서지정보유통지원시스템 홈페이지(http://seoji.nl.go.kr)와 국가자료공동목록시스템(http://www.nl.go.kr/kolisnet)에서 이용하실 수 있습니다.
(CIP제어번호 : CIP2017006940)